Reihe
Germanistische
Linguistik   213 Kollegbuch

Herausgegeben von Helmut Henne, Horst Sitta
und Herbert Ernst Wiegand

Gisela Brünner

Wirtschaftskommunikation

Linguistische Analyse ihrer
mündlichen Formen

Max Niemeyer Verlag
Tübingen 2000

Die Deutsche Bibliothek – CIP-Einheitsaufnahme

Brünner, Gisela:
Wirtschaftskommunikation : linguistische Analyse ihrer mündlichen Formen / Gisela Brünner. – Tübingen : Niemeyer, 2000
  (Reihe Germanistische Linguistik ; 213 : Kollegbuch)

ISBN 3-484-31213-0   ISSN 0344-6778

© Max Niemeyer Verlag GmbH, Tübingen 2000
Das Werk einschließlich aller seiner Teile ist urheberrechtlich geschützt. Jede Verwertung außerhalb der engen Grenzen des Urheberrechtsgesetzes ist ohne Zustimmung des Verlages unzulässig und strafbar. Das gilt insbesondere für Vervielfältigungen, Übersetzungen, Mikroverfilmungen und die Einspeicherung und Verarbeitung in elektronischen Systemen.
Printed in Germany.
Gedruckt auf alterungsbeständigem Papier.
Druck: Gulde-Druck GmbH, Tübingen
Buchbinder: Nädele Verlags- und Industriebuchbinderei, Nehren

Inhaltsverzeichnis

Abbildungsverzeichnis... IX

1.	Einleitung...1	
2.	Theoretische und methodische Grundlagen...........................5	
2.1.	Wirtschaft: Grundbegriffe..5	
2.2.	Dimensionen der Wirtschaftskommunikation 7	
2.3.	Zur empirischen Analyse von Wirtschaftskommunikation...........20	
3.	Literaturüberblick zur Wirtschaftskommunikation...........................31	
3.1.	Nicht-linguistische Arbeiten...31	
3.2.	Historische Aspekte und Arbeiten der sogenannten *Wirtschaftslinguistik*...33	
3.3.	Linguistische Arbeiten...34	
3.4.	Interkulturelle Wirtschaftskommunikation......................................39	
4.	Verkaufsgespräche...47	
4.1.	Formen von Verkaufsgesprächen und Literaturüberblick................47	
4.2.	Strukturbeschreibungen von Verkaufsgesprächen...........................51	
4.3.	Beispielanalyse: Gesprächsleitfaden einer Bank 57	
4.4.	Beispielanalysen: Rollen- und Beziehungsgestaltung in Verkaufsgesprächen..66	
4.4.1.	Autohandlung 66	
4.4.2.	Geschäft eines Hörgeräteakustikers...80	
4.4.3.	Computerfachgeschäft 89	
5.	Reklamationsgespräche 101	
5.1.	Aspekte von Reklamationsgesprächen und Literaturüberblick.......101	
5.2.	Beispielanalysen: Telefonische Reklamationsgespräche unter Professionellen..108	
6.	Servicegespräche 119	
6.1.	Aspekte von Servicegesprächen und Literaturüberblick................119	
6.2.	Beispielanalysen: Telefongespräche im EDV-Service 121	
7.	Verhandlungen..147	
7.1.	Formen von Verhandlungen und Literaturüberblick 147	

7.2.	Beispielanalysen: Verhandeln unter Experten	157
7.3.	Beispielanalysen: Verhandeln mit Laien	178
8.	Besprechungen	183
8.1.	Formen von Besprechungen und Literaturüberblick	183
8.2.	Beispielanalysen: Probleme von Zielorientierung und Effizienz	188
8.3.	Beispielanalysen: Probleme der Konfliktdarstellung und -bearbeitung	201
9.	Weitere mündliche Formen	215
9.1.	Weitere mündliche Formen der Wirtschaftskommunikation	215
9.2.	Homileïsche Kommunikation	222
10.	Schriftliche, grafisch-symbolische und technisch vermittelte Kommunikationsformen	227
10.1.	Schriftliche und grafisch-symbolische Kommunikationsformen	227
10.2.	Das Ineinandergreifen mündlicher und schriftlicher Kommunikation in der Interaktion	237
10.3.	Technisch vermittelte und computergestützte Kommunikation	250
11.	Anwendung linguistischer Analysen in Beratung, Training und Unterricht	255
11.1.	Kommunikationsberatung und -training auf linguistischer Grundlage	255
11.2.	Muttersprachlicher Unterricht und Wirtschaftsdeutsch als (Fach-)Fremdsprache	262
11.3.	Berufsfelder für LinguistInnen in der Wirtschaft	264
12.	Arbeitsanregungen	267
13.	Literatur	273
14.	Anhang	301
14.1.	Transkriptionszeichen	301
14.2.	Verzeichnis der verwendeten Aufnahmekorpora	302
14.3.	Transkripte	303
14.3.1.	Schlamperei (Telefonisches Reklamationsgespräch)	303
14.3.2.	Netzwerkversion (Telefonisches Reklamationsgespräch)	306
14.3.3.	Coprozessor (Telefonisches Reklamationsgespräch)	309
14.3.4.	Disketten (Telefonisches Reklamationsgespräch)	312
14.3.5.	Netz1 (Verhandlungsgespräch)	317
14.3.6.	Abgasrohr: Berufliches Konfliktgespräch am Telefon	324

14.4.	Texte	327
14.4.1.	Reklamationsschreiben an einen Reiseveranstalter	327
14.4.2.	Antwortschreiben des Reiseveranstalters	329
14.4.3.	Werbezettel Computerfachgeschäft	331

Abbildungsverzeichnis

Abbildung 1:	Funktionalisierung der betrieblichen Kommunikation	10
Abbildung 2:	Dimensionen kooperationsbezogener Kommunikation	17
Abbildung 3:	Bedingungen des fachlich-beruflichen Handelns in der Wirtschaftskommunikation	19
Abbildung 4:	Phasen von Verkaufsgesprächen im Buchhandel	53
Abbildung 5:	Das Handlungsmuster Kaufen/Verkaufen	56
Abbildung 6:	Telefonleitfaden einer Bank	58
Abbildung 7:	Variante des Telefonleitfadens	59
Abbildung 8:	Ergänzung zum Telefonleitfaden	60
Abbildung 9:	Handlungsschritte bei der Reklamationsbearbeitung	103
Abbildung 10:	Handlungsschema/Aufgabenstruktur von Reklamationsgesprächen	107
Abbildung 11:	Perspektivenunterschiede bei Kundin und ReklamationsbearbeiterIn	111
Abbildung 12:	Vorgeschichte und Hilfeersuchen in der interaktiven Fehlerbestimmung	124
Abbildung 13:	Erklärungshypothesen und weiterer Musterdurchlauf	129
Abbildung 14:	Die Handlungsstruktur der interaktiven Fehlerbestimmung	130
Abbildung 15:	Das sprachliche Handlungsmuster *Fehlerdiagnose*	133
Abbildung 16:	Das Muster *Verhandeln*	155
Abbildung 17:	Die Mehrgliedrigkeit der Verhandlungsparteien	172
Abbildung 18:	Service-Bericht	228

1. Einleitung

Die Wirtschaft ist ein zentraler Bereich gesellschaftlichen Handelns, in ihm haben die meisten Menschen ihre Beschäftigung. Wir alle sind darüber hinaus Klienten wirtschaftlicher Institutionen – zumindest als Kunden von Wirtschaftsunternehmen, von Industrie und Handel. Das Geschehen in der Wirtschaft hat wesentlichen Einfluss auf alle Bereiche von Gesellschaft und Politik. Aus diesen Gründen ist die Wirtschaft gleichzeitig ein zentraler Ort gesellschaftlicher Kommunikation. Die wirtschaftliche Kommunikation dürfte einen hohen Prozentsatz dessen ausmachen, was überhaupt an Kommunikation in der Gesellschaft stattfindet. Sprachliche Kommunikation ist hier zugleich Fachkommunikation und berufliche Kommunikation, darüber hinaus besitzt sie charakteristische Merkmale institutionellen Handelns.

Die geringe Aufmerksamkeit, die Linguistik und Fachsprachenforschung der Wirtschaftskommunikation bisher gewidmet haben, wird ihrer gesellschaftlichen Bedeutung und ihrer Komplexität nicht gerecht. Die Gründe dafür sind vielfältig: Zwischen (geisteswissenschaftlicher) Forschung und Wirtschaft besteht traditionell ein eher distanziertes Verhältnis. Berührungsängste von seiten der Wissenschaft und Abschottung seitens der Wirtschaft haben dazu geführt, dass kaum größere Korpora empirischer Daten vorhanden sind. Eine Erschwernis für die Analyse ist die Vielfalt und Heterogenität der sprachlichen Handlungsformen in der Wirtschaft.

Das vorliegende Buch will hier mehr Klarheit schaffen und konkrete Hilfestellungen bieten. Es soll den komplexen Bereich der Wirtschaftskommunikation erschließen helfen, vor allem auch die schwer zugängliche mündliche Wirtschaftskommunikation. Hier fehlte bisher ein zugleich einladender und effizienter Zugang. Das Buch bietet Überblicke sowie empirische Analysen zu wichtigen Bereichen der Wirtschaftskommunikation, also zu den sprachlichen Kommunikationsprozessen z.B. in Industriebetrieben, Dienstleistungsunternehmen, Handwerksbetrieben oder Einzelhandelsgeschäften. Grundlage bilden sprachwissenschaftliche Untersuchungen, die von mir und anderen in den letzten Jahren durchgeführt wurden. Die Überblicksdarstellungen werden mit Beispielanalysen ausgewählter Gesprächstypen verbunden – und zwar aus einer problem- und anwendungsorientierten Perspektive. Darüber hinaus werden Arbeitsanregungen und Material für eigene, weiterführende Untersuchungen zur Verfügung gestellt.

Der theoretisch-methodische Ansatz, der in den Analysen verfolgt wird, unterscheidet sich dabei grundlegend von den traditionellen Formen, Kommunikation in der Wirtschaft zu behandeln. Ich beschränke mich nicht auf allgemeine, mehr oder weniger abstrakte Beschreibungen und Charakterisierungen, wie sie in psychologischen oder wirtschaftswissenschaftlichen Arbeiten oft zu finden sind, vielmehr richten sich die Analysen auf die konkreten Interaktionen, wie sie real im beruflichen Alltag stattfinden. Auf der Grundlage von Aufzeichnungen authentischer, natürlicher Gespräche und von Texten aus der Wirtschaft, die aus echten Interaktionssituationen stammen, werden die zugrunde liegenden Strukturen durch mikroanalytische Verfahren detailliert herausgearbeitet.

Die theoretischen Grundlagen und die Methoden, die für die Analysen verwendet werden, sind die der linguistischen Diskursanalyse. Sie versteht Sprache und Kommunikation als ein zweckgerichtetes sprachliches Handeln, das mit anderen Formen des Handelns (z.B. praktischem Handeln) eng verbunden ist. Im Fall der Wirtschaftskommunikation bedeutet dies, dass das sprachliche Handeln in Unternehmen usw. als ein Teil des fachlichen, beruflichen und institutionellen Handelns betrachtet wird, das dann als ganzes das „wirtschaftliche Handeln" konstituiert. Charakteristisch für die Diskursanalyse ist, dass der Untersuchungsgegenstand, das sprachliche Handeln, selbst dokumentiert wird, als Korpus von Texten oder – im Falle mündlicher Kommunikation – durch audiovisuelle Aufzeichnung und Transkription (genaue Verschriftung) der Gespräche. Eine solche empirische Fundierung der Analysen unterscheidet sich deutlich von anderen Formen, wie z.B. denen der Befragung oder Beobachtung, die in den Sozialwissenschaften üblich sind.

Auf der Basis solcher Transkripte (Verschriftungen) stelle ich verschiedene für die Wirtschaft charakteristische Kommunikationsformen vor und untersuche einige von ihnen ausführlich und detailliert. Diese exemplarischen Analysen berücksichtigen sowohl betriebsinterne als auch betriebsexterne Kommunikation, etwa mit Kunden oder Vertretern anderer Unternehmen. Mündliche Formen, wie Verkaufs- und Reklamationsgespräche, Servicegespräche, Verhandlungen oder Besprechungen, stehen dabei im Vordergrund; aber auch schriftliche Formen, wie z.B. Korrespondenz, Bedienungsanleitungen oder Werbeanzeigen, werden berücksichtigt. Neben dem Medium der Schrift spielen in der Wirtschaftskommunikation noch weitere mediale Formen eine Rolle, die teils an Mündlichkeit gebunden sind, wie Telefongespräche, teils enger mit dem Medium Schrift verbunden sind, z.B. computergestützte Kommunikation. Auch auf sie gehe ich ein. Meine Untersuchungen richten sich auf Daten bzw. Gespräche aus der deutschsprachigen Wirtschaftskommunikation, ich beziehe jedoch immer wieder auch Literatur und Forschungsergebnisse zu nicht-deutschsprachiger und interkultureller Kommunikation ein.

Ein Buch über Wirtschaftskommunikation wäre unvollständig, wenn es nicht auch Fragen der Anwendung sprachwissenschaftlicher Analysen und Ergebnisse behandeln würde. Im abschließenden Kapitel stelle ich Möglichkeiten und Erfahrungen linguistisch fundierter Kommunikationsberatung und Kommunikationstrainings vor, ferner Anwendungen im Sprachunterricht – im muttersprachlichen Unterricht wie im Unterricht Deutsch als Fremdsprache (Wirtschaftsdeutsch). Im Anhang werden einige der analysierten Transkripte im Zusammenhang wiedergegeben, so dass sie auch für andere, weiterführende Fragestellungen verwendet werden können.

Da ich mich bemüht habe, nicht zu viel fachspezifisches Wissen und wissenschaftliche Terminologie vorauszusetzen, kann das Buch auch für Interessierte außerhalb der Linguistik von Nutzen sein: für Lehrende und Studierende anderer geistes-, sozial- und wirtschaftswissenschaftlicher Disziplinen, LehrerInnen für Deutsch als Fremdsprache und an berufsbildenden und allgemeinbildenden Schulen sowie für Ausbilder. Personen, die in Kommunikationstraining, Personalentwicklung oder Unternehmensberatung tätig sind, können linguistische Fragestellungen, Analyseweisen und Ergebnisse kennen lernen und für ihre eigene Arbeit fruchtbar machen. Auch „Betroffene" aus der Wirtschaft können dieses Buch mit Gewinn lesen: Sie werden die kommunikativen Probleme ihrer eigenen alltäglichen Berufspraxis darin wiederfinden. Solche Probleme erscheinen dann – auf den Begriff gebracht und der kritischen Reflexion unterzogen – in einem neuen Licht, neue Lösungsformen werden sichtbar.

In diesem Sinne will das Buch den Austausch zwischen Wirtschaft und Linguistik fördern – und auch die aktuelle Diskussion um die Berufsperspektiven für SprachwissenschaftlerInnen in der Wirtschaft.

Danksagung

Ich danke meinen KollegInnen Michael Becker-Mrotzek, Anne Berkemeier, Reinhard Fiehler und Johanna Lalouschek für die kritische Lektüre des Manuskriptes und Verbesserungsvorschläge. Gerd Antos hat mir freundlicherweise die Aufnahme des Reklamationsgesprächs *Schlamperei* zur Verfügung gestellt. Auch meinen studentischen Hilfskräften, die bei den Transkriptionen und der technischen Erstellung des Buches mitgewirkt haben, möchte ich danken.

2. Theoretische und methodische Grundlagen

In diesem Kapitel kläre ich zunächst grundlegende Begriffe wie *Wirtschaft, Unternehmen, Institution* (Kap. 2.1). Danach stelle ich die relevanten Dimensionen und Aspekte wirtschaftlicher Kommunikation dar, um die vielfältigen kommunikativen Formen und Funktionen der Wirtschaftskommunikation zu strukturieren und Problemfelder aufzuzeigen (Kap. 2.2). Schließlich beschreibe ich, wie man einen empirisch-linguistischen Zugang zu den sprachlichen Daten gewinnt und wie man methodisch mit ihnen umgeht (Kap. 2.3).

2.1. Wirtschaft: Grundbegriffe

Den Begriff *Wirtschaftskommunikation* im Titel habe ich gewählt, weil er neutraler und weiter gefasst ist als andere Begriffe, die in diesem Zusammenhang verwendet werden. In der linguistischen Literatur finden sich neben dieser Bezeichnung auch *betriebliche Kommunikation* (z.B. Pogarell 1988) und *Unternehmenskommunikation* (z.B. Bungarten Hg. 1991, Hg. 1994), die im Wesentlichen synonym verwendet werden.

Wirtschaft bezeichnet die Gesamtheit der Einrichtungen, die sich – durch den Einsatz von Produktionsfaktoren – auf Produktion und Konsum von Gütern beziehen, also Produktions- und Dienstleistungsunternehmen, Handwerksbetriebe, landwirtschaftliche Betriebe, Banken, Einzelhandelsgeschäfte oder Restaurants. In der Betriebswirtschaftslehre werden Betrieb und Unternehmen als wirtschaftliche Einheiten meist dadurch unterschieden, dass das Unternehmen als rechtliche, finanzielle oder Verwaltungseinheit und der Betrieb als technisch-organisatorische Einheit bestimmt wird; *Unternehmen* wird oft als der übergeordnete Begriff verstanden in dem Sinne, dass ein Unternehmen aus mehreren *Betrieben* bestehen kann (Vahlens 1994: 2173).

Betriebe und Unternehmen sind soziale Gebilde, Wirtschaftseinheiten, die in ihrer heutigen Form erst mit der Industrialisierung entstanden sind. Ihr Zweck besteht darin, durch Erstellen und Verkauf von Sachgütern und Dienstleistungen ein Gewinnmaximum zu erreichen. Die Unterscheidung zwischen Dienstleistungs- und Produktionsbetrieb (Industriebetrieb) bezieht sich auf die Art der Tätigkeiten, mit denen Gewinn erwirtschaftet wird (Erbringen von Dienstleistungen oder Produktion von Sachgütern). Wirtschaftsunternehmen modernen Typs, wie Industrie- und Dienstleistungsunternehmen, sind durch eine ausgeprägte Arbeits- und Funktionsteilung geprägt und oft von großer Komplexität und Differenziertheit. Das in ihnen tätige Personal unterliegt einer internen Rollendifferenzierung, sein Handeln ist gekennzeichnet durch spezifische Verbindlichkeiten (z.B. aufgrund von arbeitsvertraglichen Regelungen oder Betriebsvorschriften), Kompetenzen (im Rahmen von Über- und Unterordnungsverhältnissen, Handlungsvollmachten), Rechte (z.B. tarifvertragliche Rechte) sowie Beschränkungen der Handlungs- und Anweisungsbefugnisse.

Die charakteristischen Aktivitäten und zyklisch wiederkehrenden Abläufe, die in Wirtschaftsunternehmen stattfinden, haben eine bestimmte, beschreibbare Struktur, die in den Ablaufformen wie in der Ordnung des betrieblichen Handlungssystems in Erscheinung treten kann. Sie wird in der Betriebswirtschaftslehre oft als *Ablauf-* bzw. *Aufbauorganisation* bezeichnet. Diese Struktur ist daraufhin angelegt, dass der Zweck des Wirtschaftsunternehmens erfüllt wird, also auf die Gewinnmaximierung durch Produktion und Verkauf von Gütern oder Dienstleistungen. Die Aktivitäten und Abläufe des Handlungssystems sind im Hinblick auf diesen Zweck organisiert, geregelt und hierarchisch kontrolliert. Wirtschaftsunternehmen sind darüber hinaus als juristische Personen im Rechtssystem verankert und vielfältig in dieses eingebunden. Soziale Gebilde oder Handlungssysteme, die solche Merkmale aufweisen, werden in der Soziologie üblicherweise als Organisationen bezeichnet. Dies zeigt eine der „klassischen" Definitionen von *Organisation:*

> Gemeinsam ist allen Organisationen erstens, dass es sich um soziale Gebilde handelt, um gegliederte Ganze mit einem angebbaren Mitgliederkreis und interner Rollendifferenzierung. Gemeinsam ist ihnen zweitens, dass sie bewusst auf spezifische Zwecke und Ziele orientiert sind. Gemeinsam ist ihnen drittens, dass sie im Hinblick auf die Verwirklichung dieser Zwecke und Ziele zumindest der Intention nach rational gestaltet sind. (Mayntz 1963: 36)

Dieser soziologische Organisationsbegriff ist von dem betriebswirtschaftlichen zu unterscheiden, der nur den Aspekt der Ordnung, des „Organisiert-Seins" erfasst, nicht jedoch das soziale Gebilde als Ganzes.

In der linguistischen Forschung hat es sich durchgesetzt von *Institutionen* zu sprechen, wenn Einrichtungen wie die Schule, das Krankenhaus, das Gericht oder eben das Unternehmen zum Gegenstand sprachwissenschaftlicher Untersuchungen werden, also solche, die – als konkrete Einrichtungen – auch als Organisationen beschrieben werden können. Wenn man Wirtschaftsunternehmen als Institutionen betrachtet, akzentuiert man – über soziologische und wirtschaftswissenschaftliche Konzepte von Organisation hinausgehend – ihre Rolle als Teilsysteme im gesellschaftlichen Funktionszusammenhang. Ein solcher Institutionsbegriff findet sich in der linguistischen Literatur z.B. bei Wunderlich:

> Eine *Institution* hat einen bestimmten Zweck im Gesamtzusammenhang der gesellschaftlichen Produktion und Reproduktion; sie ist ein Komplex von wechselseitig

aufeinander bezogenen Aktivitäten von Personen; dabei können die Personen im Rahmen der Institution verschiedene Stellungen, Befugnisse usw. innehaben; die Aktivitäten können prozedural geregelt sein und sind deshalb relativ unabhängig von den persönlichen Eigenschaften der in der Institution Agierenden; die Institution als Ganzes kann ein Gebilde des kodifizierten Rechts sein. Zu den Aktivitäten im Rahmen einer Institution gehören zentrale Aktivitäten, ohne die die Institution nicht bestehen würde, und eine Reihe peripherer Aktivitäten, die zur Stabilisierung der Institution und den Wechselbeziehungen der Institution mit anderen gesellschaftlichen Prozessen beitragen. (Wunderlich 1976: 312)

Eine gesellschaftstheoretisch geprägte Sicht auf Institutionen haben in der Linguistik besonders Ehlich/Rehbein entwickelt:

Für die theoretische Bestimmung der Institution folgt daraus, dass Institutionen abhängig von den spezifischen Gesellschaftsformen sind, von denen sie unterhalten werden, und dass sie eine aktive Funktion für die Reproduktion eben dieser jeweiligen Gesellschaftsformation haben. Beide Bestimmungen gehen in den Begriff des *gesellschaftlichen Apparats* [...] ein. Institutionen sind gesellschaftliche Apparate, mit denen komplexe Gruppen von Handlungen in einer zweck-effektiven Weise für die Reproduktion einer Gesellschaft prozessiert werden, und bilden spezifische Ensembles von Formen. (Ehlich/Rehbein 1994: 318)

Diese Sichtweise, dass Institutionen und Gesellschaftsformen voneinander abhängen und funktional aufeinander bezogen sind, lässt sich an wirtschaftlichen Institutionen besonders gut nachvollziehen. Wie Unternehmen arbeiten, hängt unmittelbar von den ökonomischen Grundbedingungen und Beziehungen ab, die in einer Gesellschaft gelten, von der Rolle des Privateigentums und den Steuerungsprozessen durch den Markt oder die Politik. Umgekehrt hat das, was in den Institutionen der Wirtschaft geschieht, großen Einfluss auf die gesellschaftliche Entwicklung und auf politische Prozesse. Die Analyse der Kommunikation als eines integralen Bestandteils institutionellen Handelns ist deshalb gleichzeitig eine Analyse der Mechanismen gesellschaftlicher Reproduktion.

2.2. Dimensionen der Wirtschaftskommunikation

Wirtschaftliche Institutionen wie Betriebe und Unternehmen sind als arbeitsteilige Handlungssysteme notwendig auf Kommunikation angewiesen. Kommunikatives Handeln bildet die Grundlage für alle Arbeitsabläufe und macht selbst einen hohen Anteil des wirtschaftlichen Handelns aus. Besonders viele Dienstleistungsarbeiten bestehen fast ganz aus Interaktion und Kommunikation zwischen Produzent und Konsument. Weil Kommunikation an allen Bereichen und Funktionen betrieblichen Handelns zentral beteiligt ist, wird sie in der betriebswirtschaftlichen Literatur auch als *Schlüsselfunktion* (Bormann et al. 1971: 149) oder *Lebensnerv* (Wahren 1987: 3) des Unternehmens bezeichnet. Theis (1994) stellt die Rolle, die Kommunikation in verschiedenen Organisationskonzeptionen spielt, sowie das Spektrum (nichtlinguistischer) empirischer Untersuchungen der Unternehmenskommunikation ausführlich dar.

Aufgrund der quantitativ wie qualitativ zentralen Bedeutung, die Kommunikationsarbeit in Unternehmen besitzt, können diese unter einer linguistisch-diskursanalytischen Perspektive als überwiegend kommunikativ geprägte Institutionen betrachtet werden, als Ensembles unterschiedlicher kommunikativer Formen, die die Kristallisationspunkte der Analyse bilden. Wenn ich im Folgenden – im Sinne eines Problemaufrisses – relevante Dimensionen und Aspekte wirtschaftlicher Kommunikation darstelle (vgl. Brünner 1992), so soll dies helfen, in die Vielfalt der Texte und Diskurse, der Formen und Funktionen Struktur zu bringen und gleichzeitig Problemfelder zu markieren.

Kooperationsbezogene und kooperationsunabhängige Kommunikation

Wirtschaftseinheiten wie Betriebe sind für die Zusammenarbeit der einzelnen Handelnden und Teilsysteme und für ihre Zweckerfüllung auf Kommunikation angewiesen. Diese *kooperationsbezogene Kommunikation*, manchmal auch *Arbeitskommunikation* genannt, lässt sich analytisch unterscheiden von *kooperationsunabhängiger* oder sog. *Sozialkommunikation* und steht zu dieser in einem Spannungsverhältnis. Diese Differenzierung soll erfassen, dass Kommunikation auch dann, wenn sie innerhalb des Unternehmens, in beruflichen Handlungszusammenhängen zwischen Institutionsangehörigen stattfindet, in ihrem Zweck und Inhalt keineswegs immer beruflich bezogen zu sein braucht (vgl. Kap. 9.2). So finden sich kürzere oder längere Gespräche, die nicht unmittelbar der Arbeitstätigkeit, sondern anderen Zwecken dienen, wie der Unterhaltung oder der Beziehungspflege – z.B. wenn Techniker sich während einer Reparaturarbeit über Kochrezepte unterhalten oder Arbeiterinnen am Band sich ihre Erlebnisse vom Wochenende erzählen. Kooperationsunabhängige Kommunikation wird im Zusammenhang mit institutionellem Handeln allgemein auch als *homileïscher Diskurs* (‚zum Vergnügen oder zur Unterhaltung geführt') bezeichnet (Ehlich/Rehbein 1980).

Kooperationsunabhängige Kommunikation findet trotz aller Rationalisierungsbemühungen statt, auch wenn die Voraussetzungen für sie nicht immer und überall vorhanden oder günstig sind. Zu diesen Voraussetzungen gehören ein Minimum an Muße und Aufmerksamkeit für das Gespräch neben der Arbeit, Gesprächspartner in unmittelbarer Nähe und eine nicht allzu laute Arbeitsumgebung. Während sie in den Unternehmen früher als störend betrachtet und tendenziell unterbunden wurde, ist seit den sogenannten *Hawthorne-Experimenten* bekannt, dass sie Entlastungfunktion für das berufliche Handeln hat und wichtig für die Arbeitszufriedenheit der Mitarbeiter ist. Diese Experimente, die zwischen 1929 und 1932 von E. Mayo und seinen Mitarbeitern in den USA durchgeführt wurden, bildeten den Auftakt für die Human-Relations-Bewegung.

Über ihre Entlastungs- und Motivationsfunktion für die Handelnden hinaus kann kooperationsunabhängige Kommunikation in bestimmten Zusammenhängen direkt für wirtschaftliche Zwecke funktionalisiert werden. Ich werde später zeigen (Kap. 4.4.1 und 9.2), wie small-talk, persönliche Themen oder Scherze in Verkaufsgesprächen oder Geschäftsverhandlungen gezielt eingesetzt werden, um Kontakt zu den Kunden herzustellen, den „menschlichen" Charakter der Interaktion herauszustellen und dadurch die ökonomischen Ziele besser zu erfüllen.

Dennoch ist die Wirtschaftskommunikation im Ganzen wesentlich stärker durch berufliche und institutionelle Zwänge und Verpflichtungen als durch menschlich-soziale Bedürfnisse bestimmt. Die kooperationsbezogene Kommunikation dient, wie das betriebliche Handeln insgesamt, der Produktion und dem Verkauf von Gütern und Dienstleistungen zur Erzielung von Gewinn und ist dementsprechend funktionalisiert. Sie steht in Wirtschaftsunternehmen ganz im Vordergrund und hat an allen Handlungsbereichen und Funktionen Anteil. Sie besitzt Orientierungs- und Regulationsfunktion für das betriebliche Handeln, insbesondere dient sie der Distribution und Prozessierung von Wissen sowie der Planung, Koordination und Regulation von Tätigkeiten.

Kommunikativ verarbeitetes Wissen hat in technischen Anlagen und in betrieblichen Organisationsstrukturen gewissermaßen eine verfestigte Form angenommen. Das Wissen muss aber in bestimmten Situationen wieder neu versprachlicht werden; z.B. wenn neues Personal aufgenommen wird (also bei der Einweisung neuer MitarbeiterInnen oder in der betrieblichen Ausbildung). Auch wenn die technischen Anlagen oder die Organisationsstrukturen nicht richtig funktionieren, wenn korrigierende Eingriffe nötig werden (bei technischen Umstellungen, Reparaturen oder betrieblichen Umstrukturierungen), muss dieses Wissen neu versprachlicht werden. In solchen Situationen entsteht also ein besonders hoher Kommunikationsbedarf.

Wirtschaftskommunikation ist insgesamt, in ihren kooperationsbezogenen wie auch kooperationsunabhängigen Anteilen, für die institutionellen (betrieblichen) Zwecke funktionalisiert – auch wenn dies für beide in unterschiedlicher Weise gilt.

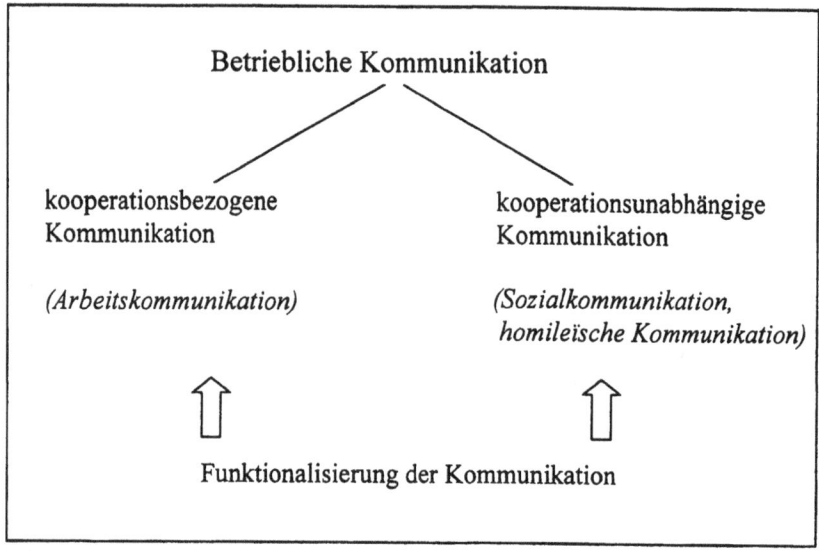

Abbildung 1: Funktionalisierung der betrieblichen Kommunikation

Formelle und informelle Kommunikation

Mit der Funktionalisierung der Kommunikation eng verbunden ist ihre *Formalisierung* (im weiteren Sinne). Da Wirtschaftsunternehmen Institutionen sind, gibt es formelle institutionelle Regelungen für das Handeln in ihnen – auch für das sprachliche Handeln. Solche formellen Regelungen schreiben vor, wer – mit wem – worüber – wie – wann kommuniziert, also auf Adressaten, Inhalt, Form, Medium oder Zeitpunkt der Kommunikation. Erhebliche Anteile auch des kommunikativen Handelns sind in diesem Sinne dauerhaft und personenunabhängig geregelt. Geregelt sind einheitliche fachsprachliche Benennungen ebenso wie standardisierte Berichtsformen oder vorgeschriebene Kommunikationswege zwischen einzelnen Stellen und Abteilungen.

Dennoch findet betriebliche Kommunikation faktisch keineswegs nur in den formell vorgeschriebenen Formen statt. In der Wirklichkeit spielt auch die informelle Kommunikation eine wichtige Rolle, die entweder ungeregelt ist oder sogar gegen die Regeln verstößt. Formelle und informelle Kommunikation bilden miteinander ein komplexes System und stehen in einem systematischen Gegensatz zueinander.

Meine Untersuchungen zur betrieblichen Ausbildung im Bergbau (Brünner 1987) zeigen z.B. folgendes: Die Ausbilder besitzen als ältere Kollegen reiche Erfahrungen, welche Anforderungen die Arbeit unter Tage stellt und wie man damit am besten zurechtkommt. Zu ihrem beruflichen Wissen gehört u.a., wie man improvisiert – sei es auch an der Grenze des Zulässigen. In ihrer Rolle als Ausbilder jedoch sind sie darauf verpflichtet, den Auszubildenden die vorgeschriebenen Handlungsweisen zu vermitteln, die sich mit den in der Praxis üblichen und bewährten nicht immer decken. Deshalb können sie Teile ihres beruflichen Erfahrungswissens nicht ausdrücklich zum Thema der Unterweisung machen, sondern nur informell, „unter der Hand" weitergeben.

Was die Kommunikationsnetze und -wege betrifft, so existieren neben den formell vorgeschriebenen kommunikativen Verbindungen, die der Ablaufstruktur und der hierarchischen Organisationsstruktur folgen, immer auch unkontrollierbare soziale Strukturen – z.B. Freundschafts- und Sympathiebeziehungen, Interessensgemeinschaften und „Seilschaften". In ihnen bilden sich informelle Kommunikationsstrukturen aus, die mit den formellen in Konflikt geraten können. Die vertikalen „Dienstwege" widersprechen mitunter nicht nur menschlichen Bedürfnissen, sondern oft auch sachlichen Erfordernissen. Sie sind in der Regel langsamer als die informellen – und in manchen Situationen eben *zu* langsam –, weil mehr Instanzen die Informationen bearbeiten und prüfen. Ein anderer Grund ist, dass keine Institution alle denkbaren zukünftigen Fälle im Vorwege optimal regeln kann. Nur idealiter, nicht aber in der Wirklichkeit entsprechen also die formellen Kommunikationsnetze genau dem Kommunikationsbedarf des Handlungssystems. So kommt es zu Widersprüchen, die auch in der Kommunikation Ausdruck finden. Analysiert man die faktischen kommunikativen Kontakte, so findet man immer Abweichungen von den formellen Netzen, z.B. Abkürzungen und Umgehungen von Positionen.

Es besteht in der Literatur Konsens, dass die Kommunikationsdichte in einer Abteilung mit der Zufriedenheit der Mitarbeiter korreliert. Erfolgreiche Unternehmen zeichnen sich durch starke kommunikative Vernetzung und viel informelle Kommunikation aus – unabhängig vom Organigramm (Wahren 1987: 214f.; Management Wissen 1991: 30). Es ist eine empfohlene Strategie, durch Rundgänge vor Ort Gelegenheiten zur direkten, informellen Kommunikation mit der Unternehmensleitung zu schaffen (*Management by walking around*), z.B. für Werkstättenleiter oder Meister (Management Wissen 1991: 20).

Sachlich-technisch und hierarchisch-ökonomisch bezogene Kommunikation

Charakteristisch für die Wirtschaftskommunikation sind weiterhin die komplexen und spannungsreichen Beziehungen zwischen *sachlich-technischen* und *hierarchisch-ökonomischen* Aspekten betrieblichen Handelns. Sachlich-technisch bezogene Kommunikation resultiert vor allem aus der Produktion von Gebrauchswerten und dem Erbringen von Dienstleistungen. Sie betrifft besonders die materiellen und technischen Grundlagen betrieblichen Handelns (z.B. die Gestaltung technischer Produktionsabläufe). Hierarchisch-ökonomisch bezogene Kommunikation resultiert aus der Kapitalverwertung und den hierarchischen Strukturen im Unternehmen. Sie richtet sich auf die ökonomische Seite der Produktion und auf die damit verbundenen Aspekte von Herrschaft und widerstreitenden Interessen (z.B. Controlling, Vertragsverhältnisse). Sachlich-technisch und hierarchisch-ökonomisch bezogene Kommunikation sind häufig ineinander verwoben, d.h., im konkreten sprachlichen Handeln finden beide zugleich ihren Niederschlag, sie lassen sich jedoch analytisch trennen. Wirtschaftsunternehmen sind als Institutionen primär auf die Zwecke der Kapitalverwertung und Gewinnmaximierung ausgerichtet. Deshalb ist die betriebliche Kommunikation als institutionelle überwiegend hierarchisch-ökonomisch bezogen; überwiegend sachlich-technisch bezogen ist sie als Fachkommunikation.

Ihren Ausdruck findet hierarchisch-ökonomisch bezogene Kommunikation in der Institutionalisierung und Verrechtlichung der Kommunikation. Darüber hinaus ist aufgrund der hierarchisch-ökonomischen Aspekte das betriebliche Handeln insgesamt wie auch die Kommunikation durch Macht- und Kompetenzansprüche, durch Interessenkonflikte, Konkurrenz und Rivalität bestimmt. Hierarchisch-ökonomische Aspekte zeigen sich auch darin, dass Kommunikation – wie alle Tätigkeiten – für Unternehmen ein Kostenfaktor ist und deshalb *Ökonomieprinzipien* unterworfen wird. So werden in großem Umfang technische Kommunikationsmedien eingesetzt, um Arbeitszeit und damit Kosten einzusparen – von der Telefon-Konferenzschaltung bis zum Computernetz. Die zunehmende Technisierung der Kommunikation beeinflusst dann ihrerseits die sprachlich-kommunikativen Formen, sie führt z.B. zu einer Vielzahl von Hybrid- und Mischformen aus mündlicher und schriftlicher Kommunikation (z.B. E-mail-Kommunikation) (vgl. Kap. 10.3).

Auch die Formalisierung der Kommunikation ist letztlich hierarchisch-ökonomischen Gesichtspunkten geschuldet. Kommunikative Handlungen und Verbindungen sollen rationell und kostengünstig sein. Dies gilt besonders für schriftliche Kommunikation, etwa im Zusammenhang mit dem Computer-Einsatz. Z.B. werden aus Rationalisierungsgründen häufig Schemata für Berichte nach dem Prinzip des Formulars vorgegeben, so dass in eine computererzeugte Vorlage nur noch einzelne Daten oder Zahlen eingesetzt werden müssen. Eine Formalisierung aus Gründen vermeintlicher Effektivität stellt auch das Telefonieren nach Script dar, wie es Antos (1989) beschrieben hat. Bei dieser kommunikativen Form, die in Werbung und Marketing immer mehr an Bedeutung gewinnt, wird die normale mündliche Form des Telefongesprächs dadurch modifiziert, dass der Vertreter der werbenden Firma einseitig und verdeckt schriftliche Gesprächsleitfäden verwendet, um seine Gesprächsziele schneller und besser zu erreichen (vgl. Kap. 4.2, 4.3).

Sachlich-technisch und hierarchisch-ökonomisch bezogene Kommunikation im Unternehmen tendieren zum Konflikt. Die Widersprüche werden sichtbar z.B. beim Verkaufen und verwandten Tätigkeiten (vgl. Kap. 4). Die Analyse von Marketing-Gesprächen mit Kunden (Flieger/Wist/Fiehler 1992) zeigt, dass der erklärte Anspruch, eine Gesprächsführung im Sinne von sachlich orientierter Beratung zu erreichen, immer wieder durch typisches Verkäuferverhalten durchkreuzt wird. Auch im Verhältnis von Schriftlichkeit und Mündlichkeit drücken sich die Widersprüche aus. Die Verrechtlichung betrieblicher Kommunikation führt dazu, dass Dinge schriftlich abgefasst werden, für die von der Sache her ein mündliches Gespräch ausreichen würde oder die in sachlicher Hinsicht bereits kommunikativ abgearbeitet sind. Ein Beispiel ist die nachträgliche Verschriftlichung mündlich gegebener Aufträge oder Terminabsprachen.

Die hierarchisch-ökonomischen Strukturen produzieren oft Scheinhaftigkeit im Handeln. Das Streben nach Absicherung und Kontrolle findet seinen Ausdruck in Vorschriften, die oft genug zum Hindernis für das sachlich-technisch bezogene Handeln werden. Deswegen werden solche Vorschriften als Bürokratismus betrachtet und nur partiell befolgt. Der Schein einer Normgerechtheit und Normalität der Abläufe muss jedoch gewahrt werden. Es wird mitunter erheblicher kommunikativer Aufwand betrieben, um kompensatorisch den Anschein von Ordnungsgemäßheit zu erzeugen und auch gegen die Realität aufrecht zu erhalten. Man denke z.B. an offizielle Protokolle oder Berichte gegenüber internen Absprachen. Kommunikativ wird eine zweite Wirklichkeit etabliert, eine Scheinrealität im Sinne von ‚*so verlangen es die Vorschriften*'. Gerade diese Widersprüchlichkeiten zu rekonstruieren und zu analysieren, ist eine wichtige Aufgabe.

Fachinterne und fachexterne Kommunikation

Vor allem für die sachlich-technisch bezogene Kommunikation lässt sich eine weitere Differenzierung vornehmen, nämlich zwischen *fachinterner* und *fachexterner* Kommunikation. Sie geht über die – in betriebswirtschaftlichen Arbeiten häufig getroffene – Unterscheidung von betriebsinterner bzw. -externer Kommunikation hinaus und ist insofern allgemeiner, als sie fachliche, nicht organisatorische Grenzen zum Kriterium macht. Es besteht in der linguistischen Literatur Konsens, dass betriebliche Kommunikation zwar stark durch Fachsprachen gekennzeichnet ist, dass jedoch nichts existiert, was man als eine einheitliche *Fachsprache der Wirtschaft* bezeichnen könnte (Scholtes-Schmid 1986, Buhlmann 1989). Die Gründe liegen zum einen darin, dass Produkte und Dienstleistungen sowie Produktionsverfahren in den verschiedenen Betrieben ja sehr unterschiedlich sind und ein breites Spektrum einschlägiger Fächer beteiligt ist. Zum anderen sind die arbeitsteilige Struktur und hohe Komplexität des einzelnen betrieblichen Handlungssystems dafür verantwortlich, dass die verwendeten Fachsprachen sehr heterogen sind. Die Teilsysteme reichen von Forschung und Entwicklung über Beschaffung, Fertigung und Vertrieb bis zur Verwaltung und EDV.

Für Wirtschaftsunternehmen ist aufgrund ihrer arbeitsteiligen Struktur neben fachinterner gerade auch fachexterne Kommunikation besonders charakteristisch. Sie kann *interfachlich* zwischen Fachleuten verschiedener Arbeitsgebiete, beispielsweise aus verschiedenen Abteilungen, auftreten, *betriebsextern* als Experten-Laien-Kommunikation, z.B. zwischen Unternehmensangehörigen und Kunden, und schließlich auch *betriebsintern*, etwa zwischen Fachleuten und Lernenden in der betrieblichen Ausbildung. Fachexterne Kommunikation, mit Klienten der Institution (Kunden) oder zwischen verschiedenen betrieblichen Abteilungen, ist besonders störanfällig und problemträchtig. Davon zeugen die häufigen Klagen über Missverständnisse, Reibungsverluste und Konflikte.

Verständigungsprobleme in der fachexternen Kommunikation sind oft eine Folge von *Orientierungskonflikten*. Orientierungen sind mentale Hintergründe des Handelns und Kommunizierens. Die Wirtschaftskommunikation wird oft durch besondere Orientierungen beeinflusst, z.B. fachspezifische Konzeptualisierungen und Modellvorstellungen, besondere Wahrnehmungs- und Beurteilungsschemata, oder durch Orientierungen an speziellen beruflichen Handlungsstrukturen und Abläufen. Unterschiedliche Orientierungen können die Interaktion bestimmen, ohne dass für die Beteiligten immer klar wäre, dass und in welcher Weise dies geschieht. Wenn Orientierungen von den Kommunikationspartnern nicht geteilt oder zumindest wechselseitig verdeutlicht werden, kann es zu Orientierungskonflikten und Missverständnissen mitsamt ihren interaktiven Folgeproblemen kommen. Widerstreitende Orientierungen spielen z.B. in der technischen Dokumentation eine Rolle (vgl. Kap. 10.1): Wenn die Entwickler eines technisches Produktes, z.B. Ingenieure, die Bedienungsanleitung verfassen, orientieren sie sich oft an der Struktur des Produkts, an den Bedienungselementen und Funktionen des Gerätes. Dagegen orientieren sich die Kunden, die ja nicht primär das Gerät kennen lernen, sondern es unmittelbar für ihre Ziele nutzen wollen, an Handlungssituationen und Handlungsabläufen und kommen deshalb oft mit der Anleitung schlecht zurecht.

Die arbeitsteiligen Strukturen in Unternehmen fördern zunehmend eine Divergenz der Orientierungen. Die kommunikativen Fähigkeiten zur Bewältigung der Divergenzen müssten also ebenfalls zunehmen, um Orientierungskonflikte zu vermeiden. Darauf, dass dies nicht der Fall ist, gehen vermutlich zahlreiche Verständigungsprobleme in Unternehmen zurück.

Eigenständige und subsidiäre Kommunikation

Eine weitere Differenzierung kooperationsbezogener Kommunikation möchte ich mit den Begriffen *eigenständig* und *subsidiär* vornehmen. Bei der eigenständigen Kommunikation dient der gesamte Tätigkeitszusammenhang, in den die Kommunikation eingebunden ist, vorwiegend einem kommunikativen Zweck. Kommunikatives Handeln dominiert in ihm quantitativ gegenüber anderen Handlungsformen (praktischen oder mentalen Handlungen) und es wird darüber hinaus von den Handelnden auch als dominierend und anspruchsvoll wahrgenommen (mündlich z.B. Verhandlungen, schriftlich z.B. technische Beschreibungen). Bei der subsidiären Kommunikation dagegen dient der gesamte Tätigkeitszusammenhang, in den sie eingebunden ist, einem praktischen oder sonstigen nicht-kommunikativen Zweck und andere Handlungsformen dominieren gegenüber dem kommunikativen Handeln. Die kommunikativen Anteile in dem Tätigkeitszusammenhang stehen nicht im Fokus der Aufmerksamkeit und werden als bloße Hilfstätigkeiten erlebt, die oft den Charakter von Routinen haben (z.B. kurze mündliche Anweisungen, schriftliche Notizen).

In der Gesellschaft steigen die Anforderungen, die an die kommunikativen Fäigkeiten gestellt werden, durch wachsende berufliche Spezialisierung und komplexer werdende Arbeitsanforderungen. Die Zunahme von Planungs-, Steuerungs-, Kontroll- und Verwaltungstätigkeiten mit erheblichen kommunikativen Anteilen bewirkt Verschiebungen von subsidiärer Kommunikation hin zu eigenständiger Kommunikation. Kommunikation wird immer mehr zu einer eigenständigen beruflichen Aufgabe, die von den Beschäftigten als wichtig und anspruchsvoll wahrgenommen wird. Thesenhaft formuliert: Betriebliche Arbeit wird selbst zunehmend zu sprachlichem Handeln (auch als *Kommunikationsarbeit* bezeichnet (z.B. Knoblauch 1996: 357).

Aus diesen Überlegungen erklärt sich, warum es in Unternehmen bestimmte Schwerpunkte sprach- und kommunikationsintensiver Tätigkeiten gibt; besonders an solchen Schwerpunkten findet man eigenständige Kommunikation:

- (planende, koordinierende, kontrollierende) Management-Tätigkeiten
- Verhandlungen, Besprechungen
- Verträge, Schriftverkehr, Formulare
- Öffentlichkeitsarbeit, Werbung
- Beratung, Verkauf, Service, Reklamationsabwicklung
- technische Dokumentation, Gebrauchsanleitungen
- Terminologiearbeit, Übersetzung
- betriebliche Aus- und Fortbildung

Als Kommunikationstätigkeit par excellence gilt Management-Tätigkeit. Nach Wahren (1987: 49f.), der einschlägige Untersuchungen auswertet, hat verbale Kommunikation einen Zeitanteil zwischen 50 % und 90 % der Arbeitszeit von Führungskräften. Für die neueren Untersuchungen liegt der Durchschnitt bei 77 %. Die Darstellung bei Wahren lässt vermuten, dass subsidiäre Kommunikation hierbei noch nicht einmal berücksichtigt ist. Rosenstiel (1994: 117) gibt unter Berufung auf empirische Analysen an, dass die „kommunikationsfreie Zeit" bei der Mehrheit der qualifizierten Berufsgruppen kleiner als 10% ist. Die Kommunikations- und Informationstätigkeit von Managern hat in der organisationspsychologischen und betriebswirtschaftlichen Literatur immer stark im Vordergrund gestanden. Dabei lag der Schwerpunkt einerseits auf der Frage der Führungsstile, andererseits – besonders in den 70er Jahren – auf der organisatorisch-technischen Gestaltung der Kommunikationssysteme für Manager. Zwar scheint sich inzwischen eine weniger enge Sichtweise durchgesetzt zu haben, jedoch mangelt es an Untersuchungen, die faktisches Führungs- und Informationsverhalten und seine Wirkungen (z.B. Glaubwürdigkeit und Effizienz) anhand realer betrieblicher Kommunikationsprozesse empirisch beschreiben.

Empraktische und nicht-empraktische Kommunikation

Die betriebliche Kommunikation kann *empraktisch*, d.h. mit praktischen Tätigkeiten verknüpft und auf diese unmittelbar bezogen, oder *nicht-empraktisch* sein. Diese Differenzierung gilt primär für subsidiäre Kommunikation. Denn empraktische Kommunikation besitzt in der Regel nur subsidiären Charakter – obwohl es hier Sonderfälle geben mag. Wenn die Kommunikation empraktisch ist, hat dies starke Auswirkungen auf ihre Struktur. In Unternehmen ist besonders mündliche Kommunikation häufig in praktische Tätigkeitszusammenhänge eingebettet (z.B. Arbeitsgespräche während einer gemeinsamen Montagetätigkeit), dies kann aber auch für schriftliche Texte gelten (z.B. das Anfertigen von Notizen oder das Lesen in technischen Dokumenten während einer praktischen Arbeit).

Mündliche empraktische Kommunikation zeigt strukturelle Besonderheiten in den verschiedensten Aspekten des kommunikativen Handelns (syntaktisch-semantische Form von Äußerungen, Sprecherwechsel, Modifikationen sprachliche Handlungsmuster; Brünner 1987, Fiehler 1993). Auch das produktive und rezeptive schriftliche Handeln unterliegt als empraktisch eingebundenes spezifischen Veränderungen.

Abbildung 2 fasst die vorgenommenen Differenzierungen und Dimensionen der kooperationsbezogenen Kommunikation noch einmal zusammen.

Kooperationsbezogene Kommunikation		
formelle / geregelte K.	⇔	informelle K.
sachlich-technisch bezogene K.	⇔	hierarchisch-wirtschaftlich bezogene K.
fachinterne K.	⇔	fachexterne K.
eigenständige K.	⇔	subsidiäre K.
empraktische K.	⇔	nicht-empraktische K.

Abbildung 2: Dimensionen kooperationsbezogener Kommunikation

Der Überblick über Dimensionen und Problemfelder der Kommunikation im Wirtschaftsunternehmen zeigt, dass es sich hier nicht um einen geschlossenen sprachwissenschaftlichen Gegenstandsbereich handelt. Die Kommunikationsformen sind vielfältig und komplex, sie reichen von empraktisch eingebetteten mündlichen Anweisungen bis zu Dienstbesprechungen und Geschäftsverhandlungen, von kurzen Notizen und Datenbankeinträgen über formularisierte Berichte bis zu technischen Anleitungen und ganzen Vertragswerken. Einige werden als berufliche Routine erlebt, andere als zu lösende Probleme, die besonderer Aufmerksamkeit oder Anstrengung bedürfen.

Wirtschaftskommunikation als institutionelle, fachliche und berufliche Kommunikation

Im Folgenden soll eine weitere Differenzierung vorgenommen werden, die teils mit den bereits behandelten Dimensionen verbunden ist, teils über sie hinausgeht. Wirtschaftskommunikation besitzt unterschiedliche Facetten auch deshalb, weil sie zugleich institutionelle, fachliche und berufliche Kommunikation ist. Die Handelnden im Unternehmen sind Professionelle, in der Regel ausgebildete Fachleute, und zugleich Agenten der Institution. Diese unterschiedlichen Aspekte sind in ihrem Verhältnis zueinander und ihrer Verknüpfung noch kaum systematisch diskutiert worden.

Das (kommunikative) Handeln im Wirtschaftsunternehmen ist fachliches Handeln, insofern es angeleitet und geprägt ist durch ein spezielles, systematisches Wissen über bestimmte Wirklichkeitsausschnitte. Solches Wissen ist – etwa im Rahmen des (Aus)bildungswesens – gesellschaftlich segmentiert in fachliche Bereiche (Fächer, Fachgebiete) und in der Regel kodifiziert (z.B. in Lehrwerken und Terminologien). Es wird als systematisches, als Expertenwissen normalerweise innerhalb einer fachlichen Ausbildung vermittelt bzw. erworben. Sein Erwerb ist verknüpft mit dem Erwerb bestimmter Normen und Gepflogenheiten des Umgangs mit diesem Wissen, des Wahrnehmens, Denkens und Handelns in Bezug auf den betreffenden Wirklichkeitsausschnitt. Fachliches Handeln in diesem Sinne ist in unserer Gesellschaft also wesentlich an Ausbildung und Berufstätigkeit gebunden – nicht nur in Wirtschaftsunternehmen.

Das (kommunikative) Handeln im Unternehmen ist aber nicht nur fachlich bestimmt, sondern darüber hinaus auch durch die jeweiligen beruflichen Tätigkeiten der Professionellen, durch ihre Inhalte, Bedingungen und soziale wie institutionelle Einbindung. Ich spreche deshalb auch von *fachlich-beruflichem sprachlichen Handeln*. Die verschiedenen Aspekte sind eng verknüpft, lassen sich jedoch analytisch trennen.

In der Wirtschaft sind die fachlichen Bedingungen stark durch die Art der Produktion oder Dienstleistung des jeweiligen Betriebes bestimmt. Gehört ein Unternehmen einer bestimmten Branche an (z.B. Arzneimittelherstellung), so sind zahlreiche (kommunikative) Tätigkeiten in ihm durch die Wissensstrukturen der einschlägigen Fachgebiete geprägt (Pharmakologie, Medizin, Chemie usw.). Daraus resultieren bestimmte fachliche Kommunikationsformen, wie beispielsweise die Verwendung bestimmter Terminologien, Symbolsysteme (z.B. chemischer) und Darstellungsverfahren. Die Tätigkeit in einem Betrieb ist darüber hinaus jedoch durch berufliche und institutionelle Bedingungen, wie ein bestimmtes Stellen- und Aufgabenprofil, geprägt (z.B. Chemiker in der Qualitätskontrolle oder Vertriebsleiter in einem pharmazeutischen Betrieb), das seinerseits auch die Art der sozialen Einbindung der Arbeit mitbestimmt (z.B. Einzelarbeit, Teamarbeit, Führungstätigkeit). Daraus resultieren Aspekte beruflicher Kommunikation wie z.B. Art und Umfang der kommunikativen Anforderungen am Arbeitsplatz, Empraxie der Kommunikation oder die relevanten Text- und Diskursarten (z.B. Berichte, Mitarbeitergespräche). Die institutionellen Bedingungen entscheiden besonders auch über die Formalisierung und Technisierung der Kommunikation.

Ein Beispiel soll diese Zusammenhänge verdeutlichen: Ein Service-Techniker eines Unternehmens besucht einen Betrieb wegen eines Defekts in der Produktionsanlage, die dieser Betrieb von seinem Arbeitgeber gekauft hat. Er versucht zusammen mit einem Ingenieur des betreffenden Betriebes den Fehler zu finden und zu beheben. Die Kommunikation zwischen diesen beiden Personen ist durch die fachlichen Wissensbestände (etwa der Steuerungstechnik und Elektronik) und die entsprechende Fachlexik geprägt. Gleichzeitig bestimmt die Art der konkreten beruflichen Tätigkeiten die erforderlichen kommunikativen Handlungen: etwa Fragen und Antworten zum Zweck der Wissensübertragung, Vorschläge und Problemlösungssequenzen, empraktisch eingebundene Handlungsaufforderungen (z.B. Anlagenteile ein- oder auszuschalten). Die Bedingungen der Institution schließlich können sich auswirken z.B. als Zeitdruck, der im Handeln wirksam wird, in Kommunikationsanteilen, die sich auf die Aushandlung der Fehlerursachen und Kostenübernahme beziehen, oder auch in der Verpflichtung zu einer normierten Berichterstattung zwecks Kontrolle über die ausgeführten Reparaturtätigkeiten.

Zusammenfassend gesagt ist Wirtschaftskommunikation also handlungsbezogen, als Bestandteil fachlich-beruflichen Handelns im institutionellen Zusammenhang zu analysieren. Abbildung 3 (vgl. Brünner 1993: 739) soll diese Beziehungen verdeutlichen.

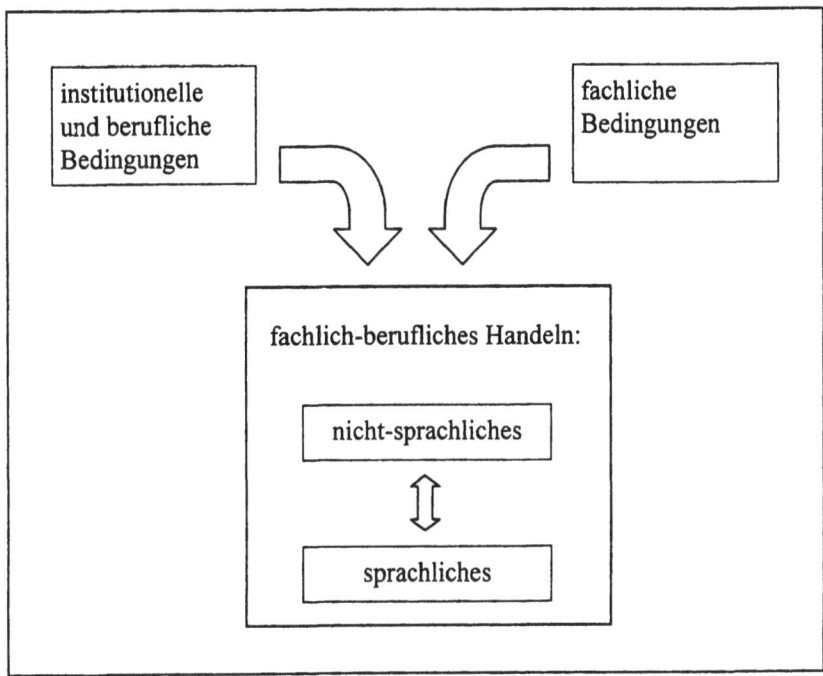

Abbildung 3: Bedingungen des fachlich-beruflichen Handelns in der Wirtschaftskommunikation

Gliederungen der Wirtschaftskommunikation in der Literatur

Die in der Literatur vorfindlichen Gliederungen von Wirtschaftskommunikation orientieren sich teils an der sogenannten *vertikalen Schichtung*, teils an der Organisationsstruktur von Unternehmen (z.B. Pelka 1979, Bolten 1992). Als vertikale Gliederung oder Schichtung der Kommunikation wird in der Fachsprachenforschung häufig unterschieden zwischen *Wissenschafts-* bzw. *Theoriesprache*, *Werkstatt-* bzw. *Berufssprache* und *Verteilersprache* bzw. *fachbezogener Umgangssprache* (von Hahn 1973, Hoffmann 1976). Diese Differenzierungen werden in neueren Untersuchungen immer wieder variiert. So unterscheidet Wankerl (1988/1989: 82) die folgenden drei „Stilebenen":

- einen wissenschaftlich-theoretischen Fachstil („fachinterne' theoretische Sprache der Wirtschaftswissenschaften)
- einen populärwissenschaftlich-publizistischen Fachstil (z.B. die Sprache der Wirtschaftspublizistik)
- einen praktischen Fachstil (z.B. Geschäftssprache, Verkäufersprache, Werbesprache u.ä. (Wankerl 1988/1989: 82)

Bolten differenziert – vor allem auf der Grundlage von Textsorten – folgende drei Ebenen der Wirtschaftssprache (1991: 75f.):
- Theoriesprache (z.B. Monografien, Forschungsberichte, Lehrbücher)
- Berufssprache (z.B. Geschäftsberichte, Verträge, Protokolle, branchen- und fachbezogene Zeitschriftenartikel, Besprechungen)
- Fachbezogene Umgangssprache (z.B. Geschäftsbriefe, Werbespots, Prospekte, populärwissenschaftliche Texte, Verkaufsverhandlungen)

Solche Differenzierungen reflektieren teilweise die verschiedenartigen institutionellen und beruflichen Zusammenhänge, in denen Fachkommunikation stattfindet. Es liegt jedoch auf der Hand, dass Gliederungen dieser Art nicht aus der empirischen Untersuchung konkreter Kommunikation heraus entwickelt worden sind, sondern mehr oder weniger vorab auf der Basis äußerlicher und z.T. normativer Textsortenvorstellungen. Unterschiede der sprachlich-kommunikativen Formen und ihrer spezifischen Zwecke innerhalb dieser „Stile" oder „Sprachen" werden verdeckt. Die Bezeichnung *Sprache* ist darüber hinaus irreführend, denn sie evoziert und stützt die Sichtweise, es handele sich bei „Werbesprache" oder „Berufssprache" jeweils um ein eigenständiges sprachliches System (im Sinne einer Einzelsprache wie Spanisch oder Englisch) statt um ein Ensemble bestimmter Formen des sprachlichen Handelns. Diese Sichtweise wiederum legt es nahe, vor allem strukturelle, quantitative, auf die sprachliche Oberfläche bezogene Fragestellungen und Methoden anzuwenden, wie es ja in der Fachsprachenforschung tatsächlich lange Zeit üblich war. Funktionale und Handlungsgesichtspunkte werden dadurch tendenziell ausgeblendet.

2.3. Zur empirischen Analyse von Wirtschaftskommunikation

Eine Aufgabe der Linguistik besteht darin, die Zusammenhänge zwischen den ökonomischen und sozialen Strukturen der Gesellschaft, den Interessen und Verhaltensweisen der Gesellschaftsmitglieder und den Zwecken und Formen ihres kommunikativen Handelns aufzuklären. Solche Zusammenhänge sind in Institutionen besonders deutlich zu greifen. Die Analyse von Wirtschaftskommunikation hat – allgemein formuliert – zu beschreiben und zu erklären, welche beruflichen Handlungsanforderungen aus den ökonomisch-sozialen und institutionellen Bedingungen und Zwecken entstehen, wie sie sich im Bewusstsein der handelnden Subjekte darstellen, wie ihnen im konkreten kommunikativen Handeln entsprochen wird und welche Probleme dabei entstehen.

Wie bereits gesagt stellt Wirtschaftskommunikation keinen einheitlichen, in sich abgegrenzten Gegenstandsbereich dar. Deshalb ist klar, dass kommunikationsbezogene Fragestellungen auch methodisch nicht einheitlich bearbeitet werden können. Dennoch lassen sich theoretisch-methodische Leitlinien formulieren. Die Sprachwissenschaft kann und sollte eine *realistische Wendung* und *Wende* herbeiführen, wobei der Methodologie der Funktionalen Pragmatik und der Diskursforschung ein besonderer Stellenwert zukommt.

Die Funktionale Pragmatik

Die Funktionale Pragmatik, die besonders von Ehlich und Rehbein theoretisch entwickelt worden ist (für einen Überblick Ehlich 1986), ist eine Analyseweise, der eine handlungstheoretische Auffassung von Sprache zugrunde liegt. Sie beschäftigt sich wesentlich mit Diskursen und Texten, Gegenstände, zwischen denen systematisch zu unterscheiden ist (Ehlich 1991). Unter *Diskurs* versteht die Funktionale Pragmatik Einheiten und Formen der Rede, der Interaktion, die Teil des alltäglichen, aber auch des institutionellen sprachlichen Handelns sind. Mündlichkeit stellt den charakteristischen Fall dar, ist aber keine Eigenschaft, die alle Formen des diskursiven Handelns notwendig kennzeichnet (vgl. z.B. „computer conversations"; Murray 1989). Unter systematischen Aspekten zeichnet den Diskurs die Kopräsenz von Sprecher und Hörer aus (face-to-face-Interaktion); diese kann jedoch – z.B. auf eine zeitliche Kopräsenz wie am Telefon – reduziert sein. Auch die Gesamtheit der Interaktionen zwischen Angehörigen gesellschaftlicher Gruppen oder innerhalb eines Praxisbereichs wird zusammenfassend als Diskurs bezeichnet (z.B. Bürger-Verwaltungs-Diskurs, Experten-Laien-Diskurs, Reklamationsdiskurs). Die Formen, Strukturen und Abläufe von Diskursen sind Gegenstand der *Diskursanalyse*.

Die Funktionale Pragmatik bestimmt *Text* im Zusammenhang einer Theorie des sprachlichen Handelns. Das sprachliche Handeln, das sich im Text materialisiert, ist aus der übergreifenden gemeinsamen Sprechsituation herausgelöst, ebenso wie das rezeptive Handeln des Lesers; die Sprechsituation wird also „zerdehnt" (Ehlich 1983). Im Text wird die sprachliche Handlung zu Wissen, das für spätere Verwendungen gespeichert wird und der Überlieferung dient. Solche Überlieferung kann auch in Form mündlicher Texte (wie historisch beim Boten) geschehen. Schriftlichkeit ist also kein notwendiges Merkmal von Texten.

Eine für die Funktionale Pragmatik wesentliche Kategorie ist die des (gesellschaftlichen) *Zwecks*, die nicht identisch ist mit der des (individuellen) Ziels. Zwecke sind das strukturierende Element sprachlicher Handlungsformen, sie prägen besonders die komplexeren Formen wie Diskursarten und sprachliche Handlungsmuster (Ehlich/Rehbein 1979). Das sprachliche Handeln setzt sich aus *Sprechhandlungen* zusammen. Diese können als *Verkettung* (durch einen Sprecher) oder als *Sprechhandlungssequenz* (mit systematischem Sprecherwechsel) miteinander verknüpft sein. Eine Sprechhandlung ist eine komplexe Einheit, die durch den *Äußerungsakt*, den *propositionalen* und den *illokutiven Akt* konstituiert ist, d.h. durch das Hervorbringen der Äußerung, die inhaltlichen Bezugnahmen und den Vollzug der betreffenden sprachlichen Handlung. Die kleinsten Einheiten sprachlicher Handlungen sind die sprachlichen *Prozeduren* (Ehlich 1994), in denen bestimmte mentale Tätigkeiten von Sprecher und Hörer aufeinander bezogen werden. In sprachlichen Handlungen sind i.A. verschiedene Prozeduren kombiniert, z.B. eine symbolische Prozedur durch die Verwendung eines Substantivs oder eine operative Prozedur durch die einer Konjunktion.

Gesellschaftlich entwickelte standardisierte Ablaufformen, die zur Verwirklichung bestimmter sprachexterner Zwecke dienen, sind *sprachliche Handlungsmuster*, z.B. das *Frage-Antwort*-Muster, die Muster *Erklären* oder *Verhandeln*. Das Repertoire der vorhandenen Muster hängt davon ab, welche Zwecke in einer Gesellschaft oder Institution regelmäßig verwirklicht werden (müssen). Die Zweckbestimmtheit von Mustern zeigt sich in ihrer Binnenstruktur, d.h. in den im Muster vorgesehenen einzelnen Handlungen, ihrer sequenziellen Abfolge und ihrer Verteilung auf die Interaktanten (vgl. Ehlich/Rehbein 1986: Kap. 6). Häufig sind Handlungsmuster in Institutionen spezifisch ausgeformt und den besonderen institutionellen Zwecken adaptiert (*institutionsspezifische Muster*). Die verschiedenen Diskurstypen, wie Beratungs- oder Reklamationsdiskurse, sind durch ihre charakteristischen unterschiedlichen Handlungsmuster und deren Anordnung gekennzeichnet. Die Konversationsanalyse (s. Kallmeyer 1988) spricht hier auch von *Handlungsschemata*.

Die Untersuchung solcher komplexen Formen des sprachlichen Handelns erfordert es die äußeren Bedingungen des Handelns in die Analyse einzubeziehen und auch nonverbale und praktische Handlungen sowie mentale Prozesse zu berücksichtigen, die für ein Muster konstitutiv sind. Muster lassen sich nicht einfach an der Oberfläche, der konkreten Äußerungsfolge des sprachlichen Handelns auffinden, sie müssen aus dem komplexen Kommunikationsgeschehen rekonstruiert werden. Die Arbeit mit konkreten sprachlichen Daten, mit authentischen Diskursen und Texten, gehört deshalb zu den zentralen Merkmalen funktionalpragmatischer Methodik.

Die dargestellten Grundgedanken lassen sich knapp wie folgt zusammenfassen:

> Funktionale Pragmatik ist eine Analyseweise, die sprachliches Handeln als Teil des gesellschaftlichen Handelns untersucht. Das bedeutet, dass sie das sprachliche Handeln systematisch auf gesellschaftliche Zwecke und auf institutionelle Bedingungen bezieht. Zugleich analysiert sie es in seiner Vernetzung mit anderen (mentalen und praktischen) Formen des Handelns. Sie rekonstruiert die gesellschaftlichen Zwecke und bis zu einem gewissen Grad auch die individuellen Ziele aus den Formen sprachlicher Handlungen sowie aus der Verwendungsweise sprachlicher Mittel. Dabei verwendet sie empirische Daten in Form authentischer Diskurse und Texte. (Brünner/Graefen 1994: 14)

Zur Erhebung empirischen Datenmaterials

Die empirische Dokumentation authentischer Gespräche bzw. Diskurse, die Erstellung audiovisueller Korpora (Datensammlungen) und Transkriptionen, ist schon für sich genommen eine wichtige Aufgabe, denn bisher sind größere Korpora mündlicher Wirtschaftskommunikation noch kaum verfügbar. Durch Aufzeichnung und Transkription können auch solche kommunikativen Phänomene und Probleme sichtbar gemacht werden, die sich anderen Formen der Datenerhebung entziehen.

Erst auf der Basis diskursanalytischer, korpusbezogener Untersuchungen lassen sich die kommunikativen Probleme in Wirtschaftsunternehmen richtig erkennen und diagnostizieren. Zuverlässige Diagnosen durch wissenschaftliche Untersuchungen sind eine zwingende Voraussetzung dafür, realistische und wirksame Problemlösungen zu entwickeln (vgl. Kap. 11). Es genügt nicht, sich an Selbstbeschreibungen von Wirtschaftsunternehmen, Zielformulierungen, Leitvorstellungen, Organigrammen usw. zu orientieren oder aus den Aussagen der MitarbeiterInnen über ihre Kommunikationspraxis die kommunikative Prozesse, Formen und Probleme zu erschließen. Denn wie bereits gesagt entspricht die berufliche und institutionelle Alltagspraxis eben nicht immer Zielvorstellungen, normativen Vorgaben oder Vorstellungen der Betroffenen. Diese Praxis ist vielmehr durch widersprüchliche Tendenzen vielfach gebrochen und in sich komplex – und zwar in nicht vorhersehbarer Weise.

Der Zugang zu Gesprächsdaten aus der Wirtschaftskommunikation ist nach wie vor schwierig. Verantwortlich dafür sind besonders:

- Informationsdefizite und Unverständnis gegenüber den Zielen, Methoden und Ergebnissen linguistischer Untersuchungen
- Furcht vor Störungen der Arbeit und der gewohnten Routinen durch die Datenerhebung

- juristische, datenschutzrechtliche Bedenken im Hinblick auf die Überlassung der Aufnahmen und ihre Auswertung
- Misstrauen und Abschottung gegen Betriebsfremde, die möglicherweise negative Informationen über den Betrieb oder einzelne MitarbeiterInnen nach außen tragen könnten
- Angst vor unvorhersehbaren negativen Ergebnissen der Untersuchung

Diese Hindernisse überwindet man erfahrungsgemäß am ehesten durch persönliche Kontakte in dem Bereich, in dem man aufnehmen möchte. Die persönliche Integrität und Verlässlichkeit der ForscherInnen ist ein wichtiges Argument gegenüber den genannten Befürchtungen. Auch von der Fähigkeit, die Untersuchungsziele gegenüber linguistischen Laien in klarer, plausibler und praxisnaher Weise verständlich zu machen, hängt die Aufnahmeerlaubnis ab. Einen Anreiz kann man durch die erklärte Bereitschaft schaffen, den Betroffenen die Ergebnisse der Untersuchung zugänglich zu machen und ggf. Anregungen für eine Verbesserung ihrer Praxis zu geben. Besonders günstig ist die Situation, wenn die Korpuserstellung zur Vorbereitung eines Fortbildungsseminars dient. Meiner Erfahrung nach wird akzeptiert, dass dafür Einblick in die bestehende Praxis beruflicher Kommunikation gewährt werden muss. Sind Kommunikationstrainings erfolgreich durchgeführt worden, ist der Zugang zu weiteren Materialien in einem Unternehmen dann viel leichter.

Die datenschutzrechtlichen Bestimmungen (Brinker/Sager 1996: 25ff.) sind nicht so eng, wie manchmal befürchtet wird. Für wissenschaftliche Zwecke dürfen durchaus audiovisuelle Aufzeichnungen von Gesprächen gemacht und verwendet werden. Dass die Betroffenen mit der Aufnahme einverstanden sein müssen und dass spätestens bei der Transkription Namen, Orte, Adressen usw. anonymisiert werden, ist wissenschaftsethisch eine Selbstverständlichkeit.

Die beschriebene Situation führt in der Regel dazu, dass man nicht frei in seinen Entscheidungen ist, wie groß das Korpus und wie es inhaltlich beschaffen sein soll. Welche Ausschnitte der Wirtschaftskommunikation in das Korpus und zur Analyse gelangen, hängt auch von Zufälligkeiten ab.

So ist es manchmal möglich einen oder mehrere Tage lang die verschiedenen Interaktionen einzelner MitarbeiterInnen zu dokumentieren (*personengebundene Aufnahmen*; z.B. Menz 1998). Auf diese Weise lassen sich die verschiedenen kommunikativen Anforderungen sichtbar machen, denen die Betreffenden im Verlauf eines Tages ausgesetzt sind. *Ortsgebundene Aufnahmen* erlauben die Dokumentation der kommunikativen Praxis an bestimmten Standorten bzw. betrieblichen Positionen, z.B. in einem Sekretariat. Aufzeichnungen von bestimmten Diskurstypen (*diskurstypbezogene Aufnahmen*), z.B. von telefonischen Störungsmeldungen, Besprechungen, Verhandlungen oder Beschwerdegesprächen, ermöglichen es, diese auf ihre diskursartspezifischen Strukturen und Probleme hin zu untersuchen. Schließlich kann man auch die Diskurse (und ggf. Texte) erheben, die in verschiedenen Situationen zu einer bestimmten Thematik oder Problemlage geführt werden (*themenbezogene Aufnahmen*), z.B. die verschiedenen Gespräche beteiligter Personen zu einem bestimmten Vorhaben (z.B. Becker-Mrotzek/Brünner 1999). Dadurch lassen sich die (kommunikative) Entwicklungsgeschichte eines Projekts und seiner Probleme dokumentieren und gleichzeitig die unterschiedlichen Perspektiven der Beteiligten sichtbar machen.

Die Befürchtung, die besonders von Laien häufig geäußert wird, dass nämlich die Betroffenen sich aufgrund der Aufnahmen anders als sonst verhalten und die Gespräche „künstlich" werden, ist zwar grundsätzlich berechtigt, jedoch zeigt die Erfahrung, dass diese *Beobachtereffekte* im Allgemeinen nicht stark sind, wenn die Betroffenen in ihrem normalen beruflichen Umfeld und bei ihrer alltäglichen Arbeit aufgenommen werden. Die Aufnahmesituation ist oft nur zu Beginn im Bewusstsein präsent, später nur noch punktuell. Denn die Beteiligten haben gar nicht die Aufmerksamkeit frei, um die Aufnahmesituation permanent bewusst zu halten, sich zu kontrollieren und ein vom üblichen abweichendes Verhalten durchzuhalten. Die Berufsroutine gewinnt schnell die Oberhand.

Die Transkription des Materials bedeutet einen erheblichen zeitlichen, personellen und damit auch finanziellen Aufwand. Deshalb muss die zu treffende Auswahl hinsichtlich der Untersuchungsziele geprüft und sorgfältig vorüberlegt werden. Beim Transkribieren werden die Besonderheiten mündlicher Kommunikation und die genauen Formen des Gesprochenen bewahrt. Hörerrückmeldungen, Versprecher oder Abbrüche werden festgehalten; Stilwechsel, z.B. in umgangssprachliche Formen, können in literarischer Umschrift (z.B.: *musste ma kuckn*) wiedergegeben, auffällige intonatorische Merkmale wie *leise, schnell, betont* oder *gedehnt* eigens gekennzeichnet werden. Transkripte erlauben es, einzelne Sequenzen im Detail und auch wiederholt zu betrachten und mit anderen zu vergleichen. Komplexe oder schwer verständliche Stellen, die sich dem ersten, unmittelbaren Höreindruck entziehen, können präzise aufgeschlüsselt werden. Transkripte wirken wie eine Zeitlupe, d.h., sie erlauben es, die Gesprächsdynamik zeitverzögert nachzuvollziehen. So können auch sehr feine Strukturen und Regelhaftigkeiten (etwa der Formulierung) erkannt und z.B. die Perspektiven der verschiedenen Sprecher oder die Entstehung von Kommunikationsproblemen rekonstruiert werden.

Methodische Prinzipien der Analyse

Für die Analyse des empirischen Materials, gerade unter anwendungsbezogenen Aspekten, sind bestimmte methodische Prinzipien zu beachten (vgl. Becker-Mrotzek/Brünner 1999b).

Prinzip der Komplexität: *Beachte die Vieldimensionalität und Widersprüchlichkeit der kommunikativen Wirklichkeit.* Die Analyse muss der Komplexität der sozialen Wirklichkeit gerecht werden. Berufliche Kommunikation ist durch institutionelle Zwänge und sachliche Verpflichtungen ebenso bestimmt wie durch menschlich-soziale Bedürfnisse. Konkurrierende, widersprüchliche Anforderungen müssen von den Handelnden interaktiv bearbeitet, ausbalanciert und in Einklang gebracht werden. Zu fragen ist, in welche übergeordneten Handlungszusammenhänge die Kommunikation integriert ist, welchen übergeordneten Zwecken sie dient und welche unterschiedlichen funktionalen Bezüge einzelne sprachliche Handlungen haben, z.B. zur Durchführung des übergeordneten Handlungszusammenhangs, Situationsdefinition oder Beziehungsgestaltung. Dies bedeutet die außersprachlichen und institutionellen Verhältnisse systematisch in die Analyse einzubeziehen (vgl. Kap. 2.2). Die Wissensvoraussetzungen und handlungsleitenden Normen, die zum Verständnis der Gespräche wichtig sind, lassen sich z.B. aus Dienstanweisungen, Beschlüssen oder Protokollen erschließen. In der Interaktion selbst verdeutlichen sich die Interaktanten, wie sie bestimmte Äußerungen oder die Interaktion als ganze verstehen und verstanden wissen wollen. Sie zeigen – z.B durch die Art ihrer Formulierungen oder auch nonverbal – an, ob sie aus ihrer Sicht gerade eine Dienstbesprechung führen, in der institutionelle Normen und Konventionen gelten, oder ob sie einen Gesprächsabschnitt als informelle Unterhaltung betrachten.

Der notwendigen Komplexität der Analyse steht auf der anderen Seite der Zwang zu Beschränkungen und Fokussierungen gegenüber. Im Blick auf anwendungsrelevante Ergebnisse (vgl. Kap. 11) gilt das Prinzip der Problemorientierung: *Orientiere die Analyse an den Problemen der Praxis.* Wenn nicht nur Deskription und Erkenntnisgewinn, sondern auch Vorschläge für eine verbesserte Kommunikationspraxis angestrebt werden, muss man vorrangig Probleme der Kommunikation sichtbar machen und rekonstruieren – insbesondere strukturelle Kommunikationsprobleme, die den Aktanten bisher nicht bewusst geworden sind.

Das Prinzip der Aktantenorientierung lautet: *Orientiere die Analyse an der Perspektive der Aktanten.* Bereits das Prinzip der Problemorientierung impliziert, die Rolle der beteiligten Aktanten methodisch wichtig zu nehmen. Diese sind die Experten für ihren Praxisbereich, sie sind es, die von den Problemen ihrer kommunikativen Praxis betroffen sind, und nur sie können diese Praxis aktiv verändern. Deshalb ist ihre Problemsicht überaus relevant. Diese ist außerdem oft selbst Teil des Problems, wenn nämlich Kommunikationsmängel durch Vorurteile, Mythen und Stereotype zugedeckt, Probleme verzerrt, geleugnet oder einzelnen „Störern" zugeschrieben werden. Die Handelnden werden ihre Sichtweisen und ihre Praxis nur verändern, wenn ihnen die Probleme transparent und deren Interpretationen einsichtig sind. Problembeschreibungen der Aktanten sind deshalb zu respektieren und ernst zu nehmen, auch wenn die Problemrekonstruktion am empirischen Material zu anderen Ergebnissen führen sollte. Eine Vermittlung unterschiedlicher Perspektiven ist u.a. dadurch möglich, dass man prüft, wo die Handelnden in der Interaktion selbst Schwierigkeiten oder Störungen zum Ausdruck bringen, Probleme andeuten oder explizit thematisieren.

Das Prinzip der normativen Orientierung lautet: *Setze die Analyseergebnisse in reflektierter Weise in Handlungsempfehlungen um.* Es betrifft die Erwartung der Aktanten, dass Handlungsempfehlungen, also Lösungsvorschläge für die erkannten Problemlagen, angeboten werden (vgl. Kap. 11). Sie sollten auf möglichst breiter Basis empirisch abgesichert sein, etwa dadurch, dass für strukturelle Probleme gelungene und misslungene Lösungsformen im Diskurs herausgearbeitet werden. Meist wird man zu einer begründeten Auswahl von Handlungsalternativen, nicht jedoch zu einer einzig empfehlenswerten Lösung gelangen.

Beispiel für ein empirisches Projekt

Um diese Überlegungen zu illustrieren möchte ich ein empirisches Projekt darstellen, das ich Anfang der 80er Jahre in Kooperation mit meinem Kollegen Reinhard Fiehler durchgeführt habe (vgl. Brünner 1987). Untersucht wurden Unterweisungen (Instruktionen) in der betrieblichen Ausbildung im Bergbau. Die Ausbildung zum Berg- und Maschinenmann bzw. Bergmechaniker findet in einem Übungsbergwerk statt, in dem die Arbeitssituation unter Tage recht realistisch imitiert ist. Die Jugendlichen durchlaufen in Gruppen Lehrgänge an den verschiedenen Ausbildungsplätzen, z.B. Schreitausbau, Kettenförderer oder Einschienenhängebahn. Dort unterweist sie jeweils ein Ausbilder für einige Tage nach der sogenannten Vier-Stufen-Methode (Vorbereitung; Erklären und Vormachen der Tätigkeit; Nachmachen; Üben). Im Zentrum steht der Erwerb praktischer Tätigkeiten. Diese sind nicht nur Lerngegenstand, sondern ihre Ausführung ist Bestandteil der Instruktionen (Vormachen, übendes Nacharbeiten).

Da untersucht werden sollte, wie die praktischen Handlungen vermittelt und erworben werden, war klar, dass Videoaufnahmen benötigt wurden. Die Materialerhebung haben wir zusammen geplant und durchgeführt. Allein wäre sie unmöglich gewesen.

Den ersten Kontakt zur Ruhrkohle AG hat ein persönlicher Freund vermittelt, der in dem Unternehmen tätig war. In zahlreichen Briefen und Gesprächen haben wir das Forschungsvorhaben vorgestellt, den potentiellen Nutzen erläutert und um Unterstützung geworben. Einbezogen waren u.a. der Leiter der Ausbildungsabteilung, der Leiter und die Steiger der Technischen Übungsstätte, der Betriebsrat und selbstverständlich die Ausbilder. Sie alle – und später auch die Auszubildenden – mussten um ihre Einwilligung gebeten werden. Es wurde vereinbart, dass das Unternehmen als „Gegenleistung" Kopien des gesamten Videomaterials erhält, um es ggf. in der Aus- und Fortbildung ihrer Ausbilder einzusetzen.

In einer längeren Vorbereitungsphase haben wir uns mit der Organisation und den fachlichen Inhalten der Ausbildung vertraut gemacht, um ein Verständnis von dem Geschehen zu gewinnen, eine für das Projekt sinnvolle Auswahl der Aufnahmen zu planen, die technischen Aufnahmebedingungen abzuklären und die Beteiligten mit uns und unseren Geräten vertraut zu machen. Wir haben 2 ½ Wochen lang an sämtlichen Ausbildungsplätzen beobachtet und Gespräche geführt, ferner Geräte getestet und schriftliche Unterlagen studiert (Ausbildungspläne usw.). Eine Grubenfahrt erlaubte uns in die Verhältnisse in einem wirklichen Bergwerk Einblick zu nehmen.

Während eines sechswöchigen regelmäßigen Aufenthalts in der Übungsstätte haben wir dann das eigentliche Korpus der Untersuchung erstellt: An 11 verschiedenen Ausbildungsplätzen wurden Video- und (zur Sicherheit) zusätzlich Tonbandaufnahmen von je 2–3 Stunden gemacht. Für eine spätere Publikation haben wir die Ausbildungsplätze fotografiert. Direkt im Anschluß an die einzelnen Aufnahmen wurden halbstandardisierte Interviews mit dem jeweiligen Ausbilder und getrennt mit der Gruppe der Auszubildenden geführt und auf Tonkassette aufgezeichnet (je ca. 20 min.) Dadurch sollten die Meinungen der Beteiligten über die aufgetretenen Schwierigkeiten erhoben und mögliche Beobachtereffekte abgeschätzt werden.

Ein relativ großer apparativer Aufwand sicherte eine gute Bild- und Tonqualität unter schwierigen Bedingungen. Wir haben eine hochlichtempfindliche Kamera benutzt, je eine Mikroportanlage für den Ausbilder und die Gruppe der Auszubildenden, ergänzend ein Richtmikrofon; alle Tonsignale wurden über Mischpult auf die Videokassettte übertragen.

Schließlich haben wir nach jeder Unterweisung gemeinsam mit Ausbilder und Jugendlichen Teile der Videoaufnahmen in einem Schulungsraum angesehen. Von den Kommentaren der Beteiligten und den gemeinsamen Diskussionen wurden ebenfalls Tonaufzeichnungen gemacht (je 1,5–2 Stunden), um deren Situationsdeutungen und Interpretationen zu erheben. Zugleich sollte durch die Selbstkonfrontation – im Sinne einer Rückbindung von Forschung an die Praxis – ein Reflexionsprozess eingeleitet werden.

Am Abend des jeweiligen Aufnahmetags haben wir spontane Eindrücke, Besonderheiten und ergänzende Informationen schriftlich festgehalten (Aufnahmekommentar). Das Videomaterial (ca. 28 Stunden) wurde vollständig phasiert (Aufnahmeprotokoll). Größere Teile daraus wurden – unter Mitwirkung studentischer Hilfskräfte – im System HIAT (Ehlich/Rehbein 1976, Ehlich 1993) transkribiert. Für die Darstellung der nonverbalen bzw. praktischen Handlungen haben wir das System erweitert und auf unsere Bedürfnisse zugeschnitten.

Im Verlauf des Projekts hatten wir Gelegenheit, an zwei Fortbildungsseminaren für Ausbilder teilzunehmen und dort erste Analyseergebnisse anhand von Sequenzen aus dem Videomaterial vorzustellen. Wir haben die Sequenzen danach ausgewählt, wie deutlich sich in ihnen Probleme bzw. Verhaltensweisen zeigten, die für das Material insgesamt typisch und für praktische Fragen relevant erschienen. Im Sande verlaufen sind meine späteren Initiativen, ausgewählte Sequenzen zu einem Lehrfilm zusammenzustellen und ein Begleitheft mit leicht lesbaren Transkripten, Problembeschreibungen und Handlungsalternativen zu erstellen, denn die Situation im Bergbau verschärfte sich zunehmend, der Personalbestand und die Ausbildungszahlen wurden stark reduziert und ganze Bereiche geschlossen. Einige Ergebnisse des Projekts werden in Kap. 9.1 angesprochen.

Die Widersprüchlichkeit betrieblicher Kommunikation

Die realistische Wendung, die ich oben als notwendig bezeichnet habe, bedeutet, auch und gerade an der Widersprüchlichkeit betrieblicher Kommunikation anzusetzen. Sie wird besonders manifest im Verhältnis von sachlich-technisch und hierarchisch-ökonomisch bezogener Kommunikation (vgl. Kap. 2.2). Z.B. verlangen die mit der betrieblichen Hierarchie verbundenen sozialen Anforderungen und Verhaltensnormierungen Macht-Display in der Kommunikation (Recht behalten, das Gesicht wahren, Imponiergehabe). Denn um als Mächtiger behandelt zu werden, muss man dafür sorgen, dass andere einen als Mächtigen kategorisieren. Aber gleichzeitig ist sachliche Zusammenarbeit notwendig, aufrichtige Kooperation und gemeinsames Bemühen um Problemlösungen. Hierarchisch-ökonomische Gesichtspunkte legen es nahe, andere tendenziell zu übervorteilen; aber damit dies gelingt, muss es gleichzeitig kommunikativ verborgen werden (z.B. in Verkaufsgesprächen). Das konkrete kommunikative Handeln ist durch berufliche Zwänge bestimmt, aber zugleich durch menschlich-soziale Bedürfnisse. Fachlich geprägte Kommunikationsstile können funktional sein, um Sachverhalte angemessen zu erklären, sie können aber gleichzeitig dazu dienen, sich als Experte in Szene zu setzen, um sich selbst oder seine Produkte besser zu vermarkten.

Die Rekonstruktion solcher Widersprüchlichkeiten in der Wirtschaftskommunikation ist wesentlich, um deren Eigentümlichkeiten kritisch aufzuklären und auch die Probleme zu bearbeiten, die für die Handelnden und die

Institution als ganze mit ihnen verbunden sind. Die Aktanten müssen widersprüchliche Anforderungen interaktiv bearbeiten und ausbalancieren. In Wirtschaftsunternehmen bestehen – wie in jeder Institution – im Rahmen institutionelle Regelungen Spielräume für die Interpretation von Situationen und das Handeln in ihnen. Deshalb kann die Verwendung bestimmter sprachlicher Handlungsformen nicht als vorherbestimmtes Resultat vorgegebener institutioneller Bedingungen aufgefasst werden, vielmehr werden solche Formen im Gespräch selbst zwischen den Interaktanten ausgehandelt.

Eine interessante Frage ist, wann die Handelnden selbst in der Wirtschaftskommunikation diese als kooperationsbezogen oder kooperationsunabhängig interpretieren, als sachlich-technisch oder hierarchisch-ökonomisch bezogen, als formelles dienstliches Gespräch oder als informell. Wenn die oben vorgenommenen Differenzierungen auch unter einer Beteiligtenperspektive sichtbar werden, dann sind sie nicht nur als analytische zu verstehen, sondern besitzen Relevanz für das Bewusstsein und Handeln der Unternehmensangehörigen selbst.

3. Literaturüberblick zur Wirtschaftskommunikation

In diesem Kapitel soll nicht versucht werden, einen vollständigen Überblick über die Literatur zu Sprache und Kommunikation in der Wirtschaft zu geben. Ich werde jedoch die unterschiedlichen Arten von Literatur aus verschiedenen Disziplinen charakterisieren (Kap. 3.1) und eine Überblicksdarstellung linguistischer Arbeiten geben (Kap. 3.3). Dabei soll – abgesehen von Publikationen zur historischen sogenannten *Wirtschaftslinguistik* (Kap. 3.2) – der Schwerpunkt auf neueren Arbeiten liegen. Zentrale Untersuchungsfelder und Publikationen zur interkulturellen Wirtschaftskommunikation werden in Kap. 3.4 behandelt. Arbeiten, die inhaltlich für die im Buch verfolgten Einzelfragen wichtig sind, stelle ich in den betreffenden Kapiteln dar.

3.1. Nicht-linguistische Arbeiten

Bevor die Linguistik sich mit dem Bereich Wirtschaftskommunikation befasst hat, war dieser eine Domäne vor allem der Psychologie, der Soziologie und der Betriebswirtschaftslehre. In diesen Disziplinen, besonders in der organisationspsychologischen und -soziologischen Tradition, sind eine Vielzahl von Arbeiten entstanden, die z.T. Kommunikation auch als Form sozialer Interaktion thematisieren. (Überblick in Wahren 1987, Hahne 1998, ferner die Bibliografie Pogarell 1988). Solche Untersuchungen richten sich – entsprechend den disziplinären Gegenständen und Methoden – in der Regel nicht auf das kommunikative Handeln selbst, seine Formen, Strukturen und Zwecke, sondern Kommunikation wird üblicherweise als eine Variable behandelt, die in ihrem Wirkungszusammenhang mit anderen, persönlichkeits- oder organisationsbezogenen Variablen betrachtet wird. Abhängige Variablen sind dann z.B. Betriebsklima, Arbeitszufriedenheit, Fluktuation und Krankenstand, die Motivation oder die Effizienz von Einzelpersonen und Gruppen bei der Bearbeitung verschiedener Aufgabentypen. Methodisch wird Kommunikation dabei oft unter quantitativen Gesichtspunkten erfasst, sei es als ganze (Umfang der Kommunikation) oder durch Auszählung bestimmter Merkmale, die als Indikatoren gewertet werden.

Besonders im Blickfeld der Psychologie stehen Management-Tätigkeiten im weiteren Sinne, d.h. Informations-, Entscheidungs- und Kontrolltätigkeiten und speziell Personalführung (Rosenstiel/Regnet/Domsch Hgg. 1991, Neuberger 1994). Psychologische, organisationssoziologische und betriebswirtschaftliche Arbeiten behandeln darüber hinaus etwa Corporate Identity und Öffentlichkeitsarbeit von Unternehmen (Witzer 1992, Bungarten 1994, Derieth 1994, Theis 1994, 1994a), Verkaufsgespräche (Weis 1992) oder die Gestaltung organisatorischer Einheiten unter informations- und kommunikationstechnischen Aspekten (Bertram 1993, Lehtonen 1994).

Der Empiriebegriff in diesen Untersuchungen unterscheidet sich deutlich von dem der linguistischen Diskursanalyse. Selten wird das konkrete kommunikative Handeln im betrieblichen Alltag als empirische Basis behandelt (und noch seltener seine mündlichen Formen). Meist ersetzen Befragungsmethoden (standardisierte Fragebögen, Interviews) die Analyse dieses Handelns selbst. Ausnahmen bilden hier qualitative Untersuchungen aus der Soziologie, z.B. aus ethnomethodologischen und ethnographischen Traditionen, wie die Workplace Studies (WPS) (Button Hg. 1993; Überblick in Knoblauch demn.) und die Konversationsanalyse. Den Begriff der *Workplace Studies* charakterisiert Knoblauch (1996) so:

> Er bezieht sich auf empirische Untersuchungen über Arbeitsaktivitäten, die in einem Zusammenhang mit modernen Technologien stehen und in Organisationen durchgeführt werden, die die WPS als ‚centers of coordination', als Koordinationszentren bezeichnen. Die Untersuchungen der WPS nehmen sich solche *Gegenstände* vor wie Flughäfen und Flugkontrollzentren, Technologie-Entwicklungszentren, Börsen, Navigationszentralen von Schiffen oder andere Bereiche der Arbeit, die mit Technologien ausgestattet sind. Genauer gesagt beschäftigen sich die WPS mit Arbeitsvorgängen in technologischen Systemen, die mit Begriffen umschrieben werden wie Mensch-Computer-Interaktion (HCI: Human-Computer Interaction), Computer-vermittelte Kommunikation (CMC: Computer Mediated Communication) und computergestütze kooperative Arbeit (CSCW: Computer Supported Cooperative Work). (Knoblauch 1996: 352)

Diese Untersuchungen sind qualitativ orientiert und richten sich auf reale Arbeitssituationen; außer Beobachtungs- und Befragungsmethoden werden z.T. auch audiovisuelle Aufzeichnungen von Arbeitsprozessen eingesetzt. Als zentrales Ergebnis der bisherigen Arbeiten hebt Knoblauch hervor:

> Vor dem Hintergrund der Behauptungen von Theoretikern der Informationsgesellschaft sticht vor allem ein Ergebnis der mittlerweile zahlreichen und vielfältigen Untersuchungen der WPS heraus. Denn trotz ihrer Orientierung an Technologien ist die Arbeit in dieser Art von Organisationen strukturell auf *Interaktionen von Angesicht zu Angesicht* angewiesen. Interaktionsabläufe stellen kein bloßes Beiwerk der Arbeit dar, sondern erweisen sich als wesentlich für die Verrichtung von Arbeitstätigkeiten. (Knoblauch 1996: 354)

Das Forschungsparadigma der *Konversationsanalyse* hatte und hat starken Einfluss auf die linguistische Gesprächsforschung und besitzt mehr Gemeinsamkeiten mit linguistisch-diskursanalytischer Arbeit als mit den bisher skizzierten Richtungen. Deshalb behandle ich die betreffenden Untersuchungen im Zusammenhang mit der linguistischen Literatur.

Viele Arbeiten aus den genannten Disziplinen verstehen sich als praxisorientierte Anleitungen und präskriptive Ratgeber für Personen in der Wirtschaft. Eine kritische Auseinandersetzung mit ihnen aus linguistischer Sicht bieten Bremerich-Vos (1991), Antos (1996) und Bergmann (1999). Die wirtschaftswissenschaftlichen Verlagsprogramme weisen ein enormes Angebot solcher Werke aus – Bücher über erfolgreiches Verkaufen und Verhandeln (Fisher/Ury/Patton 1993, Maddux 1993), das Führen von Bewerbungsgesprächen (Friedrich 1995) und Mitarbeitergesprächen (Domsch/Regnet/Rosenstiel Hgg. 1993, Sabel 1993, Saul 1993), Konferenztechnik (Ruschel 1989), Führungslehren (Rosenstiel/Regnet/Domsch 1991, Wunderer 1993) und vieles mehr. Das Spektrum der Themen ist weit und deckt zahlreiche Bereiche der Wirtschaftskommunikation ab. Allerdings sind Arbeiten dieses Typs oft mehr auf Erfahrung und Plausibilität als auf Empirie und wissenschaftlicher Forschung begründet.

3.2. Historische Aspekte und Arbeiten der sogenannten *Wirtschaftslinguistik*

Die heutigen Untersuchungen zur Wirtschaftskommunikation haben Vorläufer in europäischen Forschungsrichtungen aus der Zeit vor dem Ersten Weltkrieg (vgl. Peter 1973, Drozd/Seibicke 1973, Möhn 1991, Bungarten Hg. 1997). Am bekanntesten sind die Arbeiten der sogenannten *Wirtschaftslinguistik* aus den 20er und 30er Jahren. Die Wirtschaftslinguistik ist, sowohl was die Bezeichnung wie die Forschungsinhalte betrifft, eng mit dem Namen Ewald E.J. Messing verbunden, Professor an der Handelshochschule Rotterdam. Er gründete als erste Fachzeitschrift für Wirtschaftssprache *De Handelskorrespondent* (Rotterdam 1921 – 1923), die später als *Spiegel van Handel en Wandel* fortgesetzt wurde. 1928 erschien sein Werk *Methoden und Ergebnisse der wirtschaftssprachlichen Forschung,* 1932 der von ihm herausgegebene Sammelband *Zur Wirtschaftslinguistik,* der Beiträge „zur Sprache des wirtschaftlichen Verkehrs" enthält. Im Zentrum dieser frühen linguistischen Arbeiten standen wort- und sachgeschichtliche Untersuchungen, z.B. zu Terminologien in Industrie, Handel und Bankwesen im Deutschen, Englischen und den romanischen Sprachen, sowie sprach- und kulturgeschichtliche Untersuchungen zu wirtschaftlichen Bereichen (z.B. Tabakhandel) und Entwicklungen.

Messing und die übrigen Wirtschaftslinguisten konnten dabei auf wirtschaftshistorische Arbeiten aus dem 19. Jahrhundert, z.B. zur Geschichte der Hanse, der Buchhaltung usw., zurückgreifen. Darüber hinaus waren bereits zu Anfang zu 20. Jahrhunderts erste synchronisch orientierte sachbezogene linguistische Untersuchungen erschienen. Sie standen teilweise in der Forschungstradition, die von R. Meringer und W. Meyer-Lübke durch die Herausgabe der Zeitschrift *Wörter und Sachen. Kulturhistorische Zeitschrift für Sprach- und Sachforschung* (Heidelberg 1909ff.) begründet wurde.

Anders als die mehr historisch orientierten deutschen und holländischen verfolgten die Prager Vertreter der Wirtschaftslinguistik auch strukturelle und funktionale Fragestellungen. Hier ist z.B. Zdenek Vančura zu nennen oder Hugo Siebenschein, der in seinen *Abhandlungen zur Wirtschaftsgermanistik* (1936) u.a. den Einfluss der Industrialisierung auf die deutsche Handelssprache darstellt, und zwar nicht nur unter lexikalischen (Fremdwörter, Formeln), sondern auch schon unter stilistischen (Briefstil) und textlinguistischen Aspekten (Mahn- und Werbebriefe). Nach dem 2. Weltkrieg sind wirtschaftslinguistische Traditionen z.T. mit historischen Abhandlungen (z.B. Brattegard 1953 über die Geschichte des kaufmännischen Schriftverkehrs) fortgeführt worden; daneben entstanden synchronische linguistische Untersuchungen wie die von Ruth Römer über die Sprache der Anzeigenwerbung (1968), die als Vorläufer moderner sprachwissenschaftlicher Arbeiten zur Wirtschaftskommunikation gilt.

Neuere linguistische Untersuchungen zu historischen Formen der Wirtschaftskommunikation sind nicht allzu zahlreich. Zu erwähnen sind in erster Linie sprachsoziologische Arbeiten. Z.B. werden in Coulmas (1992) Arbeiten zu Verkehrs- und Handelssprachen der Welt dargestellt; die Beiträge in Ureland (Hg. 1987) behandeln die Rolle des Niederdeutschen als Verkehrssprache beim internationalen Handel der Hanse im Spätmittelalter. Textsorten im Industriebetrieb des 19. Jahrhunderts, besonders Arbeitsordnungen, werden in Mattheier (1986, 1987, 1989) und in Ebert (1991) dargestellt und mit modernen Formen verglichen. Briefsteller zur Wirtschaftskorrespondenz zwischen 1844 und 1988 untersucht Kremer (1994). Hundt (1995) bietet eine historische Analyse des Geldbegriffs.

3.3. Linguistische Arbeiten

Die Linguistik hat der Wirtschaftskommunikation insgesamt noch wenig Aufmerksamkeit gewidmet, was deren gesellschaftlicher Bedeutung nicht gerecht wird. Größere Korpora authentischer Gesprächsdaten sind aus den in Kap. 2.3 genannten Gründen noch kaum vorhanden. Sicherlich haben die methodischen Probleme, die sich aus der Heterogenität der Text- und Diskursarten in der Wirtschaft ergeben, zu der unbefriedigenden Forschungssituation beigetragen.

Ich beschränke mich hier auf eine Übersicht zu neuerer Literatur. (Zur genaueren Darstellung ausgewählter Arbeiten s. folgende Kapitel.) Die linguistische Literatur stammt überwiegend aus der Fachsprachenforschung (besonders zur schriftlichen Wirtschaftskommunikation), der Fremdsprachendidaktik (Wirtschaftsdeutsch, z.B. Müller Hg. 1991) und der Diskurs- und Konversationsanalyse (besonders zu mündlichen Formen). Sammelbände sind etwa Klein/Pouradier Duteil/Wagner (Hgg. 1991), Spillner (Hg. 1992), Bungarten (Hg. 1994, Hg. 1994a, Hg. 1994b, Hg. 1994c). Einen Überblick über die Formen der mündlichen Wirtschaftskommunikation gibt Brünner (1998, demn.). In der annotierten Auswahlbibliografie von Pogarell (1988) sind sprachwissenschaftlich ausgerichtete wie auch andere Arbeiten aufgeführt. Eine Auswahlbibliografie zur Diskursforschung und institutionellen Kommunikation allgemein ist Becker-Mrotzek (1999).

Im Hinblick auf die schriftlichen Formen der Wirtschaftskommunikation im engeren Sinne, d.h. unter Ausklammerung der Berichterstattung in den Medien und der wirtschaftswissenschaftlichen Publikationen, finden sich vor allem Arbeiten zu Fachsprachen und Fachtexten in der Wirtschaft (Scholtes-Schmid 1986, Buhlmann 1989, Schröder Hg. 1993, Baumann 1994), zu Werbung (Baumgart 1992, Kettler 1994, Spieß 1994, Stephan 1994), Public Relations und Corporate Identity (Bungarten Hg. 1994) sowie Technischer Dokumentation (Becker et al. 1990, Ehlich/Noack/Scheiter Hgg. 1994). Seltener sind Arbeiten zur (schriftlichen) betriebsinternen Kommunikation (Häcki Buhofer 1985, Niederhauser 1994) und zur Korrespondenz zwischen Kunden und Unternehmen (Häcki Buhofer 1993).

Im Hinblick auf die mündliche Wirtschaftskommunikation fehlt es vor allem noch an korpusbasierten, empirischen linguistischen Arbeiten zu den Formen des sprachlichen Handelns im Unternehmen. Allerdings lassen sich seit den letzten Jahren verstärkte Forschungsbemühungen erkennen. Mündliche Kommunikation ist immer noch die häufigste und grundlegendste Form der Interaktion. Auf ihr beruhen alle anderen Formen letztlich, seien es die medial vermittelten wie die Telefonkommunikation, oder die schriftliche Kommunikation, die ja oft mündlich vorbereitet, interpretiert oder gestützt werden muss (man denke z.B. an Verträge oder Kundenkorrespondenz). Aufgrund ihrer spezifischen Interaktivität reagiert mündliche Kommunikation sehr flexibel auf die jeweiligen, sich verändernden Handlungsbedingungen und kann auf die Adressaten, ihre Verstehensvoraussetzungen und Reaktionen fein abgestimmt werden. Sie spiegelt in besonderer Weise die komplexen, vielfältigen und auch widersprüchlichen Verhältnisse in der Wirtschaft (vgl. Kap. 2.2) und lässt sie interaktiv greifbar werden.

Ich komme nun zur Literaturdarstellung orientiert an relevanten Diskurstypen. Zur betriebsexternen Kommunikation gehören in erster Linie Diskurse, die mit dem Absatz der Produkte oder Dienstleistungen zu tun haben.

Stärker auf informative Zwecke ausgerichtet sind dabei solche wie (Kunden-)beratungen, Produktvorstellungen (Reuter 1989) und Marktforschung; stärker zum Verkaufsprozess gehören Verkaufsgespräche (vgl. Kap. 4) (Hundsnurscher/Franke Hgg. 1985, Flieger/Wist/Fiehler 1992, Brünner 1994, 1994b, Brons-Albert 1995, 1995a, Pothmann 1997) und Telefonmarketing (Antos 1989a, Plog 1996). Auch Rundfunk- und Fernsehwerbung (vgl. Kap. 10.1) sind zwar auf den Absatz ausgerichtet, stellen jedoch als mediale Formen der Kommunikation, die schriftlich konzipiert und vorproduziert sind, einen Sonderfall dar.

Geschäftsverhandlungen (vgl. Kap. 7) spielen nicht nur im Absatz, sondern auch im Einkauf und anderen Tätigkeiten, die die Voraussetzungen der Produktion betreffen, eine Rolle (Beiträge in Bungarten Hg. 1994c; Kappel/Rathmayr/Diehl-Zelonkina 1992; Rathmayr 1992; Rehbein 1995; Pschaid 1993; Neumann 1994; Ehlich/Wagner Hgg. 1995; Firth Hg. 1995; Becker-Mrotzek/Brünner demn.). Zu nennen sind etwa auch Verhandlungen mit Behörden (über Genehmigungen usw.) oder Tarifverhandlungen.

An den Schnittstellen zwischen Unternehmen und Kunden sind ferner Dienstleistungs- und Servicegespräche zu finden (vgl. Kap. 6) (Beneke 1992, Brünner 1997). Der Nachbearbeitung des Verkaufs (bei fehlerhafter Ware, Lieferung usw.) dienen Reklamationsgespräche (vgl. Kap. 5) (Fiehler/Kindt 1994, Fiehler/Kindt/Schnieders 1999).

Als Sonderfälle mündlicher Wirtschaftskommunikation können Schlichtungsgespräche betrachtet werden, in denen Streitigkeiten etwa zwischen Betrieben und ihren Kunden im Rahmen neutraler Institutionen (z.B. Schlichtungsstellen der Handwerkskammern) durch Vermittlung eines Dritten bearbeitet werden (Nothdurft Hg. 1995, Nothdurft 1996). Bewerbungsgespräche (vgl. Kap. 9.1) sind mündliche Diskurse mit nicht zum Unternehmen gehörenden Personen, zielen aber gerade auf die (potentielle) Eingliederung dieser Personen in die Institution. Bewerbungsgespräche werden in Grießhaber (1987), Adelswärd (1988), Lepschy (1995) und Menz (demn.) analysiert, teils auf der Basis authentischer Kommunikation, teils anhand von Rollenspielen.

An betriebsinterner Kommunikation sind überwiegend nur die Mitarbeiter eines Unternehmens oder Betriebes beteiligt. Dazu gehören stärker sachlich-technisch bezogene Diskurse wie Besprechungen (vgl. Kap. 8), z.B. Planungsgespräche, technical meetings (Lenz 1989, Meier 1997, Dannerer 1999), Meisterbesprechungen (Schwandt 1995) oder Konferenzen. Betriebsinterne Besprechungen, die formeller oder informeller ablaufen können, werden auch in Meier (1997) und Müller (1997, 1997a) analysiert. Pschaid (1993) untersucht anhand von Kommunikation im Büro den Einfluss, den die Position von Mitarbeitern in einem Betrieb auf ihr Kommunikationsverhalten (z.B. turn-taking) besitzt. Menz (1998) rekonstruiert implizite Vorstellungen von (gelungener) Kommunikation bei Mitarbeitern eines Betriebes. Menz (demn.a) untersucht anhand eines umfangreichen Korpus die betriebsinterne Kommunikation in einer EDV-Firma, besonders unter dem Aspekt der Selbstorganisation.

Stärker hierarchisch-ökonomisch geprägte Diskurse sind Mitarbeitergespräche (z.B. Konfliktgespräche, Beurteilungsgespräche), die zwischen Vorgesetzten und unterstellten Mitarbeitern geführt werden (Saul 1993, Keller 1997). Auch Instruktionen zur Durchführung von Aufgaben, z.B. Arbeitseinteilungen und Arbeitsanweisungen (vgl. Kap. 9.1), gehören zur betriebsinternen mündlichen Kommunikation. Zum ganzen Bereich der Produktion und der empraktischen Kommunikation gibt es kaum diskursanalytisch-empirische Arbeiten. Analysen zur Kommunikation in praktischen Kooperationen sind Brünner (1986, 1987) und Fiehler (1980, 1993).

Einen Sonderfall stellen Unterweisungen dar, die etwa zur Einarbeitung neuer Mitarbeiter oder im Rahmen der betrieblichen Aus- und Fortbildung stattfinden (vgl. Kap. 9.1). Solche Diskurse sind häufig von der betrieblichen Routine abgetrennt und besonderen Teilinstitutionen zugehörig. Sie dienen dem Zweck, Personen, die zwar dem Unternehmen angehören, aber erst teilweise in das Handlungssystem eingebunden sind, so auszubilden und zu qualifizieren, dass sie zu vollwertigen Mitarbeitern des Unternehmens werden. Zum Bereich der betrieblichen Ausbildung kann auf Brünner/Fiehler (1983), Fiehler (1983), Brünner (1987, 1995), Flieger/Wist/Fiehler (1992) und Baßler (1996) verwiesen werden.

Aus der Perspektive der einzelnen Mitarbeiter kann sich ein Teil dieser Diskurse als berufliche Routine darstellen, die sich mit gewisser Regelmäßigkeit wiederholt (z.B. allmorgendliche Arbeitseinteilungen), während ein anderer Teil als besonderer, nicht-alltäglicher Fall erscheint, der nur unter selteneren, speziellen Bedingungen auftritt (z.B. Bewerbungsgespräche, in denen man als Bewerber handelt, oder Beurteilungsgespräche). Nicht-routinemäßige Diskurse werden in der Regel als anspruchsvoller empfunden als solche, die zur Routine gehören.

Die meisten der genannten Diskurstypen kommen auch außerhalb der Wirtschaft vor, etwa in staatlicher Verwaltung und Behörden, Bildungseinrichtungen oder gemeinnützigen Institutionen. Am stärksten wirtschaftsspezifisch sind sicherlich die Diskurse, die dem Absatz von Waren dienen. Die genannten Diskurse brauchen nicht immer mit kulturell und sprachlich homogenen Teilnehmergruppen stattzufinden. Vielmehr ist aufgrund der zunehmenden wirtschaftlichen Verflechtungen und der Globalisierung von Produktion und Handel ein wachsender Anteil der mündlichen wie auch der schriftlichen Wirtschaftskommunikation interkulturelle Kommunikation (vgl. Kap. 3.4).

Über einige der genannten sowie weitere Aspekte der Wirtschaftskommunikation gibt Hundt (1995) einen strukturierten Literaturüberblick; dieser ist allerdings auf seine eigenen Fragestellungen zugeschnitten und behandelt den Bereich der mündlichen Wirtschaftskommunikation nur am Rande. Hundt unterscheidet Publikationen zu folgenden Aspekten:
1. Terminologielehre
2. Syntax und Morphologie
3. Sprach- und Ideologiekritik
4. Wirtschaftsdeutsch im Unterricht
5. Leseanleitungen
6. Metaphorik in Wirtschaftstexten
7. Betriebslinguistik

Bei Gruppe 1 *Terminologielehre* handelt es sich um ältere oder speziellere Arbeiten zur terminologischen Ordnung von Warenkategorien. Zu Gruppe 2 *Syntax und Morphologie* werden grammatische Untersuchungen zusammengefasst, etwa Frequenzuntersuchungen zu Partizipialkonstruktionen (z.B. Kvam 1986), zu Wortschatz, Wortarten und Wortbildung (z. B. Piirainen/ Airismäki 1987) oder Phraseologismen (z.B. Duhme 1991); sie beziehen sich vor allem auf schriftliche Korpora wirtschaftswissenschaftlicher Fachtexte oder Texte der Wirtschaftspresse (z.B. Börsenberichterstattung). Gruppe 3: *Sprach- und Ideologiekritik* enthält sprachkritische Arbeiten, die z.B. Fragen der Verständlichkeit und der Manipulation in der Wirtschaftsberichterstattung thematisieren (z.B. Kalt Hg. 1990 mit Beiträgen zum Wirtschaftsjournalismus). Didaktische Arbeiten zu Gruppe 4: *Wirtschaftsdeutsch im Unterricht* beziehen sich überwiegend auf den Bereich Deutsch als Fremdsprache (z.B. Buhlmann/Fearns 1987, Müller Hg. 1991, Bolten 1991). Unter Gruppe 5 werden *Leseanleitungen* für Wirtschaftspressetexte zusammengefasst. Die unter Gruppe 6 *Metaphorik in Wirtschaftstexten* dargestellten Arbeiten analysieren – eher deskriptiv (Musolff 1991, Jäkel 1994) oder eher sprachkritisch (Schmitt 1988) – Metaphorik in der Wirtschaftsberichterstattung. Dazu gehört auch die Arbeit von Hundt (1995) selbst, die den Geldbegriff und die Versprachlichung geldtheoretischer Sachverhalte, besonders in metaphorischer Form, behandelt.

Für Gruppe 7 schließlich wird der etwas unglückliche Ausdruck *Betriebslinguistik* verwendet – unglücklich deshalb, weil er eine eigenständige, einheitliche Teildisziplin der Linguistik suggeriert, die es nicht gibt. Die Arbeiten dieser Gruppe betreffen am ehesten den Gegenstand, der hier im Zentrum steht, das kommunikative Handeln in Wirtschaftsunternehmen, sei es betriebsintern oder -extern (Außenkommunikation). Einen betriebsinternen Sonderbereich stellt dabei die Ermittlung des Fremdsprachenbedarfs dar (z.B. Kalter 1994).

3.4. Interkulturelle Wirtschaftskommunikation

Interkulturelle Wirtschaftskommunikation ist ein ebenso bedeutsamer wie problemträchtiger Bereich, der im Zuge der Internationalisierung und Globalisierung der Wirtschaft – Entstehung eines europäischen Binnenmarktes, Auslagerung von Unternehmensteilen, weltweite Wirtschaftsverflechtungen – stark an Bedeutung gewinnt. Deshalb werde ich auf einige zentrale Untersuchungsfelder eingehen und ausgewählte Publikationen dazu vorstellen. Interkulturelle Aspekte der Werbung werden gesondert angesprochen.

Aspekte interkultureller Kommunikation

Interkulturelle Wirtschaftskommunikation teilt viele Eigenschaften und Schwierigkeiten mit interkultureller Kommunikation allgemein, die ein breites Forschungsfeld darstellt und zu der es reichhaltig Literatur gibt. Einen prägnanten Überblick über verbale und nonverbale Phänomene und Probleme gibt Knapp (1992). Rost-Roth (1994) bietet einen Forschungsüberblick zu empirischen Untersuchungen über Verständigungsprobleme in interkultureller Kommunikation. Eine Bibliografie ist Hinnenkamp (1994). Ein praxisorientiertes Lehrbuch zur Interaktion in verschiedenen Lebensbereichen und Situationen ist Cushner/Brislin (1995) (vgl. auch Landis/Bhagat Hgg. 1996). Liedke/Redder/Scheiter (1999) stellen interkulturelle Trainings kritisch dar und entwickeln Vorschläge für diskursanalytisch fundierte Trainings.

Sprachliche Ausdrucksbeschränkungen und Verstehensdefizite prägen häufig die Kommunikation von Nicht-Muttersprachlern mit Muttersprachlern. Wenn die Interaktanten die wechselseitigen Sprachen nur mangelhaft oder gar nicht beherrschen, wird meist in einer dritten Sprache als *lingua franca* (oft Englisch) kommuniziert. Dies führt u.U. dazu, dass beiden Sprechern nicht das volle sprachliche Ausdrucksrepertoire zur Verfügung steht.

Nicht nur syntaktische, lexikalische oder phonologische Unterschiede der beteiligten Sprachen, ihre unvollkommene Beherrschung oder Interferenzfehler bereiten in der interkulturellen Kommunikation Schwierigkeiten. Auch differente intonatorische und paralinguale Formen können Missverständnisse und Probleme auslösen (vgl. die Tonbeispiele auf der Eckert/Laver 1994 beiliegenden CD). Z.B. ist das Englische durch relativ starke Tonhöhenbewegungen gekennzeichnet – ein Merkmal, das von Sprechern des Deutschen als exaltiertes oder affektiertes Verhalten interpretiert werden kann. Das Spanische wird sehr schnell gesprochen, während ein ähnlich hohes Sprechtempo in anderen Sprachen markiert ist und Anlass zu besonderen Interpretationen gibt. Vergleichbares gilt für die Lautstärke (z.B. Italienisch) oder für Pausenlängen (z.B. Finnisch). Gumperz (1982) berichtet über eine Untersuchung, die zeigte, dass das als unhöflich gedeutete Verhalten des indischen und pakistanischen Kantinenpersonals auf einem britischen Flughafen damit zusammenhing, dass die Angestellten aufgrund ihrer Muttersprache Einwortfragen (vom Typ „*Soße?*") mit fallender Intonation sprachen.

Auch in der nicht-vokalen nonverbalen Kommunikation sind vielfältige Unterschiede zwischen den Kulturen beschrieben worden, die Verständigungsprobleme hervorrufen können. Ein bekanntes Beispiel ist das Lächeln bei Asiaten, das eingesetzt werden kann, um negative oder aggressive Gefühle zu maskieren. Wenn schwarze Amerikaner den Blickkontakt abbrechen, kann dies ein Zeichen dafür sein, dass sie die Hörerrolle einnehmen; von Weißen wird dies aber u.U. als mangelnde Bereitschaft zur Kommunikation interpretiert. Selbstverständlich bestehen auch im nicht-kommunikativen Verhalten, im Hinblick auf Bekleidung, Essen usw. unterschiedliche Normen und Konventionen.

Differenzen in der verbalen Interaktion sind oft aus unterschiedlichen kulturellen Normen erklärbar. Wenn der Interaktionspartner nicht über dieses kulturelle Wissen verfügt, vermag er die betreffenden kommunikativen Handlungsweisen weder richtig zu interpretieren noch selbst angemessen zu produzieren. Z.B. gibt man in Südamerika oft Wegauskünfte, um „gefällig" zu sein – auch dann, wenn man den Weg gar nicht kennt. Kulturell unterschiedliche Normen gelten in der mündlichen, aber auch in der schriftlichen Kommunikation. So unterscheiden sich die Aufbau- und Darstellungsformen (z.B. die Linearität) englischsprachiger von denen deutschsprachiger wissenschaftlicher Texte (Clyne 1987).

Bestimmte Erwartungen an Interaktionspartner werden nicht nur durch solche Normen konstituiert, sondern auch durch nationale und kulturelle Stereotype und Vorurteile (vom Typ *Chinesen sind undurchschaubar* oder *Finnen sind verschlossen*) (Günthner 1991, List/Wagner 1992, Reuter 1994, Tiittula 1994, Andersen 1997). Wenn diese unreflektiert das Handeln leiten, entstehen ebenfalls Probleme. Sie erzeugen nämlich Erwartungs- und Wahrnehmungsstrukturen, die der Individualität des Gesprächspartners und seinem konkreten Verhalten oft nicht gerecht werden. Durch Stereotype geleitete Wahrnehmungen und Interpretationen von Menschen und Handlungen sind oft falsch und können für die Interaktionspartner sehr verletzend sein.

Mündliche Wirtschaftskommunikation unter interkulturellem Aspekt

Interkulturelle Wirtschaftskommunikation birgt neben den allgemeinen noch spezifische Probleme, die mit den wirtschaftlichen Aufgaben und den speziellen Diskurs- und Textarten verbunden sind. Nach Müller (1991: 27) ist die grenzüberschreitende Kommunikation in der Wirtschaft gefährdeter ist als in anderen Bereichen: Erstens steht sie unter hohem Erfolgszwang, zweitens werden aufgrund international gleicher oder ähnlicher Kommunikationsgegenstände und -kontexte Kulturunterschiede weniger erwartet und schwerer wahrgenommen. Dies gilt besonders, wenn in Englisch als gemeinsamer lingua franca kommuniziert wird.

Auch zur interkulturellen Wirtschaftskommunikation liegen zahlreiche Publikationen vor. Über Unterschiede des Managements im interkulturellen Vergleich informieren die Beiträge in Bergemann/Sourisseaux (Hgg. 1992) und Bolten (Hg. 1995). Bungarten (1994) behandelt kulturspezifische Kommunikationsnormen in der Management-Kommunikation anhand der Griceschen Konversationsmaximen und beschreibt „kommunikationspsychologische Barrieren". In Bungarten (Hg. 1994c) sind Beiträge zur interkulturellen Marketingkommunikation versammelt.

In Bungarten (Hg. 1994d) sind Beiträge zu interkulturellen Trainings von Wirtschaftskommunikation zusammengestellt. Knapp-Potthoff (1994) argumentiert für Trainings, die interkulturelle Kommunikationsbewusstheit erzeugen bzw. verbessern, und stellt Möglichkeiten der Umsetzung vor. Ein praxisorientiertes Lehrbuch zu verschiedenen Aspekten interkultureller Wirtschaftskommunikation, das auch die Anforderungen spezieller Diskursarten (Verhandlungen) und Textarten (Technische Dokumentation) berücksichtigt, ist Ulijn/Strother (1995).

Interkulturelle Geschäftsbesprechungen zwischen US-Amerikanern und Japanern untersucht Yamada (1990) und stellt Unterschiede in Themenorganisation und Rederechtverteilung fest:

> Japanese take short turns, distribute their turns relatively evenly, and continue to distribute their turns evenly regardless of who initiates a topic. Americans take long monologic turns, distribute their turns unevenly and the participant who initiates a topic characteristically takes the highest proportion of turns in that topic. (Yamada 1990: 291)

Miller (1994) behandelt kulturspezifisch differierende Formen, mit denen Dissens in Geschäftsbesprechungen in Japan und den USA bearbeitet wird: In Japan werden Konflikte oft ins Vorfeld ausgelagert und dort ausgetragen. Clyne (1994) analysiert Transkriptmaterial aus der interkulturellen Kommunikation, das auch Verhandlungen und Besprechungen aus der Wirtschaft enthält. Kartari (1995) untersucht die Kommunikation zwischen türkischen Mitarbeitern und ihren deutschen Vorgesetzten auf dem Hintergrund türkischer und deutscher Kommunikationsstile. Bargiela-Chiappini/Harris (1997) analysieren Besprechungen in englischen und italienischen Unternehmen und vergleichen ihre strukturellen und pragmatischen Merkmale.

Kulturspezifischen und interkulturellen Formen und Problemen des Verhandelns ist – neben Besprechungen – in der Literatur besondere Aufmerksamkeit gewidmet worden. Ulijn/Gorter (1989) diskutieren die Schwierigkeiten in einer Fremdsprache angemessen zu verhandeln. Viele der Beiträge in Ehlich/Wagner (Hgg. 1995) stammen aus einem Projekt zu kulturellen

Unterschieden in Geschäftsverhandlungen, u.a. die Arbeiten von Fant (1995), Grindsted (1995), Andersen (1995) und Villemoes (1995), die Rollenspiele zur Grundlage haben. Stalpers (1995) behandelt die Ausführung von *disagreement acts* (sowohl Missverständnisse als auch Dissens) in Geschäftsverhandlungen zwischen Partnern aus derselben wie aus unterschiedlichen Kulturen.

In Reuter/Schröder/Tiittula (1989, 1991), Reuter (Hg. 1991) und Tiittula (1995) werden Ergebnisse eines Projekts zur deutsch-finnischen Wirtschaftskommunikation dargestellt, das u.a. Verhandlungen zum Gegenstand hatte. Die Arbeiten von Lenz (1990, 1991) analysieren konversationsanalytisch deutsch-finnische Geschäftsverhandlungen; Lenz diskutiert an diesem Material die These bzw. das Stereotyp von den interaktiv zurückhaltenden, wortkargen Finnen (vgl. Reuter 1994, Tiittula 1991, 1994) und kommt zu dem Ergebnis, dass dieser von Geschäftspartnern oft geäußerte Eindruck nur bedingt richtig ist. Auf den Beitrag von Lenz bezieht sich Tiittula (1994a); anhand von Material aus deutschen, finnischen und finnisch-deutschen Verhandlungen untersucht sie Strategien der Verständnissicherung, besonders die Verwendung und Funktion von Reformulierungen. Neumann (1994) legt eine authentische Verhandlung zwischen einem deutschen Verkäufer und einem norwegischen Einkäufer zugrunde; die Analyse richtet sich auf die Gliederung der Gesprächsschritte und das turn-taking.

Stalpers (1987) untersucht den Gebrauch des Wortes *alors* bei muttersprachlichen und nicht-muttersprachlichen Sprechern in französisch-niederländischen Geschäftsverhandlungen. Van der Wijst/Ulijn (1995) vergleichen anhand von Trainingsmaterial Höflichkeitsstrategien bei französischen und niederländischen Verhandlern. Rehbein (1995) untersucht das Handlungsmuster Kaufen-Verkaufen und die in es eingelagerten Verhandlungen an einem authentischen Diskurs zwischen einem niederländischen Verkäufer und einem französischsprachigen Belgier (vgl. Kap. 4.2).

Olesen (1992) analysiert eine authentische dänisch-arabische Geschäftsverhandlung unter dem Aspekt von unterschiedlichen Motivationen und Zielkonflikten aufgrund differenter kulturspezifischer Erwartungen (z.B. Umgangsweisen mit Zeit). In Firth (1990) werden telefonische Geschäftsverhandlungen in Englisch als lingua franca unter Nicht-Muttersprachlern (einem dänischen Exporteur und seiner internationalen Kundschaft) unter ethnomethodologischer Perspektive analysiert; Firth diskutiert Probleme von lingua franca-Interaktionen und die Frage nach der Herausbildung eines „internationalen Stils". An demselben Korpus untersucht Firth (1995a) telefonische Verhandlungen mit arabischen Kunden; er zeigt, wie Diskursstruktur und Einbettung der Verhandlung in den Arbeitszusammenhang interaktiv erzeugt werden. Firth (1995b) behandelt unter dem Begriff *telenegotiation* medial vermittelte Verhandlungen (Telefongespräche, Telexe) zwischen der dänischen Firma und den arabischen Kunden (vgl. Firth 1995c).

Tsuda (1984), eine Arbeit auf ethnographischer Grundlage, vergleicht Überzeugungsstrategien in US-amerikanischen und japanischen Verkaufsverhandlungen; während amerikanische Geschäftsleute interaktiv ein entspanntes, freundliches Klima erzeugen, werden japanische Verkaufs- und Verhandlungsgespräche in einer eher formellen Atmosphäre und mit höflichem Respekt geführt (Tsuda 1984, 110). Marriott (1995) untersucht eine Geschäftsverhandlung auf Englisch zwischen einem japanischen und einem australischen Partner unter dem Aspekt sprachlich-kommunikativer Probleme (vgl. Marriott 1991 zu Anredeformen bzw. Personenreferenz und 1995a zur Themenentwicklung).

Günthner (1991, 1993) beschreibt unterschiedliche Stile in Verhandlungen zwischen Deutschen und Chinesen und die daraus resultierenden Probleme. Wenn z.B. Chinesen bei ersten Begegnungen private Fragen stellen (nach Ehepartner oder Verdienst), ist dies als höfliche Interessensbekundung gemeint, wird von Deutschen aber als Missachtung sozialer Distanz negativ empfunden (1991: 305). Auch Unterschiede in der Diskursstruktur werden an Materialbeispielen analysiert. Z.B. werden von Chinesen zunächst „die Hintergrundinformationen aufgerollt, bevor der eigentliche Punkt präsentiert wird" – ein Diskussionsstil, der bei Deutschen Ungeduld auslöst. Bei Dissens legen Deutsche die eigene Meinung direkt dar und signalisieren ihre Nicht-Übereinstimmung deutlich, verfolgen also einen konfrontativen Stil; der chinesische Stil ist dagegen auf Harmonie und konfliktfreie Abwicklung der Interaktion angelegt. Der Verlust von Selbstkontrolle gilt in China als starker sozialer Verstoß. Eine wichtige Technik im chinesischen Verhandlungsstil ist das Prinzip der *Müdigkeit im Kampf (Pi Lao Zheng)*: Wenn keine Lösung in Sicht ist, wird die Verhandlungszeit so lange ausgedehnt, bis die andere Seite die Geduld verliert und nachgibt (1991: 313f.).

Kappel (1994) skizziert ein Forschungsprojekt über wirtschaftliche Verhandlungen zwischen deutsch- und russischsprachigen Partnern, das mit authentischen Daten arbeitet, und formuliert Strategien für das Verhandeln mit Russen. Aus demselben Projekt stammt der Aufsatz von Rathmayr (1992), der gesprächsanalytisch die kulturelle Spezifik solcher Verhandlungen beschreibt (vgl. Rathmayr/Kappel 1993 und das praxisorientierte Handbuch von Kappel/Rathmayr/Diehl-Zelonkina 1992). Ulijn/Strother (1995) nennen praxisorientiert mögliche Quellen von Missverständnissen in interkulturellen Verhandlungen, mit denen die Interaktanten rechnen müssen (Rolle der Eröffnungsphase, Bedeutung der nonverbalen Kommunikation, Umgang mit Zeit, Hörerverhalten, Formulierung (in-)direkter Fragen, Formen der Zusage oder Ablehnung) (1995: 263f.). Christopher/Smith (1991) bieten Anleitungen für Verhandlungsrollenspiele und -simulationen, die z.T. auch auf interkulturelle Probleme bezogen sind. Blom (1994) stellt ein Unterrichtsprojekt für Studierende der Wirtschaftswissenschaften dar, in dem auch authentisches Material zum internationalen Verhandeln verwendet wird.

Interkulturelle Aspekte der Werbung

Für Dienstleistungen und Produkte, die auf dem internationalen Markt angeboten bzw. exportiert werden, müssen Überlegungen angestellt werden, wie das Marketing an die verschiedenen Länder, Sprachen und Kulturen anzupassen ist. Dies betrifft u.a. die Benennung von Produkten und die Werbung.

Wenn neue Produktnamen erfunden werden, müssen ihre Konnotationen – auch in den sprachlichen und kulturellen Zusammenhängen der Länder, in denen das Produkt vermarktet werden soll – beachtet werden. Generell sollen die Namen zum Produkt passen. Wenn ein Land für die betreffende Ware berühmt ist oder als ihr Herkunftsland gilt, werden oft Namen gewählt, die konnotativ mit diesem Land verbunden sind oder aus der Sprache dieses Landes stammen. So nennt die Firma Wasa eins ihrer Knäckebrote *Finn-Crisp*; Wodkagetränke tragen oft russische oder russisch klingende Namen (*Puschkin*), Parfüms französische oder französisch klingende (z.B. *Mystère*). Die Agenturen für das *branding*, die Suche nach einem Markennamen, prüfen, ob ein Name in allen für den Export relevanten Sprachen gut auszusprechen und behaltbar ist (z.B. *Twingo* für ein Auto von Renault oder *Smart*). Darüber hinaus wird der Name auf umgangssprachliche Bedeutungen geprüft, die er in geschriebener oder gesprochener Form in den Sprachen der Exportländer besitzt oder die mit ihm verbunden werden könnten.

Dabei scheinen immer wieder Pannen aufzutreten. Aman (1982) stellt kulturspezifische „Tabus" dar, die die Werbung beachten muss, und beschreibt anschaulich Missgriffe bei der Namenswahl. Zu solchen Tabus gehören bestimmte Zahlen, Farben oder auch Formen (z.B. sechszackiger Stern/Judenstern in arabischen Ländern). Als Beispiel für einen Missgriff führt er den Autonamen *Lada nova* an, der im Spanischen in der gesprochenen Form die Aussage ergibt, dass der *Lada nicht fährt* ‚*Lada no va*'. Produkte der bayrischen Firma *PFANNI* werden in englischsprachigen Ländern unter *PANNI* verkauft, weil *fanny* im Amerikanischen ein Slang-Ausdruck für *Hintern* ist und in England und Australien *Scheide* bedeutet. Der Name *MIST-STICK* für einen Lockenstab der Firma Sunbeam erinnert im Deutschen an *Miststück* und ist deshalb ungeeignet, ähnlich wie *Canadian Mist* für einen Whisky. Die *VICKS Company* entdeckte irgendwann, dass im Deutschen < V > oft [f] gesprochen wird; um den Anklang an *ficken* zu vermeiden, änderte man den Namen zunächst in *WICKS* – was jedoch *wichsen* anklingen lässt. Heute wird der Name deshalb in der Form *WICK* verwendet (Aman 1982). Nach Leppälä (1994) musste eine Kampagne für Diät Cola

(*Diet Coke*) in Japan erfolglos abgebrochen werden; eine Umfrage zeigte, dass Japanerinnen meinen kein Übergewicht zu haben, und deshalb Diät-Produkte ablehnen. Unter dem neuen Namen *Coke Light* war das Produkt dann erfolgreich

Was die Werbung selbst betrifft, so werden manchmal sprachliche Aspekte nicht beachtet. In einem Zeitungsartikel wurde ein Werbeplakat für Kopfschmerztabletten angesprochen, das in arabischen Ländern eingesetzt werden sollte; drei nebeneinandergestellte Fotos zeigten einen Mann, der zuerst Schmerzen hat, dann eine Tablette nimmt und auf dem dritten Foto wieder lacht. Da das Arabische von rechts nach links gelesen wird, kann die Abfolge der Bilder eine kontraproduktive Bedeutung ergeben. Auch Anpassungen an kulturelle Normen und Werte sind oft notwendig. Für das Herrenparfüm *Drakkar Noir* wurde in Europa mit einem Bild geworben, auf dem eine Männerhand die Parfümflasche hält, während sich eine Frauenhand eng um die Männerhand herumpresst. Für die Werbung in arabischen Ländern wurde das Bild geändert: Die Frauenhand streichelt die Männerhand zart in geöffneter Haltung. Das schien für diesen Markt akzeptabler, weil die Frau nicht so gleichberechtigt und aggressiv wirkt (Leppälä 1994: 134).

Dass die Berücksichtigung kultureller Normen und Werte auch historisches Wissen erfordert, belegt ein anderes Beispiel. Nach einer Zeitungsmeldung (Frankfurter Rundschau vom 15.6.98) stoppte der finnische Konzern Nokia aufgrund öffentlicher Proteste seine Werbekampagne für Mobiltelefone in verschiedenen Farben. Für diese war ahnungslos mit dem Slogan *Jedem das Seine* geworben worden; das historisch-kulturelle Wissen, dass dieser Spruch über dem Eingang des Konzentrationslagers Buchenwald stand, hatte offenbar gefehlt. Wirtschaftliche und politische Veränderungen in einem Land können zu veränderten Formen und Funktionen von Werbung führen. Analysen von Anzeigenwerbung in Russland zeigen, dass in den 80er Jahren die Werbung noch vorwiegend informativ war (Rathmayr 1988, Birkenmaier/Mohl 1991); dagegen haben bis Anfang der 90er Jahre argumentative und persuasive Formen deutlich zugenommen (Stephan 1994).

4. Verkaufsgespräche

In diesem Kapitel beschreibe ich zunächst verschiedene Formen und Aspekte von Verkaufsgesprächen und gebe einen Literaturüberblick (Kap. 4.1). Unterschiedliche Strukturbeschreibungen des Diskurstyps werden in Kap. 4.2 diskutiert. Anschließend analysiere ich ausführlich empirische Beispiele zu zwei Problembereichen: zum Einsatz von Gesprächsleitfäden in telefonischen Verkaufsgesprächen (Kap. 4.3) und zur Rollen- und Beziehungsgestaltung in direkten (face-to-face) Verkaufsgesprächen (Kap. 4.4). Diese Beispiele stammen aus einer Autohandlung, aus dem Geschäft eines Hörgeräteakustikers und aus einem Computerfachgeschäft.

4.1. Formen von Verkaufsgesprächen und Literaturüberblick

Verkaufsgespräche gehören zur betriebsexternen Kommunikation. Sie stellen einen relativ gut dokumentierten und untersuchten Diskurstyp aus der Wirtschaft dar. Kaufen und Verkaufen von Waren oder Dienstleistungen sind nicht nur zentrale Tätigkeiten in der Wirtschaft, sondern in Verkaufsgesprächen verwirklicht sich auch der ökonomische Zweck des Wirtschaftens: Ware wird in Geld umgesetzt und der Gewinn realisiert – oder eben auch nicht, wenn nämlich das Verkaufsgespräch erfolglos verläuft und kein Geschäftsabschluss zustande kommt. Deshalb wird von Seiten der Wirtschaft eine Optimierung solcher Gespräche angestrebt, was sich in einer Fülle von Ratgeberliteratur, von Analysen und Empfehlungen für die Verkaufspraxis niederschlägt.

In den Wirtschaftswissenschaften wird *Verkauf* definiert als

> Umsatz- bzw. Absatztätigkeiten, die zum Ziel haben, den Vertragsabschluss über die angebotene Leistung mit dem Abnehmer und damit den rechtlichen und wirtschaftlichen Übergang dieser Leistung herbeizuführen (→ Distributionspolitik). Die Verkaufstätigkeiten umfassen insb. die Gewinnung von Informationen über die Kunden, die Erlangung von Aufträgen sowie die Verkaufsunterstützung durch Beratung, Instruktion und Warenpräsentation (→ persönlicher Verkauf). (Vahlens 1994: 2209)

Auch linguistische und konversationsanalytische Untersuchungen liegen zu Verkaufsgesprächen zahlreicher als zu anderen Diskursen der Wirtschaftskommunikation vor. Gründe sind – über das inhaltliche Interesse hinaus – sicher ihre vergleichsweise gute Zugänglichkeit und Dokumentierbarkeit.

Verkaufsgespräche sind ubiquitär und Bestandteil des alltäglichen Lebens. Anders als bei betriebsinterner Kommunikation ist einer der Gesprächspartner oft Laie, jedenfalls im Einzelhandel, so dass keine besonders restriktiven Wissensvoraussetzungen in den Diskurs eingehen, die die Analyse erschweren.

Formen und Aspekte des Verkaufsdiskurses

Der Verkaufsdiskurs kann face-to-face stattfinden – dies ist im Einzelhandel (Lamoureux 1988/89) der Regelfall – oder als Telefongespräch (zum Telefonmarketing Plog 1994, 1996); hier werden häufig schriftliche Gesprächsleitfäden verwendet (Antos 1989a, Ausfelder 1991, Kießling-Sonntag 1994). Dazu kommen schriftliche Formen der Verkaufsabwicklung, zunehmend auch über das Internet. Ferner existieren bestimmte Sonderformen mündlicher Verkaufsgespräche, z.B. Auktionen (Clark/Halford 1978, Kuiper/Haggo 1984), Ausverkaufsaktionen (Prus 1986), Verkauf durch Marktschreier (Pinch/Clark 1986, Clark/Pinch 1988) oder *party-selling*, also Verkaufen bei nachbarschaftlichen Treffen in Privatwohnungen (Taylor 1978 zum *Tupperware*-Verkauf).

Verkaufssituationen und -gespräche lassen sich danach unterscheiden, ob sie eher kunden- oder verkäuferinitiiert sind, ob die Kaufbereitschaft oder sogar die Kommunikationsbereitschaft der Kunden erst hergestellt werden muss oder bereits besteht (Abnahmekauf). (Zu einer Taxonomie vgl. Beckmann/König 1985, Weis 1992.) Für die Differenzierung spielt auch die Ware oder Dienstleistung, die verkauft wird, eine Rolle. Verkaufsgespräche zu komplizierten, erklärungsbedürftigen und teuren Produkten wie Telefonanlagen (Flieger/Wist/Fiehler 1992), Bank- und Finanzdienstleistungen (Geyer 1983, Kießling-Sonntag 1994), Reisen (Mazeland/Huisman/Schasfoort 1995) oder Autos (Brünner 1994, 1994b) dauern normalerweise länger und enthalten mehr Beratungselemente als solche zu Gegenständen des täglichen Bedarfs. In der Regel haben Verkäufer solcher Produkte und Dienstleistungen eine fachspezifische Ausbildung, so dass die Verkaufsgespräche häufig die Form eines Experten-Laien-Diskurses annehmen und die Rolle des Experten gegenüber der des Verkäufers interaktiv dominant werden kann (Lacher 1989 zu Apotheken-Verkaufsgesprächen, Brünner 1994b zu Beratungen beim Hörgeräteakustiker).

Einen häufigen Spezialfall bilden Verkaufsgespräche zwischen Repräsentanten verschiedener Unternehmen, in denen der Kunde nicht als Privatperson, sondern als Einkäufer für seine Firma agiert. Beide Partner sind dann normalerweise Fachleute, ihr Handeln ist ein berufliches und unterliegt institutionellen Regelungen. Oft geht es um hohe Geldbeträge, werden längere

Verhandlungen über Preise und andere Konditionen geführt (vgl. Kap. 7.2) und nationale Grenzen beim Verkaufsprozess überschritten (Rehbein 1995).

Verkaufsdiskurse weisen in verschiedenen (marktwirtschaftlich organisierten) Kulturen grundlegende Gemeinsamkeiten, aber auch spezifische Unterschiede auf, die sich aus den jeweiligen kulturellen Besonderheiten und Wertorientierungen erklären lassen (Simounet de Géigel 1987 zu den US-amerikanischen Virgin Islands, Tsuda 1984 zu japanischen im Vergleich zu amerikanischen Verkaufsgesprächen).

Verkäufer verfolgen in der Regel ein Verkaufsinteresse. Dass diese Aussage nur scheinbar selbstverständlich ist, erkennt man, wenn man etwa an die gesellschaftlich-ökonomischen Verhältnisse in der ehemaligen DDR denkt. Das Verkaufsinteresse beruht auf verschiedenen Faktoren. Wenn der Verkäufer zugleich Geschäftsinhaber ist, ist der Fall ohnehin klar; aber auch angestellte Verkäufer werden häufig durch ökonomische Mechanismen motiviert ein Verkaufsinteresse auszubilden: dadurch dass ihr Gehalt aus einem Fixgehalt und Provisionen zusammensetzt wird, durch andere Formen der Gewinnbeteiligung oder besondere Vergünstigungen im Falle guter Verkaufserfolge. Wenn kein finanzieller Anreiz besteht, wird das Interesse an Verkaufserfolgen häufig durch hierarchische Kontrollen des Verkäuferverhaltens in Verbindung mit negativen (Kündigung) oder positiven (beruflicher Aufstieg) Sanktionen hergestellt und gesteuert.

Wirtschaftswissenschaftliche, psychologische und Ratgeberliteratur

Da sich in Verkaufsgesprächen der ökonomische Zweck des Wirtschaftens verwirklicht, existiert eine Vielzahl von Publikationen, die sich als praktische Ratgeber verstehen, sei es auf der Basis beruflichen Erfahrungswissens oder wissenschaftlicher Erkenntnisse (vgl. die Bibliografie in Hundsnurscher/ Franke Hgg. 1985 und das Literaturverzeichnis in Pothmann 1997). Als Beispiele sind Wage (1988) und Weis (1992) zu nennen, zu speziellen Branchen etwa Geyer (1983) (Verkauf von Bankleistungen). Einige Arbeiten enthalten neben Empfehlungen auch praktische Übungen (z.B. Geyer 1983).

Typische Themen, die in solchen für die Verkaufspraxis geschriebenen Arbeiten behandelt werden, sind neben der allgemeine Charakteristik von Verkaufsgesprächen besonders Typen von Kunden, ihre Eigenschaften und Kaufmotive sowie (überwiegend normative) Phasenmodelle für Verkaufsgespräche (oft *Verkaufsformeln* genannt). Sehr häufig werden Fragetechniken des Verkäufers, das richtige Zuhörverhalten und die sog. *Einwandbehandlung* besprochen, d.h. wie man möglichen Kauf-Einwänden der Kunden begegnet. Gelegentlich wird auch die Reklamationsbehandlung thematisiert.

Im Hinblick auf Verkaufsgespräche erscheint Kommunikation also nicht einfach als subsidiäre, selbstverständliche Nebentätigkeit, sondern als ökonomische Ressource, die bewusst geplant und gezielten Steuerungsmaßnahmen, etwa durch Gesprächsausbildung, unterworfen wird. Interessant und keineswegs selbstverständlich sind zwei weitere stillschweigende Voraussetzungen, von denen die Ratgeberliteratur ausgeht. Die erste besagt, dass das Gelingen eines Verkaufsgesprächs im Wesentlichen vom Verhalten des Verkäufers abhängt und nicht von der gemeinsamen Interaktion zwischen (potentiellem) Käufer und Verkäufer. Diese Annahme widerspricht jedoch zentralen diskursanalytischen Erkenntnissen (vgl. Fiehler 1999). Auch die zweite Voraussetzung ist problematisch, dass nämlich das Zustandekommen eines Verkaufsabschlusses im Wesentlichen durch den Gesprächsverlauf bedingt sei und weniger durch sachliche Gegebenheiten wie Gebrauchswert, Qualität oder Preis der Ware. Dies wird im Übrigen nicht nur in der wirtschaftsorientierten Ratgeberliteratur unterstellt, sondern auch in ideologie- und gesellschaftskritischen Arbeiten, die Verkauf und Werbung als Formen der „Verführung" betrachten.

Linguistische und konversationsanalytische Untersuchungen

In linguistischen und konversationsanalytischen Arbeiten zu Verkaufsgesprächen und -trainings sind eine ganze Reihe unterschiedlicher Aspekte behandelt worden. Eine Klassifizierung und Typologie von Verkaufsgesprächen findet sich in Hundsnurscher/Franke (Hgg. 1985). Strukturbeschreibungen des Diskurstyps werden in Form von Handlungsschemata oder Phasenstrukturen in Hundsnurscher/Franke (Hgg. 1985), Brons-Albert (1995a), Plog (1996) und Pothmann (1997) gegeben. Kaufen/Verkaufen als Handlungsmuster beschreibt Rehbein (1995); in dieser Arbeit werden auch der Kommunikations- und Sprachbedarf beim transnationalen Verkauf diskutiert.

Zu Ver- und Aushandlungsprozessen beim Verkaufen, auch in interkulturellen Verkaufsgesprächen, findet man mehrere Beiträge in Ehlich/Wagner (Hgg. 1995) und Firth (Hg. 1995). Argumentationsstrategien und Formen der Einwandbehandlung werden in einigen Beiträgen in Hundsnurscher/Franke (Hgg. 1985) sowie in Pinch/Clark (1986) und Lamoureux (1988/89) untersucht. Die Selbstdarstellungen von Verkäufer und Kunde sowie die Beziehungsgestaltung in Verkaufsgesprächen analysieren Schenkein (1978), Taylor (1978), Lacher (1989) und Brünner (1994, 1994b). Antos (1989a) und Kießling-Sonntag (1994) zeigen Formen und Probleme der Verwendung von Gesprächsleitfäden (Skripts) auf.

Zu der Frage, wie sprachliche Mittel, Formulierungsweisen und verwendete Handlungsformen in Verkaufsschulungen besprochen werden, geben die Arbeiten von Antos (1989), Brons-Albert (1994, 1995, 1995a), Flieger/ Wist/Fiehler (1992) und Fiehler (1999) Aufschluss. Musterkonflikte zwischen Beraten und Verkaufen im Kontext von Verkaufstrainings untersuchen Flieger/Wist/Fiehler (1992).

Eine Sammlung von 36 Transkripten authentischer Verkaufsgespräche in einer Buchhandlung (von allerdings nur zwei Buchhändlerinnen) enthält Brons-Albert (1995a). Auch in Pothmann (1997) sind einige transkribierte Verkaufsgespräche aus Schuhgeschäften abgedruckt.

4.2. Strukturbeschreibungen von Verkaufsgesprächen

Strukturbeschreibungen von Verkaufsgesprächen können in unterschiedlichen Formen gegeben werden. In der Linguistik sind vor allem die Phasendarstellung, das Handlungsschema und die diskursanalytische Musterdarstellung (Praxeogramm) gebräuchlich. In der Ratgeberliteratur werden häufig Verkaufsformeln eingeführt, um Strukturaussagen über Verkaufsgespräche zu machen und strukturelle Empfehlungen zu geben.

Verkaufsformeln

Verkaufsformeln sind teils auf die Phasen im Ablauf von Verkaufsgesprächen bezogen, teils auf deren Elemente und die mit ihnen verbundenen interaktiven Aufgaben. Weis (1992) stellt einige solcher Verkaufsformeln kritisch dar. Eine der ältesten und bekanntesten ist die *AIDA*-Formel die von Lewis stammt:

A	(attention)	Aufmerksamkeit
I	(interest)	Interesse
D	(desire)	Wunsch
A	(action)	Abschluss

Sie ist käuferzentriert und richtet sich auf mehr als das eigentliche Verkaufsgespräch, besonders im Element *attention*. Denn die Aufmerksamkeit des Käufers soll häufig schon durch Werbung oder die Art der Ausstellung eines Produkts geweckt werden. Die *AIDA*-Formel beansprucht, den Handlungsablauf beim Kunden als eine systematische Folge von kognitiven, motivationalen und aktionalen Elementen zu beschreiben, die mit dem Kaufabschluss (*action*) endet.

Stärker verkäuferzentriert ist die *DIBABA*-Formel (Goldman 1965):

D	Definitionsstufe	(Bedarf ermitteln)
I	Identifizierungsstufe	(Produkt anbieten)
B	Beweisführungsstufe	(Problemlösung beweisen)
A	Annahmestufe	(Kunde nimmt die Lösung an)
B	Begierdestufe	(zum Kauf motivieren)
A	Abschlussstufe	(Konditionen festlegen und Abschluss tätigen)

Unter den sechs angegebenen Handlungsaufgaben sind vier, die der Verkäufer ausführen soll, während zwei (*Annahme-* und *Abschlussstufe*) auch Aktivitäten des Kunden implizieren. Dass diese Handlungsaufgaben „Stufen" genannt werden, deutet darauf hin, dass eine Reihenfolge intendiert ist, jede Aufgabe die ihr vorangehenden als erfüllt voraussetzt und auf ihnen aufbaut.

Weniger auf einen der Gesprächspartner als auf die Elemente des Verkaufsgesprächs selbst ist die *BEDAZA*-Formel (Kirchhoff 1968) gerichtet, obwohl auch sie sich eher an den Aufgaben des Verkäufers orientiert:

B	Begrüßungstechnik
E	Eröffnungstechnik und Ermittlung des Kaufwunsches
D	Demonstrationstechnik
A	Abschlusstechnik
Z	Zusatzverkaufstechnik
A	Abschiedstechnik

Die Gesprächseröffnung und -beendigung werden ausdrücklich einbezogen, eine Reihenfolge ist deutlich impliziert. Die Redeweise von *-technik* deutet darauf hin, dass die einzelnen Aufgaben als strategische gesehen werden, die Art ihrer Durchführung als eine verbindliche, die vom Verkäufer erlernt werden muss.

Solche Verkaufsformeln mögen mnemotechnisch eine Berechtigung haben – besonders für Anfänger –, insofern sie zentrale Gesprächsphasen bzw. interaktive Aufgaben für den Verkäufer in behaltbarer Weise zusammenfassen. Jedoch stellen sie starke Vereinfachungen dar: Sie abstrahieren von den Besonderheiten unterschiedlicher Typen von Verkaufsgesprächen, reduzieren die Vielfalt der Interaktionsaufgaben auf einige wenige, die zudem wenig operational und kontextunabhängig beschrieben werden; sie sehen vom Beitrag des Kunden bei ihrer Realisierung ab und geben keine Auskunft über das Verhältnis von sequenzieller Struktur und konkreten Verlaufsmöglichkeiten. Diese Mängel sind eng damit verbunden, dass es sich eben nicht um empirische Rekonstruktionen aus authentischen Verkaufsgesprächen handelt. Aus linguistischer Sicht erscheinen die Verkaufsformeln deshalb problematisch und sind auch mehrfach kritisiert worden (z.B. Brons-Albert 1995a und besonders Pothmann 1997).

Linguistische Strukturbeschreibungen

Die in der Linguistik üblichste Form ist die Phasendarstellung, wie sie z.B. Brons-Albert (1995a: 19) aufgrund der empirischen Analyse von Verkaufsgesprächen im Buchhandel gibt (Abbildung 4).

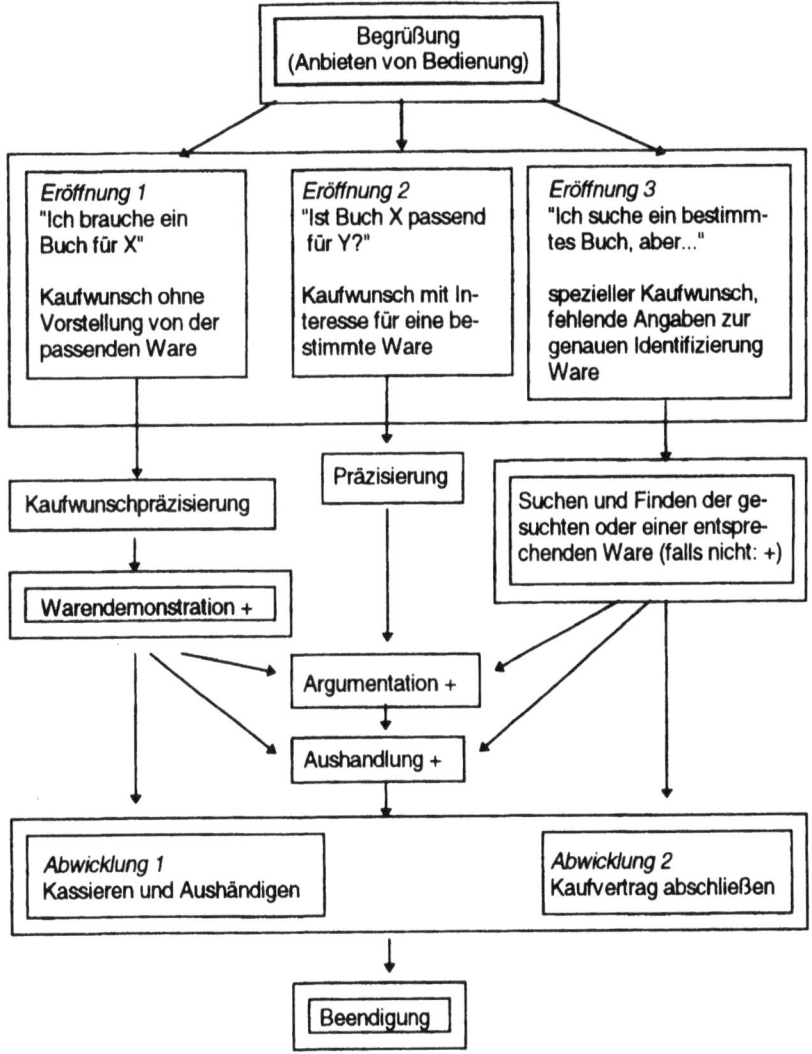

Abbildung 4: Phasen von Verkaufsgesprächen im Buchhandel

Die Darstellung repräsentiert nach Brons-Albert die drei unterschiedlichen Ablaufformen in ihrem Material und ist wie folgt zu lesen:

> doppelte Einrahmung = obligatorische Phase, einfache Einrahmung = fakultative Phase, in Klammern stehen fakultative turns.
>
> Mehrere einfach eingerahmte Kästchen in einem großen bedeuten, dass eine der Möglichkeiten im großen Kasten obligatorisch ist.
>
> Die „+"-Zeichen markieren Stellen im Gespräch, an denen der Kunde die Möglichkeit zu einer Beendigungs-Initiative hat. In diesen Fällen scheitert das Verkaufsgespräch. (Brons-Albert 1995a: 19)

Das Diagramm zeigt, „aus welchen größeren Bestandteilen Gespräche dieses Gesprächstyps bestehen und in welcher Reihenfolge diese Bestandteile auftreten", wobei sie „leichte Abwandlungen" für möglich hält, „wenn die Ausgangssituation erheblich abweicht, etwa beim Kauf teurer Konsumgüter" (Brons-Albert 1995a: 17). Diese Einschränkung ist sehr schwach formuliert. Gerade bei komplexen, beratungsintensiven Waren (Autos, Computer, Stereoanlagen usw.) kommt oft noch eine Phase der Produkterklärung oder -vorführung hinzu (vgl. Reuter 1989 und die Beispiele in Kap. 4.4). Darüber hinaus gilt für Bücher eine Preisbindung, was bei den allermeisten Waren nicht gegeben ist. Deshalb entfallen Aktivitäten, die mit Preisvergleich und -aushandlung zu tun haben.

Die von Brons-Albert empirisch rekonstruierten Strukturen weichen deutlich ab von der (normativen) Phasengliederung, die in dem von ihr untersuchten Training für Buchhändler gelehrt wird (vgl. Brons-Albert 1995a, 41).

Pothmann (1997) diskutiert auf der Grundlage seiner empirischen Untersuchungen ausführlich die Grenzen von Phasenmodellen. Er kritisiert die implizite Annahme einer Linearität, d.h. einer strikten chronologischen Abfolge und die mangelnde Abgrenzbarkeit von Phasen; ferner fehle eine interaktive Betrachtungsweise, weil vorausgesetzt wird, dass sich die Gesprächspartner an denselben Phasen orientieren (1997: 50ff.).

Pothmann gibt eine Analyse des Handlungsschemas von Verkaufsgesprächen, die auf seinem Korpus zum Schuhverkauf beruht. Das Schema benennt die konstitutiven interaktiven Aufgaben in ihrer idealtypischen handlungslogischen Reihenfolge:

– Kontaktherstellung

– Anliegenformulierung

– Auswahl

– Kaufentscheidung

– Realisierung des Kaufs

– Beendigung des Verkaufsgesprächs (Pothmann 1997: 78f.)

Pothmann gibt hierzu jeweils Unteraufgaben an, die jedoch – besonders zum Element *Auswahl* – sehr spezifisch für die Branche (Schuhverkauf) sind.

Außer Phasen- und Handlungsschema-Darstellungen existieren diskursanalytische Musterdarstellungen, wie in Rehbein (1995) für Verkaufsgespräche mit Verhandlungscharakter. Auf empirischer Grundlage wird die Struktur der Interaktion und der Entscheidungsprozess des Käufers als sprachliches Handlungsmuster rekonstruiert und in einem Praxeogramm dargestellt (Rehbein 1995: 72) (Abbildung 5).

Gesprächsleitfäden

Auch Gesprächsleitfäden sind in gewissem Sinne Strukturbeschreibungen von Verkaufsgesprächen. Anders als linguistische Phasen-, Handlungsschema- oder Musterrekonstruktionen haben sie normativen Charakter, d.h. fungieren als eine schriftliche Anleitung für Unternehmensmitarbeiter, wie sie Gespräche zu führen haben. Besonders bei Telefonaten finden Gesprächsleitfäden zunehmend Verwendung, z.T. auch computergestützt, um Kundendaten kontinuierlich zu aktualisieren.

Gesprächsleitfäden gibt es für Verkaufsgespräche im unmittelbaren Sinn (Kießling-Sonntag 1994), ferner für (verkaufsnahe) Marktforschung oder Gespräche, die als Befragung bzw. Bedarfsermittlung deklariert werden, aber Verkaufszwecken dienen (Antos 1989a). Sie werden zur Planung und Vorbereitung von Gesprächen ebenso verwendet wie als kognitive Stütze während des Gesprächs und sollen Abschweifungen oder das Vergessen wichtiger Aspekte vermeiden helfen. Durch die Vorplanung können Strategien für typische, immer wiederkehrende Probleme entwickelt werden, z.B. die Hürden für die telefonische Zugänglichkeit der Entscheider zu überwinden (Antos 1989a). Auch Formulierungen können vorüberlegt und ausgefeilt werden, so dass sie nicht der spontanen Entscheidung und dem Formulierungsgeschick des einzelnen Mitarbeiters überlassen bleiben. Gesprächsleitfäden fungieren darüber hinaus als Lehr- und Lernmittel für das Konzipieren und Führen von Gesprächen, sie ermöglichen eine kostensparende Vermittlung von Verkaufswissen, verkürzen die Ausbildungszeiten und geben dem Unternehmen eine gewisse Kontrolle über Inhalte und Form der Gespräche (Kießling-Sonntag 1994).

Der Einsatz standardisierter Leitfäden birgt jedoch Gefahren und Probleme, z.B. dass der Verkäufer unflexibel wird und nicht ausreichend auf die Kunden eingeht, seine Äußerungen nicht adressatengerecht sind und nicht zu denen des Kunden passen. Dadurch wird die Gesprächsführung unnatürlich und wirkt einstudiert. Wenn die Kunden den verdeckten Einsatz von Leitfäden merken, entsteht schnell Misstrauen und das Gefühl, manipuliert zu wer-

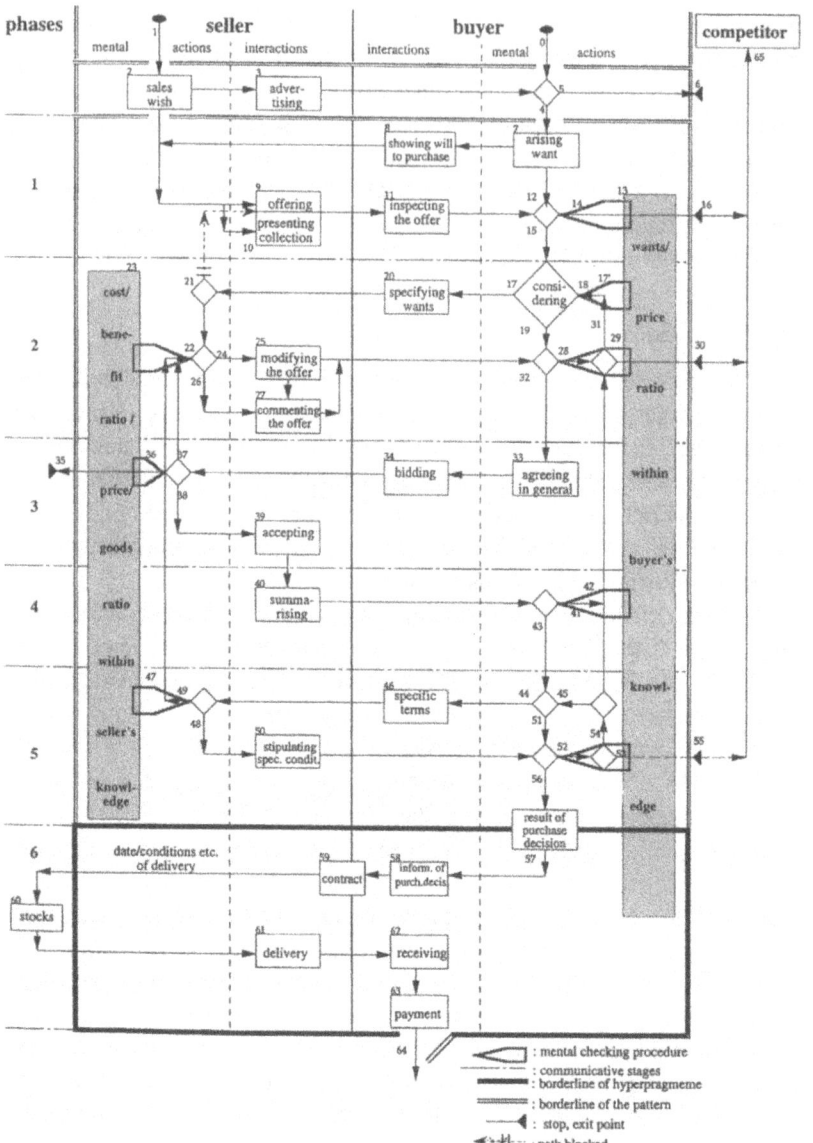

Abbildung 5: Das Handlungsmuster Kaufen/Verkaufen

den. Auf den Verkäufer kann ein nicht akzeptierter Leitfaden demotivierend wirken. Aufgrund solcher Argumente gegen Gesprächsleitfäden empfiehlt Kießling-Sonntag (1994) ihre stärkere Öffnung und Individualisierung (keine Festlegung einer chronologischen Reihenfolge von Äußerungen, keine Vorgabe von Formulierungen). Er befürwortet die Methode des *mind-mapping*, mit der inhaltliche Aspekte, Argumente usw. in individueller Weise aufbereitet und als Gesprächs- und Merkhilfe verfügbar gemacht werden können (Beispiel in Kießling-Sonntag 1994: 195).

Ein weiteres Problem beim Einsatz von Gesprächsleitfäden beschreiben Flieger/Wist/Fiehler (1992). Analysiert wird eine Ausbildung für Vertriebsassistenten, die lernen, über potentielle Kunden telefonisch Informationen einzuholen und deren Bedarf nach einem bestimmten Produkt zu ermitteln. Der verwendete Leitfaden nutzt Fragen, um die Initiative des Mitarbeiters zu sichern, und sogenannte *Ja-Straßen*. In solchen sprachlichen Handlungen ist aber nur schwer das Anliegen des Anrufers zu erkennen; dafür wären indirekte Schlüsse oder Nachfragen der Kunden nötig. Da die Anliegensformulierung bei Telefongesprächen erwartbar ist, stellt ihr Fehlen einen Erwartungsbruch und eine Gesprächsstörung dar (*Was will der eigentlich?*). Die Kunden brechen deshalb aus dem Frage-Antwort-Schema aus und erfragen von sich aus das Anliegen. Solche Nachfragen der Kunden bringen die Vertriebsassistenten dann oft aus dem Konzept.

4.3. Beispielanalyse: Gesprächsleitfaden einer Bank

Im Folgenden möchte ich Ausschnitte aus einem authentischen Gesprächsleitfaden vorstellen. Es handelt sich um einen sogenannten *Telefonleitfaden*, den eine Bank verwendet hat, um ihre Kunden für den Kauf von Finanzdienstleistungen zu motivieren und einen Gesprächstermin zu verabreden. Vorausgegangen war eine Postkarten-Aktion, in der die Kunden einen persönlichen Berater für sich auswählen sollten. Falls kein Berater angekreuzt worden war, wurde dem Kunden von der Bank ein Berater zugeordnet. Der Telefonleitfaden liegt in zwei Varianten vor, und zwar differenziert danach, ob der Kunde einen Berater ausgewählt hat oder nicht (Anonymisierung und Kursivschrift von mir; GB).

Betrachtet man den Leitfaden für Kunden mit selbst gewähltem Berater (Abbildung 6), so fällt schon auf den ersten Blick auf, dass er eine Reihe formaler Mängel enthält: Unterstreichungen werden uneinheitlich verwendet, um die Überschrift (Z 1), stimmliche Hervorhebungen (Z 13, 29) oder eine potentielle Kundenäußerung zu kennzeichnen (Z 10). Platzhalter werden teils in Form (unerklärter) Abkürzungen gesetzt (VN, NN, AP; Z 4, 17, 32), teils nur durch Punkte (Z 11, 27, 28, 30, 32, 33), teils durch Punkte und Abkürzungen (Z 5, 7, 17, 32). Schreibungen in Großbuchstaben stehen für die Gesprächsalternativen *JA* und *NEIN* (Z 6, 12, 25, 26), aber auch für spezielle Aktivitäten, zu denen aufgefordert wird (Z 8, 16, 22, 24, 25); diese zweite

TELEFONLEITFADEN

Kunden mit Berater

Guten Tag, mein Name ist (VN / NN) von Ihrer (*Bank*) in (*X-Stadt*).
Spreche ich mit .... (Name des Kontoinhabers!)?
---NEIN:---
Wann kann ich .... (Kontoinhaber) denn am besten erreichen?
---NOTIEREN, Wiederanruf ankündigen---

Um was geht es denn?
Es geht um Ihre Meinung ....
---JA:---
Herr (*Name*) aus unserem Hause ist ja **Ihr** persönlicher
Kundenberater. Dafür bedanke ich mich in seinem Namen ganz
herzlich.
---KURZE REAKTIONSPAUSE---
Jetzt zu meinem Anliegen, ... (AP).
Wussten Sie eigentlich schon, dass die (*Bank*) heute alle
Bereiche der Finanzdienstleistungen anbietet?
Nicht nur das übliche Bankgeschäft, auch Versicherungen und
Bausparen gehören mit zu unserem Angebot.
---KURZE REAKTIONSPAUSE---
Gibt es hier ein Thema, das Sie besonders interessiert?
---NOTIEREN---
---NEIN: VERSTÄRKER!!!---
---JA:---
Lassen Sie sich doch einmal von Herrn .... erklären, welche
Möglichkeiten Sie im Bereich ..... haben.
Natürlich kostenlos und unverbindlich.
Herr .... würde sich freuen wenn Sie einmal zur (*Bank*)
kommen, damit er mit Ihnen darüber reden kann.
    Wann haben Sie denn am besten Zeit, ... (AP), am .... oder
    am .... ?
    ---Notieren---
    Besser am Vor- oder am Nachmittag?
    ---Nach der Antwort genauen Termin vorschlagen und fixieren---
    ---Im Gesprächsreport notieren---
    Haben Sie etwas zum Schreiben zur Hand, damit Sie sich diesen
    Termin notieren können?
    ---Zeit zum Notieren geben---

Abbildung 6: Telefonleitfaden einer Bank

Funktion ist jedoch nicht einheitlich durchgehalten (vgl. Z 8, 34, 36, 37, 40). In Zeile 30 fehlt das Komma. Das Layout ist unübersichtlich, die Einrückungen ab Zeile 32 sind in ihrer Funktion unklar, die alternativen Gesprächsverläufe sind typografisch nicht differenziert. Dass nur die Bezeichnung *Herr* (Z 13, 27) aufgeführt ist, ignoriert, dass unter den Kundenberatern ja vermutlich auch Frauen sind.

Auch unter inhaltlichen Aspekten sind die Anweisungen zum verbalen Verhalten stark uneinheitlich: Für manche Äußerungen werden konkrete Formulierungen vorgeschrieben (Z 29); dabei werden jedoch teilweise Lücken gelassen, und zwar nicht nur solche, die als Platzhalter fungieren (Z 11). Andere konkrete Formulierungen, wie die des Gesprächspartners in Z 10, können nur als stellvertretende Beispiele für eine ganze Klasse sprachlicher Handlungen verstanden werden. An drei Stellen werden Äußerungen verlangt, die zwar im Handlungstyp, nicht aber in ihrer Formulierung spezifiziert sind (Z 8, 25, 36); während zwei dieser Anweisungen auf einfachere Routineäußerungen zielen, richtet sich die dritte (*Verstärker!!!*, Z 25) auf eine komplexe sprachliche Handlung, deren Form keineswegs klar ist (sie wird erst an anderer Stelle geklärt). Dazu kommen Anweisungen für das Pausenverhalten im Gespräch (Z 16, 22, 40) und für Notizen des Anrufenden (Z 8, 24, 34, 37) im sogenannten *Gesprächsreport*. Lässt bereits die formale Gestaltung bezweifeln, dass es sich um eine für den Anruf hilfreiche Anleitung handelt, so gilt dies noch mehr für die inhaltlichen Aspekte.

Die zweite Variante (Berater wurde von der Bank zugeordnet), die auf einem weiteren DIN A 4 Blatt gedruckt ist, weicht nur wenig von der beschriebenen ab (nur in Z 11–17; Abbildung 7). Dort lautet der Leitfaden wie folgt:

11	Es geht um die Wahl des persönlichen Kundenberaters ....
12	---JA:---
13	Sie sind ja ein guter Kunde unseres Hauses, ... (AP).
14	Dafür bedanke ich mich ganz herzlich.
15	Sie wissen ja: ab sofort steht **Ihnen** Herr .... als persönlicher
16	Kundenberater zur Verfügung.
17	---KURZE REAKTIONSPAUSE---
18	Wussten Sie ....

Abbildung 7: Variante des Telefonleitfadens

Erst auf einem dritten Blatt (vgl. Abbildung 8) sind dann die erwähnten *Verstärker* genannt, denen noch andere Hinweise folgen.

Man erkennt hier weitere formale Unstimmigkeiten, auf die ich nicht näher eingehen will. Die ersten drei Absätze enthalten Vorschriften für Äußerungen in fester Formulierung, die für spezielle, negativ bewertete Ge-

	TELEFONLEITFADEN
1	
2	
3	Verstärker:
4	Sehen Sie, ... (AP), mit dem Geld ist es wie mit unserer
5	Gesundheit. Um fit und leistungsfähig zu bleiben, gehen wir
6	regelmäßig zum Arzt. So ein Check-up ist auch bei den Finanzen
7	dann und wann notwendig.
8	
9	Wenn kein Termin:
10	Ist es zu einem späteren Zeitpunkt für Sie günstiger, ... (AP)?
11	---im Gesprächsreport notieren---
12	
13	Wenn kein fester Termin / Kunde kommt vielleicht
14	.... (AP), Ihr Berater, Herr .... möchte sich gerne Zeit nehmen
15	für Ihr persönliches Gespräch. Deshalb vereinbare ich für ihn
16	feste Termine.
17	---im Gesprächsreport notieren---
18	
19	Gesprächsabschluss:
20	Termin:
21	Schön, ... (AP), ich schicke Ihnen heute noch eine Terminbestä-
22	tigung. Ich bedanke mich für das nette Gespräch mit Ihnen.
23	Auf Wiederhören.
24	Unterlagen zusenden:
25	Die Informationen bekommen Sie in den nächsten Tagen. Wenn Sie
26	dann noch weitere Auskünfte brauchen, rufen Sie doch einfach an.
27	Dann vereinbaren wir einen festen Termin.
28	Danke für das nette Gespräch. Auf Wiederhören.
29	Späteres / Kein Interesse
30	Wenn Sie einmal Fragen haben oder nähere Informationen brauchen:
31	Wir sind für Sie da. Rufen Sie doch einfach an.
32	Dann vereinbaren wir einen festen Termin.
33	Danke für das Gespräch. Auf Wiederhören.

Abbildung 8: Ergänzung zum Telefonleitfaden

sprächsentwicklungen vorgesehen sind (vgl. den jeweiligen wenn-Teil der Überschriften). Warum der *Verstärker* im eigentlichen Leitfaden platziert ist (Abbildung 6, Z 25), die beiden anderen Absätze jedoch nicht, bleibt undurchsichtig. Am Ende werden drei Varianten für den Gesprächsabschluss vorgegeben, differenziert danach, wie der Versuch einer Terminvereinbarung ausgeht.

Eine weitere Ergänzung zu dem Telefonleitfaden, die ich hier nicht wiedergebe, ist überschrieben mit „Partnerargumente". Sie enthält Äußerungsvorschläge zu sechs inhaltlichen Typen von Einwänden, die durch eine fettgedruckte Überschrift gekennzeichnet sind (z.B. *Ich kenne schon alles; Ich habe kein freies Kapital*). Diese Erwiderungen – üblicherweise unter den Begriff *Einwandbehandlung* gefasst – beziehen sich auf die mit dem Leitfaden verbundene Situation.

Unter den Aspekten der Übersichtlichkeit, Chronologie und Einheitlichkeit der Äußerungsvorschriften muss dieser Telefonleitfaden also insgesamt als misslungen bezeichnet werden. Betrachten wir ihn nun unter den Gesichtspunkten der Beziehungsgestaltung, des Hörerzuschnitts (recipient design) und der Zweckfunktionalität des Gesprächs. Auffällig sind zunächst die zahlreichen Äußerungen, in denen Formen verwendet werden, die in der betriebswirtschaftlichen und psychologischen Literatur unter dem Begriff der *kundenorientierten Sprache* gefasst werden.

Das beginnt im ersten Telefonleitfaden (Abbildung 6) gleich bei der Vorstellung des Mitarbeiters, wenn dieser sich als jemand von *Ihrer X-Bank* bezeichnet (Z 4). Das Possessivum drückt hier ein persönliches Näheverhältnis zwischen Bank und Kunden aus, unabhängig davon, ob es sich faktisch um ein solches handelt oder nicht. Auf dieser Strategie, eine persönliche Beziehung zu gestalten, beruhte auch die vorausgegangenen Aktion der Bank, vom Kunden persönliche Berater auswählen zu lassen. Sie wird explizit aufgegriffen in Z 13–15: Der Anrufer bezieht sich auf die Aktion und erinnert den Kunden an seine Wahl (*Ihr persönlicher Kundenberater*). Bereits dies stellt eine Näheverpflichtung für den Kunden her; wenn dann *im Namen* dieses Beraters ein *herzlicher* Dank ausgesprochen wird, so wird diese Nähe bestätigt und noch verbindlicher gemacht.

In der später folgenden Aufforderung, einen Beratungstermin zu verabreden (Z 27–31), wird diese Strategie wiederholt. Die vierfache auf den Kunden bezogene Personaldeixis (*Sie, Ihnen*) stellt ihn in den Mittelpunkt der Anrufer-Bemühungen. Auf den Berater wird durch *Herr(n) X* referiert, also mit dem Namen, nicht der Berufsrollenbezeichnung, wenn behauptet wird, dass dieser *sich freuen würde* mit dem Kunden zu reden. Dadurch erscheint diese Freude eher als eine persönliche. An zwei Stellen (Z 17, 32) wird die namentliche Anrede des Kunden vorgeschrieben (*AP* steht vermutlich für *Anrufpartner*). Auch dies gilt als Form kundenorientierten Sprechens und wird in der Literatur oft mit der Behauptung empfohlen, dass jeder seinen eigenen Namen gern höre.

In der Variante des Telefonleitfadens, in der der Kunde keinen Berater ausgewählt und ihm deshalb die Bank einen zugeordnet hat (Abbildung 7), muss der Dank des „Auserwählten" natürlich wegfallen. Bestehen bleibt jedoch die Bezeichnung des Bankangestellten als *persönlicher Kundenberater* und die Nennung seines Namens (Z 15–16). Erhalten bleibt auch die sprachliche Handlung des Dankens (Z 14); da der aktuelle Anlass für sie wegfällt, wird der Dank mit dem Status als *guter Kunde unseres Hauses* begründet (Z 13). Beides macht deutlich, dass die Unterstellung persönlicher Nähe und Verbindlichkeit eine Strategie ist, die nicht durch die Wahlaktion begründet ist, sondern unabhängig von dieser verfolgt wird.

Auch in der Ergänzung zum Telefonleitfaden (Abbildung 8) finden sich die beschriebenen Formen und Strategien wieder. In dem sogenannten *Verstärker* (Z 4–7) wird als Personaldeixis die erste Person Plural verwendet (*unserer, wir*) und dadurch eine Gemeinsamkeit (in der Art des Umgangs mit der eigenen Gesundheit) behauptet. An vier Stellen (Z 4, 10, 14, 21) ist die namentliche Anrede des Kunden vorgesehen. Die kundenorientierte Sprache zeigt sich ebenfalls in Zeile 10 und 15 (*für Sie günstiger, für Ihr persönliches Gespräch*) und auch in den Anweisungen für den Gesprächsabschluss (Z 20–33). Hier fällt besonders auf, dass in allen drei Abschlussvarianten der Anrufer dem Kunden *für das Gespräch* dankt (Z 22, 28, 33), in den beiden für die Bank positiven Gesprächsausgängen sogar *für das nette Gespräch*. Diese Formulierung wird üblicherweise in privaten Gesprächskontexten gebraucht und fällt somit unter die Strategie der Herstellung eines persönlichen Näheverhältnisses.

Wenn solche sprachlichen Nähe-Angebote, wie in den Formulierungsanweisungen des Telefonleitfadens, nicht explizit ausgeschlagen werden, werden sie Bestandteil der Interaktion und tragen dazu bei, die Beziehung tatsächlich als eine nahe zu definieren.

Im Hinblick auf den Hörerzuschnitt sind vorformulierte Äußerungen prinzipiell problematisch, weil Standardisierung und Kontextsensitivität einander widersprechen. Im untersuchten Telefonleitfaden finden wir an mehreren Stellen Äußerungen, die in dieser Form nicht dem Entwicklungsstand des Gesprächs und der Beziehung zwischen den Beteiligten entsprechen.

Zunächst zur ersten Variante des Leitfadens (Abbildung 6). Dass die Gesprächspartner sich fremd sind, drückt sich in der Frage *Spreche ich mit. . . . (Name des Kontoinhabers)?* (Z 5) deutlich aus. Die Sequenz in Zeile 11–12 ist nicht recht interpretierbar; für den Fall, dass nicht der Kontoinhaber, sondern jemand anderes am Telefon ist und fragt, um was es gehe, ist die Äußerung *Es geht um Ihre Meinung. . . .* (Z 11) (*Ihre* als Anrede) nicht sinnvoll, denn es soll ja nicht irgend jemand (wie der Verwandtenbesuch oder die Haushaltshilfe) befragt werden; wenn sie jedoch an den Kontoinhaber selbst gerichtet werden soll, passt sie nicht zu dem, was im Folgenden als *Anliegen* (Z 17) formuliert wird.

Der Grund für den Dank an den Kunden wird durch die Partikel *ja* (Z 13) als solcher markiert. Dieses *ja* kennzeichnet die betreffende Tatsache als beiden Beteiligten bekannt, als gemeinsames Wissen. Aber nicht die Tatsache, dass Herr X der persönliche Kundenberater *ist*, kann den Dank begründen, sondern höchstens, dass er vom Kunden gewählt wurde; dies ist das gemeinsame Wissen, das für den Dank relevant ist. In der Variante des Leitfadens für Kunden, die keinen Berater gewählt, sondern ihn zugeordnet bekommen haben (Abbildung 7), wird diese Zuordnung explizit als gemeinsames Wissen gekennzeichnet (*Sie wissen ja*, Z 15) – was sie aber nicht ist.

In Zeile 17 des ersten Leitfadens wird das *Anliegen* angekündigt, nämlich Information über die Angebote der Bank. Diese Information wird in Form einer Frage übermittelt, die mit der Partikel *eigentlich* eingeleitet ist (Z 18). Sie kennzeichnet normalerweise thematische Umorientierungen. Die Formulierung *Wussten Sie eigentlich schon, dass...* passt also nicht zu der durch die Ankündigung vorgenommenen Fokussierung des Kunden. Ebenso wie im Anschluss an den Dank wird hier eine *kurze Reaktionspause* für den Kunden verlangt (Z 22), um dann die Frage zu stellen: *Gibt es hier ein Thema, das Sie besonders interessiert?* Diese Frage ist keineswegs an alle Kunden-Reaktionen anschließbar, z.B. nicht an eine Bekundung von Desinteresse (z.B. *Jaja, aber das interessiert mich nicht*).

Dass überhaupt *Reaktionspausen* vorgeschrieben werden, mag zunächst verwundern. Ich werte es als Indiz dafür, dass die Produzenten des Telefonleitfadens befürchten, die Anrufer würden andernfalls schematisch ihren Part des Gesprächs „abspulen", ohne auf den Kunden und seine Reaktionen zu achten oder ihm überhaupt eine Chance zu solchen zu geben. Diese Befürchtung erscheint für das professionelle Telefonieren mit u.U. zahlreichen fast gleichlautenden Anrufen hintereinander keineswegs unbegründet. Der Verstärker, der im Falle eines *Nein* formuliert werden soll (Abbildung 8, Z 4–7), ist als Reaktion auf eine Äußerung des Desinteresses ebenfalls nicht gut zugeschnitten. Er spricht ein persönliches Thema an, ohne dass der Kunde dieses selbst eingeführt hätte. Er präsupponiert darüber hinaus, dass der Kunde tatsächlich noch *fit und leistungsfähig* ist, und impliziert als Argument ein Interesse an Gesundheit und regelmäßigem Arztbesuch – Voraussetzungen, die sicherlich nur bei einem Bruchteil der Kunden gegeben sind.

In der Aufforderung, sich beraten zu lassen (Abbildung 6, Z 27–28), werden dem Berater nicht etwa ökonomisch bestimmte Tätigkeiten wie *verkaufen* oder *vermitteln* zugeschrieben, sondern neutrale wie *erklären* und *darüber reden*, und zwar *kostenlos* und *unverbindlich* (Z 27–31). Dies bedeutet eine sprachliche De-Institutionalisierung der Beratung und ihrer Zwecke, die vermutlich auf der Erfahrung beruht, dass Kunden misstrauisch und abwehrend werden, wenn ihnen jemand etwas verkaufen will. Diese Reaktion wird in der Formulierung berücksichtigt.

Die drei Gesprächsabschlüsse, die in der Ergänzung (Abbildung 8) formuliert werden, bleiben in ihrer sequenziellen Platzierung unklar. Der Fall, dass Unterlagen zugeschickt werden, ist im eigentlichen Leitfaden gar nicht vorgesehen und die Äußerung schließt deshalb nirgends sinnvoll an. Besonders problematisch erscheint der bereits diskutierte Dank für das *nette Gespräch* (Z 22, 28), denn diese Äußerung ist wie gesagt auf eine persönlichere Beziehung zugeschnitten. Wenn der Kunde in seinen Gesprächsbeiträgen diese Beziehungsunterstellung jedoch zurückweist oder die Vorschläge und *Verstärker* des Anrufers als Aufdrängen interpretiert – was öfter der Fall sein dürfte – dann wäre eine Kategorisierung als *nettes Gespräch* interaktiv ausgeschlossen.

Während Äußerungen mit mangelhaftem Hörerzuschnitt in medial vermittelten und unpersönlichen Kontexten noch am ehesten akzeptiert werden (Ansagen vom Band, Telefonauskunft, Durchsagen auf dem Bahnhof, Mitteilungen der Besatzung im Flugzeug), wird es problematisch, wenn sie Merkmale enthalten, die auf den Ausdruck einer persönlichen Beziehung hindeuten. Wenn Ausdruck und Beziehung nicht stimmig sind, wird diese Inkongruenz als irritierend oder ärgerlich empfunden – je nach Situation. Wenn uns z.B. auf einer Party eine anscheinend fremde Person vertraut anspricht (oder umgekehrt eine bekannte Person sich wie eine fremde verhält), entsteht Irritation, weil man eine Verwechslung oder Gedächtnislücke unterstellt. Wenn man dagegen vermutet, dass der Gesprächspartner absichtlich eine Inkongruenz zwischen sprachlichem Ausdruck und sozialer Realität erzeugt, wird dieses Verhalten als sozial unangemessen negativ bewertet – je nach Konstellation als Anbiederung, „Anmache", Manipulationsversuch oder Abweisung.

Schließlich möchte ich noch die Zweckfunktionalität des Gesprächs ansprechen, d.h. die Leistung des Telefonleitfadens unter Effizienzgesichtspunkten, unter dem Aspekt, dass der Kunde tatsächlich einen Beratungstermin vereinbart. Im Hinblick auf Übersichtlichkeit, Reihenfolge und Einheitlichkeit sowie Beziehungsgestaltung und Hörerzuschnitt muss aufgrund der vorangegangenen Analysen stark bezweifelt werden, dass der Leitfaden für die Zweckrealisierung des Gesprächs funktional ist. Deutlich positiver erscheint er im Hinblick auf die organisatorische Effizienz. Es wird nicht gleich mit dem Gesprächsthema begonnen, sondern erst geprüft, ob der aktuelle Gesprächspartner überhaupt der Kontoinhaber und damit der richtige Adressat ist (Abbildung 6, Z 5). Falls nicht, wird ein günstiger Anrufzeitpunkt ermittelt (Z 7). Dieser sowie andere Informationen (interessierende Themen, Beratungstermin), die für den folgenden Ablauf von Bedeutung sind, werden protokollarisch erfasst (in einem *Gesprächsreport*). Dem angestrebten Zweck dient sicher auch das leicht manipulative, in solchen Diskurszusammenhängen übliche Verfahren, statt nach einem freien Termin zu fragen, alternative Terminvorschläge zur Wahl zu stellen (Z 32–33, 35) und dadurch den Antwortspielraum des Kunden einzuengen. Zweckfunktional ist auch, dass der Kunde (in indirekter, höflicher Form, Z 38–39) dazu aufgefordert wird, sich den Termin zu notieren, so dass er nicht vergessen oder anders belegt wird.

In der Ergänzung zum Leitfaden wird an mehreren Stellen nochmals auf einen festen Termin (Z 16, 27, 32) gedrängt, es werden günstige Zeiträume für spätere Anrufe protokolliert (Z 10–11) und schriftliche Terminbestätigungen angekündigt (Z 21–22). Damit wird die Verbindlichkeit erhöht und zur Einhaltung des Termins beigetragen.

Dies alles sind für die institutionellen Zwecksetzungen funktionale Maßnahmen, die den Zeitbedarf pro Anruf und die Zahl der Fehlanrufe reduzieren, die Vorbereitung des Beratungsgesprächs erleichtern, die Beratungsbereitschaft des Kunden erhöhen und dem Beratungstermin größere Verbindlichkeit geben. Ein Telefonleitfaden ist Ausdruck der Formalisierung von Kommunikation und kann, wenn er gut gemacht ist, zu deren Effektivierung beitragen. Die Kehrseite davon ist aber ebenso deutlich: Durch die standardisierten Äußerungen sind Ausdruck und Gestaltung der Beziehung zum Kunden sowie der Hörerzuschnitt einzelner Äußerungen nicht mehr an die individuellen Verhaltensweisen der verschiedenen Kunden und die lokalen Gesprächsentwicklungen angepasst. Dies ist kontraproduktiv auch für die institutionelle Zweckerfüllung. Wir finden hier also eine empirische Instanz der in Kapitel 2 theoretisch begründeten Widersprüche von Wirtschaftskommunikation.

Eine interessante weitergehende Untersuchungsfrage wäre, wieweit die Anrufer in ihrem konkreten Gesprächsverhalten Mängel des Leitfadens kompensieren und von sich aus die notwendige Steuerung und Anpassung leisten – in Ergänzung oder Abwandlung der vorformulierten Äußerungen. Zu fragen wäre auch nach den Ergebnissen, den interaktiven (Kooperativität, positives Gesprächsklima) wie den praktischen (Zustandekommen von Terminen). Ich halte es für möglich, dass die professionellen Anrufer, die ja oft eine große Anzahl ähnlicher Telefonate hintereinander führen müssen, dadurch nicht mehr in der Lage sind, ihre natürliche Interaktionskompetenz kompensatorisch einzusetzen. Es wären entsprechende Konsequenzen für Gestaltung und Einsatz von Gesprächsleitfäden zu ziehen, z.B. Beschränkung der Vorschriften auf propositionale Kerne ohne Formulierungsvorgaben und Training der situationsadäquaten interaktiven Umsetzung und Ausformulierung.

4.4. Beispielanalysen: Rollen- und Beziehungsgestaltung in Verkaufsgesprächen

Anders als in schriftlichen Texten oder schriftlich vorgeplanten und vorformulierten Telefongesprächen wird in echten mündlichen Diskursen individueller gehandelt, das konkrete Gesprächsverhalten stärker lokal durch die Situation gesteuert und an den Adressaten angepasst. Im Allgemeinen gelingen Beziehungsmanagement und Hörerzuschnitt hier besser.

Im Falle von Verkaufsgesprächen ist allerdings damit zu rechnen, dass gerade in der Rollen- und Beziehungsgestaltung die Widersprüchlichkeiten der Wirtschaftskommunikation besonders deutlich zum Ausdruck kommen. Während in der Produktionssphäre Kollegialität in der sachlichen Zusammenarbeit entsteht, ist in der Zirkulationssphäre, beim Austausch auf dem Warenmarkt, die Beziehung zwischen Verkäufer und Käufer im Prinzip anonym und gleichgültig; sie benutzen den jeweils anderen nur, um ihr je eigenes Interesse zu realisieren. Auf der anderen Seite muss unter den Bedingungen der Konkurrenz ein Verkäufer, um seine ökonomischen Ziele zu verwirklichen, passende Gebrauchswertversprechen geben, sie glaubhaft machen und sich deshalb mit dem Käufer als konkretem Menschen, mit seinen Wünschen und Bedürfnissen befassen. Solche Widersprüche lassen Doppelbödigkeit der Interaktion und Unsicherheit in der sozialen Beziehung zwischen Verkäufer und Käufer erwarten (vgl. Ottomeyer 1977: 70ff.).

Im Folgenden möchte ich deshalb ausführliche Beispielanalysen zu mündlichen, face-to-face geführten Verkaufsgesprächen vorstellen, die die Art und Leistung des Beziehungsmanagements und der Selbstdarstellung von Verkäufer und Kunde in ihren Beteiligungsrollen beleuchten sollen. Hier sind systematische Unterschiede zu erwarten je nachdem, um welches Produkt bzw. welche Branche es sich handelt und welche institutionellen und gesellschaftlichen Bedingungen dafür prägend sind. Ich habe Beispiele aus einer Autohandlung (vgl. Brünner 1994), aus dem Geschäft eines Optikers/Hörgeräteakustikers (vgl. Brünner 1994b) und aus einem Computerfachgeschäft ausgewählt.

4.4.1. Autohandlung

Der Autoverkäufer im empirischen Material ist in einem Autohaus im Ruhrgebiet angestellt, in dem Neuwagen (einer bestimmten Marke), aber auch Gebrauchtwagen angeboten werden. Sein Einkommen setzt sich aus einem Fixgehalt, zum größeren Teil jedoch aus Provisionen für die verkauften Autos zusammen – eine im Autohandel übliche Form der Entlohnung. Sie führt beim Verkäufer zu einem unmittelbaren ökonomischen Interesse daran, möglichst viele Autos möglichst teuer zu verkaufen.

Für die (potentielle) Kundschaft bedeutet die Anschaffung eines Autos in der Regel eine erhebliche Ausgabe, die nur in größeren Zeitabständen getätigt wird. Bei Gebrauchtwagen haben die durchschnittlichen Kundinnen und Kunden meist wenig Möglichkeiten festzustellen, wie gebrauchstüchtig ein Auto oder wie groß sein Wert wirklich ist. Durch den hohen Preis und diese Ungewissheit wird der Autokauf für den Durchschnittsbürger zu einem beträchtlichen finanziellen Risiko. Entsprechend behandeln die meisten Menschen einen Autokauf nicht als Routine, sondern schicken ihm sorgfältigere Überlegungen und Planungen voraus. Die spezifische Kombination aus dem genannten Risiko und der beschriebenen ökonomischen Interessenlage des Verkäufers stellt für Kundinnen und Kunden eine brisante Bedingungskonstellation in den Verkaufsgesprächen dar. Um beim Kauf nicht übervorteilt zu werden, brauchen sie einen Verkäufer, in dessen Ehrlichkeit und Fairness sie Vertrauen haben können. Jedoch ist aus den oben genannten Gründen in der Zirkulationssphäre, im Verkauf, Vertrauen problematisch und Unsicherheit in der Beziehung zwischen Verkäufer und Kunden zu erwarten.

Misstrauen und Unsicherheit bei Kunden und Verkäufer

In der Tat zeigen die Analysen bei aller Freundlichkeit des Umgangs Misstrauen und Unsicherheit in der Interaktion. Ebenso finden sich Hinweise darauf, dass der Verkäufer solches Misstrauen antizipiert und ihm kommunikativ entgegenarbeitet. Im Ausschnitt *Radio* wird der Preis für einen Gebrauchtwagen ausgehandelt, den der Kunde (K) für seinen Sohn kaufen will. K bietet 11.500 DM statt der geforderten 12.100 DM; der Verkäufer (V) will dies akzeptieren, wenn K selbst für den Einbau eines Radios sorgt. Der Kunde zeigt diesem Gegenangebot gegenüber Misstrauen und artikuliert Zweifel, ob es für ihn nicht unvorteilhaft ist (Fläche 1–4); darüber hinaus macht er deutlich, dass eigentlich eine unabhängige Vorabinformation notwendig gewesen wäre (Fläche 5).

Radio

V	Also dann würde er auf n Radio verzichten. Für elf fünf so.
K	((schnell:)) [Nee,
1	

| K | Radio verzichten, ich mein dann müsste mit Einbau/ äh kost/ jetz sagen |
| 2 | |

| K | Se ma ehrlich mit de Radio, fünfhundert Mark, komm wer gar nich hin |
| 3 | |

V		Doch, komm Se mit hin.	
K	ne?]		Aber knapp, mit allem, mit Entstörung da,
4			

K	wir ham uns leider vorher nich in/ äh informiert, weil wir keine Zeit hatten
5	

Derselbe Kunde äußert, nachdem die Preisverhandlungen abgeschlossen sind und er den Kauf bereits zugesagt hat, den Wunsch, den Wagen zwecks Prüfung noch einmal (in der Ausstellungshalle) anzulassen. Der Ausschnitt *Anlassen* macht deutlich, dass es ihm offenbar schwerfällt, sich auf die Zusicherungen des Verkäufers (*der läuft einwandfrei*, Fläche 3) zu verlassen (Fläche 4–5).

Anlassen

K	Und/ und so an/ äh sch/ könn wer ma anlassen oder was? Oder . . oder
1	

V		((------------- seufzt -------------------))	Können ihn
K	nich. Hier drin kann man nich anlassen, hier is das nix, ne?		
2			

V	gerne rausfahrn. . Aber, ((tief:)) [da is nix, da/ der läuft einwandfrei,
3	

V	also . ne?]	
K		((4 sec)) ((nachdenklich:)) [Meinen Sie. J/ mein/] naja
4		

K	gut, jea. . Solln wir das/ solln wir das so machen, ja?
5	

Dass Misstrauen nicht nur auf seiten der Kunden besteht, sondern – abhängig von der Situation – gegenseitig ist, zeigt das folgende Beispiel. Der Verkäufer will den Wagen eines Kunden in Zahlung nehmen und fragt explizit nach, ob er technisch in Ordnung sei. Im kurz darauf anschließenden Ausschnitt *Reifen* vergewissert er sich ein weiteres Mal; trotz eines expliziten Vertrauens-Displays (Verzicht auf eine Probefahrt, Fläche 1) beschwört er nachdrücklich das Gebot der Wahrhaftigkeit und die Konsequenzen eines möglichen Verstoßes dagegen (Fläche 3–4).

Reifen

V	Also, Herr K, fahren brauch ich Ihren auch nich, is doch/ technisch is
1	

V	in Ordnung, Bremse, Kupplung und, ne? Ich meine sonst/
K	Alles klar soweit. Nur die
2	

V	Darf ich nich auf de Nase fallen
K	Reifen vorne sind nich mehr so gut.
3	

V	mit, wissen Se we/ . wir müssen en ja auch wieder loswerden, ne? .
4	

V	Die Reifen nich mehr so ganz, vorne?
5	

Die kommunikativen Verfahren, mit denen der Verkäufer dem antizipierten Misstrauen der Kunden entgegenarbeitet, sind vielfältig. Z.B. hält er bei der Vertragsausfertigung die dem Kunden mündlich zugesicherten Merkmale des Autos nicht nur schriftlich fest, sondern macht dies darüber hinaus auch laut explizit (z.B. *unfallfrei, schreib ich auch hin*).

Rollen- und Beziehungsgestaltung des Verkäufers

Aus diesen Überlegungen erklärt sich, dass sich der Verkäufer in den Verkaufsdiskursen zu steuern und zu kontrollieren bemüht, was für einen Eindruck er auf die Kunden macht (*Eindrucksmanagement*). Seine Selbst- und Beziehungsdarstellung wird im Beispiel *Morgen* schon in der Begrüßung deutlich. Der Kunde, ein spanischer Arbeiter, war bereits vor einigen Tagen im Geschäft, um sich einen Wagen auszusuchen.

Morgen

V	((laut, jovial:)) [So! Guten Morgen! Mensch! Wie
K	Morgen. Wie geht's (Dir) denn?
1	

V	geht's selbst?] ((leise:)) [Wart ma, ich muss ma hier, ((hantiert am
2	

V	Ansteckmikrophon)) so n Dingen.] Hör mal, was gibt's Neues?
K	Ma
3	

V	Ja solln wer mal gucken, was
K	gucken, nich.
4	

Der Verkäufer demonstriert gleich zu Gesprächsbeginn persönliche Vertrautheit und menschliches Interesse – durch stark hervorgehobene Intonation der Begrüßung, emphatische, sehr informelle Anrede (*Mensch!*, Fläche 1), Duzen, Erkundigung nach dem Befinden und nach Neuigkeiten. Er versucht dem Gespräch damit einen freundschaftlichen Charakter aufzuprägen. Dies gelingt ihm allerdings nur teilweise, denn der Kunde beantwortet die Frage nach Neuigkeiten nicht mit privaten Informationen, sondern reagiert verhalten und geschäftsmäßig. Dies verweist auf die Doppeldeutigkeit und Ambivalenz, die mit der Selbst- und Beziehungsdarstellung des Verkäufers verbunden ist.

Im Ausschnitt *Probefahrt* finden wir verschiedene kommunikative Mittel und Verfahren der Selbstdarstellung und Beziehungsgestaltung kombiniert. Der Kunde will ein neues Auto kaufen und sein altes in Zahlung geben. Die Preisverhandlungen stehen noch aus.

Probefahrt

V	Nö, guck ma in Ruhe! Ich guck mir <u>Deinen</u> ma eben, den den . äh . den
1	

V	äh K/ Kadett an. Einmal hier nur um 'n
K	Willste ne Probefahrt machen?
2	

V	Block. . Is Geld drin? ((lacht)) Is Geld drin? Bitte? .
K	Bitte. Nur Werkzeuge. Aber
3	

V	Ach nee, die brauch ich doch nicht! Ich
K	die Fahrzeugpapiere hab ich nicht ( )
4	

V	guck doch nur einmal hier so rum! Ich <u>weiß</u> doch, dass der in Ordnung
5	

V	is, Mensch!
6	

In der Situation der Probefahrt müssen die Kunden befürchten, dass ihr Auto schlecht bewertet und der Preis dafür gedrückt wird. Der Verkäufer versucht deshalb die Situation zu entspannen. Er macht einen Scherzversuch (*Is Geld drin?*, Fläche 3), den er durch Lachen als solchen verdeutlicht. Wie der Verkäufer mir sagte, macht er diesen Scherz öfter, wenn er einen Wagen probefährt, den er in Zahlung nehmen soll. Der Scherz wird also gezielt eingesetzt. Der Kunde geht jedoch nicht darauf ein, sondern thematisiert ernst die Probefahrt. Solche Diskrepanzen in der Interpretation der Situation stellen für die Interaktion und die Beziehung eine Störung dar. Der Verkäufer reagiert entsprechend und versucht umso mehr, auf eine menschlich-vertrauensvolle Beziehung hinzuarbeiten: Er stuft die Probefahrt als kurz und oberflächlich herunter (*Ich guck doch nur einmal hier so rum!*, Fläche 4–5). Er passt sich durch die Verwendung von Umgangssprache dem Kunden an, etabliert Nähe durch einen jovialen, kumpelhaften Tonfall und die vertraute, kumpelhafte Anrede (*Mensch*, Fläche 6). Er demonstriert schließlich Vertrauen in den Kunden und weist eine mögliche Unterstellung von Misstrauen zurück (*Ich weiß doch, dass der in Ordnung is*, Fläche 5–6).

Im Hinblick auf die Ausgestaltung der Beziehung zu den Kunden nimmt der Verkäufer einen fein differenzierten Adressatenzuschnitt vor. Dem spanischen Arbeiter im vorstehenden Beispiel stellt er sich als Kumpel dar, duzt ihn (zurück), neckt ihn scherzhaft und benutzt deftige Ausdrücke; der jüngeren Frau gegenüber zeigt er sich als Kavalier und Beschützer, macht ihr z.B. Hilfsangebote; dem Ehepaar mittleren Alters demonstriert er sich als ein seriöser Ratgeber. Um seine Identität darzustellen und die Beziehung zu den Kunden zu gestalten, bedient sich der Verkäufer ferner bestimmter kommunikativer Mittel und Verfahren. Dazu gehört die Verwendung von Umgangssprache und Ruhrgebietsvarietät, um sich einfachen Leuten gegenüber als einer von ihnen darzustellen und Vertrauen zu schaffen. Er verwendet beispielsweise das Wort *Kohle* im Sinne von ‚Geld', spricht von *Blödsinn* oder von *angeschmiert sein*.

Vermieden wird meist die Verwendung technischer Fachausdrücke, außer wenn ein Kunde von sich aus zu „fachsimpeln" beginnt. Oder er verwendet einen Fachausdruck zwar, markiert ihn aber als solchen und distanziert sich so von ihm, z.B. *diese . diese Sitzhöhenverstellung*. Der Verkäufer benutzt also Verfahren des downgrading, er vermeidet es, durch Fachterminologie Expertentum zu demonstrieren und damit soziale Distanz herzustellen. Vielmehr folgt er der Maxime *Sprich die Sprache des Kunden!*, passt sich kommunikativ an die Kunden an und konstituiert damit Gemeinschaft.

Auch für den Vertragsabschluss, das für Verkaufsdiskurse konstitutive Element, verwendet der Verkäufer meist nicht den Fachausdruck, sondern eine umgangssprachliche Umschreibung, und zwar durch das Verb *aufschreiben* (*Wir schreiben alles auf*). Diese bagatellisierende Formulierung stuft die zentrale Handlung herunter und verbirgt ihren juristischen, institutionellen Charakter hinter dem Schein einer informellen Abmachung. Der Zweck ist sicherlich den Kunden die Angst vor dem entscheidenden Handlungsschritt – dem Vertragsabschluss – zu nehmen.

Eine wichtige Rolle spielen homileïsche Diskurssequenzen (vgl. Kap. 9.2), die vom Verkäufer instrumentalisiert werden, um die ökonomischen Ziele zu erreichen. Dazu gehören eingestreute Scherze (wie in *Probefahrt*) und Erzählungen über sich selbst oder andere Kunden. Die Erzählungen des Verkäufers weisen ihn als jemanden aus, der Kunden gut berät und nicht hinter dem Geld her ist, etwa im Beispiel *Bereichern*:

Bereichern

V	Hier, die Leute, die den andern/ äh den gleichen Wagen, die ham den .
101	

V	((lachend:)) [alten] Fiesta da draußen, hach sacht se: Herr V, . kann
102	

V	ich den hier stehn lassen? Mel/ melden Se n nur mit ab, sachten
103	

V	((lachend:)) [die Leut.] Ja, ich sach, is aber TÜV fällig, ich sach, Mensch
104	

V	da wolln wer uns nich dran bereichern, was ich dafür kriege, solln
105	

V	Se gerne haben, ne.
K	Hier den einen , der für
106	

Homileïsche Sequenzen und Expansionen institutioneller Muster erlauben dem Verkäufer eine Selbstdarstellung in seiner individuellen Identität. Die unpersönliche, rollenbezogene Identifizierung als Verkäufer kann durch eine positive persönliche, individuelle Identifizierung ersetzt werden und die Interaktion selbst ausgestaltet werden zu etwas, das mehr ist als nur ein Fall eines allgemeinen Diskurstyps (vgl. Schenkein 1978). Durch Gesprächssequenzen über Alltagsthemen wie Wetter, Sport oder Stadtklatsch können Einverständnis und Nähe zu den Kunden herbeigeführt werden. Da der Initiator der homileïschen Sequenzen meist der Verkäufer ist, liegt offenbar die Annahme zugrunde, dass sie sich günstig auf den Verkaufserfolg auswirken. Auffällig häufig treten homileïsche Sequenzen während der Ausfertigung des Kaufvertrages auf, um Anspannung und Misstrauen bei den Kunden abzubauen.

Ein weiteres Verfahren ist die (kommunikative) Solidarisierung mit den Kunden. Der Verkäufer vertraut ihnen z.B. firmeninterne Informationen an, demonstriert Zusammenhalt mit den Kunden sogar gegenüber der Firma oder empfiehlt Strategien für die bevorstehenden Verhandlungen mit dem Händler für Autoradios. Solche Äußerungen sind oft durch gedämpfte Sprechweise und vertraulichen, verschwörerischen Ton als informell oder regelwidrig gekennzeichnet. Sie dienen der Solidarisierung und als Loyalitätsbeweise; mit ihnen wird die Gemeinsamkeit mit den Kunden betont und der Gegensatz der Interessen interaktiv heruntergestuft. Ein Beispiel ist *Firma*. Der Kunde will keine Jahresgarantie für den Gebrauchtwagen dazukaufen und der Verkäufer bestärkt ihn darin, indem er die Reklamationsmöglichkeit bei der Firma als Argument verwendet. Dieses Argument wird jedoch als vertraulicher Hinweis (Fläche 2) vorgebracht, der im Interesse des Kunden, nicht aber im Sinne der Geschäftsleitung sein kann.

Firma

V	Ich meine, ne Firma wie wir könn/ äh könn sich das auch andrerseits
1	

V	nich erlauben, wenn jetz ma irgendwas sein sollte, . ((vertraulich, leise:))
2	

V	[müssen Sie auch hier kön/ kommen Sie ohnehin hier wieder hin, ne.]
3	

V	Richtig!
K	Das is der Unterschied zum Privatverkauf ( )
4	

Der Verkäufer befolgt deutlich die Maxime *Vom Kunden her argumentieren!*, die in Verkaufsschulungen immer wieder empfohlen wird. So nimmt er z.B., wenn er Informationen und Argumente darstellt, sprachlich die Perspektive der Kunden ein. Komplementär dazu verleiht er jedoch seinen Informationen und Empfehlungen oft die Form eines ganz persönlichen Rates. Ein Beispiel ist *Armer Deubel*.

Armer Deubel

V	sagen Se ihm, Mensch, wär n armer Deubel, der Junge wär
K	( )
1	

V	noch inner Ausbildung und so weiter, er soll mal
K	Ma kuckn, was er sacht.
2	

V	sehn, was er machen kann. Sprechen Se den Inhaber selbst.
K	Was er da macht, (okay.)
3	

K	Mach ich.
4	

Der Verkäufer gibt hier den persönlichen Rat, das Autoradio für den Sohn bei einer bestimmten Firma zu kaufen und sich dort auf ihn zu berufen. Er empfiehlt, sich an den *Inhaber selbst* (Fläche 3) zu wenden, und rät dem Kunden zu einem vorformulierten Argument für einen Preisnachlass. Auch durch dieses Verfahren wird der Charakter der Beziehung als einer persönlichen betont.

Die Absicherung der Darstellungen

Wie gesagt muss der Verkäufer das Misstrauen seiner Kundschaft antizipieren und interaktiv verhindern, dass seine Selbst- und Beziehungsdarstellungen als bloß taktische Manöver betrachtet werden. Sie müssen deshalb überzeugend und konsistent erscheinen und gegen Bedrohungen und Störungen abgesichert werden – also gegen Ereignisse, die die Darstellung diskreditieren oder fragwürdig machen. Sie müssen schließlich, wenn solche Störungen dennoch eintreten, durch Korrekturen verteidigt werden (vgl. Goffman 1969/1983: 16). Solche kommunikativen Verfahren zur Absicherung der Darstellungen möchte ich im Folgenden vorstellen.

Um die drei eben genannten Anforderungen zu erfüllen, vermeidet der Verkäufer Handlungen, die von den Kunden als taktisch gedeutet werden könnten; z.B. nennt er ihnen seinen Namen und gibt ihnen seine Karte erst bei Vertragsabschluss. In dieser Phase erfüllt die Handlung ihren Zweck und kann nicht mehr als taktisches Vorgehen interpretiert werden, um über aufgedrängte soziale Nähe geschäftliche Verbindlichkeit und Kaufverpflichtungen zu erzeugen. Weiterhin thematisiert der Verkäufer von sich aus denkbare Interpretationen seines Handelns als Taktiken, um sie explizit zurückzuweisen. Er betont schließlich seine Ehrlichkeit durch emphatische Beteuerungen. Als „Echtheitsbeweis" für die Darstellungen – damit sie glaubwürdig und nicht inszeniert wirken – lässt er sie spontan erscheinen, z.B. durch umgangssprachliche, laxe Formulierungen oder Interjektionen. Solche Verfahren sind kombiniert, wenn im Beispiel *Echt* der Verkäufer dem Kunden versichert:

Echt

V	Mensch, da sind S/ da ham Se <u>echt</u> wat Vernünftiges, <u>glauben</u> Se's
1	

V	mir, ne.
2	

Der Verkäufer sichert seine Selbst- und Beziehungsdarstellungen ab, indem er für ihre Konsistenz sorgt, sie also aufrecht erhält auch bei Handlungen, die nicht an die Kunden adressiert sind, von diesen aber beobachtet werden können, also z.B. bei zwischengeschobenen Telefonaten und Gesprächen mit

Kollegen. Bei Störungen schließlich verteidigt er seine Darstellungen. Im Beispiel *Namen* wirft der Kunde dem Verkäufer vor, dass dieser seinen Namen aus den Papieren ablesen muss, obwohl er schon öfter mit ihm zu tun hatte (Fläche 1). V verteidigt hier seine bisherige Darstellung einer persönlichen und nahen Beziehung gegen den Vorwurf, indem er dem Kunden versichert, dass er nur *die Namen*, nicht aber *die Leute* vergisst.

Namen

V	. Ja . weisse,
K	Mittlerweile musse ja scho:n kennen den Namen, ne?
1	

V	die Namen vergess/ also ich bin kein/ n k/ die/ die <u>Leu</u>te, kenn ich
K	((lacht))
2	

V	immer wieder. Aber die Namen, nach n paar, äh nach ner gewissen
K	( )
3	

V	Zeit vergisst man die, ne? Ahornweg ist aber noch geblieben, ne?
K	Jaja. ( )
4	

Das Beispiel *Namen* zeigt, dass auch in mündlichen Verkaufsgesprächen die beschriebenen Widersprüche wirksam werden und sich interaktiv niederschlagen. Ich möchte an zwei weiteren Beispielen zeigen, wie die ökonomisch bestimmten Handlungsanforderungen in Verkaufsdiskursen einerseits und die Selbst- und Beziehungsdarstellung des Verkäufers andererseits konfligieren, wie die Widersprüche sich manifestieren und wie sie bearbeitet werden. Im Beispiel *Sicher* hat der Verkäufer dem Kunden den persönlichen, vertraulich formulierten Rat gegeben, den geplanten Autokauf über einen Kredit bei der Sparkasse, nicht bei der Autofirma zu finanzieren. Als der Kunde das Geschäft verlassen will, um zur Sparkasse zu gehen, drängt der Verkäufer ihn mehrfach zu einem sofortigen Vertragsabschluss. Er sieht offenbar plötzlich seine ökonomischen Interessen bedroht, dass nämlich der Kunde doch noch abspringt, nachdem er die Autohandlung erst einmal verlassen hat.

Sicher

V	Pass auf, wir machen folgendes: Sie gehen/ wir schreiben alles auf.
1	

V	Dass er Ihnen sicher is der Wagen, mit dem Kaufvertrach gehn Sie erst

2

V	zur Sparkasse hin, wenn die sagen/ oder wolln Se gar nich, solln wer

3

V	alles hier machen?
K	((leise:)) [(Ich mach das ers' noch ma bei denen, frach ma bei

4

V	Bidde? Ja. Ja.
K	denen, was die jetz sagen. Ich frach die ers ma, dann komm

5

V	Ja los. Ja, solln wer denn nich n Kaufvertrach oder
K	ich sofort hier rübber.]

6

V	irgendwas machen? Damit die auch wissen, um was es geht. Die wolln

7

V	ja gerne sehn, . und wenn die es nich machen, machen wir das, gerne

8

Der Verkäufer formuliert eine Begründung, die den Vertragsabschluss als nicht in seinem Interesse, sondern in dem des Käufers (*dass er Ihnen sicher is*, Fläche 2) bzw. in den Anforderungen der Bank (Fläche 7–8) liegend darstellt. Sein Drängen auf einen sofortigen Vertrag wird so in Übereinstimmung gebracht mit dem Eindruck eines fürsorglichen Verhaltens gegenüber dem Kunden. Bei diesem Versuch, die Widersprüche zu bearbeiten, verliert der Verkäufer jedoch die Kontrolle über seine Formulierungen. Nachdem er bisher stets das Duzen des Kunden erwidert hat (vgl. Fläche 1), wechselt er jetzt plötzlich die Anredeform zum *Sie* (Fläche 1, 2, 3). Damit diskreditiert er ungewollt seine bisherige Beziehungsdarstellung als unangemessen. Der Kunde scheint die Widersprüchlichkeit in der Interaktion durchaus wahrzunehmen, denn er reagiert zögernd, wie die Nachfrage des Verkäufers vermuten lässt (Fläche 3–4). Auch seine Zusicherung, dann sofort zurückzukommen (Fläche 5–6), deutet darauf hin, dass er das Drängen des Verkäufers spürt und richtig interpretiert.

Das zweite Beispiel, *Barzahlung*, betrifft die Preisverhandlungen für einen Gebrauchtwagen.

Barzahlung

K	Wie is das denn bei Barzahlung. Könnte da was runtergegangen wer-

1

V	((atmet aus, Zungenschnalzen, nachdenklich:)) [Bei Barzahlung,]
K	den?

2

V	. wissen Se, ((lachend:)) [uns is lieber,] Sie zahlen . ne kleine/ nen

3

V	kleinen Betrach an, und zahlen den Rest auf sechsndreißig Monate

4

V	ab. Sehn Se? Aber, ((leiser:)) [nun Gott,] etwas
K	Nee . nee! ((Auflachen)) An sowas ham wer _nich_ gedacht. ((Auflachen))

5

V	kann ich . vielleicht noch machen, aber . ((holt Luft))

6

Die Kundin bringt hier ein Standard-Verhandlungsargument vor: Preisnachlass bei Barzahlung (Fläche 1–2). Der Verkäufer reagiert darauf mit einem Verfahren, das ihm erlaubt, seine ökonomischen Interessen (kein Rabatt) zu wahren, sich aber gleichzeitig als entgegenkommender und offener Verhandlungspartner darzustellen. Er antwortet nämlich mit einem (strategisch zu verstehenden) Standard-Gegenargument (Fläche 3–5), nimmt diesem jedoch durch sein Lachen die Ernsthaftigkeit, entkräftet es von sich aus und bietet dann freiwillig ein (kleines) Entgegenkommen an (*etwas kann ich . vielleicht noch machen*, Fläche 5–6). So kann er seine Interessen wahren und doch in seiner Selbstdarstellung glaubwürdig bleiben. Es ist kein Zufall, dass sich die Widersprüche besonders deutlich in denjenigen Mustern und Phasen zeigen, die am stärksten ökonomisch bestimmt und für den Diskurstyp konstitutiv sind, nämlich Preisverhandlungen und Vertragsabschluss.

Die Rolle des Kundenverhaltens

Ich habe das Verhalten der Kunden im Zusammenhang mit der Selbst- und Beziehungsdarstellung des Verkäufers bisher nur am Rande berücksichtigt. Ihr Beitrag als Interaktionspartner besitzt jedoch systematische Bedeutung. Denn sie bestimmen die Situation, den Gesprächsverlauf, die Selbstdarstellung und die Beziehung ihrerseits mit, je nachdem, was sie an Interaktion zulassen, ob sie dem Verkäufer ein bestimmtes Verhalten überhaupt ermöglichen, auf seine Handlungen in komplementärer Weise eingehen und seine Darstellungen dadurch ratifizieren. Dazu das Beispiel *Verdienst* (KM = Kunde, KF = seine Ehefrau).

Verdienst

V	((gedämpft:)) [und was, ungefähr, Verdienst?]	
KM		Tsch/ Drei fünf netto...
1		

V	N schönes/ schönes Geld, ne?.. So, einmal nur noch da un/	
KM		Die Frau is
2		

V		Ach ja! Hä. Frauen sind
KM	nich mit zufrieden, die will noch mehr haben. (	fünf haben.)
3		

V	nie zufrieden, ne? ((lachend:)) [Und da noch mal!] Aber kommen Sie
KF	((lacht))
4	

V	schon mit aus, ne?	
KF		Jaja.. Er braucht ja nichts.
5		

Während der Verkäufer den Fragebogen im Kreditvertrag ausfüllt, entschärft er die notwendige indiskrete Frage nach dem Verdienst durch ein soziales Kompliment (*N schönes/ schönes Geld, ne?*, Fläche 2). Auf dieses Angebot zu einer persönlichen, homileïschen Sequenz reagiert der Kunde positiv mit persönlichen Mitteilungen (Fläche 2–3) und gibt so wiederum dem Verkäufer Gelegenheit, in Form einer scherzhaften Bemerkung über die notorische Unzufriedenheit von Frauen Solidarität und Gemeinsamkeit mit dem Kunden zu demonstrieren. Er relativiert die scherzafte Aussage anschließend gegenüber der Ehefrau, um diese nicht zu kränken.

So wie der Verkäufer widersprüchlichen Anforderungen ausgesetzt ist und die Widersprüche in der Interaktion permanent bearbeiten muss, so stehen auch die Kunden in dem komplementären Konflikt, entweder auf die ökonomische Position des Verkäufers oder aber auf seine Selbst- und Beziehungsdarstellung zu reagieren. Dem Material nach zu urteilen, fluktuieren die Kundinnen und Kunden zwischen vorsichtigem, misstrauischem, taktischem Verhalten, das den ökonomischen Interessengegensätzen Rechnung trägt, und vertrauensvollem, offenem, an menschlicher Nähe orientiertem Verhalten, wie es der Beziehungsdarstellung des Verkäufers entspricht.

Zusammenfassung der Ergebnisse

Als Ergebnis der Analysen lässt sich festhalten: Der Autoverkäufer zeigt einerseits ein Verhalten, wie es den Erwartungen an die Verkäuferrolle entspricht: Er präsentiert sich als Angestellter der Autohandlung, behauptet für seine Autos gute Qualität und angemessene Preise und verfolgt in den Preisverhandlungen seine Interessen. Auf der anderen Seite demonstriert er aber auch Eigenschaften und Verhaltensweisen, die dem Bild von einem Autoverkäufer widersprechen: Vertrauenswürdigkeit, Ehrlichkeit, menschliche Interessiertheit und Fürsorglichkeit. Die Beziehung zu den Kunden wird von ihm als eine persönliche, menschliche Beziehung gestaltet, die mehr ist als eine anonyme Tauschbeziehung. Wo eine solche persönliche Beziehung fehlt, unterstellt der Verkäufer sie interaktiv oder erweckt den Eindruck, sie entstehe im Diskurs aufgrund der Besonderheit und positiven Qualität der Interaktion mit gerade diesem Kunden. Durch ein solches Display beeinflusst er die Beziehung in der gewünschten Richtung.

Der Zweck besteht darin, Obligationen für die Kunden zu schaffen. Wenn es nämlich gelingt, Vertrauenswürdigkeit, Ehrlichkeit, Fürsorglichkeit und eine menschlich interessierte, persönliche Beziehung plausibel und interaktiv verbindlich zu machen, stehen die Kunden unter der Verpflichtung, dem Verkäufer ausreichend Gelegenheit zu geben, sich als Mensch, Freund usw. darzustellen, und ihn in dieser Selbstdarstellung zu bestätigen. Sie müssen ihn dann ferner selbst entsprechend behandeln, d.h. sich ihrerseits persönlich und freundschaftlich verhalten und auf die Rolle des misstrauischen, feilschenden Kunden verzichten. Damit wächst aber der interaktive Druck, den Kaufvertrag abzuschließen und seine Bedingungen zu akzeptieren.

Auf persönliche Nähe gerichtete Selbst- und Beziehungsdarstellungen werden also für ökonomische und institutionelle Zwecke instrumentalisiert. Der betreffende Verkäufer ist mehrfach für seine Verkaufserfolge ausgezeichnet worden. Erfahrene Verkäufer sagen, das Wichtigste beim Verkaufen sei, nicht den Eindruck zu erwecken, dass man unbedingt verkaufen wolle. Um die ökonomischen Zwecke zu realisieren, müssen diese in der Interaktion gerade heruntergestuft und verborgen werden.

Dieses Ergebnis stimmt mit dem überein, was Taylor (1978) am Fall des *party-selling*, des Verkaufens von Haushaltsgefäßen (*Tupperware*) auf nachbarschaftlich-freundschaftlichen Treffen in Privatwohnungen, herausgearbeitet hat. Die Tupperware-Vertreterin hat großen und leicht errungenen Verkaufserfolg, wenn sie sich den „Party"-Teilnehmerinnen nicht als die Verkäuferin, sondern als die „junge Frau von nebenan" darstellt und wenn nicht der (Verkaufs-)zweck die Situation strukturiert, sondern die soziale Interaktion und Reziprozität zwischen sich nahestehenden Menschen (Taylor 1978: 590f.).

> The success of the whole enterprise depends on its ability to exploit the preexisting relations between a hostess (die Gastgeberin der „Party"; G.B.) and her guests. In effect, it exploits the everyday sociability and reciprocity of friends, neighbours and kin. (Taylor 1978: 574)

Während beim *party-selling* bereits vorhandene nahe Sozialbeziehungen instrumentalisiert und ökonomisch ausgenutzt werden, müssen solche Sozialbeziehungen vom Autoverkäufer oft erst in der Verkaufsinteraktion hergestellt oder (zu Recht oder Unrecht) unterstellt werden.

4.4.2. Geschäft eines Hörgeräteakustikers

Nicht für jede Art von Verkaufsgesprächen sind die für den Autohandel beschriebenen Ergebnisse charakteristisch. Wie gesagt unterscheiden sich die Verkaufsdiskurse und die Art der Selbstdarstellung und Beziehungsgestaltung auch nach den Waren, die verkauft werden; entsprechend differieren die Formen, die die Widersprüche in der Interaktion annehmen. Im Folgenden stelle ich Diskurse aus dem Geschäft eines Optikers/Hörgeräteakustikers vor, die eine andere Rollen- und Beziehungsdarstellung zeigen. Transkribiert wurden zwei längere Gespräche eines ausgebildeten Hörgeräteakustikers, eines relativ jungen Mannes, der in dem Geschäft angestellt ist, Hörgeräte verkauft und Kunden betreut. Hörgeräte sind eine besondere Ware: Sie werden vom Arzt verschrieben und der Krankenkasse bezahlt; sie sind erklärungsbedürftig bzw. beratungsintensiv, zumal die Kunden überwiegend ältere Leute sind. Auch die Kundin bzw. der Kunde in den vorgestellten Ausschnitten sind schon älter, sie stellen eine für Hörgeräte typische Kundschaft dar. Wie der Autoverkäufer, muss auch der Hörgeräteakustiker sich aufgrund seiner institutionellen und ökonomischen Position auf die Kunden einstellen, ihr Vertrauen gewinnen, ihnen freundliche Zuwendung entgegenbringen usw. Er handelt entsprechend, zeigt jedoch auf der anderen Seite auch ein Interaktionsverhalten, das dazu in Widerspruch steht.

Dies möchte ich zunächst am Beispiel *Grade* zeigen. Der Akustiker (V) zeigt hier der Kundin (K), wie man das kleine Cerumen-Sieb an dem Hörgerät wechselt, das sie bei ihm gekauft hat. Um das zu bewerkstelligen, muss man einen stabförmigen Schlüssel senkrecht auf das Siebchen aufsetzen. Die alte Dame hat aber keinen Erfolg, u.a. weil sie schlecht sieht, wie sie selbst formuliert (Fläche 4 und 12).

Grade

V	Wolln Se's ma <u>selbst</u> lösen? Lösen Sie's doch ma bitte selbst! Geben
1	

V	Sie mir ruhig die Schatulle. Danke! . . Richtig. Gegen den Uhrzeigersinn
2	

		V		\

V	lösen. . Jaa, grade draufsetzen. D' is wichtig. .	Ja. Dann
K		Nä, dat is nich.

3

V	setzen Se noch ma grade drauf, grade, Frau K,
K	((lauter:)) [Das seh ich so schlecht!]

4

V	Ja sehn Se, deswegen k/ w/ kümmern wir uns ja noch um die Lesebrille.

5

V	Grade dra/	Bleiben Sie mal grade damit. Grade. Das
K	Dat is aber au' wirklisch!	

6

V	is grade. Und dann feste drücken und dann drehn. Hopsala! Jetz isser
K	ja,

7

V	runtergefallen, der Stab. Is nich schlimm. ((6 sec, Einatmen))
K	Das is ja

8

V	Hm, ((Atmen)) Frau K, Sie machen/ da! Jetzt ham Se's.
K	auch 'n Ding!..

9

V	Jetzt war er drauf grade. Hab ich genau gesehen. Jaa? ((5 sec))
K	Nee,

10

V	Wissen Sie, was Ihr Fehler is? . Welchen Fehler Sie machen?
K	. J/ ja?

11

V	Sie setzen es nich grade auf.	Nee, aber
K	((erhobene Stimme:)) [Jaa! Ich seh dat doch ni:ch!]	

12

V	Sie verkanten es! Gucken Sie ma hier. Das is grade. . Einfach da

13

V	draufstecken.
K	((ungeduldig:)) [Ach da muss ich zu meiner Enkeltochter gehn, wenn/

14

V		Is die inner Nähe?
K	wenn ich dat w/]	Die wohnt doch d/ ma inner Straße da,

15

	V	
V		Hm, ja mein Sie, die kann das besser ne?
K	wo ich wohn.	Jaaa! Die macht dat.

16

Es handelt es sich hier nicht um ein Verkaufsgespräch im engeren Sinne, denn die Kundin hat das Gerät ja schon vorher erworben. Dennoch steht es in engem Zusammenhang mit diesem und einem weiteren Kauf (dem einer *Lesebrille*, Fläche 5). Interaktiv ist die Sequenz als eine Unterweisung ausgestaltet, der Akustiker stellt sich kommunikativ als ein Lehrender dar. Er selbst verfügt über die zu lehrende Fähigkeit und versucht sie der Kundin zu vermitteln. Er stellt ihr zu diesem Zweck eine Aufgabe (Fläche 1), macht Teiltätigkeiten vor (Fläche 6f. und 13f.), steuert die Kundin verbal und bewertet ihre Ausführungsversuche (z.B. Fläche 2). Solche Merkmale sind für eine Lehr-Lern-Situation, in der praktische Tätigkeiten vermittelt werden, allgemein charakteristisch (vgl. Brünner 1987: Kap. 4). Darüber hinaus konstruiert und demonstriert der Akustiker in massiver Weise eine überlegene Position im Diskurs: Er unterbricht die Kundin (Fläche 15), macht deutlich, dass er es ist, der Recht behält (*Ja sehn Se*, Fläche 5; Fläche 10), gibt bewertende Kommentare zu ihrem Handeln ab (*Is nich schlimm*, Fläche 8), wirft ihr *Fehler* vor (Fläche 11), stellt ihr zu diesen Fehlern Lehrerfragen (Fläche 11), gibt ihr repetitiv und insistierend Anweisungen, obwohl sie nicht in der Lage ist, diese auszuführen (*grade*), verwendet belehrende Formulierungen für einfache Sachverhalte (*Das is grade*, Fläche 13) und spricht in einem dozierenden und zugleich vorwurfsvollen Ton zu ihr (vgl. die zahlreichen starken Akzente).

Die alte Dame interpretiert das Verhalten des Akustikers offenbar auch in diesem Sinne. Während sie sich zu Beginn der Sequenz noch mit ihrer schlechten Sehkraft entschuldigt (Fläche 4), reagiert sie später ungehalten und weist die Vorwürfe und Belehrungen des Akustikers zurück (Fläche 12). Am Schluss der zitierten Sequenz will die Kundin ihre Bemühungen resigniert aufgeben (Fläche 14f.).

Im anschließenden Teil des Diskurses setzt der Akustiker weiteres Üben gegen sie durch, obwohl die Kundin auf ihre Enkelin als verfügbare Hilfsperson verweist (Fläche 16). Schließlich protestiert sie erneut (*Ja ja grade, das sagen Sie*) und gibt am Ende endgültig auf (*Nee nee, damit werd ich nich fertig*). Daraufhin stellt sich der Akustiker als Helfer dar, indem er anbietet, dass *er* das Siebchen wechselt (Fläche 27, 31), und zwar *kostenlos*:

Zu mir

V	Enkelin wechseln. Oder, wir machen das so, wenn's Ihre Enkelin nich
25	

V	ma:cht oder Ihre Tochter nich machen sollte mal, Sie können ja auch zu
26	

V	mir kommen, dann mach ich das.
K	Ja. Ja, wenn ich/ wenn ich hier mal wat zu
27	

V	\
V	Ja. Kommen Se kurz rein, das
K	tun hab, dann komm ich mal zwischendurch.
28	

V	sind ja/ wann/ wie oft sind Sie in Vorstadt? Wie oft sind Sie in Vor/
	V V
K	Ja ja. Hm? Ooch!
29	

V	Ja, sehn Se. Schauen Se einmal die
K	Manchmal zweimal die Woche oder
30	

V	Woche rein, dann mach ich Ihnen das. Und mach ich Ihnen kostenlos.
	V
K	Ja.
31	

V	Ne? Prima.
	V
K	Ja is gut. hm Damit wer ich nämlich nich fertig.
32	

Der Akustiker befindet sich also offenbar in dem Konflikt, einerseits eine Autoritätsposition gegenüber der Kundschaft interaktiv zu konstruieren und zu demonstrieren, sich aber andererseits als höflicher und entgegenkommender Verkäufer und Dienstleister darzustellen. Der vorgestellte Ausschnitt ist kein Einzelfall. Auch dem männlichen Kunden gegenüber verwendet der Akustiker ähnliche kommunikative Mittel und Verfahren, um in seiner Selbstdarstellung eine Autoritätsposition zu behaupten. Im Beispiel *Hervor-*

ragend stellt er ebenfalls wie ein Lehrer dem Kunden eine Aufgabe (Einsetzen des Gerätes ins Ohr), prüft dessen Fähigkeiten sie zu lösen, und gibt Bewertungen ab (*her<u>vor</u>ragend*, Fläche 2).

Hervorragend

V	So . Herr K. Setzen Se's bitte noch <u>ma</u> ein. So wie ich's Ihnen gezeicht
1	

V	hab. ((8 sec)) ((leise:)) [H‾m] . . . Ja. ((4 sec)) Ja, her<u>vor</u>ragend, Herr K.
2	

V	Schon drin.
3	

Der Ausschnitt *Versprechen* stammt aus der Schlussphase desselben Gesprächs. Der Kunde (K) hatte sein Hörgerät in Reparatur gegeben und ist nun mit seiner Frau (F) in den Laden gekommen, um es abzuholen. Er erzählt, dass er wegen eines Schlaganfalls verlernt habe, es richtig zu benutzen und einzustellen, lässt sich dies noch einmal zeigen und führt die Tätigkeiten auch selbst erfolgreich durch. Der Hörgeräteakustiker expandiert die praktische Demonstration daraufhin mit folgender Sequenz:

Versprechen

V	Sie sollten sich nur an <u>eines</u> halten, dass Sie das wirklich üben auch
1	

V	ne? Wirklich auch ma lauter und leiser machen, vor'm <u>Fern</u>seher
	V
K	Jaja
2	

V	oder was, ((atmet aus)) Ja joa, ich
K	Ja, dafür hab ich das äh linke Ohr noch. Doch
3	

V	weiß, das sagen <u>Sie</u> jetzt, und Ihre Frau sacht mir was ganz <u>an</u>deres.
K	das/ das
4	

V	Die sacht, das Hörgerät liecht da immer schön <u>rum</u>, und sie muss immer
5	

V	schreien.	Dooch, hat Se jawohl gesacht, und
K		Oah, nich immer!
F	((lacht))	Aber oft.
6		

V	das stimmt auch. Denn als ich gerade mit Ihnen hier durch die Tür ge-
7	

V	gangen bin, und ich hatte hi zu Ihnen was gesacht, ham Se mich ja
8	

V	auch nich verstanden, ich war . links von Ihnen. . Obwohl das linke Ohr
9	

V	frei war. Sie machen sich da was vor. . Ne? Sehn Se einfach ma der
K	(Das) is schon möglich.
10	

V	Tatsache ins Auge, dass Sie eben zur Zeit, schlechter hören, . und
11	

V	deswegen auch das Hörgerät einsetzen müssen. Einfach damit auch
12	

V	andre entlastet werden. . Ne? .	Hm, und ich
K	Ja ja, das stimmt.	
F	Recht hat er.	
13		

V	möchte Sie bitten, trainieren Sie das mit dem Rein- und Rausnehmen,
14	

V	mit dem Laut- und Leisermachen so'n bisschen, morgens dreimal, mit-
15	

V	tags dreimal, abends dreimal, so wie man die Mahlzeiten ungefähr zu
16	

V	sich nimmt, . und . ich glaube schon, dass es dann mit der Zeit auch
17	

V	sicherer . funktioniert. ((skeptisch:)) [Ja.] Das sagen Sie jetz,
K	. Schon möglich.
18	

V	ne? Und zu Hause is es gleich wieder inner Ecke oder was. Ver/
K	Nö!
F	Oh

19

V	also ver<u>sprech</u>en Se mir, ne? Ver<u>sprech</u>en Se mir. Gut. Ja, Ihre Frau
K	(Ja, das) J̄a <u>jaa</u>, ich verspreche.
F	nö!

20

| V | kommt ja jede Woche einmal vorbei, die erzählt's mir ja dann. |
| K | ((lacht)) |

21

| V | ((lachend:)) [Ja, . und wenn Se keine Hauszeitung mehr von mir bekom- |

22

| V | men, dann hab ich gehört, dass Sie's nich tragen.] . Ne? Ah, sonst |

23

| V | schick ich Ihnen die ja zu. . Herr K, ver<u>bleiben</u> wer so, ne? |
| K | Ja.   Machen wer |

24

| K | so. |

25

So wie der Akustiker im Beispiel *Grade* der sehbeeinträchtigten Frau die Übungen mit dem Cerumen-Sieb aufzwingt, setzt er hier eine lange Sequenz mit Ermahnungen zum Tragen des Gerätes und Übungen zum Einstellen durch, obwohl der Kunde auf das Thema nur minimal (*Jaja*, Fläche 2) eingeht und seine Relevanz herabstuft (*Ja, dafür hab ich das äh linke Ohr noch*, Fläche 3). Er unterstellt dem Kunden Unaufrichtigkeit (Fläche 3f.; 6f.; 18f.), verbündet sich mit der Ehefrau gegen ihn (Fläche 4–6, 12f., 20f.), macht ihm Vorhaltungen und Vorwürfe (*Sie machen sich da was vor*, Fläche 10; *Sehn Se einfach ma der Tatsache ins Auge*, Fläche 10f.) und übt Druck auf ihn aus, indem er ihm Versprechen abnötigt (Fläche 19f.). Er kündigt an, diese durch Denunziation der Ehefrau zu überwachen (Fläche 20f.), und droht (wenn auch scherzhaft) mit Bestrafung durch Entzug der Hauszeitung (Fläche 22f.). Durch explizite Beweisführung setzt er den Kunden ins Unrecht, sich selbst ins Recht (Fläche 6–10). Die Form, die er seinen Ratschlägen gibt, ist die von Experten-Empfehlungen oder Vorschriften (z.B. von Ärzten), nicht von persönlichen Ratschlägen (*Sie sollten*, Fläche 1; *Sehn Se einfach ma der Tatsache ins Auge*, Fläche 10f.; *ich möchte Sie bitten, trai<u>nie</u>ren Sie*, Fläche 13f.). Dies ist auch an vielen anderen Transkriptstellen und in anderen Formulierungen der Fall (z.B. modaler Infinitiv: *In diesem Fall is es dann aber immer über'm Tisch zu machen*).

In den Transkripten finden sich Reformulierungen den Kunden gegenüber, durch die Ausdrücke der einfachen Umgangssprache in eine höhere, fachnähere Stilebene umgeformt werden. Beispiele für solches *upgrading* sind z.B. *Linksrum* und *Ding*, wo der Akustiker *gegen den Uhrzeigersinn* als Reformulierung für *linksrum* verwendet bzw. *an die Gehörgangshaut* für *da dran*.

Linksrum

V		Genau, <u>gegen</u> den Uhrzeigersinn, ne?
K	Ja, das war linksrum drehn, ne?	Ja.
1		

Ding

V	Wo tut das weh, Frau K? <u>Im Ohr</u>?		Ach so!
K	Im Ohr!	Ja wenn dat <u>Ding</u> da drankommt.	
1			

V	An die/ wenn es an die Gehörgangshaut kommt, ne
K	Ja.
2	

Die Diskurse zwischen dem Hörgeräteakustiker und den Kunden weisen eine Nähe zur medizinischen Kommunikation auf. Darüber hinaus haben viele der beschriebenen kommunikativen Verhaltensweisen des Akustikers Ähnlichkeiten mit denen von Ärzten in der Arzt-Patienten-Interaktion, besonders im Hinblick auf Dominanz und Steuerung im Gespräch sowie dem Ausdruck von fachlicher Überlegenheit. Diese Nähe wird im folgenden Ausschnitt *Ohrenarzt* von der Ehefrau (F) des Kunden direkt thematisiert, wenn sie V als *halben Ohrenarzt* (Fläche 4) bezeichnet. Der Akustiker muss diese Zuschreibung selbstverständlich zurückweisen. Er tut dies mit besonderem Nachdruck und einem solchen Aufwand an Emphase, dass man den Eindruck gewinnt, er fühlt sich hier in seinem Verhalten ertappt.

Ohrenarzt

V	Legen Se's Gerät ruhig ma hier hin, ich will ma eben ins Ohr schauen.
1	

V	((leise, nuschelig:)) [Nich dass da auf einma 'n ganzer <u>Berg</u> von Ohren-
2	

V	schmalz, brauchen wer uns nich wundern, wenn Se auf einma schlecht
3	

V	hören.] . Ja nee, das will ich um/ um
F	S 'n halber Ohrenarzt, was? ( )
4	

V	Gottes Willen nich sagen. Ich will nich ma im Traum das tun, was der
5	

V	Ohrenarzt macht.
6	

Zusammenfassung der Ergebnisse

Auch die Rollen- und Beziehungsdarstellung des Hörgeräteakustikers ist also dadurch gekennzeichnet, dass er in der Kommunikation zwischen zwei Polen fluktuiert, die durch widersprüchliche Anforderungen seiner beruflichen Position bedingt sind. Als Angehöriger der Zirkulationssphäre, der unter den Bedingungen wirtschaftlicher Konkurrenz ökonomisch auf das Wohlwollen der Kundschaft angewiesen ist, und abhängig Beschäftigter ist der Akustiker bemüht, sich den Kunden gegenüber höflich und freundlich zu präsentieren, sich als jemand darzustellen, der ihnen Respekt entgegenbringt und zu Diensten ist. Aufgrund der erklärungsbedürftigen Waren, der besonders beratungsbedürftigen Kundschaft (ältere Leute) und der besonderen fachlichen Ausbildung des Hörgeräteakustikers besteht ein vergleichsweise großes Kompetenzgefälle zwischen ihm und den Kunden. Er stellt sich deshalb nicht bloß als Dienstleister dar, sondern konstituiert und demonstriert im Hinblick auf seine beruflichen Aufgaben und Ziele auch eine Position der Autorität – im Sinne eines Lehrers oder Arztes. Im einen Fall wird für die Interaktionspartner ein höherer sozialer Status konstruiert, im anderen Fall für den Akustiker. Die beiden Pole stehen offensichtlich in Konflikt miteinander und die zugehörigen kommunikativen Verhaltensweisen schließen einander tendenziell aus, wie auch die Wirkungen auf die Kunden zeigen. Diese interaktionsstrukturellen Probleme werden im vorliegenden Fall möglicherweise noch durch individuelle Persönlichkeitseigenschaften des Hörgeräteakustikers verstärkt.

Die Kunden reagieren auf das ihnen entgegengebrachte autoritative und autoritäre Verhalten ihrerseits ambivalent und widersprüchlich. Einerseits bestätigen sie den Akustiker in seiner Selbstdarstellung: Sie leisten seinen Anweisungen Folge, titulieren ihn als *halber Ohrenarzt* oder liefern Erzählungen, die ihr „Versagen" beim Umgang mit dem Hörgerät gegenüber dem Akustiker rechtfertigen oder entschuldigen. Auf der anderen Seite wird bei ihnen Widerstand und Verweigerung der Kooperation hervorgerufen, denn autoritäres Verhalten wird von einem Verkäufer normalerweise weder erwartet noch akzeptiert. Wie im Beispiel *Grade* gezeigt, reagiert die Kundin auf den ausgeübten Druck gereizt und gibt schließlich den Versuch auf, ihr Hörgerät selbst zu warten. Dadurch wird auch das Ziel, das der Akustiker vermutlich verfolgt, nämlich die Kundin in Bezug auf ihr Hörgerät selbstständig zu machen, ins Gegenteil verkehrt: Sie wird in der Interaktion „klein gemacht", verärgert und entmutigt, so dass sie ihre Bemühungen aufgibt und fremde Hilfe sucht.

Dass der Akustiker in dieser Weise Autorität gegenüber den Kunden beansprucht, steht in deutlichem Kontrast zum Verhalten des Autoverkäufers. Dieser setzt bei der Verfolgung seiner beruflichen Interessen – pointiert gesagt – auf Vertrauen in ihn als einen Freund, während der Akustiker sich auf den Einfluss von Autorität und Macht verlässt.

4.4.3. Computerfachgeschäft

Im Folgenden möchte ich Material aus einem dritten Bereich vorstellen, in dem es ebenfalls um komplexe technische Produkte geht, nämlich Computer und Zubehör. Ausgewählt wurden zwei Verkaufsgespräche desselben Verkäufers mit unterschiedlichen Kunden. Dieser Verkäufer ist Student und arbeitet nebenberuflich in dem Geschäft – eine in der Computerbranche häufige Situation. Die Kunden sind in den beiden Diskursen sehr verschieden. Im Gespräch *Com1* handelt es sich um einen jungen Mann, der aufgrund eines Werbeplakats im Schaufenster in den Laden kommt und dabei ist, sich *ne Marktübersicht zu besorgen*. *Com2* ist ein langes Gespräch, das nur in Ausschnitten dokumentiert wird. Großeltern wollen ihrem 17-jährigen Enkel zu Weihnachten einen PC mit Drucker schenken; der Enkel hat ihnen eine Liste mit seinen Präferenzen zusammengestellt, die sie mitgebracht haben. Er ist also, was im Marketing-Jargon der *Entscheider* genannt wird, die Großeltern sind die *Besorger*. Ganz überwiegend führt der Großvater (K) das Gespräch, seine Frau (F) schaltet sich nur selten ein, und dann nie auf Sachaspekte bezogen. Sie wird auch vom Verkäufer nicht als Kundin, sondern als Großmutter des Enkels und Ehefrau des Kunden behandelt.

In beiden Diskursen findet man eine sehr gebrochene Selbstdarstellung des Verkäufers in seiner beruflichen Rolle. Zunächst zum Ausschnitt *Aufpreis*, mit dem *Com1* beginnt:

Aufpreis

V	/ Guten Tag.
K	Guten Tag. Ich hatte . unten gesehen im Fenster hängen . .
1	

K	dieses Ding hier, das würd mich halt eigentlich interessieren. Das wär
2	

V	Tower-(Gehäuse)
K	dann noch der Aufpreis, klar fürs . äh . Tower, eventuell . und,
3	

V	Da is 'n Monitor bei.
K	äh, der Monitor käm auch noch zu, nehm ich an.
4	

V	Doch. Steht doch VGA-
K	Das ging hier nicht so ganz draus hervor.
5	

V	(Monitor) Nee, das
K	Ja, ich dachte, das wär jetzt die Karte gewesen.
6	

V	ist die VGA fünfhundertzwölf. Also, so wie er da
	/ \ ∧ V
K	ah so aha . hmhm.
7	

V	steht, is er komplett. Funktionstüchtig, ist er eigentlich.
	V
K	Komplett. Hmhm.
8	

K	Und äh/ naja je:tzt/ äh ich bin erst am Anfang, so mir mal so ne Markt-
9	

K	übersicht irgendwie . zu besorgen, un' deswegen, ähm . kann ich das
10	

	> > > > > > > >
K	schwer jetzt einordnen, wie das is von den einzelnen Sachen is jetz ein
11	

V	Ja, genau. . . Also bei dem (Paket)
K	Laufwerk nur bei, ne? Nur das dreienhalb.
12	

V	sollte man/ . okay, n zweites Laufwerk braucht man nicht unbe<u>dingt</u>,
13	

Nachdem der Kunde gegrüßt und pauschal sein Interesse an dem plakatierten Angebot bekundet hat (Fläche 1–2), äußert er recht dezidierte Vermutungen (*klar*, Fläche 3), dass nämlich ein *Aufpreis* für einen Tower und einen Monitor zu zahlen sei (Fläche 3f). Damit beansprucht er bereits ein Wissen, das man oft erst im Gespräch mit dem Verkäufer erwirbt. V widerspricht seiner Annahme und korrigiert sie (Fläche 4). Daran, dass sein Wissen unzutreffend ist, gibt der Kunde dem Werbeplakat bzw. dem ausliegenden Werbezettel die Schuld (*Das ging hier nicht so ganz draus hervor*, Fläche 5). Der Verkäufer lässt diese Rechtfertigung jedoch nicht gelten, er widerspricht in direkter, unabgemilderter Form (*Doch*, Fläche 5) und weist dem Kunden seinen Fehler explizit nach. Dieser rechtfertigt sich erneut (Fläche 6), der Verkäufer korrigiert ihn noch einmal explizit (Fläche 6–8).

Kunden hart und direkt zu widersprechen, ist mit der Verkäuferrolle und den mit ihnen verbundenen Anforderungen schwer zu vereinbaren und auch faktisch ungewöhnlich. V demonstriert damit seinen Wissensvorsprung, beansprucht eine überlegene Position und setzt den Kunden ins Unrecht. Nun ist das kommunikative Verhalten des Kunden sicherlich geeignet, solche Reaktionen bei V strukturell hervorzurufen – unabhängig davon, ob es auch personenbezogene Gründe dafür gibt. K übernimmt mit seiner vorschnellen Wissensbeanspruchung nämlich die Käuferrolle nicht adäquat und wird von V deshalb nicht verkäuferadäquat behandelt.

In und nach der anschließenden Bestätigungssequenz (Fläche 7–8) reagiert der Kunde tatsächlich mit einer Veränderung in seine Selbstdarstellung. Er konstituiert jetzt die Kundenrolle und die Position des Beratungsbedürftigen, indem er sich als *erst am Anfang*, sich eine *Marktübersicht zu besorgen*, bezeichnet (Fläche 9–10) und seine Wissensdefizite offen zugibt (*schwer einordnen*, Fläche 11). Dies ermöglicht es V nun seinerseits Verkaufsberatung zu geben (*sollte man*, Fläche 13). An einem späteren Punkt des Gesprächs, im Ausschnitt *Fragen*, kommt es noch einmal zu einem Konflikt zwischen den Beteiligten, der ebenfalls die Wissensdifferenz und die Verkäuferrolle betrifft:

Fragen

K	Äh das wär aber jetzt das/ da ich eigentlich . sowieso . relativ wenig
37	

K	<u>gra</u>fische Anwendungen hätte, wahrscheinlich erstmal okay, ne?
38	

V	. Das is richtig, ja, also ((V lässt Hände auf Papier fallen)) Ich mein
K	((laut:)) [Ja würden Sie zu
39	

V	. . ((Ausatmen, Lachen andeutend:))
K	nem anderen Monitor <u>raten</u>?] ((Verkäufer imitie-
40	

V	[Hähm] . . ((zögernd:)) [<u>Mann</u>, des sind so Fragen, die
K	rend :)) [Höhm, ja hä]
41	

	> > > > > > > > > > > > > > >
V	kann ich/] die kann ich net so einfach beantworten, so. Wenn Sie sagen,
42	

V	also Sie/ Sie machen jetzt nu/ noch keine Grafik . oder Sie ham jetz
	V
K	hmhm
43	

V	noch net vor, dann <u>reicht</u> der natürlich, aber wenn Sie
44	

Der Kunde sucht Beratung zu der Frage, ob ein besserer Monitor sinnvoll wäre (Fläche 37f.). Der Verkäufer bestätigt K's Überlegung verbal, aber nonverbal deutet er Dissens an (Fläche 39). Der Kunde thematisiert dies direkt und fordert von V explizite Beratungstätigkeit ein (*Ja würden Sie zu nem anderen Monitor raten?*, Fläche 39f.). Statt dieser Aufforderung nachzukommen, lässt der Verkäufer eine im Ausatmen lachend gesprochene Interjektion hören (Fläche 40f.). Der Kunde imitiert diese in seiner Äußerung, die so die illokutive Bedeutung eines Vorwurfs gewinnt – gerichtet gegen die Verweigerung des Verkäufers, sein professionelles Wissen preiszugeben und einen Rat zu formulieren. V versteht das auch in diesem Sinne, weist den Vorwurf jedoch emphatisch (*Mann*, Fläche 41) zurück und erklärt sich für unzuständig (*kann ich net so einfach beantworten*, Fläche 42). Der Kunde sei derjenige, der wissen müsse, welche Nutzung des PC geplant sei.

Auch in dieser Sequenz verweigert V ein adäquates Verkäuferverhalten, sowohl im Hinblick auf die Beratungsfunktion als auch auf maximale Höflichkeit und Einfühlung gegenüber dem Kunden. Er verzichtet auch darauf, ökonomische Interessen (seine eigenen oder die des Geschäfts) dadurch zu verfolgen, dass er dem zweifelnden Kunden das teurere Produkt empfiehlt. Seine Rollenkonstitution erscheint problematisch oder gar misslungen – durchaus auch für den Kunden, wie sich an dem Konflikt zeigt.

Im Gespräch *Com2* agiert derselbe Verkäufer gegenüber ganz anderen Adressaten, den Großeltern, die ihrem Enkel einen PC schenken wollen. Der Großvater (K) – der den Diskurs für das Ehepaar fast allein führt – präsentiert sich von Anfang an völlig anders als der Kunde in *Com1*. Die erste Sequenz *Vorstellungen* zeigt dies deutlich:

Vorstellungen

V	Guten Tag		
K		Guten Tag	Ich wollte meinem Enkelsohn einen
F			Guten Tag.
1			

V		aha	
K	PC . . schenken.		Der hat da bestimmte Vorstellungen und ich hab
2			

		V	
V		hmhm	
K	(wenisch oder) jar keine Ahnung.		((Räuspern)) Da brauchen wer
3			

K	ja zunächst mal ne Zentraleinheit. Da meint er, ne vier sechsundachzig,
4	

		V	V	
V		hmhm	jaa	
K	dreiunddreißig,	Taktfrequenz,	dann jibbet da SX und DX.
5				

V	Richtig,	Äh . ein großer Unterschied: Der SX hat/ hat
K		Was is <u>dieses</u>?
6		

V	keinen Coprozessor eingebaut während der DX . den Coprozessor mit
7	

V	. in den Prozessor mit eingebaut hat.	
K		Ah so. Jut. Und äh, . . dann meint
8		

V		Is auch richtig,
		>------------
K	er, vier MB RAM, wenn er . Windows damit . . wär .	
9		

	V	
V	ja.	Ja.
K	wär richtig für ihn, ((lachend:)) [meint er].	
10		

K formuliert gleich nach der Begrüßung deutlich, dass der Enkel der Entscheider mit Vorwissen und *bestimmten Vorstellungen* (Fläche 2), er selbst nur der Besorger ohne Fachwissen ist (*keine Ahnung*, Fläche 3). Auf diese Mittlerrolle als Besorger weist er im Verlauf des Gesprächs immer wieder hin, indem er z.B. durch *meint er* (Fläche 4, 8–9, 10) Redewiedergaben einleitet, die Meinungen und Wünsche des Enkels wiedergeben. Sie ist für seine Selbstdarstellung als Kunde zentral. Im Gegensatz zu dem anderen Kunden hat er aber relativ präzise Wünsche (Vorgaben des Enkels auf einer Liste) und feste Kaufabsichten (Fläche 1–2; *Da brauchen wer*, Fläche 3), die Frage des Preises spielt bei ihm zumindest interaktiv zunächst keine Rolle.

Der Verkäufer verhält sich zurückhaltend, bestätigt aber die Meinungen des Enkels (Fläche 9). Die Fachfrage nach SX und DX beantwortet er auf mittlerem fachlichen Niveau (Fläche 6–8), d.h., er gibt mehr als nur einen Hinweis auf den Geschwindigkeitsunterschied, aber weniger als eine Definition oder EDV-technische Erklärung der Begriffe. Diese Antwort befriedigt den Kunden offenbar (*Ah so. Jut*, Fläche 8). Es ergibt sich der Eindruck, dass V mit dieser Verteilung der Interaktionsrollen besser umgehen kann, er eine positive Beziehung zum Kunden aufbaut und sein Verhalten mit den Anforderungen an einen Verkäufer übereinstimmt. Im folgenden Gesprächsverlauf finden sich jedoch zahlreiche Stellen, an denen er – aus noch zu klärenden Gründen – kein verkaufsorientiertes Verhalten zeigt. Im Beispiel *Platte* stellt er die vom Enkel gesehene Notwendigkeit einer größeren Festplatte kritisch in Frage:

Platte

V	Aber/ entweder man kauft sich dann nen/ ne größere Platte, oder man .
29	

V	überlecht sich halt einmal, was man auf der Platte lässt oder nicht.
30	

Im Beispiel *Maus* bagatellisiert der Kunde den Preis einer Maus, wogegen der Verkäufer die sich summierenden Kosten anführt:

Maus

K	Und äh . ja Maus, ja jut, dat kann ja soviel nicht kosten. (Ne, ne Maus.)
35	

V	Nö, ne Maus kostet net/ aber es läppert sich natürlich trotzdem alles
36	

V	zusammen.
	V
K	Hmhm.
37	

In *Keine bunte* teilt V ohne interaktiven Anlass dem Kunden mit, dass der Laden keine bunten Mäuse führt:

Keine bunte

V	Ja, das is ne Microsoft-kompatible, so eine soll es auch sein. Also
	V
K	( ) Ah so. hm
123	

V	ansonsten/ also wir ham natürlich keine bunte/ wir ham nur eine, die
124	

V	hier überall rumliegt, ne ganz normale . Maus.
125	

Von höherwertigen Produkten abzuraten, die Gesamtkosten zu betonen oder Kunden ohne Not auf Angebotslücken erst aufmerksam zu machen, wie es hier geschieht, sind sicherlich keine verkaufsfördernden Verhaltensweisen. Weitere Beispiele dieser Art geben die Ausschnitte *Kopieren* und *Überflüssig*. In *Kopieren* verweist der Verkäufer auf die hohen Kosten von Anwendungssoftware (*fünfstellige Zahlen ausgeben*, Fläche 55f.) und legt die Möglichkeit des Raubkopierens nahe; denn auf K's Nachfrage (Fläche 56) antwortet er zwar ausweichend, aber verweist noch einmal auf diese Möglichkeit (*Sie können . ja;* Fläche 57):

Kopieren

V	Ja aber wenn/ wenn/ wenn Sie die/ die ganze Soft-
K	Anwendungssoftware, ne?
53	

V	ware, . die Ihr Enkel da vielleicht brauch, oder wenn er sich die selbst
54	

V	kaufen würde, ja dann können Sie fünfstellige Zahlen
K	Sie meinen äh,
55	

V	ausgeben. Ich ich sach/ Nee, das <u>sach</u> ich nich, das <u>sach</u> ich nich.
K	. die sollt er . sich ko<u>pier</u>en? Das mein Sie <u>nicht</u>, ne? ((lacht))
56	

	\
V	Aber aber . Sie können . ja.
K	Wat is denn . in/ in dem <u>Ange</u>bot, was Sie
57	

Im Ausschnitt *Spielerei* vergewissert sich der Kunde, ob die bisher zusammengestellte Konfiguration sinnvoll ist (Fläche 329–332). Der Verkäufer argumentiert daraufhin gegen den gewünschten Farbdrucker (Fläche 332f.):

Spielerei

V	Das is natürlich auch alles äh . ja vom Feinsten.
K	Oder, . lass mal sagen,
329	

K	is da jetz was, was man doch nicht so machen sollte? Auf/ auf/ von/ auf-
330	

K	grund/ lass mal sagen, wat . <u>nicht</u> zu dieser Konfiguration <u>passt</u> oder wie
331	

V	Nee! Also d/ Das <u>einzige</u>, . was <u>ich sagen</u>
K	man das nennen würde, . weiß ich . nicht.
332	

V	würde . was <u>ich</u> halt . <u>über</u>flüssig find, das is dieser <u>Farb</u>drucker. . .
333	

V	Ja,
	/ \
K	Jaaa!! Wissen Sie, da/ hä hä das is aber Spiele<u>rei</u>, . ((lachend:)) [ne]?
334	

V	eben, ge<u>nau!</u> Des is <u>bloß</u> Spielerei.
K	Aber da kann man mal was Farbiges
335	

V	Ja, aber/ aber was <u>macht</u> man dann in Wirklichkeit damit?
K	mit drucken.
336	

		V
V		Jaa,
K	Weiß ich nicht, der macht für Vereine und für so'n Pipapo da, wissen Se.	

337

Hier entwickelt sich die ungewöhnliche Situation, dass der Kunde für den Kauf eines teuren Farbdruckers argumentiert (*das is aber Spielerei*, Fläche 334; *da kann man mal was Farbiges mit drucken*, Fläche 335f.; *der macht für Vereine*, Fläche 337), während der Verkäufer gegen einen solchen Drucker argumentiert, und zwar gegen den Widerstand des Kunden (*Des is bloß Spielerei*, Fläche 335). Im folgenden verstärkt er seinen Widerspruch sogar noch durch abwertende Äußerungen (*irgend n farbiges Zeug*, Fläche 343; *ne recht teure Spielerei*, Fläche 345):

Ich

| V | viel besser als irgend n farbiges Zeug oder so. Na okay aber/ . also find |

343

V	ich zumindestens. Also ich/ ich find sowas halt Spielerei, muss ich
	V
K	hmhm

344

| V | sagen. Und dafür is das ne/ ne recht teure Spielerei, muss ich sagen. |

345

Dieses Verhalten ist ökonomisch nicht zielführend. Welche Gründe könnte es also dafür geben? Die Lösung ergibt sich aus den Formulierungen des Verkäufers; schon im Beispiel *Spielerei* wird deutlich, dass er seine Empfehlungen in Form ganz persönlicher Einschätzungen gibt (akzentuiertes *Ich* in Fläche 332f.). Dies verstärkt er in *Ich* (Fläche 344). Durch wiederholtes *muss ich sagen* (Fläche 344f.) drückt er aus, dass er sich zur Äußerung dieser Einschätzung verpflichtet fühlt.

Das bedeutet, dieser Verkäufer setzt in seiner Selbstdarstellung und in der Gestaltung seiner Beziehung zu den Kunden auf Offenheit und Ehrlichkeit. Alle analysierten Stellen lassen sich auf diese Weise erklären. Sich „offen-und-ehrlich" zu präsentieren, kann bedeuten, Kunden zu widersprechen, wenn sie im Unrecht sind (Ausschnitt *Aufpreis* aus *Com1*), Ratschläge zu verweigern, wenn man selbst ratlos ist (Ausschnitt *Fragen*), Entscheidungen der Kunden kritisch zu kommentieren (Ausschnitt *Platte*), auf der Basis eigener Überzeugung gegen Kaufabsichten der Kunden zu argumentieren (Ausschnitte *Spielerei* und *Ich*), Lücken im Angebot offenzulegen (Ausschnitt *Keine bunte*), Preise bzw. Kosten nicht zu bagatellisieren (Ausschnitt *Maus*) und sogar illegale, aber kostensparende Praktiken nahezulegen (Ausschnitt

Kopieren). Auf diesem Hintergrund gewinnt der Ausschnitt *Siebzehn-Zoller* am Gesprächsende eine Bedeutung, die sich auf den ersten Blick nicht erkennen ließe:

Siebzehn-Zoller

V	Und wenn man wieder ne Stufe runtergeht, dann sparen Sie zweitau-
424	

V	send Mark und dann wird halt der Rechner aber auch immer . also zwar
K	Hat
425	

V	nicht schlechter, aber . . aber Ihr . Enkel hat ja schon/
F	aber für son Jungen dann keinen Zweck.
426	

	<<<<<<<<<<<<<
V	also der hat anscheinend scho:n, sich n bisschen erkundigt, der
F	Er
427	

V	weiß ja, was er will. U:nd er wird/ wenn
F	interessiert sich sehr dafür.
K	Jaja, er interessiert sich sehr dafür, ne.
428	

V	er den Siebzehn-Zoller will, dann wird das schon auch seine Gründe
429	

V	haben. Und das kostet dann aber halt auch Geld.
	V
F	Sonst sacht man nachher, hätte man. hm Entweder
	V
K	hm Okay.
430	

	V
V	ja Nee, das ist auch vernünftig
	V
F	oder. Jaja.
	V
K	Entweder oder, so ist das. Ja, hm. (Weil/)
431	

V	weil, wenn/ wenn/ wenn er den Vierzehn-Zoller, da kann man die hohe
432	

V	Auflösung gar nicht . fahrn, weil das einfach zu klein wird. Die
	V
K	hmhm

433

V	Tausendvierundzwanzig wird dann zu klein, und an den großen Monito-

434

V	ren ist dann schon n viel schöneres Arbeiten. Jedenfalls für die
	V
K	hmhm

435

V	Augen is sehr wichtig, . für die Augen. Also der Monitor sollte noch am

436

V	besten . sein. Okay. Bitte,
	\
F	Tja.
	V
K	hmhm Okay. Ich danke Ihnen vielmals.

437

V	nichts zu danken. Wiedersehn!
F	Wiedersehn. .
	\
K	Wiedersehn. Tja.

438

Hier argumentiert der Verkäufer für den teureren Rechner und einen großen, teuren Monitor. Er rekurriert dabei auf das Vorwissen (*bisschen erkundigt*, Fläche 427) und die klaren Vorstellungen des Enkels, der *schon seine Gründe haben* wird (Fläche 426–430). Dies könnte zunächst als verkaufsstrategisches Verhalten interpretiert werden. Auf dem Hintergrund der bisherigen „offen- und-ehrlichen" Selbstdarstellung ist aber anzunehmen, dass V hier meint, was er sagt, und tatsächlich vom Kunden und Enkel aus argumentiert. Dafür spricht auch, dass er die von Stolz gekennzeichneten personenbezogenen Argumente, die die Großeltern äußern (Fläche 425f., 427f.), nicht aufgreift, obwohl hier bestätigende Schmeicheleien sehr nahegelegen hätten. Statt dessen bringt er zusätzliche sachbezogene Argumente vor (Fläche 431–437).

Zusammenfassung der Ergebnisse

Wie die vorangegangenen Analysen zum Autohandel gezeigt haben, setzt der Autoverkäufer die Form des persönlichen Rates und die sogenannte Argumentation vom Kunden her als Taktiken ein, d.h. in einer Verwendung, die nicht dem eigentlichen Zweck der Muster entspricht (nämlich die Interessen des Adressaten zu unterstützen), sondern sie für die eigenen ökonomischen Interessen zweckentfremdet und instrumentalisiert. Dies ist beim EDV-Verkäufer anders, der seine Selbstdarstellung und seine Gestaltung der Beziehungen zu den Kunden auf Direktheit, Offenheit und Ehrlichkeit gründet.

Nun ist wie gesagt der Verkäufer kein Profi, sondern Student. Dies mag subjektiv ein Grund sein, warum er sich so verhält. Es ist fraglich, ob er mit solchem Verkäuferverhalten unter Konkurrenzbedingungen auf Dauer ökonomisch überleben könnte – sei es als Angestellter oder Inhaber eines Geschäfts. In jedem Fall führt auch dieses Verhalten zu Widersprüchen. Sie drücken sich teilweise als interaktive Konflikte mit den Kunden aus, wenn deren Erwartungen an eine Behandlung als „König Kunde", an Bestätigung, Zustimmung und Höflichkeit nicht erfüllt werden. Sie drücken sich aber auch in den ökonomischen Konsequenzen aus. Ein Verkäufer, der Kunden gegenüber wirkliche Verantwortung und Fürsorge walten lässt, der in guter Absicht von Käufen abrät, ihre Entscheidungen kritisiert und eigene geschäftliche Defizite offenlegt, wird zwar außer Konflikten manchmal auch Dankbarkeit ernten. Aber er wird in unserer Wirtschaftsform seine eigenen ökonomischen Interessen verletzen – u.U. bis zur Vernichtung seiner beruflichen Existenz.

Die Analysen der verschiedenartigen Verkaufsgespräche haben deutlich werden lassen, dass die Rollen- und Beziehungsgestaltung der Beteiligten, besonders der Verkäufer, sehr unterschiedlich ausfallen kann – je nach Typ des Produkts und Handlungsbedingungen in der Institution. In allen Fällen zeigen sich jedoch konfligierende Anforderungen und Widersprüchlichkeiten in der Interaktion, die die Handelnden mit verschiedenen kommunikativen Verfahren bearbeiten. Aufgrund der ökonomischen Bedingungen bleiben die Widersprüche jedoch im Grundsatz unauflösbar.

Dieses Ergebnis ist nicht nur theoretisch, sondern u.U. auch praktisch bedeutsam. Auf Dauer widersprüchlichen Anforderungen in der Interaktion ausgesetzt zu sein, erzeugt psychischen Stress. Persönliche Probleme damit scheinen bei Verkäufern häufig vorzukommen – ebenso wie eine spezifische *déformation professionelle*, wenn zu beruflichen Interaktionsformen keine Distanz mehr möglich ist und sie zum Bestandteil der Persönlichkeit werden. Es könnte auf die Betroffenen entlastend wirken, die widersprüchlichen Anforderungen, Konflikte und ihre Konsequenzen zu durchschauen.

5. Reklamationsgespräche

In diesem Kapitel beschreibe ich verschiedene Merkmale und Aspekte von Reklamationsgesprächen und gebe einen Literaturüberblick (Kap. 5.1). Anschließend analysiere und vergleiche ich vier Beispiele für telefonische Reklamationen (Kap. 5.2) wegen falscher Bestellung oder verspäteter Lieferung; alle Beteiligten sind Professionelle. Ich behandle dabei besonders emotionsbezogene Äußerungen, die Selbstdarstellung und Problemsicht der Beteiligten und ihren Umgang mit institutionellen Routinen.

5.1. Aspekte von Reklamationsgesprächen und Literaturüberblick

Reklamationen sind ein weiterer Diskurstyp der betriebsexternen Kommunikation; in ihm interagieren Mitarbeiter eines Unternehmens, also Professionelle, mit Kunden, Klienten der Institution, die häufig Laien sind. Es handelt sich um Beanstandungen und Beschwerden, die der Kunde nach dem Kauf einer Ware oder Dienstleistung gegenüber Vertretern des Unternehmens vorbringt und die darauf zielen, den beanstandeten Mangel zu beheben oder zu kompensieren. Der Zweck des Reklamationsdiskurses besteht darin, die Berechtigung der Beanstandung zu prüfen und bei Fehlern, die das Unternehmen zu verantworten hat, Ansprüche der Kunden, die sich rechtlich aus dem Kaufvertrag ergeben, zu befriedigen. Das kann bedeuten, eine Nachbesserung oder einen Umtausch vorzunehmen, den Kaufpreis zurückzuerstatten oder einen Preisnachlass anzubieten. Die juristische Grundlage für Reklamationen stellt das Bürgerliche Gesetzbuch (BGB) mit seinen Paragraphen über die sogenannte *Mängelrüge* dar (BGB § 459ff.). Danach sind Reklamationen prinzipiell berechtigt, wenn für ihre Ursache der Verkäufer, das Geschäft oder der Hersteller verantwortlich ist. Häufige Gründe für eine Reklamation sind fehlerhafte Ware (Materialfehler, technische Fehlfunktionen), aber auch falsche Lieferung und falsche Beratung des Verkäufers (z.B. unzutreffende Angaben über die Ware und ihre Behandlung).

Reklamationen sind für beide Parteien eine potentiell konflikt- und emotionsträchtige Diskursart. Der Kunde geht oft mit Verärgerung in das Gespräch, weil sein Kauf nicht zu dem gewünschten Ergebnis geführt hat und er noch einmal Zeit, Geld und Energie aufwenden muss, um seine Ansprüche durchzusetzen, zu einer einwandfreien Ware zu kommen und diese endlich nutzen zu können. Eine andere negative Emotion kommt häufig dazu, nämlich die Angst, die Reklamation könne als unbegründet abgewiesen werden. Aber auch für den Professionellen, den Reklamationsbearbeiter, ist das Gespräch potentiell konfliktträchtig, denn er muss sich interaktiv den negativen Emotionen, u.U. auch Vorwürfen und aggressivem Verhalten der Kunden aussetzen. Konfliktpotential ist auch unter Sachaspekten gegeben: Als Verkäufer steht der Bearbeiter möglicherweise unter einem Druck, die Ansprüche des Kunden abzuwehren; wenn er selbst Inhaber des Geschäfts ist, droht ihm u.U. finanzieller Schaden oder ggf. der Verlust des Kunden. Andererseits liefern Reklamationen dem Unternehmen ein feed-back über die Qualität der verkauften Produkte und bieten, wenn sie zufriedenstellend abgewickelt werden, einen Schutz davor, dass die Kunden sich enttäuscht von der Firma abwenden.

In dem Maße, in dem die Reklamationsbearbeitung an speziell dafür zuständige Mitarbeiter oder eine eigene Abteilung übertragen wird, unterliegt sie einer Professionalisierung, institutionellen Vorstrukturierung und Formalisierung. D.h., die Mitarbeiter erhalten eine Ausbildung, auf jeden Fall aber genaue Anweisungen und Regeln für eine effiziente Reklamationsabwicklung, die für sie bindend sind.

Wirtschaftswissenschaftliche, psychologische und Ratgeberliteratur

Reklamationsgespräche werden seit langem in der berufsbezogenen Ratgeberliteratur – ohne empirische Gesprächsanalysen und normativ – behandelt, teils in eigenen Publikationen (z.B. Scheitlin 1988), teils im Zusammenhang mit Verkaufskunde und Verkaufsgesprächen (z.B. Scheitlin 1987, Birk 1989, Weis 1992). Im Vordergrund steht hier die Absicht, Empfehlungen für Praktiker auszusprechen, so dass die Perspektive der Professionellen gegenüber der der Kunden dominiert. Ferner existieren empirische Untersuchungen (auf der Grundlage von Befragungsmethoden) des Beschwerde- und Reklamationsverhaltens von Kunden. Sie behandeln z.B. die Reaktionen von Kunden auf Produktmängel (*unvoiced complaints* oder Beschwerden) und die Kundenzufriedenheit vor und nach Reklamationen (z.B. Bruhn 1987). Bruhn gibt den Anteil der „schweigenden Konsumenten", die Beschwerden, obwohl sie möglich wären, nicht durchführen, mit 51,1% bei Fernsehgeräten und 23,4% bei Autoreparaturen an (1987: 135). Diese Zahlen deuten darauf hin, als wie lästig und unangenehm Kunden Reklamationen empfinden.

Die Ratgeberliteratur gibt z.T. konkrete Hilfestellungen und Empfehlungen für das Führen von Reklamationsgesprächen. In Birk werden „Grundregeln" für kommunikative Aktivitäten formuliert und diese zu einer Schrittfolge zusammengestellt (1989: 252):

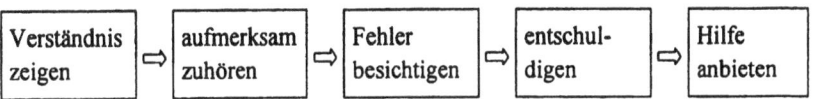

Abbildung 9: Handlungsschritte bei der Reklamationsbearbeitung

Detaillierter stellt Scheitlin (1988) von ihm empfohlene Vorgehensweisen dar. Seine Zusammenfassung in 20 Punkten (vgl. auch die „zehn goldenen Regeln geschickter Reklamationserledigung" in Scheitlin 1987: 387f.) enthält nicht nur konkrete Ratschläge, sondern z.T. auch Formulierungsvorschläge. Ich zitiere aus den wichtigsten der 20 Punkte:

1. Grüßen auch dann nicht unterlassen, wenn der Kunde mit seiner Reklamation impulsiv aufkreuzt.

2. Entschuldigung anbringen, bevor man zur Reklamation sachlich Stellung bezieht (wenn Schuld noch nicht klar, neutrale Entschuldigungsform wählen, wie ‚Es tut mir leid, dass Sie Ärger bekamen', ‚Ich bedaure sehr, dass das passierte' [...]

3. Nie unterbrechen, außer bei fehlender Zuständigkeit (Weiterverbindung), selbst wenn der Kunde in seiner Anklage Unrichtiges vorbringt; aber bei längerem Zuhören kleine Bestätigungswörter gebrauchen (‚ja – sicher – richtig' etc.).

4. Sich einfühlend in die Lage des Kunden versetzen, bevor argumentiert wird.

[...]

7. Keine Anklage gegen Mitarbeiter [...].

[...]

9. Kunden dadurch verblüffen, dass man ihm [...] für das sofortige Zur-Kenntnis-Bringen des Tatbestandes dankt. Er erwartet alles, nur keinen Dank. Dieser nimmt ihm den Wind aus den Segeln, stimmt ihn versöhnlich [...].

10. Sich vom ungehaltenen oder perfiden Ton des Kunden niemals anstecken lassen. Nur ruhige Sachlichkeit zwingt den anderen, wieder umgänglicher zu werden.

11. Keine offenen oder versteckten Vorwürfe, keine Verdächtigungen. Ein Kunde, der sich im Recht glaubt, kann nicht schlimmer provoziert werden als durch solche Ungeschicklichkeiten.

12. Fragestellungen betont harmlos formulieren (kein Verhörrichterton), aber zäh fragen, bis Ursache klar, falls Situation am Anfang undurchsichtig.

[...]

14. Keine voreiligen Versprechungen für Wiedergutmachung abgeben (...).

[...]

16. Übertreibungen des Kunden nicht tragisch nehmen [...].

17. Wird der Kunde davon überzeugt, dass der Fehler bei ihm selbst lag, so soll er sein Gesicht wahren können. Daher nicht triumphieren, sondern im Gegenteil Verständnis zeigen [...].

18. Nie sagen: ‚Das müssen Sie entschuldigen.' – ‚Kein Mensch muss müssen', meinte schon Lessing. Die richtige Form heißt: ‚Bitte entschuldigen Sie diesen Versager' [...].

19. Wenn der Kunde Behauptungen aufstellt, kontern Sie niemals mit Gegenbehauptungen (Behauptungen sind Aussagen, für welche der Beweis nicht mitgeliefert wird), sondern federn Sie elastisch ab durch Abgangformulierungen wie z.B.:
– Ich kann Ihre Meinung durchaus verstehen, aber andererseits...
– Vielen Dank für Ihren Hinweis, es ist mir nur nicht recht klar... [...].

20. Schalten Sie nach Klarstellung des Falles und eventueller nochmaliger Entschuldigung auf Positiv um, z.B. je nach Situation mit folgenden Formulierungen:
– Ich bin nun wirklich froh, dass wir diese Angelegenheit sofort abklären konnten, und ich danke Ihnen auch für die klare Information.
– Ich bin glücklich, dass wir Sie so wirklich zufriedenstellen können, denn wir schätzen Sie doch sehr als unseren langjährigen Kunden [...].

(Scheitlin 1988: 113ff.)

Diese Empfehlungen beruhen auf Erfahrung und wirken insgesamt plausibel. Man erkennt ein deutliches Bemühen, dem Kunden kommunikativ gerecht zu werden, auch wenn die Frage bleibt, wieweit das kommunikative Entgegenkommen einem materiellen entspricht. Es werden überzeugende Ratschläge allgemeiner Art gegeben, ohne dass sie allerdings näher operationalisiert würden (z.B. 4, 10 und 12). Es bleibt Aufgabe der Reklamationsbearbeiter, aufgrund ihrer alltagsweltlichen kommunikativen Kompetenz eine situationsangemessene Umsetzung in konkrete Äußerungen zu leisten. Teilweise werden auch konkrete Formulierungsangebote gemacht, deren Qualität allerdings skeptisch zu beurteilen ist. In der vorgeschlagenen Form würden die Äußerungen vermutlich hölzern (z.B. 2 und 19) oder gar unglaubwürdig (z.B. 20) wirken. Sie erscheinen nicht zugeschnitten auf die konkrete Situation und den konkreten Hörer, sondern wirken wie vorgefertigte Versatzstücke.

In einigen Empfehlungen werden Wirkungsbehauptungen für kommunikative Verhaltensweisen aufgestellt (besonders 9, 10 und 11). Sie besitzen auf den ersten Blick durchaus Plausibilität. Wenn man sich jedoch konkrete Situationen und Äußerungen vorstellt, dann merkt man, dass die faktische Wirkung sehr stark von der sprachlichen Formulierung und der genauen sequenziellen Position abhängen dürfte. Ein Dank des Verkäufers wird den erbosten Kunden sicherlich nur dann „versöhnlich stimmen", wenn er glaubwürdig als Ausdruck von Kundenorientierung wirkt. Andernfalls kann der Dank ironisch oder strategisch verstanden werden, als eine Beruhigungstaktik erscheinen und dann völlig andere, negative Wirkungen hervorbringen. Welche lokalen Kontexte und welche Formulierungen zu der einen oder der anderen Wirkung der Danksagung führen, bleibt ungeklärt. Auch hier sind kommunikative Kompetenz und Sensibilität gefordert, die sich durch die Empfehlungen nicht ersetzen oder herstellen lassen. Ähnlich verhält es sich mit der „ruhigen Sachlichkeit", die einen ungehaltenen Kunden angeblich wieder „umgänglicher" werden lässt (10).

Linguistische und konversationsanalytische Untersuchungen

Seit kurzem wird der Reklamationsdiskurs auch diskursanalytisch-empirisch untersucht (Ohama 1987, Antos 1988, 1989; Fiehler/Kindt 1994; Fiehler/Kindt/Schnieders 1999; Schnieders demn.). Anhand authentischer Beispiele werden kommunikative Probleme und gelingende bzw. misslingende Lösungsformen rekonstruiert. Reklamationen werden aufgrund ihres Konfliktpotentials entweder als ein „Subtyp des Musters *Vorwurf-Entschuldigung/ Rechtfertigung*" betrachtet (Ohama 1987) oder als ein „Spezialfall von *Problemlösung*", bei dem die Urheberschaft an dem Problem einer der Parteien zugeschrieben wird (Fiehler/Kindt/Schnieders 1999).

Die kurze Einzelfallanalyse von Ohama (1987) untersucht die Reklamation einer Japanerin in einem deutschen Wollgeschäft; es kommt zu Verständnisschwierigkeiten, die Ohama auf interkulturell unterschiedliche Beweisnotwendigkeiten (in Deutschland ist anders als in Japan der Kassenbon als Kaufnachweis nötig) zurückführt. Das Transkript ist in dem Aufsatz vollständig abgedruckt.

Die Arbeiten von Antos (1988, 1989), Schnieders (demn.) und Fiehler/Kindt/Schnieders (1999) behandeln telefonische Reklamationsgespräche in einem Unternehmen, das ausschließlich im Direktvertrieb arbeitet. Die Reklamationen werden von eigens dafür geschulten MitarbeiterInnen per Telefon angenommen und über die EDV abgewickelt, in der alle Geschäftsvorgänge gespeichert sind. Es handelt sich also um den Fall einer professionalisierten und formalisierten Reklamationsbearbeitung nach relativ engen Vorgaben für den Tätigkeitsablauf (s. Schnieders demn.). Die Analysen von Antos zeigen, dass die Einhaltung solcher Regeln für das Gespräch kontraproduktiv sein kann. Denn die institutionell bedingte Notwendigkeit, immer erst die Schlüsseldaten der Kunden in die EDV eingeben bzw. prüfen zu müssen, erzeugt Konflikte, insofern dadurch die gesprächsstrukturell erforderliche Anteilnahme und das inhaltliche Eingehen auf die Beschwerden der Kunden verzögert werden. Die datenbezogenen Fragen, die die Mitarbeiter den Kunden zunächst stellen müssen, werden von diesen in ihrer Funktion nicht durchschaut und akzeptiert, sondern erscheinen als ein Manöver, von den Fehlern des Unternehmens abzulenken. Die Folgen sind nach Antos eskalierende Konflikte und Streitigkeiten mit den Kunden.

Da solche Konflikte auch für die MitarbeiterInnen emotional belastend sind, führt das Unternehmen Schulungsmaßnahmen durch. Schnieders (demn.) vergleicht ein Rollenspiel aus einer solchen Maßnahme mit einem thematisch ähnlichen authentischen Reklamationsgespräch. Die Transkripte sind in dem Aufsatz abgedruckt. Bei beiden steht die Frage im Raum, ob der Vertreter den Kaufvertrag gefälscht hat. Der Vergleich zeigt, dass Rollenspiele auch dann, wenn sie von wirklichen Reklamationsbearbeitern durchgeführt werden, neben Übereinstimmungen mit authentischen Reklamationen auch eine Vielzahl von Besonderheiten und Artefakten aufweisen. Denn sie folgen eigenen Zwecken, z.B. Demonstration institutionell relevanter Kenntnisse und kommunikativer Kompetenz gegenüber den Zuhörern.

Fiehler/Kindt/Schnieders (1999) zeigen an einem authentischen Beispiel aus dem erwähnten Unternehmen (Transkript ist vollständig abgedruckt) die Vielfalt auftretender Kommunikationsprobleme auf, die dann diskursanalytisch typisiert werden. Dabei machen sie Gebrauch von einer Analyse des Handlungsschemas bzw. der Aufgabenstruktur von Reklamationen, wie sie bereits in Fiehler/Kindt (1994) dargestellt ist. Schließlich werden an kleinen Ausschnitten aus weiteren Reklamationsgesprächen typische Probleme und positive bzw. negative Umgehensweisen mit ihnen vorgestellt (vgl. Fiehler/ Kindt 1994 mit zwei längeren Transkriptausschnitten) und zugleich Empfehlungen für einschlägige Kommunikationstrainings gegeben. Ich möchte dieses Handlungsschema für Reklamationsgespräche nach Fiehler/Kindt/ Schnieders (1999: 135f.) hier leicht vereinfacht in seinen zentralen Teilen wiedergeben (Abbildung 10; die nicht diskurstypspezifische Gesprächseröffnung und -beendigung lasse ich aus). Es ist Resultat empirischer Analysen und enthält – durch Einrückung hierarchisch geordnet – die interaktiven Aufgaben sowie kommunikative Aktivitäten, die die Beteiligten (beide oder überwiegend einer von ihnen) durchführen müssen, um den Zweck des Gesprächs zu realisieren. Der Ablauf ist dabei nicht immer festgelegt und es kann ferner mehrere Durchläufe geben.

Die beiden übergeordneten Aufgaben sind die *Emotions- und Beziehungsbearbeitung* sowie die *Bearbeitung des Sachproblems*. Zur ersten gehört Gefühle zu zeigen und auf die Gefühle des Gesprächspartners einzugehen – z.B. durch das *Anteilnahmemuster* (Fiehler 1990) –, sowie die Wahrung und Pflege des Images und der Beziehung zwischen Unternehmensmitarbeiter und Kunden. Hinsichtlich des Sachproblems, d.h. den reklamierten Mangel, müssen vor allem die Explikation und Klärung des Problems (z.B. Verantwortlichkeit) sowie die Problemlösung (z.B. Umtausch, Preisnachlass) geleistet werden. Fiehler/Kindt/Schnieders sehen aufgrund ihrer Analysen folgende drei Ursachen für Kommunikationsprobleme in Reklamationsgesprächen:

(1) Kunden und ReklamationsberarbeiterInnen kategorisieren oder bewerten das zugrunde liegende Sachproblem verschieden.

(2) Die Gesprächspartner haben unterschiedliche Vorstellungen über die Vorgehensweise bei der Problembearbeitung.

Emotions- und Beziehungsbearbeitung (frei platzierbar)
- *Emotionsbearbeitung*
    Manifestation von Emotionalität (Enttäuschung, Ärger etc.)
        Vorwürfe
    Reaktion auf Emotionalität
        Anteilnahme
        Vorwurfsbearbeitung
- *Beziehungskonstitution*
    Imagepflege beider Seiten
    Beziehungspflege

Bearbeitung des Sachproblems
- *Problemexplikation und Voraussetzungsklärung*
    Klärung der personellen Zuständigkeit
    Darstellung des Problems
        Problemformulierung
        Genese des Problems (z.B. Erzählung/Bericht)
        Problembewertung
    Problemklärung
        Detaillierende Nachfragen
        Prüfung der Problemdarstellung
    Gemeinsame Problemdefinition und -ratifizierung
    Klärung der Problemursachen
        Erklärungen für die Problementstehung
        Klärung der Schuldfrage
- *Problemlösung*
    Vorschlag für eine Problemlösung
        Verständigung über die Dringlichkeit der Problemlösung
        Vorschlag für die Lösung des Sachproblems
        Bewertung des Lösungsvorschlags
        Entschädigung/Wiedergutmachung
    Annahme/Ablehnung des Vorschlags zur Problemlösung
    Ratifizierung der Problemlösungsfindung
    Erörterung der folgenden Schritte zur Realisierung der Problemlösung
        Überprüfung der Voraussetzungen zur Lösungsrealisierung
        Lösungszusicherung

Abbildung 10: Handlungsschema/Aufgabenstruktur von Reklamationsgesprächen

(3) Wissens- und Informationsdifferenzen der Beteiligten hinsichtlich bestimmter Sachverhalte führen zu Verständigungsproblemen oder Konflikten. (Fiehler/Kindt/ Schnieders 1999, 141)

Zu jedem dieser Punkte nennen sie eine Reihe typischer interaktiver Probleme: zu (1) u.a. die Anzweiflung der Problemdarstellung der Kunden, die Verharmlosung des Sachproblems oder vorschnelle Schuldabweisungen; zu (2) u.a. fehlende oder verzögerte Emotionsbearbeitung sowie Problemdarstellungen der Kunden in Form von Erzählungen; zu (3) u.a. Kundendrohungen und Fachsprachenbenutzung durch die Mitarbeiter.

5.2. Beispielanalysen: Telefonische Reklamationsgespräche unter Professionellen

Im Folgenden sollen vier Reklamationsgespräche – *Schlamperei*, *Netzwerkversion*, *Disketten* und *Coprozessor* (s. Anhang) – untersucht und miteinander verglichen werden, die von der sachlichen Problemlage her viele Gemeinsamkeiten aufweisen: Es handelt sich jeweils um telefonische Reklamationen; in allen Fällen geht es um technische Produkte; alle vier Reklamationen haben nicht Warenmängel zum Gegenstand, sondern falsche Bestellung oder verspätete Lieferung der Ware; alle Beteiligten, Reklamierende wie Bearbeiter, sind in gewissem Sinn Professionelle. In *Schlamperei* ist die Kundin selbst Geschäftsfrau, sie bezieht sich in der Reklamation auch ausdrücklich auf diesen Umstand; Gesprächspartner ist eine Mitarbeiterin der Reklamationsabteilung. Die Kundin hat eine falsche Maschine geliefert bekommen, diese zurückgeschickt, aber seitdem nichts wieder von der Firma gehört. In *Netzwerkversion*, *Disketten* und *Coprozessor* ist jeweils dieselbe Person beteiligt, nämlich der Inhaber eines EDV-Services (Herr Einerle). In *Netzwerkversion* reklamiert ein Kunde bei ihm die Lieferung einer falschen Software-Version. In *Disketten* und *Coprozessor* reklamiert Einerle selbst, und zwar bei einer Software- und einer Computerfirma wegen verzögerter Lieferungen (im Anschluss an Falschlieferungen). Ich werde mich besonders auf die sequenziellen Eigenschaften emotionsbezogener Äußerungen und auf die Selbstdarstellung und Problemsicht der Beteiligten konzentrieren.

Schlamperei

Von dem Gespräch *Schlamperei* liegt mir ein längerer Ausschnitt vor, den ich retranskribiert habe (s. Anhang). Was ins Auge fällt und auch von Antos herausgestellt wird, ist der scharfe Kontrast zwischen der Emotionalität und Vorwurfshaltung der Kundin und der rein formalen Abwicklung der Rekla-

mation durch die Mitarbeiterin, die Antos mit der erforderlichen Computereingabe erklärt. Betrachtet man den Ausschnitt sequenziell, so stellt man fest, dass fast alle (globalen) Gesprächszüge der Mitarbeiterin zur Folge haben, dass die Kundin ihre negativen Emotionsdarstellungen und Vorwürfe verstärkt. Die erste derartige Sequenz besteht aus folgenden Schritten:
1. Problemdarstellung der Kundin (Fläche 5–11); sie ist emotional negativ gefärbt, wie man u.a. an der Intonation und der Formulierung der Äußerung *weder ... noch...* (Fläche 10–11) erkennt;
2. auf die formale Abwicklung bezogene Äußerungen der Mitarbeiterin (Fläche 11–13);
3. Problembewertung und Forderungen der Kundin (Fläche 13–18); sie werden in deutlich verstärkter negativer Emotionalität vorgebracht (*furchtbare Schlamperei*, insistierend wiederholtes *ich verlange*, Drohung mit dem Rechtsanwalt, Hinweis auf den Status als Stammkundin).

Die Emotionalität der Kundin wird offenbar dadurch gesteigert, dass die Mitarbeiterin neutral bleibt und interaktiv nicht auf sie reagiert. Ähnliche Bedeutung und ähnliche Effekte hat ihre Frage nach der Postleitzahl (Fläche 18f.), die sie im Anschluss an die Bewertungen und Forderungen (Schritt 3) stellt. Die Kundin fährt nämlich fort zu schimpfen (Fläche 22). In einer weiteren Sequenz teilt die Mitarbeiterin das Ergebnis ihrer Tätigkeiten (Computerabfrage) mit, dass nämlich *schon etwas veranlasst sei* (Fläche 24f.). Diese Formulierung legt die Interpretation nahe, dass die Reklamation bereits mit befriedigendem Ergebnis abgearbeitet worden sei, die Firma ihre Verpflichtungen also erfüllt habe. Die Kundin reagiert darauf mit Widerspruch (*Aber gar nix*), der stark emotional gefärbt ist (*Blöder Heini*) (Fläche 25–28). Im letzten Teil des Transkriptausschnitts leitet die Kundin den Abbruch der Interaktion ein und artikuliert ihre Enttäuschung über diese (Fläche 90–92) (*bringt mir im Endeffekt überhaupt nix*). Die Mitarbeiterin widerspricht dieser Sichtweise (*aber*) und verweist auf die veranlasste Erstattung des Geldes als positives Ergebnis (Fläche 92). Statt im nächsten Schritt darauf eine positive Reaktion zu zeigen, verstärkt die Kundin ihre negative Bewertung sogar, indem sie noch einmal mit dem *Rechtsanwalt* droht (Fläche 93–96).

Das heißt, die Aktivitäten der Mitarbeiterin zur Sachklärung und ihre Ankündigung der Erstattung als sachliches Ergebnis der Reklamationsabwicklung bewirken keine Zustimmung der Kundin, sondern im Gegenteil eine Verstärkung ihrer negativen Bewertung und eine Eskalation des Konflikts. Es lässt sich vermuten, dass sie eine Wiedergutmachung auch auf der emotionalen Ebene gewünscht und erwartet hätte (Verständnisbekundungen, Anteilnahme, Entschuldigungen u.ä.). Dass diese Erwartung enttäuscht wird, dass also – in der Terminologie von Fiehler/Kindt/Schnieders – die Emotionsbearbeitung ausbleibt, führt zu zusätzlicher Frustration.

Ich betrachte nun die Selbstdarstellung der Gesprächspartner im Transkriptausschnitt *Schlamperei* und ihre Sicht auf das Problem, wie sie sich interaktiv darstellt.

Die Mitarbeiterin zeigt sich neutral und unbeteiligt sowohl in Bezug auf eigene Emotionen als auch die der Kundin. Sie erfüllt im Wesentlichen nur ihre Such- und Klärungsaufgaben am Computer und teilt deren Ergebnisse mit. Dies zeigt sich am deutlichsten in der Äußerung *Sie können weitersprechen* (Fläche 21), mit der sie zu verstehen gibt, dass sie ihre Arbeit ungerührt von den wütenden Vorwürfen der Frau fortsetzt. Dadurch stellt sie sich als Teil der Institution dar, als „Rädchen in einer großen Maschine", das wenig persönlich agiert und keine individuelle Verantwortung trägt. Das Zurückziehen auf die unpersönliche Agentenrolle bedeutet zugleich eine Hinwendung zur Firma als Bezugspunkt ihrer Loyalität. Wenn die Mitarbeiterin darauf hinweist, dass eine Erstattung veranlasst sei – markiert durch *aber* –, nimmt sie zugleich das Unternehmen gegen die Vorwürfe in Schutz. Ferner drückt sie in den Personenbezeichnungen ihr Selbstverständnis als Agentin des Unternehmens und ihre Verbundenheit mit diesem aus; auf die Person, die die Erstattung veranlasst hat, wird verwiesen durch *Kollege* (Fläche 24) und *wir* bzw. *unsere* (Fläche 30f.). Am deutlichsten ist diese Identifikation in Fläche 28f. Die Kundin referiert auf den Verkäufer abwertend und entpersönlichend durch *Blöder Heini da, der blöde* (Fläche 28); die Mitarbeiterin verwendet in der nächsten Äußerung kontrastierend die Bezeichnung *Fachberater* (Fläche 28f.), also die prestigeträchtige offizielle Berufsbezeichnung, und nennt dessen Namen (Fläche 29) im Kontrast zu der Titulierung als *Heini*.

Ganz anders ist demgegenüber die Selbstdarstellung der Kundin und ihre Sicht auf das Problem. Sie manifestiert deutlich negative Emotionen und Bewertungen, indem sie Enttäuschung und Empörung zeigt, Vorwürfe macht und den Verkäufer beschimpft. Sie zeigt ferner ihre persönliche Betroffenheit durch die Situation (*Ich hab kei Hausmaschine, noch hab ich mein Geld net.*, Fläche 33f.; *sonst wird mein Gespräch zu lang . . und zu teuer*, Fläche 91). Ihre Selbstdarstellung ist die einer Person, die sich etwas *bieten lassen* (Fläche 95) musste und nun zu Recht Genugtuung dafür *verlangt* (Fläche 14); sie beansprucht also die Position einer Fordernden (nicht etwa einer Bittenden).

Ein Macht-Display soll dieser Position wohl Glaubwürdigkeit und Nachdruck verleihen: Die Kundin verweist auf vorhandene juristische Unterstützung, sie droht mit *meinem Rechtsanwalt* (Fläche 15f. und 94). Ferner thematisiert sie ihren herausgehobenen Status als langjährige Stammkundin (Fläche 16–18), reklamiert also ein besonderes Nähe-Verhältnis zu diesem Unternehmen – auch im Kontrast zu dem der Mitarbeiterin (Fläche 17). Sie behauptet von sich einen ebenfalls professionellen Status und die entsprechenden Kenntnisse (*Mir hen au a Gschäft, i woiß, wie des vor sich geht,*

Fläche 26f.). Gesprächsorganisatorisch nimmt sie die dominante Position ein, sie ist es, die das Telefonat für beendet erklärt (Fläche 90–92).

Da die Mitarbeiterin inhaltlich nichts sagt, was geeignet wäre, ein so starkes Macht-Display hervorzurufen, muss man nach anderen Gründen dafür fragen. Vermutlich reagiert sie auf ein Ohnmachtsgefühl gegenüber dem Unternehmen und seinen Handlungsweisen: Zeitaufwand und Reklamationskosten sind ja unwiederbringlich dahin, eine emotionale Wiedergutmachung im Gespräch wird verweigert und die Geldrückerstattung lässt auf sich warten. Solche Ohnmachtsgefühle scheinen für Reklamationsgespräche nicht untypisch zu sein. Macht-Display kann dann als Versuch interpretiert werden, das empfundene Machtgefälle zu kompensieren.

Auf der Grundlage der Analyse des Ausschnitts *Schlamperei* lassen sich die unterschiedlichen Perspektiven der beiden Parteien eines Reklamationsgesprächs differenzieren und gegenüberstellen (Abbildung 11).

KundIn (K)	ReklamationsbearbeiterIn (M)
Handeln als individuelle Person	Handeln als Agent der Institution
Unkenntnis der institutionellen Abläufe	Kenntnis der institutionellen Abläufe
Agieren aus einer Position der Schwäche	Agieren aus einer Position der Stärke
Sicht auf die Reklamation als Einzelfall/besonderer Fall	Sicht auf die Reklamation als Standardfall
persönliche Betroffenheit von dem Problem	keine persönliche Betroffenheit von dem Problem
Abwicklung bedeutet eine Störung des Alltags	Abwicklung ist Bestandteil alltäglicher beruflicher Routine
Problemlösung ist für K relevant	Problemlösung ist für M wenig relevant
erwartet individuelle Behandlung	wendet allgemeine Regeln an
(negative) Emotionen	emotionale Neutralität/Unbeteiligtheit

Abbildung 11: Perspektivenunterschiede bei KundIn und ReklamationsbearbeiterIn

Netzwerkversion

Im Vergleich zum Ausschnitt *Schlamperei* betrachte ich nun das Transkript *Netzwerkversion* (s. Anhang). Der Inhaber des EDV-Services, Herr Einerle

(V), hatte für seinen Kunden (K) ein Softwarepaket bestellt, das dieser für die Firma, in der er arbeitet, benötigt. Der Kunde reklamiert, dass er eine Netzwerkversion bekommen hat, die eine vorhandene Einzelplatzversion voraussetzt (Fläche 4f.).

In der Eröffnungssequenz (Fläche 1) finden wir eine gegenseitige namentliche Begrüßung von K und V und eine informelle Grußformel (*Hallo*) auf seiten von Herrn Einerle, d.h., es wird eine relative Nähebeziehung ausgedrückt. In seiner Problemdarstellung zeigt der Kunde keine negativen Emotionen; allenfalls das hörbare Ausatmen (Fläche 2) ließe sich als Ausdruck von Frustration interpretieren. Er erhebt auch keine Vorwürfe, sondern bagatellisiert im Gegenteil den reklamierten Fehler, wenn er formuliert: *da is <u>glaub</u> ich, nen bisschen was schief gegangen* (Fläche 3); er relativiert seine Gewissheit (*glaub ich*), die Bedeutung des Fehlers (*nen bisschen*) und verwendet ein Verb (*schief gegangen*), das das Geschehen ohne Agens, ohne Angabe des Schuldigen beschreibt. Diese Problemdarstellung wird in ihrem sachlichen Gehalt durch Nachfragen Einerles präzisiert und bestätigt (Fläche 5–6).

Interessant ist Einerles Reaktion: *Ja woher soll <u>ich</u> dat wissen* (Fläche 6). Diese Äußerung ist ambivalent und mehrfach interpretierbar. Sie drückt offen seine Unwissenheit aus, was für einen Professionellen in seiner Position ungewöhnlich und auch riskant ist, und lässt sich sowohl als (schwache) Entschuldigung (im Sinne von ‚das wusste ich nicht') als auch als Schuldabweisung (im Sinne von ‚das zu wissen kann man nicht von mir verlangen') verstehen. Der Kunde zeigt in seiner Reaktion (*Das wusst ich <u>au</u>' nich*, Fläche 7), dass er die Äußerung im erstgenannten Sinne versteht. Er schließt sich diesem Nichtwissen freiwillig an und entlastet Einerle damit von möglichen Vorwürfen. Darüber hinaus führt er sogar eine vergangene Erfahrung als Argument an, warum mit der Falschlieferung nicht zu rechnen war (Fläche 7–9) – ein Argument, das man eher von einem Beschuldigten erwarten würde. Das heißt, der reklamierende Kunde präsentiert sich betont neutral bezüglich negativer Emotionen und Bewertungen und tut interaktiv alles, um Herrn Einerle zu entlasten. Dieser verhält sich einerseits sachorientiert, gibt andererseits spontan und ungeschützt Wissensdefizite zu.

Es schließt sich eine Problemlösungssequenz an (Fläche 9–14), die der Kunde mit seiner Frage (*Wat <u>machen</u> wer nu?*, Fläche 9) einleitet. Durch das inklusive *wir* an dieser Stelle sowie in den Flächen 7, 12 und 28 wird das Problem zu einem gemeinsamen gemacht. Herr Einerle hat offenbar keine Standardlösung bereit. Er übernimmt zwar die Verantwortung dafür, eine Lösung zu suchen (durch *nachhörn* und *sich kundig machen*, Fläche 10 und 13f.), demonstriert aber seine Ratlosigkeit (*weiß ich <u>au</u>' nich*, Fläche 10; *überfragt*, Fläche 11; Interjektionen *hm, th, phh* und Seufzer der hilflosen Betroffenheit, Fläche 11). Diese Selbstdarstellung zusammen mit der Beteuerung seiner guten Absicht (*'ch hab gemeint, wir hätten wat Gutes gekauft*, Fläche 12) finden sich an einer Position, an der eine Entschuldigung erwartbar wäre. Eine explizite, formelle Entschuldigung unterbleibt, dafür drückt V Empathie und Betroffenheit aus.

Nach einer Sequenz, in der ein Telefonat für den nächsten Tag verabredet wird (Fläche 14–24), wäre die Gesprächsbeendigung zu erwarten. Statt dessen initiiert Einerle jedoch zwei weitere Sequenzen. Zunächst tritt er erneut in den Problemlösungsdiskurs ein, und zwar mit einem konkreten Lösungsvorschlag, der eine vielleicht nicht ganz legale, jedoch schnelle und billige Lösung beinhaltet (*Können Sie denn an die äh Version von f/ S nich drankommen?*, Fläche 25). K weist zwar auf deren sachliche Unmöglichkeit hin, aber er denkt die Idee kooperativ weiter (*update*, Fläche 27). Diesen Gedanken an das update führt Einerle dann seinerseits weiter. Er benennt und verwirft eine andere Möglichkeit (*nochmal ne Version kaufen*, Fläche 29) mit dem Hinweis auf die Kosten für K (*zu teuer*, Fläche 30). K dagegen äußert ein Argument *für* diese Lösung (*Handbuch dabei*, Fläche 31). Das bedeutet, die Problemlösungssequenz wird nicht nur sehr kooperativ durchgeführt, sondern auch unter Übernahme der Perspektiven und Interessen des jeweils anderen.

Schließlich initiiert Einerle noch eine Sequenz über *Schüsse*, die draußen zu hören sind (Fläche 31–34) und ihn überraschen. Der Kunde honoriert seine Darstellung mit Lachen (Fläche 34). Nichts spricht dafür, dass diese homileïsche Sequenz strategisch eingesetzt wird. Dass Einerle seine unerwarteten Wahrnehmungen schildert und mit K zu teilen versucht (*Ham Se 't gehört?*, Fläche 32f.), dass er die Sequenz bis zum Lachen des Kunden fortführt und sie dann erst beendet, lässt sich jedoch als Bemühen um die Herstellung sozialer Nähe interpretieren, als Handlungen zum Ausdruck und zur Gestaltung einer positiven Beziehung zum Kunden. Dass K über die dargestellte Merkwürdigkeit des Schießens lacht, bedeutet, dass er dieses Beziehungsangebot annimmt. In der Gesprächsbeendigung verspricht Einerle noch einmal, sich des Problems anzunehmen. Er tut dies in recht informeller Weise (*Ich guck/ ich hör ma rum*, Fläche 34f.), die vom Kunden angenommen wird.

Vergleicht man dieses Gespräch mit dem Ausschnitt Schlamperei, so findet man deutliche Unterschiede im Handeln der Beteiligten. Herrn Einerles Gesprächsverhalten zeigt Merkmale, die oben als für die Kunden spezifisch beschrieben wurde, und umgekehrt fehlen Merkmale, die für professionelle Reklamationsbearbeiter angegeben wurden. Sein kommunikatives Handeln ist eher persönlich als anonym und institutionell bestimmt; er würdigt den Fall als einen besonderen, von dem auch er selbst betroffen und irritiert ist und dessen Lösung auch für ihn Relevanz besitzt. Offen zeigt er seine Unkenntnis, Ratlosigkeit und negativen Gefühle (Enttäuschung, Frustration). Er gibt dem Kunden keine formelle Entschuldigung, demonstriert dafür aber Empathie, Gemeinsamkeit und Nähe und übernimmt seine Perspektive. Bei der Suche nach einer Problemlösung verfolgt er auch nicht-standardisierte Lösungsstrategien, bringt sogar informelle, juristisch fragwürdige Möglichkeiten ins Gespräch, um den Interessen des Kunden zu entsprechen.

Ganz anders als die Kundin in *Schlamperei* zeigt der Kunde wenig negative Emotionalität, vermeidet Schuldzuweisungen und entlastet Einerle sogar von sich aus. Er gestaltet das Gespräch als Problemlösungsdiskurs, nicht als Konfliktdiskurs. Die Kundin in *Schlamperei* ist am Ende des Reklamationsgesprächs aufgebracht und unzufrieden, obwohl der sachliche Ausgang für sie positiv ist (Kaufpreiserstattung), während der Kunde zufrieden aus dem Gespräch geht, obwohl sachlich noch keine Lösung gefunden wurde.

Bezieht man diese Unterschiede auf das Handlungsschema von Fiehler/Kindt/Schnieders (Abbildung 10), so muss man schließen, dass nicht alle genannten interaktiven Aufgaben allgemeingültigen Status haben. Besonders die Emotionsdarstellung, aber auch die Bearbeitung der Schuldfrage sind offenbar nicht konstitutiv; ebenso ist die Verteilung der Aufgaben auf die Gesprächsteilnehmer nicht so eindeutig fixiert. Eine Selbstdarstellung als Person, die über institutionelle Rolle und ökonomische Beziehungen hinausgeht und diese relativiert, scheint ein wichtiger Faktor für einen befriedigenden Verlauf der Interaktion zu sein. Dies ist nicht nur auf Reklamationsgespräche beschränkt (vgl. Kap. 4.4 zu Verkaufsgesprächen).

Es soll im Folgenden anhand der Reklamationsgespräche *Disketten* und *Coprozessor* ein Problembereich behandelt werden, der bereits in *Schlamperei* eine Rolle gespielt hat, nämlich der Umgang mit institutionellen Routinen und Regelungen bei der Reklamationsabwicklung.

In *Schlamperei* ist die Kundin verärgert nicht nur durch die Falschlieferung, sondern auch durch die lange Wartezeit bis zur Abwicklung der Reklamation und dadurch, dass die Mitarbeiterin sich im Gespräch auf die formale Bearbeitung beschränkt. Die Kundin wird damit in eine passiv-reagierende statt aktiv-initiative Position gedrängt und unter die Obligation gesetzt, themenfremde Fragen zu beantworten (nach der Postleitzahl u.ä.). Die Notwendigkeit solcher Bearbeitungsformen ergibt sich aus der institutionellen Struktur und den formellen Regelungen des Handelns in dem Unternehmen. Diese geben die Informationsstrukturen und Routinen vor, anhand derer die Kunden verwaltet und identifiziert und Geschäftsfälle arbeitsteilig von den verschiedenen Abteilungen und Mitarbeitern abgewickelt werden.

Im Gespräch *Netzwerkversion*, in dem der Reklamationsbearbeiter zugleich der Geschäftsinhaber und derjenige ist, der die Beratung durchführt und die Bestellung ausführt, reduziert sich das Erfordernis nach solchen Regelungen – und zugleich die daraus entstehenden Probleme. Die Beteiligten können sich aneinander erinnern und namentlich identifizieren, sich auf die Bestellung als ein bekanntes Faktum beziehen (*Ich hab heute ((Ausatmen)) das Paket gekricht*, Fläche 2; *das is nur ne Netzwerkversion*, Fläche 4). Kundennummern usw. brauchen nicht abgefragt zu werden.

Coprozessor

In *Coprozessor* reklamiert Herr Einerle seinerseits bei einer Computerfirma. Als Geschäftsmann kann er die institutionellen Erfordernisse antizipieren und ist bemüht, sich ihnen von vornherein anzupassen. Seine einleitende Problemdarstellung (Fläche 2-7) ist - anders als die der Kundin in *Schlamperei* - emotional neutral, präzise und detailliert (Spezifikation des Rechners, Datumsangabe). Die Datumsangabe wird von der Mitarbeiterin aufgegriffen und in die EDV eingegeben, wie ihre reformulierte Wiederholung erschließen lässt. Einerle fügt dann aus eigener Initiative eine Beleg-Nummer hinzu (Fläche 9f.), die jedoch nicht erforderlich zu sein scheint; jedenfalls wird weder seine Angabe erkennbar aufgegriffen noch seine Initiative besonders honoriert (außer durch das *jaa* in Fläche 10). Die Mitarbeiterin fragt vielmehr nach anderen Daten, die sie dann eingibt. Sie bittet Einerle, seine *Nummer* anzugeben (Fläche 11f.), um die Sachlage klären zu können. Der versteht die Formulierung *Ihre Nummer* falsch und gibt seine Kundennummer statt der Telefonnummer an. Auch für dieses Missverständnis ist - neben der unpräzisen Formulierung der Mitarbeiterin - seine (falsche) Antizipation der institutionellen Regelungen bzw. Informationsstrukturen verantwortlich. Als sich das Missverständnis aufklärt, honoriert die Mitarbeiterin seine manifestierte Kooperativität (*Ach so, des is auch ((lachend:)) [gut]* und Lachen, Fläche 14f.), obwohl sich diese ja als vorschnelle, unnütze Überanpassung erwiesen hat.

Probleme entstehen also auch dann, wenn der Kunde im Grundsatz die institutionellen Erfordernisse kennt und bereit ist, sich ihnen unterzuordnen. Denn da er normalerweise nicht die konkreten Regelungen und Abläufe in dem Unternehmen kennt (kennen kann), wird sein antizipierendes kooperatives Verhalten kontraproduktiv. Pointiert formuliert: Unter institutionellen Bedingungen, die nicht transparent sind, wird Kooperativität des Kunden zur Quelle von Störungen. Solche Störungen bergen nicht nur Verstehensrisiken und behindern den Fortgang des Reklamationsabwicklung; Einerles anschließende vorwurfsvoll formulierte Aufforderung zu schneller Bearbeitung (Fläche 17f.) ist ein Hinweis darauf, dass sie auch als interaktive bzw. Beziehungsstörung wahrgenommen werden können.

Disketten

In *Disketten* hatte Einerle bei einem großen Softwareunternehmen schriftlich fehlerhafte Disketten reklamiert und schon dreimal die Lieferung von Ersatz angemahnt (vgl. Fläche 42). Er ruft an, weil er sich *wieder ma erkundigen* (Fläche 6) will, wann er das *update* bekommt. In diesem Gespräch, das zirka acht Minuten dauert, werden zahlreiche institutionelle Pannen bei der Reklamationsabwicklung sichtbar.

Einerle gelangt mit der Einwahl nicht zu der gewünschten Mitarbeiterin, sondern zu einer Telefonzentrale, von der er sich weiterverbinden lassen muss. Diese Weitervermittlung dauert immerhin 75 Sekunden, während derer die Bitte-Warten-Ansage zu hören ist. Dann bekommt er jedoch nicht die gewünschte Frau Bremmer, sondern eine Frau Alden ans Telefon, ohne dass ihm dies mitgeteilt oder begründet wird (Fläche 5). Einerle trägt dieser sachlich und präzise sein Anliegen vor, wobei er auch sofort das Datum der Reklamation und das Produkt nennt. Die Mitarbeiterin notiert die Angaben im Computer. Obwohl Einerles Formulierung *seit der Zeit an warte ich darauf, dass Sie mir ma wieder was Vernünftiges schicken* (Fläche 10f.) vorwurfsvoll ist, geht die Mitarbeiterin in keiner Weise darauf ein, sondern fragt nach der Programmversion und arbeitet weiter formale Angaben ab. Diese Reaktion entspricht genau der der Bearbeiterin in *Schlamperei*.

Während der Datenabfrage werden auch hier Spuren der institutionellen Umsetzung von Einerles Angaben erkennbar, und zwar in den verfachlichenden Paraphrasen, die sie mit seinen Formulierungen vornimmt: *fehlerhafte Disketten* →*Diskettenreklamation* (Fläche 12f.); *Ingenieurbüro für Bauwesen* →*Bürofa* (Fläche 16); *zu mir schicken* →*Lieferadresse* (Fläche 22). Während sie die Daten von Einerles Kunden abfragt und eingibt, gibt er eine Ablaufschilderung, um zu begründen, warum die Ersatzdisketten an ihn selbst geliefert werden sollen. Seine Selbstdarstellung ist hier die eines sehr kundenorientierten Geschäftsmannes (Fläche 16–19). Die Mitarbeiterin bestätigt dies zwar mehrfach kurz (Fläche 17, 18, 19), fährt aber währenddessen mit der Abfrage fort und thematisiert von seiner Darstellung nur die Relevanzen für die Abwicklung. Für Einerle macht sie transparent, welche Regelungen sie zwingen, beide Adressen abzufragen (*damit wir dann entsprechend den andern Auftrag umändern können*, Fläche 25f.). Ihr Lachen (Fläche 27) kann dabei als Versuch der Beschwichtigung und Herunterstufung dieser Zumutung interpretiert werden – ein Versuch, der offenbar gelingt, denn Einerle folgt nun geduldig ihren langwierigen Routinen (Fläche 27–33). Danach rekapituliert sie in einer professionell anmutenden Weise noch einmal das Sachproblem und das Datum der ersten Reklamation zum Zweck der Verständnissicherung (Fläche 33–35) und bittet ihn in der Leitung zu bleiben und zu warten, während sie *nachhakt*.

Bis zu dieser Stelle im Gespräch (Fläche 37 von 65 Flächen) ist außer formalen Abwicklungen noch nichts Substanzielles geschehen. Einerle wartet nun fast drei Minuten lang auf eine Antwort. Sogar ohne einen Gesprächspartner drückt er seine Ungeduld und Verärgerung aus. Als die Mitarbeiterin wieder in der Leitung ist, findet sie kein Wort der Entschuldigung. Sie teilt ihm lediglich ihren Entschluss mit, den Auftrag neu einzugeben, weil dieser nicht aufzufinden sei (Fläche 38–40). An diesem Punkt zeigt Einerle nun negative Emotionen, antwortet mit Empörung und Vorwürfen auf diese Mitteilung (Fläche 41–43). Die Mitarbeiterin nennt ihm zur Begründung einige institutionelle Interna. Es stellt sich heraus, dass sie selbst offenbar wenig Kenntnis der institutionellen Abläufe besitzt (*mir wurde gesagt*, Fläche 44), im *Programm* die Angaben nicht enthalten sind (Fläche 46f.), der um Rat gefragten Kollegin auch nichts einfällt außer einer Neueingabe (Fläche 47–49), diese auch keine Kenntnis hat, ob das Produkt auf Lager vorrätig ist (Fläche 49f.) und Einerle im negativen Fall warten müsse, bis es irgendwann auf Lager sei (Fläche 58–60).

Diese Auskünfte sind außerordentlich unbefriedigend für den Kunden und zeichnen ein vernichtendes Bild der organisatorischen Kompetenz der Firma. Der Reklamationsbearbeiterin ist dies offenbar bewusst, denn sie versucht durch verschiedene interaktive Verfahren, ihre Betroffenheit und ihren guten Willen zu demonstrieren: Sie atmet mehrfach hörbar (Fläche 51, 52, 53), teilt alles mit, was sie zur Sachlage weiß bzw. in Erfahrung bringen konnte, auch Vermutungen (Fläche 51), versichert viermal, dass die Lieferung sofort rausgehe, sobald das Produkt auf Lager sei, und drückt durch die Modulation der Stimme (leises Sprechen in Fläche 59f.) aus, dass die Verzögerung ihr unangenehm ist. Einerle reagiert mit einer dreifachen Interjektion (*Au au au!!*, Fläche 60), die seine Unzufriedenheit ausdrückt, jedoch eher resignativ als aggressiv wirkt. Offenbar versteht er ihre Darstellung auch im beschriebenen Sinne. Die Mitarbeiterin verspricht noch einmal, sich um Schnelligkeit zu bemühen (Fläche 60–62). Einerle drückt seine resignativen Gefühle aus (Fläche 62), macht seinen Verzicht auf weitere Argumentationen oder Vorwürfe explizit (Fläche 62f.) und erklärt sich mit dem Vorgehen schließlich einverstanden (Fläche 63f.).

Auf die professionelle Reklamationsbearbeitung in einem führenden Softwareunternehmen wirft dieses Gespräch ein sehr schlechtes Licht. Strukturelle Defizite der Zugänglichkeit (Vermittlung, Wartezeiten), der EDV-Organisation, der Abstimmung zwischen den Niederlassungen und der institutionellen Kenntnisse der MitarbeiterInnen werden überdeutlich. Unklar bleibt, wieso nicht, wie in *Coprozessor*, der Kunde nach Klärung der Sachlage zurückgerufen wird, sondern in der Leitung warten und die Telefonkosten tragen muss. Unklar bleibt auch, ob die Mitarbeiterin nicht die institutionelle Möglichkeit gehabt hätte mit der anderen Niederlassung zu verhandeln oder die Lagerbestände zu erfragen, um dem Kunden eine befriedigendere Auskunft geben zu können.

Die strukturellen institutionellen Defizite sind dafür verantwortlich, dass der Kunde sich – über den Fehler des Produkts hinaus – über die Reklamationsbearbeitung ärgern muss und zusätzlichen Schaden hat. In diesem Punkt unterscheidet sich das Gespräch *Disketten* von *Schlamperei*. Es sind die

Empathie und Bemühtheit der Mitarbeiterin, ihre persönlichen interaktiven, nicht ihre institutionellen Kompetenzen, die die strukturellen Defizite kompensieren und dafür sorgen, dass der Kunde am Ende zwar frustriert ist, aber weiterhin kooperiert.

6. Servicegespräche

In diesem Kapitel gebe ich einen kurzen Überblick über Aspekte von Servicediskursen und die vorhandene Literatur (Kap. 6.1). Danach folgen ausführliche Beispielanalysen zu Telefongesprächen im technischen (EDV-) Service (Kap. 6.2). Ich rekonstruiere hier ein charakteristisches sprachliches Handlungsmuster, die *interaktive Fehlerbestimmung*, und seine Verwendung im Gespräch mit Experten bzw. Laien.

6.1. Aspekte von Servicegesprächen und Literaturüberblick

Service ist in der Betriebswirtschaftslehre ein Synonym zu *Kundendienst*. Darunter werden verstanden

> alle Zusatzleistungen (...), die ein Anbieter neben der Hauptleistung, d.h. dem Produkt im engeren Sinne, seinen Kunden offeriert, um den Erwerb, Einsatz und/oder Gebrauch der Hauptleistung zu ermöglichen bzw. zu erleichtern. (Vahlens 1994: 1253)

Neben Sachleistungen, z.B. Bordverpflegung von Fluggästen oder Begrüßungscocktails bei Reisen, handelt es sich vor allem um Dienstleistungen – im kaufmännischen Kundendienst z.B. Kaufberatung, die Überlassung von Testprodukten oder Anlieferung, im technischen Kundendienst z.B. Installation, Wartung, Reparatur und Ersatzteilversorgung. Der Service hat für die Unternehmen die Funktionen, sich gegenüber Konkurrenten positiv abzuheben, die Kundenzufriedenheit und Markentreue der Kunden zu erhöhen und Spielraum für Preisverhandlungen zu gewinnen (vgl. Vahlens 1994: 1254). Kommunikation im Service umfasst betriebsexterne und betriebsinterne Kommunikation, wobei die externe zwischen Unternehmensangehörigen und Kunden sicher die schwierigere und deshalb linguistisch interessantere ist.

Zwischen Diskursen im Service und Verkaufsdiskursen gibt es Zonen des Übergangs, wie auch in den Beispielanalysen der Gespräche beim Hörgeräteakustiker (Kap. 4.4.2) deutlich geworden ist. Mitunter wird auch Kaufberatung unter dem Begriff *service* gefasst, so z.B. bei Aston (Hg. 1988). Er untersucht und vergleicht Auskunft und Kundenberatung in italienischen und englischen Buchhandlungen mit gesprächsanalytischen Methoden auf der Basis eines größeren Korpus. Sein Ziel ist, Ergebnisse für die Fremdsprachendidaktik zu gewinnen, besonders im Hinblick auf den Erwerb von Diskursstrategien und pragmatischen Kompetenzen.

Ein anderer Typ sind Gespräche im technischen Service, mit denen ich mich hier vor allem beschäftigen werde. Sie gehören häufig zur Kategorie der Experten-Laien-Kommunikation. Zum Bereich des technischen Kundendienstes liegt wenig linguistische Literatur vor, aber auch wenig nichtlinguistische und Ratgeberliteratur. Letzteres hängt vermutlich damit zusammen, dass – anders als bei Verkaufsgesprächen – kein unmittelbarer ökonomischer Nutzen gesehen wird.

Eine kurze, aber interessante linguistische Arbeit ist Beneke (1992), der auf der Basis eines Korpus die Reparaturannahme in einer Autowerkstatt untersucht. Die Reparaturannahme wird als *Schnittstellenkommunikation* zwischen Diskurswelten konzeptualisiert, als Aufeinandertreffen von Fachdiskurs und Laiendiskurs (Beneke 1992: 212–214). Relevante Elemente dieser Diskurse sind technische Diagnosen und Beratung durch den Kundenberater. Die Untersuchung zeigt, wie Laien- und Fachdiskurs ineinander übersetzt werden und wie die Wissensdifferenz zwischen den Beteiligten durch *Akkommodation* bearbeitet wird. Um Kooperativität zu demonstrieren, wird z.T. die Ausdrucksweise des Partners übernommen; verfachlichende Paraphrasen (*upgrading*) sind nach Beneke viel häufiger als *downgrading* durch alltagssprachliche Begriffe. Die verwendeten Fachausdrücke sind sachlich nicht immer erforderlich, dienen den Kundenberatern eher zur Demonstration ihrer Kompetenz. Die Fähigkeiten der Kundenberater zur Akkommodation an Laien, zur adressatengerechten Darstellung von Sachverhalten, ist häufig nicht ausreichend entwickelt. Die Kunden ihrerseits meinen oft nur, verstanden zu haben, benutzen die Fachbegriffe jedoch falsch.

In Antos (1992), der die Konzeption eines Kommunikationstrainings vorstellt, wird die Beratung in der Anwenderbetreuung bei einer Softwarefirma (telefonische hot-line) untersucht. Vor allem drei Beratungsprobleme werden dabei sichtbar (Antos 1992: 269):

1. Das mit dem Anruf implizierte Eingeständnis von fehlerhaftem oder inkompetentem Handeln der Kunden führt zur Emotionalisierung der Ratsuche durch Rechtfertigungen oder Schuldzuweisungen.
2. Die Mitarbeiter an der hot-line betrachten Kundenanfragen als reine Informationsabfrage, sehen ihre Arbeit nicht als Geben von Hilfeleistungen.
3. Daraus ergibt sich eine Konfliktsituation, die durch bestimmte Verhaltensweisen der Berater aktiviert oder verschärft wird: Demonstration von „Allwissenheit", Intransparenz der Tätigkeiten, die der Berater im Hintergrund ausführt, Anonymisierung des Problems, Reduzieren von Kommunikation auf die Vermittlung von Information.

Die sprachlich-kommunikativen Merkmale telefonischer Beratungen zu Computerproblemen in einem hot-line Service untersucht auch von Cube (1997) anhand eines Korpus. Er analysiert Aufbau und sprachliche Formen solcher Beratungen, Verständigungsprobleme und Fragen der Effizienz (z.B. von aufeinander folgenden Einzelinstruktionen gegenüber Instruktionsbündeln).

Für die folgenden Beispielanalysen zur Kommunikation im technischen Service ziehe ich Material aus demselben EDV-Service heran, aus dem bereits Reklamationsgespräche (Kap. 5.2) untersucht wurden Dabei stelle ich den Aspekt der Fachlichkeit der Kommunikation in den Vordergrund sowie ein charakteristisches sprachliches Handlungsmuster (die *interaktive Fehlerbestimmung*) und seine Verwendung im Gespräch mit Experten bzw. Laien (vgl. Brünner 1997).

6.2. Beispielanalysen: Telefongespräche im EDV-Service

Gesprächskonstellation und Handlungsanforderungen

Als Material wurden Situationen ausgewählt, in denen Kunden den Inhaber des EDV-Services, Herrn Einerle, anrufen, um wegen Fehlfunktionen an ihren Geräten seine Hilfe in Anspruch zu nehmen.

Für die Frage der Fachlichkeit der Diskurse sind folgende Bedingungen besonders relevant: Dienstleister und Kunde sind sich z.T. unbekannt. Wenn ein fremder Kunde anruft, ist zu Beginn des Gesprächs ebenfalls unbekannt, welche fachlichen Wissensvoraussetzungen bei ihm vorliegen und welcher Grad von Fachlichkeit in der Kommunikation möglich ist. Die Folge ist, dass erst im Verlauf des Diskurses selbst eingeschätzt wird, wieweit das Gespräch als fachlicher oder als Experten-Laien-Diskurs geführt werden kann bzw. soll. Die Beteiligten können nicht einfach auf eine durch die Situation vorgegebene Kommunikationsform zurückgreifen, sie müssen vielmehr in Abhängigkeit vom Gesprächsverlauf einen Prozess der *Akkommodation* (Giles/ Powesland 1975, Giles 1980) durchlaufen, um für beide akzeptierbare Formen der Kommunikation zu finden. Dies ist auf der Grundlage unsicherer Einschätzungen nur interaktiv möglich, mit kommunikativen Anpassungen, die bedarfsbezogen Schritt für Schritt vorgenommen werden.

Zwischen Dienstleister und Kunde bestehen „gekreuzte Asymmetrien", wie Beneke (1992) dies nennt: Der Kunde ist in Fachkompetenz und -wissen dem Dienstleister in der Regel unterlegen, in seiner sozialen Geltung steht er – als der Zahlende – jedoch über diesem. Deshalb ist der Dienstleister zu Rücksichtnahme und Kooperativität dem Kunden gegenüber verpflichtet, was sprachliche Kooperativität und die Vermeidung von Imagebedrohungen einschließt. Dies bedeutet u.a., Formulierungen des Kunden zu übernehmen, sich an seine Ausdrucksweise anzupassen und darauf zu verzichten, das Verständnis des Kunden direkt zu überprüfen oder ihn durch die Verwendung unbekannter Fachtermini zu brüskieren und bloßzustellen (vgl. Beneke 1992).

Für den Dienstleister ergeben sich daraus widersprüchliche Handlungsanforderungen, wie wir sie bereits in anderen Diskurstypen gefunden haben. Seine Verpflichtung zu Kooperativität, Rücksichtnahme und Höflichkeit verlangt sprachliche Anpassung an den jeweiligen Kunden, also gegenüber Laien einen weitgehenden Verzicht auf Fachlexik und die sprachliche Demonstration von Überlegenheit. Auf der anderen Seite muss der Dienstleister jedoch eine sprachliche Selbstdarstellung leisten, die ihn als kompetenten, überlegenen Fachmann und als fachlich zuverlässig ausweist. Man kann von einem Maximenkonflikt (Ehlich/Rehbein 1977) zwischen den Maximen *Sprich die Sprache des Kunden!* und *Zeige dich als Fachmann!* sprechen, der in der Interaktion bearbeitet werden muss. Charakteristischerweise finden wir ein systematisch begründetes Fluktuieren zwischen fachlicher und nichtfachlicher Kommunikation, zwischen Ver- und Entfachlichung, upgrading und downgrading. Es stellen sich folgende Fragen:

1. Woran erkennt der Dienstleister den Grad der Fachkompetenz, den er bei Kundin oder Kunde voraussetzen kann?
2. Wie passt er auf der Basis solcher Einschätzungen sein eigenes kommunikatives Handeln an?
3. In welchen Handlungszusammenhängen, in welchen Funktionen und mit welchen Handlungsfolgen leistet er diese Anpassungen?

Die Fragen 1 und 2 betreffen u.a. die Merkmale, die für fachliche Kommunikation oder fachliche Stile konstitutiv sind. Eine herausragende Rolle spielt hier die Art der Verwendung oder auch Vermeidung von Fachterminologie und -jargon. Frage 3 bezieht sich auf die Selbstdarstellung und Beziehungsgestaltung wie auch auf die Erfüllung der sachlich-technischen Aufgaben. Im Hinblick auf den ersten dieser Funktionsbereiche kann durch fachliche Formen der Kommunikation z.B. Kompetenz demonstriert werden; umgekehrt kann durch Vermeidung oder Erläuterung fachlicher Ausdrücke Kooperativität und Rücksichtnahme gegenüber den Laien gezeigt werden. Solche Funktionen erlangen zu Beginn eines Gesprächs besondere Bedeutung. Was den zweiten Funktionsbereich, die Erfüllung der sachlich-technischen Aufgaben betrifft, ist fachliche Kommunikation in übergeordnete sachliche Handlungszusammenhänge und Zwecke funktional eingebunden und muss geeignet sein, zu deren Realisierung beizutragen. Damit rücken fachlich bestimmte Musterstrukturen und ihre Zwecke in den Fokus. Die folgenden Analysen sollen zeigen, wie die beiden Funktionsbereiche zusammenwirken und fachliche sprachliche Handlungsmuster und fachliche Stile aufeinander bezogen sind.

Die interaktive Fehlerbestimmung mit Experten und Laien

In den Situationen, in denen die Kunden Herrn Einerle anrufen, um Fehlfunktionen an ihren EDV-Geräten darzustellen und Hilfe in Anspruch zu nehmen, geht es oft um die interaktive Behandlung und Bestimmung des Fehlers am Telefon. Ich bezeichne diese Diskurse als *(interaktive) Fehlerbestimmung*. Gemeint ist also nicht die praktische Durchführung von Reparaturarbeiten durch den Dienstleister; sie gehört zur Nachgeschichte des Diskurses. Der allgemeine Zweck der interaktiven Fehlerbestimmung besteht darin, Art und Umfang der Hilfeleistung festzulegen, die notwendig und möglich ist, und diese vorzubereiten. Die Fehlerbestimmung ist nicht nur im EDV-Service eine zentrale und charakteristische berufliche Aufgabe, sondern auch in vielen anderen Bereichen des technischen Services. Sie wird mit Hilfe sprachlicher Handlungsmuster durchgeführt, die am Material rekonstruiert werden sollen. Es wird sich zeigen, dass dabei charakteristische Unterschiede auftreten, je nachdem, ob die Kunden sich als fachkompetent darstellen oder nicht.

In Abbildung 12 sind die *Vorgeschichte* der interaktiven Fehlerbestimmung und das Muster *Hilfeersuchen* als Praxeogramm dargestellt. In den beiden äußeren Spalten sind die Musterpositionen eingetragen, die aus mentalen oder praktischen Handlungen des Dienstleisters bzw. Kunden bestehen; die beiden mittleren Spalten sind für interaktionale, kommunikative Handlungen vorgesehen. Die Rauten bezeichnen Entscheidungsknoten mit verschiedenen Ausgängen.

In der Vorgeschichte der interaktiven Fehlerbestimmung ist vom Kunden eine technische Fehlfunktion erkannt worden (Position 1). Er kann sich entscheiden (Position 2), diese (vorläufig) auf sich beruhen zu lassen oder in das Muster *Hilfeersuchen* einzutreten (Position 5). Eine dritte, häufig realisierte Möglichkeit besteht darin, dass der Kunde vor diesem Schritt einen eigenen *Versuch zur Diagnose und Behebung* des Fehlers unternimmt (Position 3). Solche Versuche werden später im Diskurs oft thematisch. An sie anschließend kann über den Entscheidungsknoten 4 ein Übergang zum Hilfeersuchen (bei misslungenen Versuchen) und damit zur interaktiven Fehlerbestimmung stattfinden (Position 5) oder ein Ausstieg – etwa bei Erfolg des Versuchs.

Das Muster Hilfeersuchen besteht aus interaktionalen Handlungen des Kunden: *Aufforderung zur Hilfe* (Position 5), *Orientierung* (Position 6) und *Symptombeschreibung* (Position 7). Während in der Symptombeschreibung die Fehlfunktionen technisch mehr oder weniger präzise beschrieben werden, hat die Orientierung den Zweck, den Dienstleister über Hintergründe und Umstände des Auftretens der Symptome in Kenntnis zu setzen (z.B. Gerätetyp, Bedingungen für das Auftreten des Fehlers), so dass er diese richtig einordnen kann. Orientierung wie Symptombeschreibung sind bestimmt durch

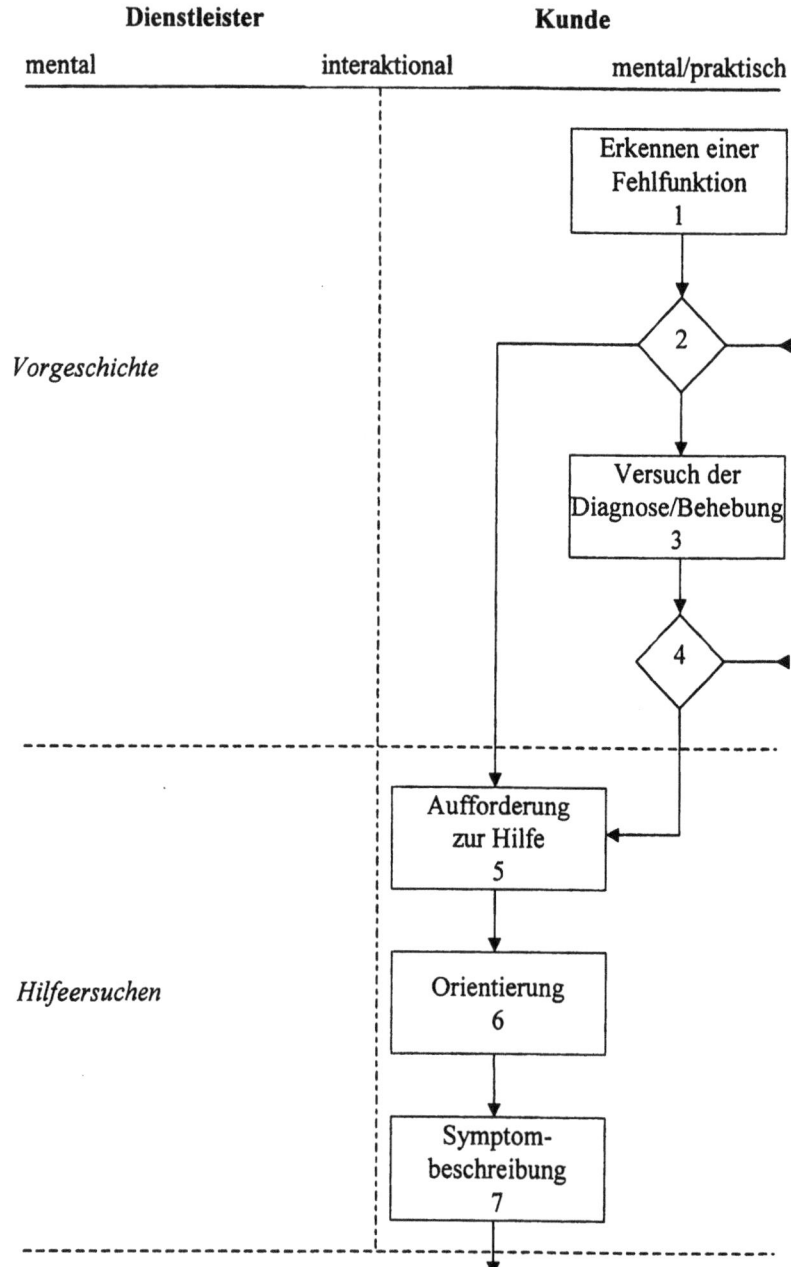

Abbildung 12: Vorgeschichte und Hilfeersuchen in der interaktiven Fehlerbestimmung

die getrennten Wahrnehmungssituationen von Kunde und Dienstleister beim Telefonieren.

Im Ausschnitt *Ausdruck* sind die Musterpositionen 5 bis 7 des Hilfeersuchens unmittelbar hintereinander realisiert: in Fläche 3 findet man eine explizite Aufforderung zur Hilfe, in Fläche 3–4 die Orientierung, in Fläche 4–5 die Symptombeschreibung.

Ausdruck

V		Ja bitte.	
K	Herr Einerle, Sie müssen mir mal helfen.		Wir ((lachend:)) [habm
3			

	V	
V	ja	
K	das] Programm jetzt am laufen,	aber was der macht beim Ausdruck is,
4		

V	((leise:)) [Der schiebt Ihnen alles/]
K	der schiebt mir . das alles weiter runter, nä? .
5	

Orientierung und Symptombeschreibung können – anders als hier – ausführlich und komplex ausfallen. Im Ausschnitt *Tipp* gibt der Kunde eine ausführliche Orientierung (Fläche 1–7), die ihn aufgrund ihrer inhaltlich-technischen Spezifität und der mit Selbstverständlichkeit verwendeten Fachlexik (*zweisechsnachtziger, drei-sechsnachtziger SX, Kirschbaum-Link, auf COM eins gelegt*) als fachkundig ausweist:

Tipp

K	Herr Einerle, ich hab bei einem Kunden 'n Problem, da weiß ich nich ob
1	

K	wer da mit dem Rechner zu Ihnen kommen müssen, oder ob/ ob Sie
2	

	V	
V	Ja.	
K	mich vielleicht nen Tipp geben können. Und zwar hat der <u>zwei</u> Tandon-	
3		

	V	
V	Ja.	
K	Rechner. 'N zwei-sechsnachtziger und 'n drei-sechsnachtziger SX.	
4		

V	Jaa?
K	Und ich hab ihm jetzt das Kirschbaum-Link geliefert, weil er 'n paar
5	

K	Dateien übertragen wollte, die hat er auf Kem/ COM eins hat er 's jetzt
6	

K	gelegt, der brauch aber an beiden en/ne Maus. Bei beiden funktioniert
7	

K	die COM zwei nich! . . Woran kann das liegen?
8	

Während des Hilfeersuchens wird in der Regel also interaktiv deutlich, ob der Kunde mehr oder weniger selbst Fachmann oder eher Laie ist. Unter diesem Aspekt ist ein Vergleich des Beispiels *Tipp* mit den Ausschnitten *Wechsel* und *Gebläse* aufschlussreich, in denen Sekretärinnen (K) anrufen:

Wechsel

K	Und zwar als Sie do' letztens hier warn, hatten Sie mir doch so ne Ein-
1	

	V	
V	Ja.	
K	heit dagelassen.	So und jetzt zeichte mein Drucker hin und wieder
2		

K	an, da dieses ((langsam, engl. Aussprache:)) [change] t/ äh . drum
3	

	V	
V	Ja? Ja.	
K	sach ich jetzt mal. So, das hieß doch, dass wahrscheinlich der Wech-
4		

	V	
V	Ja.	
K	sel stattfinden sollte. So, jetzt ham wir dat heute morgen auch ge-
5		

	V	V
V	Ja.	Ja.
K	ma:cht, aber jetzt zeicht der dat ((hoch:)) [immer] noch an.	
6		

Gebläse

V	Ja?
K	und zwar ein Drucker,　is wohl kaputt unten in diesem DV-Raum,
1	

K	Raum eins, . der zieht das Papier immer schief ein und verknuddelt das
2	

V	V hmhm 　　　　　　　　<------
K	tota:l, .　　und in dem Büro von Frau Kerl-Masufke macht der/ das
3	

K	Gebläse 'n komische ((lachend:)) [Geräusche.] Die habm immer Angst,
4	

V	((murmelt:)) [Drucker und G/ und äh
K	dass der PC ((lachend:)) [explodiert.] ((lacht))
5	

V	Lüfter.] 　　　\
K	Ja.
6	

Beide Sekretärinnen stellen sich als Laiinnen dar, im Beispiel *Wechsel* besonders in Fläche 2–5. Der Gebrauch des englischen Fachausdrucks *change drum* (Fläche 3) wird durch deiktische Ausdrücke (*da dieses*, Fläche 3), vorgeschaltete Pause und prosodische Mittel (verlangsamte Artikulation) markiert. Die doppelte Deixis in Bezug auf die Anzeige *change drum* ist – angesichts der getrennten Wahrnehmungssituationen – nicht einfach lokal interpretierbar. Durch sie appelliert die Kundin an die Erinnerung bzw. Vorstellungskraft des Dienstleisters; sie fokussiert ihn auf die Anzeige als etwas, das der fachlichen Welt zugehört und ihm, dem Fachmann, bekannt ist. Die Verwendung von Fachlexik und die Kundeninterpretation ihrer kontextuellen Bedeutung werden als tentativ gekennzeichnet: *so ne Einheit* (Fläche 1f.), *sach ich jetzt mal* (Fläche 4), *wahrscheinlich* (Fläche 4), ferner durch den Konjunktiv *sollte* (Fläche 5).

Die Sekretärin im Ausschnitt *Gebläse* präsentiert sich besonders durch umgangssprachliche Ausdrücke für fachbezogene Sachverhalte (z.B. *kaputt*, Fläche 1; *verknuddelt*, Fläche 2; *komische Geräusche*, Fläche 4) als Laiin. Auch ihr Ausdruck *Gebläse* (Fläche 4) scheint fachlich unangemessen, denn Einerle reformuliert ihn durch *Lüfter*. Schließlich teilt sie – wenn auch durch Lachen sich distanzierend – die *Angst* ihrer Kolleginnen mit, dass *der PC explodiert* (Fläche 4f.) – eine Befürchtung, die in solch einer Situation wohl nur Laien äußern können.

Diese Beobachtungen zeigen, dass das Handlungsmuster Hilfeersuchen innerhalb der interaktiven Fehlerbestimmung sprachlich verschieden realisiert wird, seine Realisierungsformen stilistisch unterschiedlich geprägt sein können, besonders durch verschiedene Grade von Fachlichkeit. Sie lassen sich in ein Spektrum einordnen zwischen dem Stil des *Experten-Laien-Diskurses* auf der einen Seite und dem Stil des *Diskurses unter Experten* auf der anderen.

Das Hilfeersuchen, insbesondere die Symptombeschreibung, führt beim Dienstleister dazu, dass er mental *Erklärungshypothesen* für das Auftreten der Symptome bildet. Diese können verbal nach außen gesetzt (*exothetisiert*) werden, müssen es aber nicht. In Abbildung 13 sind Erklärungshypothesen und weiterer Musterdurchlauf im Praxeogramm dargestellt. Von Position 8 gelangt man zu Entscheidungsknoten 9, von dem aus ein Pfad über die Position 10 (*Exothese der Erklärungshypothesen*) führt, ein anderer die Position 10 umgeht. Darüber hinaus bestehen hier zwei grundsätzlich verschiedene Möglichkeiten die Fehlerbestimmung fortzusetzen. Entweder der Dienstleister schließt unmittelbar das Muster *Maßnahmenplanung* an, das der Vorbereitung der praktischen Reparatur dient, und exothetisiert deren Ergebnis (Positionen 11 und 12). Oder aber er realisiert vor der Maßnahmenplanung zunächst das Muster *Fehlerdiagnose* (in Abbildung 13 kursiv).

Das Muster Fehlerdiagnose hat in sich eine komplexe Struktur, wie ich noch zeigen werde (Abbildung 15). Sein Zweck besteht darin, den Fehler durch interaktive Verfahren einzugrenzen und in seiner fachlichen Qualität zu bestimmen. Die Analyse des Materials ergibt für die interaktive Fehlerbestimmung im Ganzen die in Abbildung 14 dargestellte Handlungsstruktur.

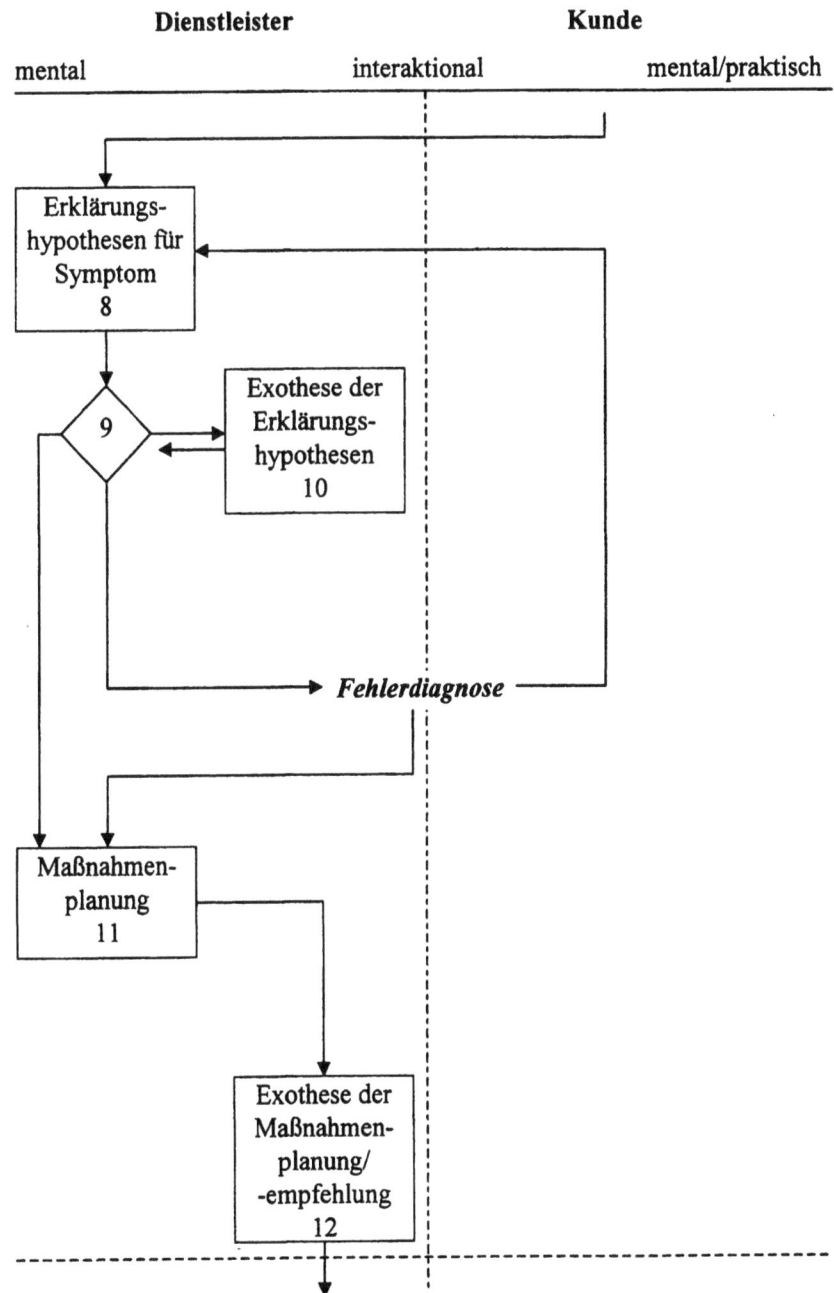

Abbildung 13: Erklärungshypothesen und weiterer Musterdurchlauf

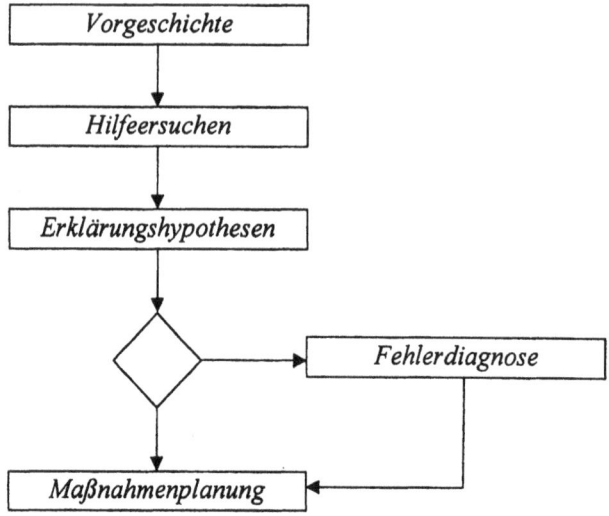

Abbildung 14: Die Handlungsstruktur der interaktiven Fehlerbestimmung

Der Ablauf ohne Fehlerdiagnose kommt nur in der Interaktion mit Laien vor, nicht jedoch, wenn die Anrufer im Hilfeersuchen wenigstens begrenzte Fachkenntnisse zeigen. So initiiert Einerle im Ausschnitt *Stau*, der sich an den oben zitierten Ausschnitt *Gebläse* anschließt, mit der Sekretärin keine Fehlerdiagnose und exothetisiert nur kurz seine Erklärungshypothese (Fläche 13). Er geht gleich zur Maßnahmenplanung über, indem er nach den Räumlichkeiten fragt (Fläche 14):

Stau

		V	
V	((murmelnd:)) [Ähm der zieht det Papier . schie:f.] ((leise:)) [Ja, Papier .		
		V	
K		hmhm	
12			

V	transport,] bestimmt irgendwo 'n <u>Stau</u>. Dass was drin hängt. Na gut! Und
	V
K	hm
13	

V	ääh ((artikuliert:)) [Lüfter zu laut.] Und das is?	
K	Genau.	Das is in dem Büro
14		

Die *Maßnahmenplanung* (Abbildung 13, Positionen 11 bis 12) bezieht sich auf die sachlich-technischen Aspekte der praktischen Fehlerbeseitigung (Was soll gemacht werden?) sowie auf deren organisatorische Aspekte (Wird das Gerät gebracht oder kommt Einerle ins Haus?). Oft umfasst sie auch eine Einschätzung der ökonomischen Randbedingungen, wie Fragen der Garantie, des Aufwandes, der Kosten oder der Vorrätigkeit von Ersatzteilen. Im Ausschnitt *Kopf* findet sich eine solche komplexe Maßnahmenplanung, die sowohl sachlich-technische (Fläche 27f. und 30–33) als auch ökonomische Aspekte (Frage der Garantie, Fläche 28f.) einschließt.

Kopf

V	Da sollte man ma den Kopf auswechseln. . Wie lange hat er den im
27	

V	Einsatz? . N Vierteljahr?! Da is ja noch
	\
K	((schnell:)) [Vierteljahr?] Ja.
28	

V	Garantie drauf!
	V
K	Jaja! Ja ungefähr, ich weiß nich, ich hab natürlich jetz
29	

V	Ja. Ja
K	nich so genau geguckt, auf jeden Fall, er is von diesem Jahr noch.
30	

V	dann könn wir ja folgendes machen, versuchen wer's erstmal mit nem
31	

V	neuen Kopf, und wenn es dann nich geht, dann ääh müssen wer . .
	V
K	hm
32	

V	äh das mainboard austauschen.
33	

Am folgenden Beispiel *Standard* lässt sich erkennen, dass die Exothese der Maßnahmenplanung (Abbildung 13, Position 12) bei Kunden, die ein gewisses Fachwissen zeigen, expandiert werden kann. Sie kann z.B. eine Empfehlung für eine Maßnahme zur Behebung des Fehlers umfassen, die der Kunde selbst durchzuführen in der Lage ist (Fläche 1–2). Es können darüber hinaus Begründungen gegeben werden (Fläche 3–8). Sie sind hier durch *nämlich* (Fläche 3) und *deswegen* (Fläche 7) als solche gekennzeichnet.

Standard

V	Ja? Also ich würde/ ich würde ma den formfeed rausnehmen,
	V
K	ma sehn wat die machen. Ja.
1	

V	den Seitenvorschub. Und dann sehen, wie sich das verhält.
K	Genau. Richtig.
2	

V	Nämlich so unterschiedlich sind die Steuerzeichen nich, zwischen
	V
K	hm
3	

V	den IBM und zwischen den Epson, aber den ääh Standard Oki Drucker,
4	

V	den dürfen Sie nur nehmen, wenn Sie tatsächlich den Standard-Treiber
5	

V	. von Oki drin haben, aber Sie haben n IBM-Epson . Drucker von
	V
K	Ja
6	

V	Oki, und deswegen muss man eine von diesen beiden Emulationen
	V
K	Ja.
7	

V	wählen.
K	Ah ja! . Ja gut, dann
8	

Das Handlungsmuster *Fehlerdiagnose* und seine Verwendung

Nun zur Binnenstruktur des Musters *Fehlerdiagnose*. Es kann, muss aber nicht, zwischen Erklärungshypothesen und Maßnahmenplanung durchgeführt werden. Das Praxeogramm in Abbildung 15 zeigt seinen inneren Aufbau. (In der Darstellung ist das Muster durch Fettdruck von den umgebenden Handlungen abgehoben.)

Interaktive Fehlerbestimmung

Dienstleister		Kunde
mental	interaktional	mental/praktisch

```
           │
           ▼
    ┌──────────────┐
    │ Erklärungs-  │
    │ hypothesen für│
    │   Symptom    │
    │      8       │
    └──────┬───────┘
           │
           ▼
         ◇ 9 ◄──────►  ┌──────────────┐
           │           │  Exothese der │
           │           │  Erklärungs-  │
           │           │  hypothesen   │
           │           │      10       │
           │           └──────┬────────┘
           │                  │
           │                  ▼
           │           ┌──────────────┐       ┌──────────────┐
           │           │ diagnostische│       │ diagnostische│
           └──────────►│ Frage/Hand-  ├──────►│  Handlung/   │
                       │ lungsanweisung│       │ Beobachtung  │
                       │      13      │       │      14      │
                       └──────────────┘       └──────┬───────┘
                                                     │
                                              ┌──────▼───────┐
                                              │   Bericht/   │
                       ◇ 16 ◄─────────────────┤ Exothese der │
                         │                    │ Beobachtung  │
                         │                    │      15      │
                         │                    └──────────────┘
                         ▼
                  ┌──────────────┐
                  │ (vorläufige) │
                  │ Fehlerdiagnose│
                  │      17      │
                  └──────┬───────┘
                         │
                         ▼
                  ┌──────────────┐
                  │   Exothese   │
                  │ der Diagnose │
                  │      18      │
                  └──────┬───────┘
                         │
                         ▼
              *Maßnahmenplanung*
              *(Positionen 11 und 12)*
                         │
                         ▼
```

Abbildung 15: Das sprachliche Handlungsmuster *Fehlerdiagnose*

Der Zweck des Musters besteht darin, durch interaktive Verfahren eine Eingrenzung und fachliche Bestimmung, also eine – wenigstens vorläufige – Diagnose des Fehlers zu gewinnen. Die Ausgangskonstellation ist dabei folgende: Der Experte bzw. Dienstleister verfügt über Fachwissen, das ihm erlaubt, Erklärungshypothesen über die Symptome und ihre Ursachen zu bilden. Um diese Hypothesen prüfen und ggf. revidieren zu können, benötigt er darüber hinaus partikulares Wissen über den Gerätezustand. Dieses ist aufgrund fehlender Zugänglichkeit des Gerätes für ihn nicht direkt zu erlangen. Der Kunde auf der anderen Seite verfügt über dieses Wissen oder kann es zumindest gewinnen. Diese Konstellation, in der die für die Fehlerdiagnose notwendigen Wissensbestände und -typen faktisch auf zwei verschiedene Parteien aufgeteilt sind, macht interaktive Verfahren des Wissenstransfers – vermittelt über das Medium Telefon – erforderlich.

Der Kunde muss jedoch vom Experten in seinem Handeln gesteuert werden. Denn nur der Experte weiß, welches diagnostisch relevante Wissen jeweils erforderlich ist und durch welche Handlungen es gewonnen werden kann, und er muss dieser Wissen selektiv abrufen, um es für fachliche Schlussprozesse verwenden zu können. Die dafür im Muster vorgesehenen interaktiven Verfahren sind die *diagnostische Frage* bzw. die *diagnostische Handlungsanweisung* (Position 13). Mit ihnen erzeugt der Experte das Wissen über Gegebenheiten, die in seinen Erklärungshypothesen als kritische (cruciale) Randbedingungen fungieren.

Der Kunde führt entsprechende diagnostische Handlungen und Beobachtungen in seiner Wahrnehmungssituation durch (Position 14). Er berichtet über die Resultate seiner Handlungen bzw. exothetisiert verbal seine Beobachtungen (Position 15). Die Handlungen und Beobachtungen können aktuell in Reaktion auf die Frage bzw. Handlungsanweisung durchgeführt werden; der Kunde kann aber auch auf seine Diagnoseversuche in der Vorgeschichte zurückgreifen. Manchmal werden solche Informationen von den Kunden unaufgefordert geliefert. Dies lässt sich als Ausdruck ihres Musterwissens betrachten; d.h., sie haben bestimmte diagnostische Fragen oder Handlungsanweisungen, die der Experte an sie richten könnte (Musterposition 13), schon antizipiert, sind entsprechend (im Sinne von Position 14) tätig geworden und liefern die betreffenden Informationen von sich aus (Position 15).

Die Sequenz aus diagnostischer Frage bzw. Handlungsanweisung, diagnostischer Handlung und Beobachtung und entsprechendem Bericht bzw. Exothese kann – je nach der Entscheidung des Experten (Position 16) – mehrfach durchlaufen werden. Dabei wird die Eingrenzung des Fehlers mit jedem Durchlauf genauer und führt schließlich zu einer *Fehlerdiagnose* (Position 17). Diese kann häufig nur vorläufig sein. Sie gehört zunächst dem mentalen Bereich des Dienstleisters an (Position 17), wird aber meist verbal exothetisiert (Position 18). Danach erfolgt der Übergang zur Maßnahmenplanung.

Es wäre eine interessante, aber an dieser Stelle den Rahmen sprengende Aufgabe, am empirischen Material die Strategien und Schlussprozesse des Experten bei der Fehlereingrenzung bzw. -diagnose zu rekonstruieren. Hier scheinen *Abduktionen* im Sinne von Peirce (1931–1934/1958; vgl. Rohr 1993), also hypothesengenerierende Schlüsse von der Wirkung auf die Ursache eine Rolle zu spielen.

Ein Beispiel für das Muster Fehlerdiagnose ist der Ausschnitt *Macke*. Der Experte gibt eine diagnostische Handlungsanweisung (Fläche 18–22). Der Kunde kann die benötigte Information aber bereits aufgrund eigener diagnostischer Handlungen und Beobachtungen in der Vorgeschichte des Diskurses liefern (Fläche 22). Der Experte nimmt daraufhin die vorläufige Fehlerdiagnose vor, die er exothetisiert: *Ja gut, dann hat das Dingen auch ne Macke* (Fläche 23f.).

Macke

V		Dann gehn Se doch jetz mal her,
K	angeschlossen wie den andern, ääh	
18		

| V | und ziehn 'n mal eben ab und testen Se den Drucker so, ob . noch so |
| 19 | |

V	alles in Ordnung is. Dass Se's als Einzelgerät haben. Äh/
K		Äh wie mein Sie
20		

V	Ja die/ die Box mal eben rausnehmen. Und de:n ääh D/ Drucker
K	jetzt ähm
21	

V	direkt an den Computer, um zu sehn, . was/	Das geht
K	((schnell:)) [Nee dat geht alle.]	
22		

V	alle.	Ja gut, dann hat das Dingen auch ne
		V
K	Das geht alle, jaja, klar!	
23		

V	Macke.	Du Kacke nee!
K	A:ch!!!	
24		

Im Ausschnitt *Kontaktrand* wird eine diagnostische Frage an den Kunden gestellt (Fläche 26f.). Das erforderliche partikulare Wissen kann durch diagnos-

tische Beobachtung im aktuellen Diskurs erzeugt werden. In Fläche 29–30
zieht der Experte seine Schlussfolgerungen daraus.

Kontaktrand

V	Also das is t̲a̲tsächlich/ äh jetz ne a̲n̲dere Frage: Der is q̲u̲adrat̲i̲sch.
26	

V	.... Ha̲t̲ der auf der Plat̲i̲ne, lauter Löcher? Oder hat der an der Seite so'n
K	Nein,
27	

V	so'n Kontakt̲r̲and, ja? \ Ja.
K	der hat an der Seite so: ich sach ma so'n Kontakt̲r̲and, richtig.
28	

V	Jaa! Jaa! Jaa! Ja, dann
K	Der Copr/ d äh is son erhobener R̲a̲nd, is dat.
29	

| V | arbeitet der mit'm drei-siebnachtziger Coprozessor. |
| 30 | |

Im Beispiel *Anhaltspunkt* sucht der Dienstleister selbst den Rat und die Hilfe
eines Experten (Sigle X). Dennoch macht er selbst im Gesprächsverlauf einen
Vorschlag zu einer diagnostischen Handlung (Fläche 72f.), den der andere
Experte unterstützt (Fläche 73). Interessant ist, dass das Verfahren der Fehlerdiagnose hier als solches thematisiert wird. Herr Einerle verbalisiert explizit den Zweck einer diagnostischen Handlung bzw. Beobachtung, nämlich
Wissen zu gewinnen (Fläche 73f.), das einen *Anhaltspunkt* (Fläche 76) für
die Eingrenzung des Fehlers bietet.

Anhaltspunkt

V	Ich kann dat ja ma/ ich mach dat ma einfach so, ich
X	Das heißt er kommt (ja auch/)
72	

V	\ setz dat ma v̲o̲r der Linie. Ja, dann weiß i/
X	V Ja, machen Se mal d̲a̲s,
73	

V	dann weiß ich wenigstens, dass die/ daß die Steuer/
X	Dann (misst) er natürlich die Linie,
74	

V	((laut:)) [Ja dann weiß ich aber, dass
X	wenn er das richtig macht, inner anderen Schrift.
75	

V	er reagiert!!] Dann hab ich wenigstens 'n Anhaltspunkt, dass er/.
	V V V
X	Ja. Ja. Ja.
76	

V	dass ich irgendwo 'n Fehler mache!
	V
X	Ja. Genau.
77	

Das Muster Fehlerdiagnose wird mit Experten wie auch mit Laien als Interaktanten realisiert. Seinen Zweck erfüllt es bei Laien allerdings nur, wenn diese so viel fachbezogenes Wissen besitzen, dass sie in der Lage sind, diagnostische Fragen und Handlungsanweisungen zu verstehen und die notwendigen Handlungen und Beobachtungen durchzuführen. Zu diesem Punkt nimmt der Dienstleister Einschätzungen vor, die sich – abgesehen von vorhandenem Wissen über bekannte Kunden – auf den Stil und die sprachlichen Selbstdarstellungen der Kunden stützen. Solche Einschätzungen resultieren in einer Anpassung an die Kunden, d.h., bestimmen darüber, ob überhaupt und wie das Muster realisiert wird. Wie am Ausschnitt *Stau* gezeigt wurde, kann das Muster Fehlerdiagnose ganz ausgelassen werden, wenn der Kunde sich als fachlich ganz unwissend präsentiert. Die gesamte interaktive Fehlerbestimmung reduziert sich dann mehr oder weniger auf eine *Auftragsannahme*.

Der folgende Ausschnitt *Compudent* ist besonders interessant, weil er zeigt, dass auch die Interaktanten selbst ein bestimmtes Maß an Fachkenntnissen als Kriterium für die Realisierung oder Nicht-Realisierung des Musters Fehlerdiagnose betrachten.

Compudent

(Die Kundin spricht die englischen Wörter korrekt aus.)

	V
K	Jaa . und zwar äh, wir haben auch schon bei Compudent angerufen,
4	

| K | und es is also folgendes. Der kann wohl auf der Festplatte was nicht |
| 5 | |

138

V	N/
K	lesen. Soll ich Ihnen das mal vorlesen, oder wolln Se ((lachend:)) [am
6	

V	Ja <u>gleich</u> vorbeikommen kann ich nich.
K	besten <u>gleich</u> vorbeikommen.]
7	

	V
V	hm
K	Nein, ich mein heute nich, das is mir schon klar. Sie hat mir jetzt
8	

K	was von ner V-REPAIR-Diskette erzählt. . Also ich hab hier diese
9	

K	((artikuliert:)) [warning set table sector siebenzwanzig] data mirror
10	

	V
V	hm
K	mismatch.] Das hat er mir jetzt angezeicht, als ich den <u>ges</u>tern
11	

	V
V	Jaa.
K	<u>mor</u>gen angemacht habe. Und hier steht ((artikuliert:)) [warning
12	

	V
V	Jaa.
K	cannot create message file.] Ne? Und dann schreibt er hier noch
13	

K	((artikuliert:)) [error, cannot open blindery file,] da:nn ääh . jetzt zum
14	

K	Schluss steht hier ((artikuliert:)) [running processor C-M-D-P-R-10.]
15	

V	Und was ä/ was sacht äh . Compudent dazu?
16	

Die Kundin hat sich zu Beginn des Gesprächs als Mitarbeiterin einer Zahnarztpraxis vorgestellt und zeigt sprachlich in verschiedener Weise ihren Laien-Status. So beschreibt sie den Fehler, indem sie seine Beurteilung durch

Compudent wiedergibt (Fläche 5–6), also in distanzierender Weise durch die Redewiedergabe und *wohl*. Dieses Verfahren, auf fachliche Sachverhalte Bezug zu nehmen, wird auch in anderen Zusammenhängen verwendet, um sich als Laie darzustellen. In derselben Weise ist die vage Wiedergabe des Hinweises von Compudent auf die *V-REPAIR-Diskette* zu interpretieren (Fläche 8–9). Durch die Ausdrücke *vorlesen* (Fläche 6) sowie *angezeicht, hier steht, schreibt er* u.ä. (Fläche 11–14) kennzeichnet sie ihre Angabe der Fehlermeldung als bloß reproduzierend. Dieselbe Wirkung hat das Stakkato beim Vorlesen der ersten Systemmeldung (Fläche 10–11) und die artikulierte bis stockende Sprechweise, in der sie die übrigen Meldungen abliest. Auch mit *diese* in Bezug auf *warning* usw. (Fläche 9f.) distanziert sich die Kundin von der Fachlexik, die sie verwendet – ein Verfahren, das bei der Analyse des Beispiels *Wechsel* bereits beschrieben wurde.

Die Kundin versteht sich also selbst als Laiin. Ihrer Frage *Soll ich Ihnen das mal vorlesen, oder wolln Se ((lachend:)) [am besten gleich vorbeikommen.]* (Fläche 6f.) richtet sich auf die Entscheidung, ob man in das Diagnosemuster eintreten solle oder nicht. *Gleich vorbeikommen* ist in diesem Zusammenhang nicht wörtlich zu verstehen, sondern gemeint ist ‚unter Verzicht auf das Diagnosemuster', also eine sequenzielle, nicht eine zeitliche Bedeutung. Dies belegt auch die anschließende Sequenz: Herr Einerle missversteht die Kundin und teilt ihr mit, dass *gleich vorbei(zu)kommen* ihm unmöglich sei. Sie verdeutlicht daraufhin mit *Nein, ich mein heute nich, das is mir schon klar* (Fläche 8), dass diese zeitliche Interpretation nicht von ihr intendiert ist. Durch die Formulierung *am besten* und ihr Lachen (Fläche 6f.) bei der Nennung der Alternative *gleich vorbeikommen* zeigt sie, dass sie hier Einerles Perspektive einnimmt und aus dieser heraus die Durchführung des Diagnosemusters mit ihr zwecklos erscheinen muss. Obwohl sie nach Einerles Einwand (Fläche 7) doch noch die Fehlermeldungen des Systems vorliest, verzichtet Einerle tatsächlich auf die Realisierung des Diagnosemusters, enthält sich inhaltlicher Kommentare und thematisiert mit *Jetz könn Se gar nicht arbeiten* nur die praktischen Konsequenzen.

Die Einschätzung der Fachkompetenz der Interaktanten ist nicht nur für die Entscheidung wesentlich, ob die Anwendungsvoraussetzungen des Musters gegeben sind, ob also überhaupt eine Fehlerdiagnose durchgeführt werden soll. Vielmehr zeigt sich auch in den Realisierungsformen des Musters eine Anpassung an die Gesprächspartner. In dem Gespräch, aus dem der oben zitierte Ausschnitt *Wechsel* stammt und das mit einer ausgesprochenen Laiin (Sekretärin) stattfindet, will Einerle das Muster Fehlerdiagnose auslassen, wird aber von der Kundin zur Durchführung genötigt. Diese verhält sich dabei jedoch extrem unbedarft. Einerle passt sich der Interaktantin und ihrem Laienstatus zunehmend an, wie der folgende Ausschnitt *Finger* zeigt. Er formuliert seine diagnostischen Fragen und Handlungsanweisungen syntaktisch wie lexikalisch einfach, operational und nicht-fachlich; er dirigiert die Kundin extrem kleinschrittig; er behandelt sie darüber hinaus stark kontrollierend. Z.B. wiederholt er seine vorgängige Handlungsanweisung ermahnend: *Sie müssen den Finger aber auf recover halten* (Fläche 109f.) oder stellt an anderer Stelle (außerhalb des zitierten Transkriptausschnitts) die Kontrollfrage: *Ja halten Se denn den Finger auf die reset-Taste?* Insgesamt ergibt sich der Eindruck eines *autoritär-belehrenden Stils* des Fachmanns gegenüber dem Laien, wie wir ihn bereits in der Analyse des Gesprächs beim Hörgeräteakustiker (Kap. 4.4.2) gefunden haben.

Finger

V	[Äh/ äh lesen Sie mir doch noch mal die/]
K	( ) dann steht da noch rek/
102	

V	Ja! Da
K	äh ((langsam, deutsche Aussprache:)) [recall recover reset.]
103	

V	isses doch!! Riko/ äh ((engl. Aussprache:)) [recover.]
K	Ach ((engl.
104	

V	((gepresst:)) [Jaa!! Jaa! Jetz/
K	Aussprache:)) [recover.] Da drück ich jetz ma drauf.
105	

V	nee,] müssen Sie erst wieder ausschalten. V Ja,
K	Ach, erst ausschalten?
106	

V	ausschalten, die Taste gedrückt halten, und den . Drucker wieder ein-
107	

V	schalten.
K	((Knacken)) ((tief:)) [Dat is aber au' wat mit der Technik, wenn
108	

V	Sie
K	man da nich son/] So, jetz kann ich den ruhig wieder anmachen?
109	

V	müssen den Finger aber auf ((engl. Aussprache:)) [recover] halten.
K	Ja Ja,
110	

V	So, und jetzt schalten Se wieder ein,
K	hab ich. ((Knackgeräusche))

111

Dagegen wird das Muster Fehlerdiagnose in dem Gespräch, das oben im Ausschnitt *Tipp* schon zitiert wurde, mit einem offensichtlich fachkundigen Interaktanten durchgeführt. Der Ausschnitt *Frage* schließt an *Tipp* unmittelbar an:

Frage

V	((Atmen)) Ähm i/ . im set-up wer'n se angege-
K	Woran kann das liegen.

8

V	ben?
K	. . Ouh! Ja ich bin nun selber nich dagewesen, aber das is schon

9

V	Ob die im set-up überhaupt läuft.
	V
K	ma die erste Frage. Im set-up. Jaa .

10

V	Äh, gut, man kann die gar nicht disabeln im/ beim Tandon, höchstens/

11

V	doch, on board kann man die disabeln. Also erstma muss es da unten

12

V	aufleuchten, dass Sie COM eins und COM zwei . on board haben, . .

13

V	beziehungsweise auf ne Zusatzkarte. Und äh, wenn es ääh, äh nicht .

14

V	original . ist, . von Tandon, Original. Ja
	V
K	Die sind beide original. hm

15

V	dann könnte man höchstens noch versuchen, . äh vielleicht sind die

16

V	Stecker verkehrt rum draufgesteckt. Dass ääh eins nicht auf eins sitzt,

17

| V | sondern eins sitzt auf Pin zehn. . Dass das da verdreht ist, das Kabel. |

18

| V | | V | V | Weil, wenn Sie sagen, COM zwei |
| K | ((nachdenklich:)) [hmhm, hmhm] | | | |

19

| V | lässt sich gar nicht ansprechen? |
| K | Ja aber komischerweise bei beiden |

20

| V | | Bei beiden nicht! |
| K | nich. . | Nee. |

21

Der Kunde zeigt sein Fachwissen hier u.a. in seiner Antwort auf die erste diagnostische Frage (Fläche 9f.). Die emphatisch geäußerte Interjektion (*Ouh!*) und die Äußerung *aber das is schon ma die erste Frage. Im set-up.* zeigen, dass er die Frage nicht nur versteht, sondern auch in ihrer fachlichen Bedeutung würdigen kann. Der Kunde macht damit deutlich, dass er sowohl das von Einerle praktizierte Verfahren der Fehlereingrenzung nachvollzieht als auch die inhaltliche Bedeutung der Frage für die spezielle Symptomatik versteht. Ähnliche Schlüsse lassen sich aus den nachdenklich und akzentuiert geäußerten Interjektionen in Fläche 19 ziehen, mit denen der Kunde Einerles Überlegungen zustimmt. Auch in Fläche 20f. zeigt er mit seinem – vom Dienstleister akzeptierten – Einwand, dass er die vorgeschlagene diagnostische Handlung in ihrer systematischen Bedeutung einschätzen kann. Fachtermini und -jargon werden von beiden Interaktanten mit Selbstverständlichkeit und ohne besondere Indizierung oder Erläuterung verwendet, z.B. *(im) set-up (läuft), disabeln, on board, COM eins/zwei, Zusatzkarte, Pin zehn, ansprechen*. Ihr Verständnis wird vorausgesetzt.

Einerle setzt darüber hinaus bei der Realisierung des Musters Fachkompetenz des Kunden interaktiv voraus: In Fläche 11–12 wird die Erklärungshypothese (dass *COM zwei disabelt* sein könnte), die der ersten diagnostischen Frage offenbar zugrunde liegt, nur in indirekter Form verbalisiert, derart, dass sie nur auf der Basis von Fachwissen erschließbar ist. Entsprechend den Fachkenntnissen des Kunden wird das Muster Fehlerdiagnose in diesem Diskurs durch komplexere diagnostische Fragen und Handlungsanweisungen prozessiert. Sie enthalten Fachlexik, sind wenig operationalisiert und die Beantwortung der Fragen setzt nicht nur allgemeine Beobachtungsfähigkeit, sondern fachliches Wissen voraus (z.B. *im set-up wer'n se angegeben?*, Fläche 8–9).

Unter jedem dieser Aspekte steht die Art der Musterrealisierung damit in deutlichem Kontrast zur Durchführung des Musters mit Laien, wie sie am

Beispiel von *Finger* und *Wechsel* analysiert wurde. Statt des autoritär-belehrenden Stils finden wir hier einen Stil, der durch gegenseitige fachliche Anerkennung gekennzeichnet ist und sich als *Diskurs unter Experten* bezeichnen lässt. Auch in den sprachlichen Realisierungsformen des Musters Fehlerdiagnose – nicht nur in seinen Anwendungsvoraussetzungen – findet also entsprechend der Fachkompetenz der Interaktanten eine Akkommodation statt.

Zusammenfassung der Ergebnisse

Die Analysen zeigen, dass in Servicegesprächen eine Variation und Fluktuation zwischen fachlicher und nicht-fachlicher Kommunikation stattfindet, vor allem auf seiten des Dienstleisters. Dies betrifft die Auswahl geeigneter sprachlicher Handlungsmuster wie auch die Formen ihrer sprachlichen Realisierung. Da Zweck, Situation, Themen und Medium der Kommunikation (Telefon) sehr ähnlich sind und es sich stets um denselben Dienstleister handelt, lassen sich Variation und Fluktuation wesentlich darauf zurückführen, dass dieser sich kommunikativ an die unterschiedliche Fachkompetenz seiner Kunden anpasst. Diese Akkommodation geschieht auf der Basis von Einschätzungen der Fachkompetenz, die sich vor allem auf die sprachliche Selbstdarstellung der Kunden als Fachleute oder Laien stützen.

Die Selbstdarstellung der Kunden wird bereits erkennbar, wenn sie das Handlungsmuster Hilfeersuchen in verschiedenen Graden von Fachlichkeit, in einem Spektrum zwischen Experten- und Laienstil, realisieren. Zu einer fachkompetenten Selbstdarstellung dienen vor allem die (technische) Spezifität, Komplexität und Ausführlichkeit, mit der Musterpositionen wie Orientierung und Symptombeschreibung ausgefüllt werden, und eine Verwendung von Fachlexik, die selbstverständlich und nicht markiert ist. Bei der Selbstdarstellung als Laie werden unspezifische Sachverhaltsdarstellungen gegeben, u.U. verbunden mit selbstabwertenden Äußerungen. Für technische Sachverhalte werden umgangssprachliche Ausdrücke an Stelle von Fachlexik gebraucht. Die Kunden verwenden, wenn überhaupt, Fachwörter entfachlicht, d.h. markieren das Fachwort durch die Art seiner syntaktischen und semantischen Einbindung oder durch prosodische bzw. nonverbale Mittel (Lachen); sie zeigen, dass sie es ohne das dazugehörige Fachwissen, bloß reproduktiv oder tentativ verwenden und sich von ihm distanzieren.

Während man auf seiten der Kunden von einem abgestuften Experten- bzw. Laienstil sprechen kann, sind die Verhältnisse auf seiten des Professionellen komplexer. Denn er muss bei der interaktiven Fehlerbestimmung den sachlich-technischen, sozialen und ökonomischen Handlungsanforderungen gerecht werden. Der Dienstleister schätzt die Kunden ein und sucht sein kommunikatives Handeln dementsprechend anzupassen. Dazu gehört, den angemessenen Grad von Fachlichkeit zu wählen und zu entscheiden, welche sprachlichen Handlungsmuster bzw. Musterpositionen realisiert und wie sie durchgeführt werden.

Innerhalb des Diskurstyps Fehlerbestimmung ist die interaktive Fehlerdiagnose ein relevantes fachlich-berufliches Handlungsmuster. Es hat in der technischen Servicetätigkeit seine zentrale Domäne und besitzt gegenüber nicht-fachlichem Alltagshandeln Spezifität. Indem der Zweck des Musters verwirklicht wird, wird eine fachgerechte Maßnahmenplanung möglich, d.h. eine, die nicht nur auf Versuch und Irrtum beruht, sondern systematisch und dadurch tendenziell effizient und sicher ist. Ein Kriterium für die Musterdurchführung ist, ob der Kunde sich interaktiv in einem gewissen Grad als fachkompetent darstellt. Dieses Kriterium scheint nicht nur analytisch, sondern auch im Bewusstsein der Interaktanten das zentrale zu sein.

Das Muster Fehlerdiagnose ist in seinem Zweck und seiner Struktur fachlich geprägt. Es ist das Fachwissen des Experten, das Erklärungshypothesen für die Symptome erlaubt. Das notwendige partikulare Wissen, das nur dem Kunden zugänglich ist, wird durch Steuerung des Experten erzeugt und bereitgestellt, der aufgrund seiner Fachkompetenz weiß, welches Wissen diagnostisch relevant ist. Für die Kunden brauchen die diagnostischen Fragen und Handlungsanweisungen nicht kohärent zu sein. Es ist für das Muster unwesentlich, ob sie nachvollziehen können, in welchem semantisch-pragmatischen bzw. fachlichen Zusammenhang sie zueinander, zu den Symptomen, den Erklärungshypothesen und der Fehlerdiagnose stehen. Sie klagen die Explikation dieser Zusammenhänge normalerweise auch nicht ein. Hier bestehen Gemeinsamkeiten mit der ärztlichen Diagnosetätigkeit (z.B. Rehbein 1986, 1993). Auch dort ist es die fachliche (medizinische) Symptomatik, die die Beschwerdeexploration und die Anamnese, die diagnostischen Fragen und Schlussprozesse des Arztes steuert. Sie ist Teil des ärztlichen Fachwissens, während den Patienten Bedeutung und Zusammenhang der Fragen oft ebenso verborgen bleiben wie systematische Bedeutung und Konsequenzen ihrer Antworten.

Gerade darin scheint sich das fachliche Muster Fehlerdiagnose von verwandten nicht-fachlichen Interaktionen zwischen Laien zu unterscheiden. Nach meinen vorläufigen Beobachtungen verhalten sich Laien in vergleichbaren Mustern des Alltags anders – sofern sie nicht überhaupt von unsystematischem Raten und Ausprobieren Gebrauch machen, um den Fehler zu finden. Sie explizieren eher ihre Erklärungshypothesen, vermitteln einander die Bedeutung diagnostischer Fragen und Handlungsanweisungen, handeln die zu ziehenden Folgerungen und die Gültigkeit der Schlüsse aus und rechtfertigen ihre Diagnosen. Für die Struktur des fachlich-beruflichen Musters ist die Asymmetrie, die Differenz im Fachwissen konstitutiv und diese bleibt im Muster bestehen. Dagegen findet in nicht-fachlichen Interaktionen ein Abgleich sowie ein tendenzieller Ausgleich zwischen den Wissensbeständen der Beteiligten statt.

Die Durchführung der Fehlerbestimmung insgesamt wird an die Interaktanten und ihre Fachkenntnis angepasst, ob z.B. Exothesen der Erklärungshypothesen und der Maßnahmenplanung geäußert werden oder nicht, ob und wie Fachlexik verwendet wird – im Modus der Selbstverständlichkeit oder zusammen mit Erläuterungen. Auch bei der Durchführung des speziellen Musters interaktive Fehlerdiagnose finden Anpassungen statt, z.B. darin, ob diagnostische Fragen und Handlungsanweisungen als Musterpositionen gefüllt und wie sie realisiert werden (Operationalität, sprachliche Einfachheit, Umfang der interaktiven Kontrolle).

Die Variation und Anpassung bei der Musterrealisierung ist eine Bedingung dafür, dass der Zweck des Musters erreicht wird. Jedoch können bestimmte Durchführungsweisen Probleme erzeugen: Bei einer Durchführung mit Laien riskiert der Dienstleister seine Arbeitszeit zu verschwenden, ohne dass der Zweck des Musters erreicht wird; ein autoritär-belehrender Stil mit starker Kontrolle kann von den Kunden als sozial unangemessen empfunden werden und Verärgerung hervorrufen. Beides kann negative Konsequenzen haben und die übergeordneten ökonomischen Handlungszwecke gefährden.

7. Verhandlungen

In diesem Kapitel stelle ich Formen und Aspekte von Verhandlungen dar, diskutiere Begriffsbestimmungen von *Verhandeln* und gebe einen Literaturüberblick (Kap. 7.1). Anschließend werden Beispielanalysen vorgestellt: In Kap. 7.2 untersuche ich Verhandlungen unter Experten als Vertretern von Institutionen, und zwar bei der Beschaffung eines Computer-Netzwerks. Kontrastiv dazu analysiere ich Preisverhandlungen zwischen Professionellen und Laien (Kap. 7.3) beim Autokauf.

7.1. Formen von Verhandlungen und Literaturüberblick

Verhandlungen, speziell Geschäftsverhandlungen, sind vermutlich die Kommunikationsform, an die man am ehesten denkt und die am häufigsten genannt wird, wenn nach mündlicher Wirtschaftskommunikation gefragt wird. Verhandlungen gelten als besonders wichtige, aber auch schwierige Diskursart, wie man an der unüberschaubaren Vielzahl praxisbezogener Publikationen und Seminarangebote zu wirtschaftlichen Verhandlungen erkennen kann. Da Verhandeln als anspruchsvolle kommunikative Tätigkeit betrachtet wird, handelt es sich um einen Prototyp *eigenständiger Kommunikation* im Sinne der in Kapitel 2.2 getroffenen Differenzierungen. Verhandlungen sind Bestandteil der betriebsexternen (z.B. Preis- oder Vergabeverhandlungen), aber ebenfalls der betriebsinternen Kommunikation. Denn verhandelt wird auch zwischen Mitarbeitern und Vorgesetzten (z.B. über Gehalt), zwischen Kollegen (z.B. über Arbeitsverteilung), zwischen Abteilungen (z.B. über die gemeinsame Nutzung von Ressourcen oder Fertigstellungstermine) und zwischen Betriebsrat und Betriebsleitung (z.B. über Prämien oder Arbeitszeiten).

Verhandlungen kommen in mündlicher und auch schriftlicher Form vor. Komplexe, längerdauernde Verhandlungen sind häufig aus mündlichen und schriftlichen Anteilen gemischt – z.B. in politischen (auch wirtschafts- und tarifpolitischen) Zusammenhängen. Sie können sich über Wochen, Monate oder Jahre hinziehen, unter Beteiligung zahlreicher Parteien (die oft ihrerseits wieder Kollektive sind) stattfinden und brauchen nicht raumzeitlich kohärent zu sein.

Begriffliche Bestimmungen

Eine weithin akzeptierte Begriffsbestimmung des Verhandelns, die aus dem *Harvard Negotiation Project* stammt, lautet:

> Verhandeln ist eine Grundform, Gewünschtes von anderen Leuten zu bekommen. Es ist wechselseitige Kommunikation mit dem Ziel, eine Übereinkunft zu erreichen, wenn man mit der anderen Seite sowohl gemeinsame als auch gegensätzliche Interessen hat. (Fisher/Ury/Patton 1993: 13)

Eine weitergehende Definition gibt Firth, wenn er Verhandeln als „an activity of social decision making on substantive matters" bezeichnet (Firth 1995: 3). Wagner/Petersen (1991: 267) weisen zu recht darauf hin, dass in vielen Definitionen in der englischsprachigen Literatur die Begriffe *negotiation* (‚*Verhandlung*') und *bargaining* (‚*Feilschen, Handeln*') ineinander übergehen, dass sie jedoch analytisch zu trennen sind:

> *Handeln (Feilschen)* präsupponiert, dass die Interaktanten von einer gemeinsamen Skala ausgehen. Falls zwei Interaktanten einer Sache x auf der Skala X unterschiedlichen Wert zuschreiben, können sie miteinander handeln (feilschen), wobei beide versuchen, den anderen auf der Skala auf sich zuzubewegen. Es geht also um die Optimierung von unterschiedlichen Zielen zweier Partner, die auf eine einzige gemeinsam akzeptierte Wertskala bezogen sind. In diesem Sinne ist *Handeln (Feilschen)* eine *einsträngige Aktivität*, bei der sich beide Partner auf einer Skala bewegen. Da es sich nur um eine Skala handelt, ist *Handeln (Feilschen)* immer tauschwertbezogen, die übliche Skala ist der Geldwert. *Verhandeln* dagegen ist *mehrsträngig*, d.h. es sind mehr als nur verschiedene Ziele und mehr als eine Skala involviert. (Wagner/Petersen 1991: 269)

In seiner grundlegenden, einfachen Form betrachte ich Verhandeln als komplexes sprachliches Handlungsmuster (vgl. Becker-Mrotzek/Brünner demn.) – vergleichbar etwa der Alltagserzählung oder der medizinischen Anamnese – weil es in seiner Struktur einer einheitlichen Zwecksetzung unterliegt. Möglich ist auch eine Sichtweise als Diskurstyp, wenn man an Gespräche denkt, die als ganze überwiegend aus komplexen, längeren Verhandlungsaktivitäten bestehen.

Die Grundkonstellation beim Verhandeln besteht darin, dass zwei (oder mehr) Parteien konfligierende Ziele bzw. Interessen verfolgen. Dabei besteht eine gegenseitige Abhängigkeit bei der Zielrealisierung, d.h., die Parteien sind aufeinander angewiesen und haben insofern ein gemeinsames Interesse an der Verhandlung. Der Zweck des Verhandelns besteht darin, kommunikativ eine Übereinkunft für das Handeln zu schaffen, und zwar eine, die die Ziele beider Parteien berücksichtigt und ihre Interessenkonflikte tendenziell ausgleicht (vgl. Becker-Mrotzek/Brünner demn.).

Verhandlungen sind in der Regel keine Nullsummenspiele, in denen Gewinne der einen Partei unmittelbar Verlusten der anderen Partei entsprechen. Denn auch solche, in denen sich dies zunächst so darstellen mag (z.B. Verkaufsverhandlungen), enthalten nicht nur einen, sondern mehrere miteinander verknüpfte Verhandlungsaspekte (neben dem Preis z.B. Ausstattung, Lieferbedingungen, Serviceleistungen, Kundenbindung). Diese Komplexion von Aspekten, die gegeneinander abgewogen und ausgeglichen werden, machen Verhandlungen in der Regel zu einem *mixed motive game*. Darüber hinaus enthalten sie meist auch problemlösende Aktivitäten (Ehlich/Rehbein 1986) und haben damit kooperative Züge. Beim Verhandeln müssen ja mögliche sachliche Lösungen, die den Interessen beider Parteien gerecht werden, oft erst gemeinsam entwickelt werden, bevor eine davon als Übereinkunft ausgehandelt und ausgewählt werden kann. So wie Verhandlungen oft (gemeinsames) Problemlösen als Teilaktivität umfassen, können umgekehrt in das Muster *Problemlösen* Verhandlungsphasen eingelagert sein – wenn etwa über einzuschlagende Lösungswege Divergenzen und Zielkonflikte bestehen.

Dem Verhandeln benachbarte Handlungsformen sind (gemeinsames) *Problemlösen* und *Streiten*. Das Problemlösen unterscheidet sich durch seinen stärker kooperativen Charakter vom Verhandeln; es gibt dort nicht notwendig konfligierende Ziele bzw. Interessen zwischen den Interaktanten. Streiten als Form des Konfliktgesprächs ist im Vergleich zum Verhandeln weniger auf das Erreichen einer sachlichen Übereinkunft orientiert; es ist weniger entscheidungs-, dafür stärker beziehungsbezogen. Ein Konflikt ist ein Dissens über Sachverhalte, von denen man glaubt, man könne Übereinstimmung erwarten; solche Erwartungen sind bei Verhandlungen normalerweise nicht gegeben. Die genannten Handlungsmuster besitzen vergleichbare Phasen oder Elemente (z.B. Sachverhaltsklärung oder Übereinkunft). Sie treten innerhalb von Handlungszusammenhängen oft gemeinsam auf und können in der konkreten Interaktion ineinander übergehen (z.B. das Muster *Verhandeln* in das Muster *Streiten*). Verhandlungen enthalten Aushandlungsphasen als konstitutive Elemente, lassen sich aber selbst nicht auf Aushandlungsprozesse reduzieren.

Eine instruktive methodologische Diskussion zum Begriff des Verhandelns bietet Wagner (1995a). Er diskutiert kritisch Firths Differenzierung von Verhandeln als Diskurstyp (*negotiation encounters*) und als Aktivität (*negotiation activity*), welche auch außerhalb von Verhandlungsdiskursen auftritt. Wagner unterscheidet vier verschiedene *settings* für Verhandlungen:

(1) A has goal X. B has goal Z. Neither A nor B has control over both goals.

(2) A and B have the same goal Y. Neither A nor B alone has control over Y.

(3) A has goal X, X is controlled by B.

(4) A has goal X, B has goal Z. X is controlled by B, Z by A.

(Wagner 1995a: 12)

Im Fall (1) können A und B ihre Handlungen *koordinieren*, um ihre Ziele zu erreichen. Im Fall (2) ist eine *Kooperation* von A und B erforderlich, um das

Ziel zu erreichen. Der Fall (3) ist z.B. der eines Verkäufers, der einen Kunden zum Kauf bewegen möchte und ihn deshalb zu überzeugen versucht. Der Fall (4) ist der prototypische Fall, in dem eine *Verhandlung* stattfinden muss, um die Ziele von A und B zu realisieren. Diese settings, z.B. (2) und (4), können sich jedoch im Verlauf der Interaktion verändern, von den Beteiligten interaktiv umdefiniert werden und ineinander übergehen. Wagner berücksichtigt in seiner Begriffsbestimmung konsequent die Beteiligtenperspektive, d.h., er verlangt, dass für eine Verhandlung nicht nur die objektiven Bedingungen gegeben sein müssen, sondern dass auch die Beteiligten selbst ihre Ziele als voneinander abhängig behandeln müssen. Deshalb gilt:

> So far, the question, ‚What makes a discourse a negotiation?', may be answered as follows: a discourse is a negotiation if the conditions for a negotiation (interrelated goals and control) are a topic in the interaction. Negotiations may evolve out of one of the four settings describes above. With regard to the model, the forth kind of setting will be viewed as the core, i.e., the most genuine kind of negotiation. Though, due to the instability of the settings, all four may be referred to as negotiations, which is exactly what business professionals are doing in ordinary language use. (Wagner 1995a: 14)

Wagner formuliert weiterhin die Hypothesen, dass ein für alle Beteiligten klares setting wie (4) keiner interaktiven Definition bedarf, dass jedoch unklare settings definierender diskursiver Aktivitäten bedürfen. Interaktanten, die im setting (1), (2) oder (3) in der schwächeren Position sind, werden versuchen, dieses als Verhandlung im Sinne von (4) umzudefinieren, um ihre Position zu stärken. Die empirischen Analysen von Wagner zeigen, dass dies in der Tat geschieht – etwa dadurch, dass auch für den Interaktionspartner entsprechende Ziele behauptet werden (Wagner 1995a: 22). Die settings (1) bis (3) gelten dann als Verhandlungen, wenn wenigstens einer der Beteiligten einen Versuch der Umdefinition in Richtung auf Fall (4) unternimmt.

> In this sense, a sales talk becomes a negotiation if one participant tries to connect the sale with other goals of the interactants. (Wagner 1995a: 30)

Literaturüberblick

Es gibt reichhaltige Forschungs- wie auch Ratgeberliteratur zum Verhandeln, die überwiegend aus der Soziologie, Sozialpsychologie und Psychologie (Putnam/Roloff Hgg. 1992), aber auch der Linguistik stammt. Die unterschiedlichen disziplinären und theoretischen Ansätze zum Verhandeln sind in Firth (1995) in einem guten Überblick dargestellt. Firth unterscheidet die folgenden wissenschaftlichen Orientierungen in der einschlägigen Literatur:
- präskriptive Orientierung (Ratgeber wie das Harvard-Konzept, Fisher/Ury/Patton 1993)
- abstrakte Orientierung (z.B. spieltheoretische Konzepte)

- ethnographische Orientierung (Analysen auf der Grundlage von Feldbeobachtungen und Interviews)
- experimentelle Orientierung (besonders in der Sozialpsychologie; Simulationen bzw. Rollenspiele werden zur Prüfung von Verhandlungstrategien und Variablen beim Verhandeln eingesetzt)
- Diskursorientierung (Analyse des Diskursprozesses durch die Codierung von Handlungen oder durch Transkriptanalysen)

Im Folgenden kann ich nur ausgewählte Untersuchungen nennen, ein vollständiger Forschungsüberblick würde den hier gesetzten Rahmen übersteigen. Vergleichsweise wenige Arbeiten haben authentische Verhandlungsdiskurse zur empirischen Grundlage.

Die praxisbezogene und Ratgeberliteratur zum Verhandeln ist umfangreich. Blom (1991) stellt den Einsatz von Verhandlungsspielen im berufsbezogenen Sprachunterricht dar. Christopher/Smith (1991) bieten eine Fülle verschiedenartiger, z.T. recht komplexer Verhandlungsspiele (Rollen- und Planspiele). Empfehlungen zu Verhandlungführung und Durchsetzungsstrategien werden in Günther/Sperber (1993), Theiß (1995), Ulijn/Strother (1995) und Finch (1999) gegeben. Ein Standardwerk ist die Arbeit von Fisher/Ury/Patton (1993) aus dem *Harvard Negotiation Projekt* (vgl. Fisher/Brown 1992). In diesem Projekt wurde das Konzept des *sachgerechten Verhandelns (principled negotiation)* entwickelt, das sich durch seine vier Leitprinzipien charakterisieren lässt:

Menschen:	Menschen und Probleme getrennt voneinander behandeln!
Interessen:	Nicht Positionen, sondern Interessen in den Mittelpunkt stellen!
Möglichkeiten:	Vor der Entscheidung verschiedene Wahlmöglichkeiten entwickeln!
Kriterien:	Das Ergebnis auf objektiven Entscheidungsprinzipien aufbauen!

(Fisher/Ury/Patton 1993: 31)

Linguistische Untersuchungen, denen ein größeres Korpus authentischer Verhandlungsgespräche aus der Wirtschaft zugrunde liegt, gibt es bisher kaum. Francis (1995) gibt eine kritische Einschätzung ethnomethodologischer und konversationsanalytischer Arbeiten. Es gibt m.W. keine diskursanalytischen Untersuchungen der nonverbalen Kommunikation in Verhandlungen, wohl aufgrund der Schwierigkeiten, authentisches Material (Videoaufzeichnungen) zu gewinnen.

In der linguistischen Literatur werden meist drei zentrale Phasen für das Verhandeln genannt. Sie werden z.B. als *phase of information seeking and discussion (exploration), bargaining phase* und *decisions (settling)* bezeichnet (Bülow-Møller 1992: 200). Wagner/Petersen (1991: 272f.) unterscheiden speziell für Geschäftsverhandlungen zwischen Firmen drei Phasen als zentrale Elemente, nämlich die *Vorbereitungsphase*, in der sich die Parteien getrennt voneinander auf die Interaktion vorbereiten, die eigentliche *Verhandlungsphase* und die *Ratifikationsphase*, in der die Verhandlung z.B. durch einen Vertrag abgeschlossen wird.

Eine frühe diskursorientierte Arbeit zu authentischen Geschäftsverhandlungen, in der besonders Verhandlungsstrategien untersucht werden, ist Lampi (1986). Francis (1986) untersucht konversationsanalytisch wirtschaftliche Verhandlungen; anhand des Transkripts einer Lohnverhandlung werden die Themenorganisation und das interaktive Agieren als ein Verhandlungsteam analysiert.

In dem Sammelband von Firth (Hg. 1995) finden sich überwiegend konversationsanalytisch geprägte Beiträge zum Verhandeln – einige von ihnen sind auf Wirtschaft bezogen. So beschreibt Bilmes (1995) anhand einer Verhandlung in der *United States Federal Trade Commission* die Entwicklung von Verhandlungsprozessen und -positionen. Walker (1995) untersucht Lohnverhandlungen in einem britischen Unternehmen, besonders die Rolle von Formulierungstätigkeiten in ihnen. Telefonische Verhandlungen zwischen der Exportabteilung einer dänischen Firma und Kunden im arabischen Raum, und zwar in Englisch als lingua franca, werden in Firth (1995a) analysiert; er zeigt am Material, wie Diskursstruktur und Einbettung der Verhandlung in den Arbeitszusammenhang interaktiv erzeugt werden. Marriott (1995) untersucht eine Geschäftsverhandlung auf Englisch zwischen einem japanischen und einem australischen Partner unter dem Aspekt der auftretenden sprachlich-kommunikativen Probleme (vgl. auch Marriott 1995a zur Themenentwicklung in dieser Verhandlung).

Einige Beiträge dieses Sammelbandes beschäftigen sich nicht mit Verhandlungsgesprächen als solchen, sondern mit Aushandlungsprozessen im Diskurs. Beispielsweise hat Wagner (1995) technisches Problemlösen unter Experten, das Aushandeln der Problemursachen und -lösungen zum Gegenstand. Button/Sharrock (1995) analysieren das Aushandeln von Bedeutungen/Interpretationen in einem Team von Softwareentwicklern. Mazeland/Huisman/Schasfoort (1995) behandeln Telefongespräche mit einem Reisebüro, in denen passende Kategorien bzw. Beschreibungen für den gewünschten Urlaub ausgehandelt werden, so dass in den Katalogen nach Angeboten gesucht werden kann. In Torode (1995) geht es um Aushandlungsprozesse bei der telefonischen Beratung einer Kundin durch die Verbraucherberatung in Dublin.

Ein anderer wichtiger Sammelband mit diskurs- und konversationsanalytischen Beiträgen speziell zu geschäftlichen Verhandlungen ist Ehlich/Wagner (Hgg. 1995). Francis (1995) stellt ethnomethodologische und konversationsanalytische Untersuchungen zum Verhandeln kritisch dar. Die Arbeiten von

Fant (1995), Grindsted (1995), Andersen (1995) und Villemoes (1995) stammen alle aus einem Projekt zu kulturellen Unterschieden in Geschäftsverhandlungen und haben Rollenspiele zur Grundlage. Van der Wijst/Ulijn (1995) vergleichen anhand von Trainingsmaterial Höflichkeitsstrategien bei französischen und niederländischen Verhandlern. Stalpers (1995) behandelt die Ausführung von *disagreement acts* (gemeint sind sowohl Missverständnisse als auch Dissens) in Geschäftsverhandlungen, und zwar zwischen Partnern derselben wie unterschiedlicher Kulturen.

Rehbein (1995) in diesem Sammelband untersucht das Handlungsmuster *Kaufen-Verkaufen* im transnationalen Bereich am Beispiel eines authentischen Diskurses zwischen einem Niederländer und einem französischsprachigen Belgier; Verhandeln wird als rekursiver Durchlauf durch das Muster betrachtet, in dem sich der Entscheidungsprozess des Käufers vollzieht. Firth (1995b) behandelt unter dem Begriff *telenegotiation* medial vermittelte Formen des Verhandelns, nämlich Telefongespräche und Telexe zwischen einer dänischen Firma und ihren internationalen Kunden (vgl. Firth 1995a, 1995c). Er untersucht, wie und mit welchen Konsequenzen ihre Einbettung in den Arbeitszusammenhang innerhalb der Organisation interaktiv relevant gemacht wird. Dabei stellt er auch typische Verkaufsabwicklungen und Verhandlungselemente in schriftlicher Form (mittels Telex) vor. Charles (1995) analysiert an einer authentischen englischen Verkaufsverhandlung die Verteilung und Verschiebung von Macht zwischen Käufer und Verkäufer. Kulturspezifischen und interkulturellen Formen und Problemen des Verhandelns ist in der Literatur besondere Aufmerksamkeit gewidmet worden, so dass hier – neben den bereits genannten Arbeiten – eine ganze Reihe von Untersuchungen existiert (vgl. Kap. 3.4).

In Becker-Mrotzek (1994) und Becker-Mrotzek/Brünner (demn.) wird über ein Kommunikationstraining berichtet, das wir für Meister bei den Stadtwerken einer deutschen Großstadt durchgeführt haben; in dieser Fortbildungsveranstaltung war Verhandeln einer der zentralen Gegenstände. Im Hinblick auf die betriebsexterne Kommunikation haben die Meister drei große kommunikative Aufgabenfelder: Kontakte mit Kunden, mit Fremdfirmen und mit Behörden. Mit Kunden sind immer dann Gespräche erforderlich, wenn das Leitungsnetz im oder zum Haus erweitert oder repariert werden muss. Da dies in der Regel mit Belästigungen und Unannehmlichkeiten verbunden ist, liegen hier Interessenkonflikte strukturell nahe. Der Kontakt mit Fremdfirmen bezieht sich besonders auf die Durchführung von Baumaßnahmen, die von den Stadtwerken in Auftrag gegeben, geplant, begleitet und finanziert werden. Konflikte entstehen vor allem dann, wenn Uneinigkeit über erbrachte und/oder erforderliche Leistungen besteht. Schließlich müssen bestimmte Baumaßnahmen mit Behörden abgesprochen oder genehmigt werden, beispielsweise mit der Polizei und dem Straßenverkehrsamt bei Arbeiten auf öffentlichen Straßen oder mit Naturschutzbehörden bei Arbeiten in Landschaftsschutzgebieten; auch hier spielen Kostenfragen eine Rolle. In der täglichen Praxis überwiegen die Kontakte zu anderen Institutionen (Firmen und Behörden), insbesondere zu Vertretern von Bau- und Installationsfirmen, mit denen Modalitäten der Bauausführung besprochen werden. Es handelt sich hier um Interaktionen zwischen Agenten verschiedener Institutionen, die sowohl gemeinsame wie gegensätzliche Interessen vertreten, so dass immer wieder die Notwendigkeit zu verhandeln entsteht.

Ein telefonisch geführter Verhandlungsdiskurs zwischen einem Vertreter der Stadtwerke und einem Bauunternehmer wird in Becker-Mrotzek/Brünner (demn.) analysiert. Das Muster *Verhandeln* wird rekonstruiert und eine auf das Training zugeschnittene Musterbeschreibung vorgestellt. Beim Verhandeln auftretende Probleme werden genannt und Möglichkeiten aufgezeigt, sie mit Hilfe der Musterbeschreibung im Training zu besprechen. Diese Musterbeschreibung möchte ich in Abbildung 16 noch einmal wiedergeben.

Da diese Musterbeschreibung eher unter didaktisch-methodischen als theoretischen Gesichtspunkten angefertigt wurde, ist sie kein Praxeogramm im strengen Sinne. Z.B. ist in der Darstellung nicht systematisch zwischen mentalen und interaktionalen Handlungen getrennt; weitere mentale Positionen und Entscheidungsknoten wären zu ergänzen, z.B. solche, an denen individuelle Alternativen zu den gebotenen Optionen geprüft und ggf. Abbruchkriterien aktiviert werden. Diese didaktisch reduzierte Darstellung hat sich jedoch in der Fortbildung bewährt. Sie zeigt die zentralen Handlungsschritte und den auf den Zweck des Musters bezogenen typischen Verlauf. Die Tätigkeiten und die Ablaufstruktur werden im Diagramm aus der Perspektive des Aktanten A dargestellt; sie gelten spiegelbildlich auch für den Aktanten B.

Die beiden durchbrochenen waagerechten Linien kennzeichnen die drei großen Phasen im Verhandlungsablauf:
- Phase I: Wahrnehmung eines Interessenkonflikts als Problem und Sachverhaltsklärung
- Phase II: Aushandlung
- Phase III: Abschluss.

Die Phase I wird dadurch eröffnet, dass ein Interessenkonflikt (mental) wahrgenommen wird, und zwar als ein Problem (1), gefolgt von seiner Thematisierung (2). Es folgt eine Sachverhaltsklärung, in der der vorliegende Sachverhalt von einem der Beteiligten dargelegt oder spezifiziert wird (3). Der Gesprächspartner steht vor der Entscheidung (4), ob er Fragen zum Sachverhalt stellen (5), diesen seinerseits darlegen bzw. spezifizieren will (6) oder ob er die gegebene Sachverhaltsdarstellung akzeptiert (9). Entsprechende Möglichkeiten (7) stehen dem ersten Interaktanten zur Verfügung. Die Musterposition *Gegenseitiges Akzeptieren* (9) ist erreicht, wenn der Sachverhalt zwischen den Interaktanten geklärt ist. Sie stellt die Voraussetzung für den Übergang zu Phase II dar.

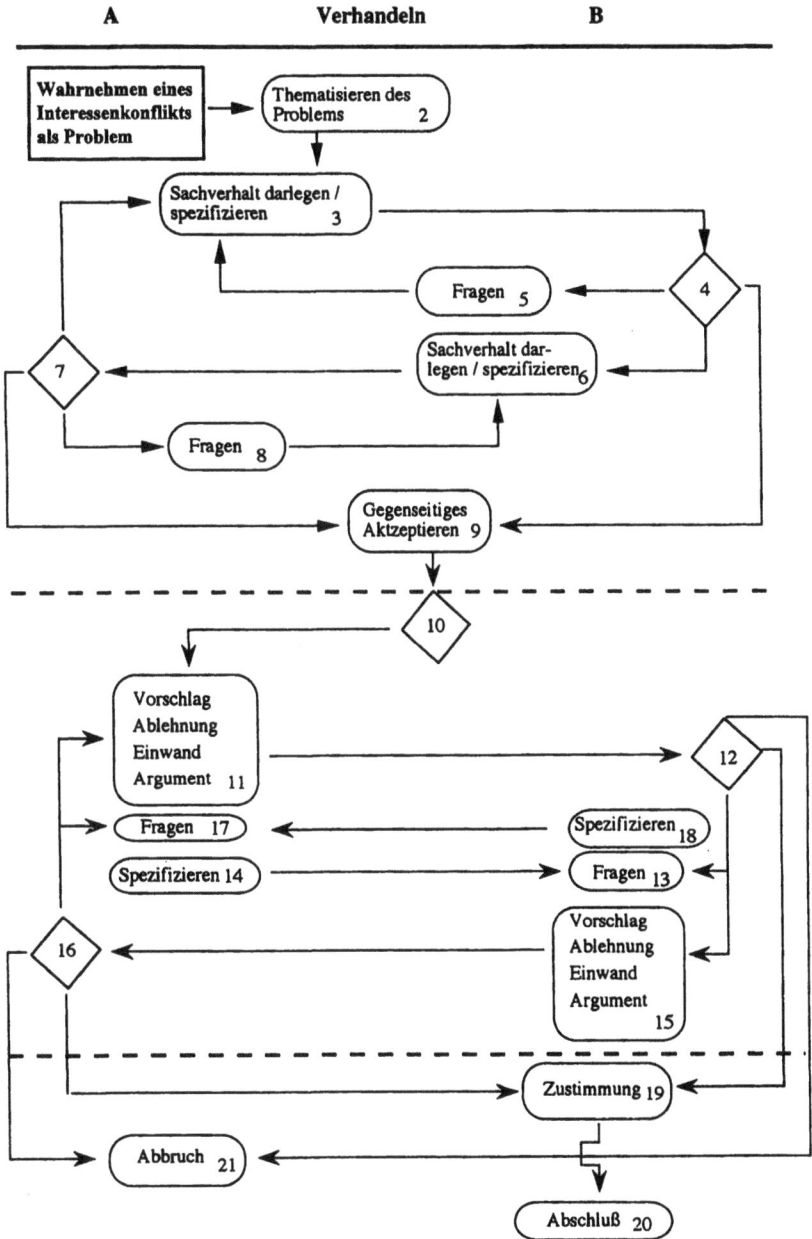

Abbildung 16: Das Muster *Verhandeln*

Phase II, die Aushandlungsphase, wird über Musterposition 10 erreicht. Von ihr ist kein Pfad zurück zu Phase I vorgesehen; ein solcher rücklaufender Pfad existiert nicht im Hinblick auf eine Klärung desselben Sachverhalts, wohl aber ist er für die Klärung neuer Sachverhalte oder Sachverhaltsaspekte möglich. In der Aushandlungsphase werden von den Beteiligten Vorschläge und Argumentationen erwartet (11), auf die der Gesprächspartner – nach einer Entscheidung (12) – reagieren kann mit Fragen (13), die durch Spezifizierungen zu beantworten sind (14), oder mit (Gegen-)Vorschlägen und -argumentationen (15) bzw. mit anderen ablehnenden Reaktionen oder Einwänden. Entsprechende Reaktionsmöglichkeiten (16) gibt es auf die Vorschläge und Argumentationen des Interaktanten (15).

Beide Aktanten können schließlich in Phase III, die Abschlussphase, übergehen. Der Übergang erfolgt über eine Entscheidung (19) zur Zustimmung zu bestimmten Vorschlägen oder zum Abbruch (bzw. zur Vertagung) der Verhandlung (21). Mit der gegenseitigen Zustimmung zu bestimmten Vorschlägen (19) ist eine Übereinkunft erreicht und die Verhandlung kann zum Abschluss gebracht werden (20).

Die Musterbeschreibung zeigt die zentralen Handlungsschritte und den typischen Verlauf, die Beteiligten sind jedoch nicht auf ein bestimmtes Verhalten festgelegt. Vielmehr bildet das Muster den Rahmen, innerhalb dessen z.B. Strategien verfolgt werden können. Spezielle Problemaspekte und Aufgaben beim Verhandeln können anhand der Darstellung verdeutlicht werden:

- Effizienz und zeitökonomisches Verhalten (z.B. ist es ineffizient, in die Aushandlungsphase überzugehen, solange strittige Sachverhalte und Dissens darüber, was denn überhaupt ausgehandelt werden muss, nicht ausreichend geklärt sind);
- handlungstypspezifische Erwartungen und Obligationen (z.B. in Bezug auf den Übergang zur nächsten Musterposition; nach der Zustimmung zu einem Vorschlag kann nicht mehr ohne weiteres in die Aushandlungsphase zurückgegangen werden);
- Gesprächsstrukturierung (z.B. durch interaktive Verdeutlichung der Phasen, in denen man sich befindet; Phasenübergänge können nur im Einverständnis beider Parteien erfolgen);
- Verständnis- und Ergebnissicherung (z.B. explizite Zusammenfassung von Gesprächsergebnissen an den Phasengrenzen);
- Selbstdarstellung und Beziehungsgestaltung (z.B. ihre Bedeutung an den unterschiedlichen Musterpositionen);
- unterschiedliche Verhandlungsstile (z.B. sogenannter *direkter* oder *indirekter Stil*).

7.2. Beispielanalysen: Verhandeln unter Experten

Ich möchte nun zwei längere Verhandlungsgespräche (*Netz1* und *Netz2*) aus meinem Korpus vorstellen und analysieren. In ihnen geht es ebenfalls um EDV-Geräte als Verhandlungsgegenstand. In beiden Gesprächen agiert in der Rolle des Kunden (K) dieselbe Person, ein EDV-Experte. Er ist für ein Pauschalgehalt damit beauftragt, für eine öffentlich-rechtliche Institution ein Computernetzwerk zu beschaffen und einzurichten. K gehört der Institution also nicht selbst an, kennt sie aber gut. Wir haben hier den Fall, dass zwischen den Vertretern zweier Institutionen verhandelt wird – ein Standardfall in der Wirtschaftskommunikation. Auftragsvolumen sind mehrere hunderttausend Mark. Das Netzwerk ist für zwei verschiedene Abteilungen der Institution gedacht und soll zwei Betriebssysteme umfassen, IMB-kompatible Rechner für DOS/Windows und Apple-Rechner. Deshalb wird mit unterschiedlichen EDV-Händlern verhandelt, mit sechs Händlern für DOS- und mit zweien für Apple-Computer. Bei den im Folgenden analysierten Diskursen handelt es sich um eine Verhandlung mit jeweils einem Händler für DOS-Produkte (*Netz1*) und für Apples (*Netz2*). Der Apple-Händler erhält am Ende tatsächlich den Zuschlag, der PC-Händler nicht.

Neben der Verhandlungskonstellation (Verhandeln zwischen Institutionenvertretern) sind zwei weitere Merkmale dieser Diskurse in der Wirtschaftskommunikation häufig und charakteristisch. Erstens handelt es sich um einen Abschnitt innerhalb eines längeren Verhandlungsprozesses. Er umfasst – zwischen diesen Verhandlungspartnern – mindestens die Ausschreibung, die Angebotserstellung durch die Händler, die Prüfung und Selektion der Angebote durch die Institution, mehrere mündliche Gespräche bzw. Telefonate, die endgültige Entscheidung der Institution und den Vertragsabschluss mit zweien der Händler. Innerhalb dieses Prozesses liegen die dokumentierten Gespräche etwa in der Mitte, nachdem einige der Angebote schon ausgeschieden wurden, aber vor der Aushandlung und Fixierung der genauen Leistungen für die bewilligte Kaufsumme. Der gesamte Verhandlungsprozess ist seinerseits eingelagert in eine Vor- und Nachgeschichte. Zur Vorgeschichte gehört besonders die Erstellung eines technischen Grobkonzepts, die Beantragung und Bewilligung der Investitionssumme (aus öffentlichen Mitteln); zur Nachgeschichte gehört die Lieferung und Installation des Netzwerks und die Behebung technischer Anfangsschwierigkeiten.

Ein weiteres Merkmal ist eng mit dem institutionellen Charakter der Verhandlungen und ihrer Eingebundenheit in einen längeren Prozess verknüpft, nämlich die Komplexität ihres Zwecks. Die Gespräche dienen nicht dem einfachen Zweck, den Preis für eine wohldefinierte Leistung auszuhandeln, sondern die Leistung muss selbst noch an die Bedürfnisse der Kundeninstitution angepasst und technisch entsprechend spezifiziert werden. Interaktionen mit solcher Charakteristik werden in der Wirtschaft immer häufiger (vgl. Wagner 1995a: 28f.). Komplexität des Zwecks bedeutet also, dass neben Verhandlungen über die Preise auch Informationen, Empfehlungen und Lösungsvorschläge für technische Fragen und Probleme gegeben werden sollen. Die Fähigkeit und Bereitschaft des Händlers, im Diskurs unter Experten solche Lösungen individuell zugeschnitten, flexibel und kompetent zu entwickeln und anzubieten, wird dabei zum wichtigen Entscheidungskriterium für die Vergabe des Auftrags. Es tritt in der Verhandlung mindestens gleichwertig neben das Kriterium des Preises.

Entsprechend den oben dargestellten Definitionen (Kap. 7.1) handelt es sich bei beiden Diskursen um Verhandlungen, auch nach den strengen Maßstäben von Wagner (1995a: 12) setting (4): „A has goal X, B has goal Z. X is controlled by B, Z by A". Die Händler wollen den Auftrag bzw. das Geld für möglichst wenig Gegenleistung (Waren und Serviceaufwand) und sind in diesem Ziel vom Kunden abhängig; der Kunde will für sein Geld möglichst viel Gegenleistung (Waren mit gutem Preis-Leistungsverhältnis, zuverlässigen und umfangreichen Service) und ist dabei vom Händler abhängig. Die gegenseitige Abhängigkeit, das Aufeinander-Angewiesensein der Parteien bei der Zielrealisierung, macht angesichts der beschriebenen Komplexität des Zwecks nicht nur Argumentationen im Sinne von Feilschen über vorgängig klar umrissene Sachverhalte notwendig; vielmehr zeigt das Datenmaterial, dass unter diesen Bedingungen solche Sachverhalte selbst erst ausgelotet, ausgehandelt oder interaktiv konstituiert werden müssen. Dies gilt umso mehr, als gerade die Computerbranche durch hohes Innovationstempo und raschen Preisverfall gekennzeichnet ist. Die technischen Spezifikationen der nachgefragten bzw. angebotenen Waren wie auch die Preise verändern sich in sehr kurzer Zeit und müssen bereits innerhalb des Verhandlungszeitraums neu überprüft und ggf. korrigiert werden.

Die Komplexität des Verhandlungszwecks

Ich möchte damit beginnen, die komplexen Zwecke aus dem Material zu rekonstruieren. In *Netz1* nennt K zu Beginn des Gesprächs dem Verkäufer V sein Anliegen, indem er – bezogen auf die Ausschreibung und die vom Händler angebotenen zwei Marken – die Frage formuliert: *Was spricht dafür, was spricht dagegen?* Der Verkäufer holt die Unterlagen mit der Begründung *dann kann ich sofort sagen, warum wer was gemacht haben.* Das hier von K verfolgte Ziel ist offenbar, die technische Stichhaltigkeit des Angebots diskursiv zu überprüfen; dass V dies sofort richtig versteht und ratifiziert, zeigt die Normalität dieses Anliegens. Der Zweck des Rat-Holens in technischen

Fragen wird etwas später im Ausschnitt *Volume* erkennbar. K spricht hier die
Ausstattung des file-Servers an:

Volume (Netz1)

K	Bei . der . Ausstattung des Servers . gibt's also no' eine Unklarheit, bis-
69	

V	Das ... ...
K	her noch, . soll das . ein großes Volume werden oder . zwei . mittlere?
70	

V	w/ das war der eins Komma zwei Giga, ne?
K	Ja, das is eigentlich eine
71	

V	V V (Ja.) Ja.
K	Nummer größer als äh wir <u>vor</u>gesehen hatten, äh, des . / also sechs-
72	

V	(Größenordnung.) Okay.
K	hundert Megabyte war so die . Größenordnung, die das ins<u>ge</u>samt
73	

V	V Ach so! Ja.
K	haben sollte . Aber . Zwei/ zwei a dreihundert also äh zwei die . noch
74	

V	V Ja:
K	mit . äähm AT-Bus verwaltet werden könnten, würden's . eventuell auch
75	

K	schon tun, . und . ((Einatmen)) ich hab also keine Erfahrung wie man . /
76	

V	Na, also ich sag
K	ob/ ob es irgendwas/ äh <u>irg</u>endwas dagegen spricht, wenn
77	

V	mal, wir/
K	man äh <u>ein</u> großes Volume nimmt und das <u>log</u>isch . allerdings
78	

K	als zwei . Volumes unter . Netware verwaltet.

79

Der Kunde formuliert eine *Unklarheit* (Fläche 69), die teilweise damit zusammenhängt, dass die angebotene Festplatte größer als die nachgefragte ist (Fläche 71f.), und teilweise mit K's mangelnder *Erfahrung* mit der zunächst anvisierten Lösung (Fläche 76–79). Sein Ziel ist, eine fachkundige Einschätzung und Empfehlung zu bekommen, die diese Unsicherheit beseitigt. Ähnliche Bitten um Rat finden sich in den Diskursen an verschiedenen Stellen, z.T. explizit auch als Ratfrage formuliert, wie im folgenden Ausschnitt:

Empfehlenswertes (Netz2)

	>>>>>>>>>>>
K	gibt es da . äh .. ja . auf Appleseite irgendwie was besonders Empfeh-

272

K	lenswertes, was man dafür nehmen sollte, Kommunikationsprogramm.

273

Die Kategorie *Erfahrung*, die im Ausschnitt *Volume* angesprochen wird (Fläche 76), spielt in den Diskursen immer wieder eine große Rolle. Vom Kunden angesprochen bzw. abgefragt werden gute oder schlechte Erfahrungen mit einer technischen Lösung oder einem Produkt:

- K: *ich hab da . keine allzu . guten Erfahrungen gemacht (Netz1)*
- K: *Ah, sollten da Erfahrungen bei Ihnen vorliegen, dann (Netz1)*
- K: *ham Sie da . praktische Erfahrungen mit? (Netz2)*
- K: *Gibt's sonst (Erfahrungsbedenken)? (Netz1)*
- V: *Haben da gute Erfahrungen mit machen können (Netz1)*
- V: *und daa haben wer an sich auch hervorragende Erfahrungen damit gemacht (Netz1)*
- V: *Ja gut, also das . kennen wer. Das Ding läuft vernünftig (Netz1)*

Aber auch die vorhandene oder fehlende Erfahrung vor allem des Händlers zu einem technischen Bereich spielt im Diskurs eine wichtige Rolle:

- V: *wir machen viel in dem Bereich also grade im Novell-Bereich (Netz1)*
- V: *Wir sind praktisch seit acht Jahren bei Novell, seitdem Novell hier im deutschen Markt is (Netz1)*
- V: *wir machen das jeden Tach kann man fast sagen. Ich will nicht zu sehr auf den Putz hauen, aber wir machen wahnsinnig viel in dem Bereich, weil wir uns eben darauf spezialisiert haben (Netz1)*
- V: *weil wir einfach die Mac-Welt nicht so gut kennen. Sie kennen die Mac-Welt wahrscheinlich besser als wir (Netz1)*

K: *Das sind . einige Unklarheiten einfach . (aufgrund mangelnder) Erfahrung in dem Bereich (Netz2)*
K: *ich hab ähm, . weil ich mit den Apples nie groß rumgespielt habe, auf der Ebene nur einfach keine Erfahrung (Netz2)*

Die Zwecksetzung, zu bestimmten technischen Lösungen Empfehlungen vom Händler zu erhalten, ist eng verbunden mit der, den Umfang seiner Erfahrung und Kompetenz herauszufinden. Wie ich an einem weiteren Ausschnitte zeigen möchte, stellt das Vorhandensein von Erfahrung ein wichtiges Indiz für die Beratungskompetenz und ein wesentliches Entscheidungskriterium für den Ausgang der Verhandlung dar (Vertragsabschluss oder Abbruch der Verhandlung mit diesem Händler). Es wird aber nicht offen als Kriterium behandelt und kann auch nicht durch direkte Befragung ermittelt werden – jedenfalls nicht in der Erwartung einer ehrlichen Antwort.

Im Ausschnitt *Zugriffszeiten* wählt der Kunde in der strategischen Kommunikation, die der Verhandlungsdiskurs darstellt, eine indirekte Form, Wissen und Kompetenz des Verkäufers zu ermitteln. Er stellt ihn durch Fragen auf die Probe, deren Antworten er selbst kennt, die also den Charakter von *Prüfungsfragen* haben (Fläche 372). K kennt sich offenbar selbst viel besser als V mit den Zugriffszeiten aus. Als der Kunde die Schätzungen des Verkäufers nicht akzeptiert, ihm vielmehr sein eigenes Wissen entgegenhält, merkt V, dass er geprüft wird; er betreibt erheblichen kommunikativen Aufwand, um Betroffenheit über seine Unkenntnis zu zeigen und seine Bereitschaft zu bekunden, sich *schlau zu machen* (Fläche 386, 395).

Zugriffszeiten (Netz1)

V		Im Zugriff
K	Wie schnell . is das, was Se da angeboten haben ungefähr?	
372		

V	jetzt, meinen Se? ((Einatmen))
K	Ja./ Also einfach weil da/ da . Welten zwischen den
372	

V	Jaa! Also ich kann Ihnen noch nich
K	verschiedensten Angeboten liegen.
373	

V	mal genau die Millisekunden-Zugriffszeit sagen. Ähm, pfff!
K	Ungefähr!
374	

V	Also, ich meine CD-ROM sind ja nich so unheimlich schnell,
K	Nee,

375

V	aber ich ((lachend:)) [schätze mal,] dass die so um die sechzig
K	deshalb ( )

376

V	Millisekunden haben. Vierzig bis sechzig.
K	((zweifelnd:)) [Sechzig?] Also, das kaufe

377

V	Ja, um den Dreh glaub ich das.
K	ich Ihnen sofort ab zu dem Preis! Das/

378

V	Also ich reich das gern
K	das is doch nich/ das halt ich für un . möglich!

379

V	noch mal nach. V Jaja.
K	Also, wenn dat so'n/ so ne Rakete sein sollte! ((zwei-

380

V	Ja also, ich frach das gern
K	felnd:)) [Nein, das hab ich noch nie erlebt.]

381

V	noch mal nach! Kann Ihnen ja dann ( )
K	Also das/ das sind Größenordnungen/ das

382

V	(Achtzig bis hundertzwanzig oder was?
K	sind Größenordnungen schlechter. Ja!

383

V	((erstaunt:)) [Ehrlich?] ((leise:)) [Mach
K	Zwohundertachtzig is 'n schnelles Gerät.

384

V	mich nich fertig, ehrlich?] Sollt ich mich da so vergreifen? Also
K	Ja! Also/

385

V	ich mach mich gern noch mal schlau. Vielleicht vertu ich mich auch.

386

V	Ja. ((lachend:)) [ ]
K	Ja. Nehm ich an. Das heißt, entweder wir reden von völlig verschie-
387	

	V
V	Ja.
K	denen Zahlen, äh . oder Sie ham's Komma verschoben, also . ( )
388	

V	Also, ich sach Ihnen das gerne nochmal! Bitte, um Gottes Willen!
K	Gut, jaja.
389	

	V
V	Ich bin da . noch offen. ((lachend:)) [Ja.]
K	Okay. Ja. Die preiswerten Geräte,
390	

K	die äh liegen zur Zeit also doppelt so/ sind doppelt so langsam äh wie
391	

K	die teurere Variante und äh/ und weil das eh alles so klemmt, äh,
392	

V	Also CD-ROM is unheimlich lang-
K	kommts da schon bisschen drauf an.
393	

V	sam, das is mir schon klar, aber so wie/ soweit ich wei/· aber bitte, . ich
394	

V	will jetzt auch nichts Falsches sagen. Ich mach mich erst schlau,
	V
K	hmhm
395	

V	eh ich Ihnen da jetz was Falsches erzähle.
	V
K	Gut, ja. Jaja.
396	

Ein weiterer Zweck ist das Einholen von Informationen, sei es über spezifische technische Eigenschaften, Produkt-Veränderungen oder Preise:
   K: *Kennen Sie da Geschwindigkeitsunterschiede? (Netz1)*
   K: *Die benötigt einen . Steckplatz? (Netz2)*
   K: *Welche . äh . . Möglichkeiten bietet das System Sieben (Netz2)*
   K: *Gut, aah . bei den äh Tintenspritzern . ändert sich . (nichts)? (Netz1)*
   K: *Und . wann . wäre . Liefer . fähigkeit? (Netz2)*

K: *Also ein'nzwanzig Zoll, was . was gibts da für Alternativen? (Netz2)*
K: *Und was kostet das? (Netz1)*
K: *Äh, Kostenpunkt dieser . Software? (Netz2)*
K: *Preisunterschied, rund um' Kopp? (Netz2)*

Im Ausschnitt *Anbieter* thematisiert K explizit, dass in der Verhandlung neben Preisaspekten weitere Kriterien für ihn entscheidend sind:

Anbieter (Netz1)

K	Okay. Also, äh, wenn/ wenn die andren Optionen stimmen, dann äh
424	

	V	
V	Ja.	Klar kein Thema.
K	komm wer darüber sicherlich auch irgendwie/	ich bin mir
425		

V		Entscheidender
K	darüber klar, denn die andern Positionen sind eh äh . bedeutender, ne?	
426		

V	Klar! ( )	
K	((nuschelig:)) [Als/ also es] is Ihnen ja auch klar, dass Sie da nicht	
427		

V		Das is mir auch klar, .
K	((verhalten lachend:)) [der einzige Anbieter sind,]	
428		

K formuliert hier deutlich, dass der Preis einer bestimmten Netzkomponente kein Abbruchkriterium darstellt, *wenn die anderen Optionen stimmen* (Fläche 424). Indem er die Konkurrenzsituation der Händler offen anspricht (Fläche 427f.), macht er diese *Optionen* oder Kriterien auch interaktiv verbindlich.

Preisaushandlungen und Umgang mit institutionellen Regelungen

In den Diskursen entwickeln sich aus den preisbezogenen Informationsfragen des Kunden z.T. Preisaushandlungen mit dem Verkäufer. Ihre Besonderheit liegt darin, dass unter den gegebenen Bedingungen nicht ein fixer Endpreis ausgehandelt werden kann, dass aber beiden Interaktanten klar ist, dass diese Preisaushandlungen eine wichtige Rolle für die endgültige Entscheidung spielen, wer den Zuschlag erhält. Der Ausschnitt *Kurse* zeigt, dass der Prozesscharakter der Verhandlung Konsequenzen auch für Preisgestaltung und Preisangebote des Händlers besitzt.

Kurse

V	selbstverständlich, um Gottes Willen! Nein, ich meine, Sie merken
429	

V	auch an den Preisen der Drucker da in dem Bereich, nich? Wir ziehen
430	

V	das/ wir geben die Kurse raus, die wir maximal machen können, das ist
431	

V	auch ganz klar! <u>Wenn</u> in der Zwischenzeit irgendwelche Aktionen
432	

V	laufen, oder eher Preisänderungen sind, über diese ganzen Dinge
433	

V	muss man sich <u>so</u>wieso nochmal unterhalten über das ganze Thema, .
434	

V	das hat ich Ihnen ja auch gesagt,
	V
K	hm
435	

Die Möglichkeit zu Preisaushandlungen wird dem Kunden in Aussicht gestellt und als Verhandlungsargument verwendet. Dabei nicht den Eindruck von Willkürlichkeit der Preisgestaltung entstehen zu lassen, dafür eignen sich V's Hinweise auf den zeitlichen Prozess und den zeitbedingten Verfall der Marktpreise. Eine solche Strategie, bei der Preisgestaltung ein seriöses Image zu wahren, verfolgt V auch, wenn er auf die bevorstehende *Orgatechnik*-Messe hinweist, die Grund zu Preisabschlägen geben könnte:.

Orga (Netz1)

V	dann sollten wir uns auf <u>je</u>den Fall darüber unterhalten, ob vom Preis
449	

V	her . vielleicht noch irgendwo ne Mark <u>is</u>, es mach ja ((schnell:))
450	

V	[durchaus sein, es is ja die Orgatechnik auch noch wieder jetzt
451	

V	nächste Woche,] wir sind ja auf der Orga auch. Vielleicht gibt's da
	V
K	hmhm
452	

V	nochma irgendwo 'n zusätzlichen Anreiz oder irgendwelche andern
453	

V	Dinge, und dann kann man sich ja gerne nochma kurzschließen.
454	

Bei den Verkäufern besteht die Tendenz, die Preise zu bagatellisieren, um in der Verhandlung ihre Chancen zu erhöhen. Dass diese Strategie jedoch den gegenteiligen Effekt bewirken kann, zeigt der Ausschnitt *Pfennigkram*.

Pfennigkram (Netz2)

V	Nur das is . im Prinzip auch Pfennigkram, das sind so um die zwo-
254	

V	hundert Mark, . dieser Tranceiver. . Es is nur ärger-
K	Okay. . Wenn zwohundert Mark
255	

V	lich, wenn sowas halt vergessen wird. Ja, Pfennigkram
K	Pfennige sind, bin ich hier wahrscheinlich irgendwie/
256	

V	im Rahmen dieser/ dieser Ausschreibung jetzt. ((lacht)) Insofern ( )
K	Da
257	

K	is zwar . 'n erhebliches Volumen, aber äh . auch zweihundert Mark
258	

V	Das/ das/ das is
K	läppern sich und wir müssen da schon 'n bisschen kalkulieren.
259	

V	richtig. Nur, im Rahmen der Ausschreibung isses halt Pfennigskram,
260	

V	das könnten wir uns zur Not auch ans eigene Bein binden, wenn's
K	Okay.
261	

V	vergessen wird zu bestellen, das is also dann nich das Thema, nur,
K	Okay,
262	

V	isses halt ärgerlich, wenn man ihn vergisst.
K	(is aber) Ist schon in Ordnung, dass
263	

K	Sie darauf hingewiesen haben, gut.
264	

In der Ausschreibung war ein Tranceiver nicht extra vorgesehen worden; im Gespräch stellt sich jedoch heraus, dass er nicht im System enthalten ist und gekauft werden muss. Der Verkäufer bagatellisiert diesen zusätzlichen Kostenpunkt durch den Ausdruck *Pfennigkram* (Fläche 254) und nennt einen Betrag von 200 Mark. Diese Bewertung veranlasst K zu einer deutlichen Zurückweisung und impliziten Drohung (Fläche 255f.). Der Verkäufer relativiert seine Aussage sofort auf *diese Ausschreibung* und nimmt ihr durch Lachen das Gewicht (Fläche 256f.). K bestätigt zwar das *erhebliche Volumen* der Ausschreibung, aber insistiert, dass es sich um einen relevanten Betrag handelt (Fläche 257–259). V gibt ihm daraufhin recht und deutet seine eigene Aussage um, indem er sie in ein Angebot transformiert, sich die Kosten ggf. *ans eigene Bein zu binden* (Fläche 261). Bemerkenswerterweise werden hier sogar unmittelbare finanzielle Interessen hinter die Erfordernisse der Imagewahrung und Beziehungsgestaltung zurückgestellt; d.h., ein interaktiver fauxpas verursacht finanzielle Verluste. Der Verkäufer beansprucht ferner, im Fokus gehabt zu haben, dass nicht die Kosten, sondern ein *Vergessen* des Tranceivers *ärgerlich* sei (Fläche 262f.). Erst in dieser Uminterpretation akzeptiert K die Aussagen; indem er sie in dieser Bedeutung ratifiziert, kehrt er zu einem konsensorientierten Verhalten zurück (Fläche 263f.).

Die Sequenz zeigt, dass die Bagatellisierung des Preises in Geschäftsverhandlungen eine zweischneidige Strategie darstellt. Mit ihr lassen sich die Kosten für den Kunden interaktiv verkleinern, aber sie kann vom Kunden als fehlende Perspektivenübernahme hinsichtlich seiner Interessen verstanden werden. Letzteres geschieht in dem Ausschnitt – ob wirklich oder verhandlungsstrategisch, sei dahingestellt. In jedem Fall hat K dadurch seiner Perspektive interaktiv Geltung verschafft, den Verkäufer auf Sparsamkeits-Maximen verpflichtet und damit seine Verhandlungsposition gestärkt. Dass dies tatsächlich der Fall ist, zeigt das Verhalten desselben Verkäufers im Ausschnitt *Geld,* an einer späteren Stelle desselben Diskurses:

Geld (Netz2)

V	>>>>>> das heißt also, Sie können sämtliche Rechner im Netz damit versor-
303	

V	gen. ((lacht kurz)) ((schnell:))
K	((schreibt)) Is <u>trotz</u>dem also . äh . richtig Geld für sowas . äh
304	

V	[Das is richtig.]
K	Einfaches. <u>Das</u> ääh . find ich sehr unverständlich, aber o<u>kay</u>, . äh .

305

K	das is halt der Weech.

306

Nachdem der Kunde hier den Preis eines Produkts kritisiert hat, das der Verkäufer zuvor als preiswürdig dargestellt hatte, bestätigt V dessen Auffassung in schneller Sprechgeschwindigkeit (Fläche 304f.), noch bevor K seine Äußerung abgeschlossen hat. Hier liegt u.U. ein Lerneffekt vor.

Im Ausschnitt *Installation* finden wir einen Übergang von der Information über die Preise zu ihrer Aushandlung. Da hier noch andere wichtige Aspekte von Verhandlungen sichtbar werden, nämlich der Umgang mit institutionellen Regelungen, gebe ich ihn im Anhang – bis auf eine Auslassung – in voller Länge wieder.

Auf K's Frage nach den Installationskosten (*wie handhaben Sie das*, Fläche 490f.) antwortet der Verkäufer mit einer Darstellung des üblichen Vorgehens (*Normalerweise machen wer das so*, Fläche 491) und des üblichen, vorgegebenen Preises (*rechnen wir in der Regel fünfhundert Mark für n Server, für die Einrichtung, . . äh, und wir rechnen mit hundertfünfzig Mark pro Station. . . Pauschal. Das sind so Vorgaben*, Fläche 505–507). V belässt es jedoch nicht bei der Nennung der normalen Pauschalpreise; im Blick auf den Verhandlungserfolg relativiert er diese hinsichtlich des Arbeitsaufwands und prognostiziert unter Berufung auf seine Erfahrungen (*Das ging jetzt relativ flott*, Fläche 518), dass dieser Aufwand vermutlich nicht hoch sein wird (*aber ich kann mir nicht vorstellen, dass es komplizierter sein würde*, Fläche 520f.). K stimmt dem zu.

Nach einer längeren technischen Detailklärung wiederholt V seine optimistische Einschätzung (*seh ich das eigentlich relativ ruhig, ((lachend:)) [sach ich mal]*, Fläche 577f.). Der Kunde macht daraufhin deutlich, dass er die Installation gar nicht gemacht haben möchte, sondern sie selbst durchführen will und dass sein Ziel darin bestand, die Möglichkeiten und Kompetenz des Händlers im Falle von Problemen zu prüfen (*Ich wollt einfach nur wissen, was Sie da bieten könnten, wenn wir mit unsern Mitteln nicht a/ klarkommen*, Fläche 579f.). Als der Verkäufer erkennt, dass es sich um eine Prüfung im Rahmen der Verhandlung handelt, schwenkt er auf die entsprechende Argumentationslinie um; er beteuert nachdrücklich, wieviel Erfahrung und Expertise vorhanden sei (*wir machen ziemlich viel im Netzwerkbereich*, Fläche 584f.), und betont, die *Netware's <u>un</u>heimlich leicht zu installieren* (Fläche 590f.).

Dieses Argument des Verkäufers instrumentalisiert der Kunde sogleich für die eigene Verhandlungsposition; er verwendet sie als Begründung dafür, dass die Leistung (Installation) zu teuer sei (*Deshalb find ich's auch albern, wenn dafür fünfhundert Mark über den Tisch gehn dafür*; Fläche 592f.). Sein Lachen im Anschluss an diese Äußerung kann vielleicht als Ausdruck von Freude über den gelungenen „Konter" interpretiert werden. Der Verkäufer zieht sich auf die schlechte Vorhersagbarkeit des Arbeitsaufwandes zurück, argumentiert mit der notwendigen Flexibilität (*wir müssen da flexibel sein*, Fläche 598; *Deshalb machen wir uns das also unheimlich frei*, Fläche 603f.) und beteuert, dass bei geringerem Aufwand auch der Preis geringer sei.

Gegen die vom Verkäufer beanspruchte Flexibilität argumentiert der Kunde aus seiner Sicht an. Seine Argumente zielen diesmal nicht auf das Preis-Leistungsverhältnis, sondern thematisieren die institutionellen Rahmenbedingungen der Verhandlung. Die Kunden-Institution hat einen *festen Topf* (Fläche 613), der nicht überschritten werden darf. Übrigbleibendes Geld *verfällt* (Fläche 616) für das Projekt, so dass der Topf *ausgeschöpft* werden sollte. Ein *variabler Posten* sei *fast verlorenes Geld* (Fläche 618–621). Der Verkäufer reagiert auf das Argument mit Verständnis und einem positiven Angebot. Das Problem ist ihm bekannt und er hat eine informelle Lösung dafür (*ist es meist so, dass wir das dann so gehändelt haben, . darf man aber nicht sagen*, Fläche 623f.). Das Angebot besteht darin, den nicht ausgenutzten Betrag durch Sachleistungen zu kompensieren, ohne dies in der Rechnung auszuweisen. V generalisiert das Problem als ein typisches und zwangsläufig entstehendes. Auf Änderungen im Preis oder Bedarf müsse man *flexibel* reagieren und den Kunden entgegenkommen.

Zusammenfassend kann man zum Ausschnitt *Installation* festhalten: Es handelt sich nicht um ein einfaches Aushandeln der Preise für festgelegte Produkte. Der Kunde entwickelt aus einer Informationsfrage nach einem Preis die Aushandlung dieses Preises, prüft dabei indirekt die Servicemöglichkeiten und Kompetenz der Firma und schätzt ihre Flexibilität ab – hinsichtlich der Preisgestaltung wie der Bewältigung von Problemen, die aus den bürokratischen Regeln entstehen, denen die Institution unterliegt. Alles zusammen geht in die Entscheidung über einen Vertragsabschluss ein. Der Verkäufer gibt deshalb nicht nur die gewünschte Preisauskunft, sondern stellt einen geringeren Preis in Aussicht, rückt die Kompetenz und Erfahrung der Firma ins rechte Licht und verspricht Flexibilität und informelle Lösungen für die Probleme, um den Zuschlag zu erhalten. Es handelt sich also um eine Sequenz, in der die Komplexität der Zwecke von Geschäftsverhandlungen, ihr prozessualer Charakter sowie die indirekte, z.T. verdeckte Handhabung der Entscheidungskriterien deutlich werden.

Der Ausschnitt *Installation* zeigt darüber hinaus, wie institutionelle Regelungen (starre Haushaltsführung mit einem *festen Topf*) eine sachangemessene Lösung beeinträchtigen. Was als Mittel der Effizienzsicherung und Kontrolle gedacht ist, wird zum Hindernis für die Projektabwicklung – ein Widerspruch, der für das Verhältnis zwischen sachlich-technischen und hierarchisch-ökonomischen Aspekten des Handelns schon mehrfach angesprochen wurde. Die (ggf. informellen) Bearbeitungsmöglichkeiten der Firma für die daraus resultierenden Probleme werden zum Kriterium bzw. Argument in der Verhandlung.

Ähnlich stellt sich diese Problematik in *Netz2* dar. Der Kunde nennt zu Beginn explizit als ein Gesprächsziel zu klären, wie die in der Ausschreibung aufgeführten Produkte <u>nachträglich</u> noch zu modifizieren seien, so dass *der finanzielle Rahmen irgendwie eingehalten wird, aber eben auch ausgeschöpft wird*. Auch die Verkäuferin in *Netz2* zeigt ihre Vertrautheit mit dem Problem (*Also wir ham das schon mal so in der Vergangenheit auch des öfteren ma machen müssen*) und beteuert: *wir sind da natürlich flexibler jetzt als die entsprechende Stelle, die das bewilligt hat.*

In *Netz2* wird ein weiterer Aspekt der Institutionalität der Verhandlung interaktiv relevant, nämlich die formelle Vorschrift, mehrere Angebote einholen zu müssen. Nachdem K die Notwendigkeit benannt hat, *dass ma einfach mal Zahlen auf'm Tisch haben, die heute gültig sind, äh und dass man aufgrund dessen dann äh noch mal neu disponieren kann*, spricht die Verkäuferin die Konkurrenzsituation an:

Referenzangebot (Netz2)

VF	ähm, . ich mein, wir werden ja eh nachher sehn, wer . den Zuschlag
60	

VF	dabei erhält, das is ja noch ma . zumindest keine Aus/
K	((leise:)) [Richtig.] Gut, (also) Jja,
61	

VF	((Lachen)) ((lachend:)) [Ja-ha-ha]
K	wer . zu/ in Konkurrenz zu Ihnen steht, is ja kein Geheimnis. ((kurze
62	

VF	V Ja, hm.
K	Unterbrechung)) Äh, aber die Sache is wirklich offen und un-
63	

K	entschieden. Also das is jetzt nich, dass wir Sie jetz äh bemühen, da
64	

		V
VF		Hm, <u>nee</u>, (das versteh ich auch (nich so.))
K	irgendwie . ((Einatmen)) äh . so/ so'n so'n Referenzangebot
65		

	V
VF	hm ((einatmend:)) [T']
K	zu er<u>stel</u>len, <u>nur</u> damit überhaupt 'n zweites Angebot <u>ein</u>geräumt wurde.
66	

VF	Nei:n! Also, also wir kennen ja mittlerweile die Spielregeln. ((lachend:))
K	Die/ also, Sie sind also ernsthaft im Rennen, ne?
67	

VF	[tja ha ha] ((lachend:)) [Ich hoffe! ha ha ha]
K	Okay.
68	

K bestätigt offen die Konkurrenzsituation (Fläche 62), tritt aber dem möglichen Verdacht entgegen, dass die Entscheidung schon gefallen und das Angebot nur als *Referenzangebot* (Fläche 65) gedacht sein könnte. Damit thematisiert er die institutionelle Vorschrift, in einer öffentlichen Ausschreibung mehrere Angebote einholen zu müssen, und benennt gleichzeitig eine häufige Form des Verstoßes gegen sie: dass nämlich, nachdem bereits entschieden wurde, ein (weiteres) Angebot nur der Form halber eingeholt, aber nicht berücksichtigt wird.

Auch solches Vorgehen ist eine Konsequenz des Widerspruchs zwischen dem Bestreben der Institution, das Vergabeverfahren zu kontrollieren und zu optimieren, und dem Bedürfnis der unmittelbar Betroffenen, bei der Beschaffung flexibel nach eigenen sachlichen Vorstellungen handeln zu können. Das Einholen eines pro-forma-Angebots stellt eine informelle Bearbeitungsform dieses Widerspruchs dar. Für den Händler ist damit das Risiko vergeblicher Arbeit verbunden. Dieses kann er nur durch indirekte Strategien abzuschätzen versuchen, so wie der Kunde die Kompetenz und Zuverlässigkeit des Händlers auch nicht direkt erfragen kann. Das Verhalten der Verkäuferin (Fläche 60-62) kann als ein solcher Versuch betrachtet werden; zumindest behandelt K es als einen solchen. Indem er beteuert, dass die Entscheidung wirklich noch *offen* sei (Fläche 63f.), sichert er sich die Kooperationsbereitschaft der Verkäuferin. Dass in Verhandlungsdiskursen – wie auch in anderen Diskurstypen – immer wieder von der sachlich-technischen Dimension auf die hierarchisch-ökonomische zurückgegangen werden muss und Widersprüche zwischen beiden bearbeitet werden müssen, bestätigt die theoretischen Überlegungen, die in Kapitel 2.2 entwickelt wurden.

Die Mehrgliedrigkeit der Verhandlungsparteien

Die analysierten Sequenzen zeigen, dass beide Verhandlungspartner sich an dem institutionellen Kontext und den Regeln der Institution interaktiv orientieren, dass dieser immer wieder relevant wird und ihm – als Rahmenbedingung, Anforderung oder Problem – Rechnung getragen wird. Ein spezieller Aspekt dabei ist die *Mehrgliedrigkeit* der beteiligten Verhandlungsparteien. Auf ihn werde ich im Folgenden eingehen und untersuchen, wie die Mehrgliedrigkeit sich in den Verhandlungen niederschlägt, welche Zugehörigkeiten und Loyalitäten konstituiert und welche Koalitionen gebildet werden.

Beide Interaktanten handeln für eine Institution: ein Wirtschaftsunternehmen bzw. eine öffentliche Einrichtung; die Institutionen bestehen ihrerseits aus Teilsystemen und Gruppen. Auf der Kundenseite wird einerseits die Verwaltung der Institution in den Verhandlungen relevant, wie an den Stellen deutlich geworden, an denen bürokratisch-institutionelle Regelungen der Beschaffung thematisiert werden. Wie das Material zeigt, spielt darüber hinaus die Abteilung eine Rolle, die das Computer-Netzwerk beantragt hat und es benutzen soll; hier handelt es sich nicht um EDV-Fachleute. Auf der Verkäuferseite steht das Wirtschaftsunternehmen mit seinen Verkäufern, die der Geschäftsleitung verantwortlich sind, sowie die Gerätehersteller, mit denen die Händler zusammenarbeiten. Die Hersteller sind zwar nicht Teil der Institution, aber mit dieser über Abnahmeverträge, Service- und Garantievereinbarungen eng verbunden.

Die Mehrgliedrigkeit der Verhandlungsparteien lässt sich grafisch veranschaulichen (Abbildung 17). Die beiden unmittelbaren Verhandlungspartner, K und V, sind durch Sechsecke dargestellt. Die Rechtecke stellen die – teilweise ineinander geschachtelten – (Teil-)Institutionen dar, die in der Interaktion relevant werden. *Abteil.* bezeichnet die Abteilung der Kundeninstitution, die das Netzwerk bekommen soll, *GL* die Geschäftsleitung innerhalb der Händlerinstitution.

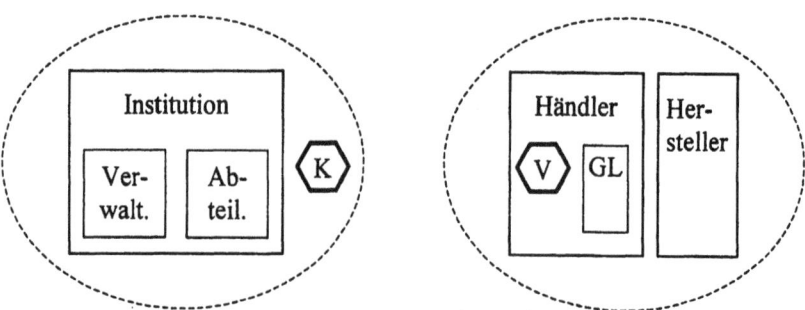

Abbildung 17: Die Mehrgliedrigkeit der Verhandlungsparteien

Dass die Hersteller in der Verhandlung interaktiv eine Rolle spielen, erkennt man im Ausschnitt *Garantie*. Der Herstellername ist hier durch *HAN* maskiert.

Garantie (Netz1)

V	Ja? ((---------------- Lachen ----------------------
K	Äh, letzte Fra:ge, . Garantie. ((nuschelig, geht im Lachen von V unter:))
648	

V	------------------------------)) ((blättern; seufzen)) Also generell sieht so aus.
K	[(Wielange bieten Se?)]
649	

V	Die Firma HAN bietet ein Jahr, . . Gewährleistung, auf alle Produkte,
650	

V	ääh, wir machen das auch, is klar. Sie haben die Möglichkeit, und
	V
K	mja
651	

V	das muss man Ihnen so sagen, . ähm die bieten im Grunde genommen
652	

V	entsprechende Verlängerung auf drei Jahre an, ((atmen)) sagen
	V
K	Ja.
653	

V	aber dann, wenn wir drei Jahre machen, äh . jetzt (fahrn wir ma eben)
654	

V	rum, . wir wollen die zehn Prozent des Listenpreis/ nicht des Listen-
655	

V	preises, des Verkaufspreises noch mal haben,
	V
K	Hmhm . zehn Prozent
656	

V	zehn Prozent! Ähm . das ist so die Vorgabe, die die uns mal gegeben
K	weiterhin.
657	

V	haben.
658	

Der Verkäufer erläutert dem Kunden die Garantiebedingungen und weist dabei auf die *Vorgabe* (Fläche 657f.) des Herstellers hin, die der Händler einhalten muss. Diese ist für den Kunden ungünstig (kurze Garantiezeit oder höhere Preise) und könnte einer Entscheidung für diesen Händler entgegenstehen. In der Verhandlung bietet V deshalb eine informelle, auf Manipulationen beruhende Lösung an, die den Interessen des Kunden entgegenkommt:

Mal versuchen (Netz1)

V	((leiser, „verschwörerisch":)) [Das mein ich, das ham wir schon 'n paar-
664	

V	mal gemacht,] ((schmunzelnd:)) [aber wir könnten's trotzdem . noch
665	

V	mal versuchen,] sach ich mal ganz einfach
666	

Die Informalität der angebotenen Lösung wird von V durch leiseres Sprechen in einem verschwörerischen Ton gekennzeichnet. Durch Schmunzeln wird zusätzlich die Solidarisierung mit dem Kunden ausgedrückt, die auf Kosten des Herstellers geht. Es werden also Koalitionen zwischen Händler bzw. Verkäufer und Kunden gegen den Hersteller geschlossen. Sie sind Ausdruck und Folge eines Interessenkonflikts des Händlers: nicht vertragsbrüchig zu werden, aber dennoch die Wünsche des Kunden zu erfüllen (oder dies zumindest in Aussicht zu stellen), um die eigene Position in der Verhandlung zu stärken. Ähnliche Koalitionen offener oder verdeckter Art zwischen Verkäufern und Kunden finden sich auch im Material aus dem EDV-Service und in den Verkaufsgesprächen.

Auf seiten des Kunden sind es die Verwaltung der Institution und die Benutzer in der zu vernetzenden Abteilung, die interaktiv Bedeutung gewinnen. Angebote der Händler zu einer Koalition gegenüber der Verwaltung können, wie im Ausschnitt *Summe*, z.B. darin bestehen, dass bei geändertem sachlichen Bedarf andere Produkte geliefert werden, als ursprünglich bestellt wurden, ohne dass die Verwaltung dies erfährt.

Summe (Netz2)

VF	wir sind da natürlich flexibler jetzt als die entsprechende Stelle, die das
39	

VF	bewilligt hat. Und ((Einatmen)) ähm ja. Unsererseits also is das . ich
K	's hoff ich.
40	

VF	sach ma natürlich egal, ob wir jetzt statt einem NT nen zwo FG·oder/
41	

VF	irgendwo wenns vom <u>Preis</u> her nachher in der Summe hinhaut, dann
	V
K	hm
42	

Anders als bei den Verkäufern oder der Verkäuferin wechselt beim Kunden die Orientierung an der Institution, ihren Subsystemen und seiner Rolle als Beauftragtem bzw. Experten. Man erkennt dies auch daran, dass die VerkäuferInnen (neben *ich* bei individuenbezogenen Aussagen) ganz überwiegend *wir, uns* und die zugehörigen Formen verwenden, um auf sich bzw. ihre Rolle in der Verhandlung zu verweisen, während beim Kunden Personenverweise (personale Deixeis) wie auch verbale Positionierungen heterogener und vielfältiger sind. Einige seiner Orientierungen sollen im Folgenden untersucht werden.

Relativ häufig verwendet K *ich* und die zugehörigen Formen. Die Sprechweise in der ersten Person wählt K insbesondere dann, wenn er sich, wie in den folgenden Beispielen, auf seine Rolle als Experte und die ihr entsprechenden Handlungen bezieht (Vorgaben formulieren, Volumes trennen, Betriebssicherheit abschätzen, Nutzung simulieren).

K: *hatte diese . <u>Vorgabe</u> . vor/ formuliert einfach um . ääh äh kein noname oder nich mit HARDDISK [Firma] konfrontiert zu werden (Netz1)*

K: *und dafür wollt ich eben zwei Volumes n/ noch trennen (Netz1)*

K: *Da würd ich mich nicht drauf einlassen. Das is mir zu: wackelig (Netz1)*

K: *Ich kann die äh wirkliche <u>Nutzung</u> nicht vernünftig simulieren (Netz1)*

Eine Äußerung mit wechselnden deiktischen Formen findet sich im folgenden Ausschnitt:

Speichergrenzen (Netz1)

K	Wenn wir die in solchen Größenordnungen erreicht haben an d/ an
131	

K	der Stelle, dass . das was ich jetzt projektiert habe, <u>nicht</u> mehr <u>langt</u>,
132	

K	dann müssen die sich sowieso . noch nach was andrem umgucken
133	

```
                                              V
V                                            hmhm
K    und dann ma/ nochmal nachrüsten. Also, das ist . in absehbarer Zeit
134
```

```
                                              V    V
V                                            hmhm, hmhm
K    erstmal nicht ((Fingerschnipsen)) . zu erwarten, dass die diese äh .
135
```

```
K    Speichergrenze äh sprengen.
136
```

In Fläche 132 verweist K mit *ich* wieder auf sich als Experten, der etwas projektiert hat. Das *wir* in Fläche 131 ist diffus, es könnte generalisierend gemeint sein. In Fläche 133 und 135 grenzt K sich durch das deiktische *die* von den Benutzern des Netzwerks, der betreffenden Abteilung, ab. K markiert seine Position als externer Beauftragter mit befristeten Aufgaben und seine Nicht-Zugehörigkeit zu der Institution interaktiv: Er wird nicht an dem *Sprengen* der *Speichergrenze* beteiligt sein, weil er das Netzwerk selbst nicht nutzt, und wird zu dem Zeitpunkt (*in absehbarer Zeit erstmal nicht*; Fläche 134f.) auch nicht mehr mit dem Netzwerk befasst sein.

Im folgenden Beispiel wird *die* bzw. *ihnen* und *sie* zusammen mit der expliziten Kategorisierung *Nutzer* verwendet; auch hier stellt sich K selbst in der Position des Vermittlers dar, der die anwendungsbezogenen Wünsche der Abteilung gegenüber dem Händler zur Geltung bringt und vertritt, ohne sich mit ihnen zu identifizieren.

K: *die . (potentiellen) Nutzer die möchten ganz gerne (eine) möglichst schnelle . Grafik an einem Platz haben, äh (nur im Augenblick) äh . is ihnen das nich klar, ob das mit der/ (der) Standardausstattung . (wirklich) gewährleistet ist, sie möchten da also äh halt Grafiken scannen (Netz2)*

Auch an anderer Stelle (*das is nich bezahlbar für die denk ich, Netz2*) drückt K durch die Deixis *die* Distanz zu den Nutzern bzw. der Abteilung aus und bringt sich dadurch in eine Nähebeziehung zu dem Verkäufer, der den sachangemessenen, aber teuren Vorschlag gemacht hat. In diesem Kontext wird durch die Distanzierung von der Institution also eine Gemeinschaft der Experten konstituiert.

K verwendet die Pluralformen *wir* und *uns*, wenn von der Institution als ganzer gesprochen und besonders die Opposition zwischen ihr und dem Händler hervorgehoben wird. Auch dazu einige Beispiele:

1.K: *das [die Abrechnungsweise des Händlers, G.B.] is äh . is also aus unserer Sicht ne ganz problematische Angelegenheit weil wir äh keinen variablen Topf haben (Netz1)*
2.K: *was Sie da bieten könnten, wenn wir mit unseren Mitteln nicht klarkommen. Vorgesehen ist von unserer Seite aus, dass wer dat alles selber machen (Netz1)*
3.K: *das is jetzt nich, dass wir Sie jetz äh bemühen (Netz2)*
4.K: *das [die angebotene Festplatte, G.B.] is eigentlich ne Nummer größer als äh wir vorgesehen hatten (Netz1)*
5.K: *wenn das Produkt da . für 'n . Anfang nächsten Jahres angekündigt sind, nützt uns das nachher gar nichts (Netz2)*
6.K: *wenn wir da was dafür freihalten und nicht . ausschöpfen, verfällt das Geld nämlich . für den Zweck . k/ kommt man da nicht mehr dran. Also . müssen wer sehen, dass wer für das vorhandene . möglichst viel brauchbare Dinge kriegen (Netz1)*
7.K: *wir müssen da schon 'n bisschen kalkulieren (Netz2)*
8.K: *Wir . ham ( ) das Problem, dass der . Haushaltsjahresschluss eingehalten werden muss (Netz2)*
9.K: *unsre Anwender (Netz1)*

In (1) bis (3) ist die Differenz der Perspektiven (*aus unserer Sicht*) explizit benannt bzw. die Opposition zwischen der Institution als Gesamtheit und dem Händler sprachlich deutlich ausgedrückt. In (4) und (5) ist der Gegensatz impliziter, weil die Handlungen der Händlerseite nur indirekt ausgedrückt sind. Durch *wir* kennzeichnet K, dass er sich in dieser Opposition auf der Seite der Institution sieht. In (6) bis (8) sind ökonomische und haushaltsrechtliche Belange angesprochen, die für die Institution, aber nicht für den Händler gelten. K stellt sich durch *wir* als der Institution zugehörig dar, deren Interessen er in der Verhandlung vertritt. In (9) spielt der Gegensatz zum Händler keine Rolle; die Deixis *unsre* zeigt, dass K sich selbst wie auch die *Anwender* in diesem Zusammhang als derselben Institution zugehörig sieht.

Zusammenfassend lässt sich festhalten, dass die Mehrgliedrigkeit der Verhandlungsparteien besonders auf der Kundenseite interaktiv relevant wird. Die Orientierungen von K, die Darstellung seiner Zugehörigkeit, seiner Rolle und Loyalität wechseln in Abhängigkeit von den thematisierten Sachverhalten und den vollzogenen sprachlichen Handlungen. Sie drücken sich in den verwendeten deiktischen Formen aus, mit denen K auf sich und die Institution bzw. ihre Subsysteme Bezug nimmt. Wenn es um technisches Problemlösen geht, spricht K von *ich* und verweist damit auf seine Rolle als fachlich verantwortlicher Experte. Eine Oppositionsstellung zwischen sich und der Institution drückt K aus, wenn er auf die Benutzer des Netzwerks mit *die* verweist; diese Form der Deixis kennzeichnet seine Position als externer Beauftragter und Vermittler, der Wünsche der Anwender gegenüber dem Händler formuliert und sie in der Verhandlung vertritt. Durch den ausgedrückten Gegensatz zur Institution kann gegenüber dem Verkäufer eine Gemeinsamkeit der Experten konstituiert werden. Die Pluralformen *wir* und *uns* verwendet K, wenn er von der Institution als Gesamtheit, in die er sich einschließt, spricht und die Opposition zum Händler hervorhebt. Eine solche Positionierung findet nicht beim technischen Problemlösen, sondern bei der Interessendurchsetzung in der Verhandlung statt, also unter hierarchisch-ökonomischen Aspekten. Die Komplexität der Verhandlungszwecke schlägt sich also auch hier nieder.

7.3. Beispielanalysen: Verhandeln mit Laien

Es soll hier noch einmal auf die Verkaufsgespräche im Autohandel eingegangen werden, die in Kapitel 4.4.1 vorgestellt wurden. Auch diese Diskurse enthalten Verhandlungen, besonders um den Preis von Gebrauchtwagen, die beim Autohändler gekauft oder in Zahlung gegeben werden. Solche Preisverhandlungen unterscheiden sich von den Verhandlungen im vorigen Kapitel, insbesondere sind sie weniger komplex, was ihre Gegenstände und Zwecke betrifft. Speziell möchte ich hier auf Differenzen eingehen, die auf den Experten- bzw. Laienstatus der jeweiligen Kunden zurückgehen. Bei den unerfahrenen AutokäuferInnen findet man teilweise geradezu rührende Bemühungen, den Preis zu ihren Gunsten zu beeinflussen, ohne dass sie dem Verkäufer als Professionellem irgendwie gewachsen wären. Das Macht- und Kompetenzgefälle ist weitaus größer als in den Netzwerk-Verhandlungen.

Ein Unterschied besteht häufig darin, dass mit den Preisverhandlungen erst begonnen wird, nachdem – für den Verkäufer deutlich erkennbar – über den Kauf praktisch schon entschieden ist. Damit kann die (offene) Entscheidung über den Vertragsabschluss nicht mehr als wirksames Verhandlungspotential eingesetzt werden. Der Ausschnitt *Barzahlung* aus Kapitel 4.4.1 ist dafür ein Beispiel. Die Kundin fragt vorsichtig nach einem möglichen Preisnachlass bei Barzahlung (*Könnte da was runtergegangen werden?*, Fläche 1f.), nachdem klar ist, dass sie den Wagen kauft. Der Verkäufer bietet ein kleines Entgegenkommen an (*vielleicht dass Sie, dass ich Ihnen wenn Sie hundert Mark mehr bezahlen, dass ich/ dass ich da . ham Sie ein Jahr Garantie drauf. Praktisch für achttausend Mark glatte Summe,. oder fuffizg Mark sind das ja praktisch nur*). Dieses Angebot nimmt die Kundin an.

Ein weiterer Unterschied ist, dass anders als in den Netzwerk-Verhandlungen die Mehrgliedrigkeit der Kundenpartei nicht argumentativ für die Durchsetzung der eigenen Interessen eingesetzt wird – im Gegenteil. Im Ausschnitt

Elf fordert der Kunde (K), der zusammen mit seiner Frau (Mu) und seiner erwachsenen Tochter (To) in die Autohandlung gekommen ist, 12.000 Mark für die Inzahlungnahme von deren altem Wagen; der Verkäufer bietet daraufhin 11.000 Mark an. K hat bis dahin die Verhandlungen geführt.

Elf

V	Was halten Sie von <u>elf</u>? (Tsch!) Nein,
K	Elf <u>fünf</u>!
Mu	Elf ist doch <u>auch</u> nett!
279	

V	Mensch! Elf ist schon wirklich 'n guter Preis, Frau Schröder, Sie
K	(
Mu	Ja.
280	

V	sagens, wirklich, also. Also elf,
K	) Elf fünf und 'n vernünftiges Radio rein!
281	

V	und wir nehmen das Radio aus Ihrem raus/ könn Se gerne raus-
282	

V	nehmen das Radio.
To	Nee, ich möchte 'n neues Radio haben, das
283	

V	Ach so, ja
To	Radio kann da drin bleiben, die Boxen bleiben auch drin. (Da
284	

V	wo soll ich 'n Radio herkriegen? Das kost fünfhundert Mark, 'n Radio...
To	sind) ja Boxen drin.
285	

V	Nein, Mensch!
K	Ja, elf <u>mit</u> Radio drin.
Mu	((lacht))
286	

((Auslassung))

K			\ Ja.
Mu	Dann macht doch zehn fünf, ja? Und 'n Radio einbauen.		
To		((räuspern))	Zehn fünf und
298			

V		Zehn fünf und 'n Radio, ja gut.	
K			XYZ-Radio.
To	'n Radio, ja.	Ja.	Aber 'n gutes.
299			

V	Ja, is klar.
To	Die Boxen alles kann drin bleiben, sind gute Boxen alles
300	

In Fläche 279 fällt die Ehefrau ihrem Mann in den Rücken, indem sie ohne Notwendigkeit das Angebot des Verkäufers lobt, unmittelbar nachdem ihr Mann eine höhere Forderung gestellt hat. Der Verkäufer hat damit allen Grund, auf dem angebotenen Preis zu insistieren, er kann sich auf die Äußerung bzw. Bewertung der Ehefrau berufen (Fläche 280f.). Danach geht es um das Radio in dem alten bzw. für den zukünftigen Gebrauchtwagen. K fordert nun 11.500 Mark und ein neues Radio. V bleibt bei seinem Preis und bietet an, dass die Familie das alte Radio ausbauen kann. Die Tochter möchte jedoch ein neues; sie verzichtet freiwillig auf das alte Radio und die Boxen. Als der Vater mit seiner Forderung auf 11.000 Mark plus neues Radio heruntergeht (Fläche 286), konterkariert wenig später die Mutter wieder seine Verhandlungsstrategie, indem sie die Forderung reduziert (Fläche 298). Diesem Ergebnis stimmen alle zu. Dabei scheint es nicht so, als hätte die Familie etwas zu verschenken, denn sie finanziert den neuen Wagen per Kredit. Die Familienmitglieder verhandeln also unkoordiniert und argumentieren gegeneinander, statt sich abzustimmen und den Verhandlungsführer zu unterstützen. Das Resultat ist, dass der Verkäufer sich mit seiner Position auf ganzer Linie durchsetzt und sogar noch dazugewinnt (nämlich die Gewinnspanne für ein Neuradio sowie ein Gebrauchtradio mit *guten Boxen*).

Ein weiterer Unterschied betrifft die Vorbereitung auf die Verhandlung. Während der Experte in den Netzwerk-Diskursen sich entweder vorher über die Produkte informiert hat oder dies in der Verhandlung tut, ohne sich jedoch schon zu entscheiden, sind die Laien beim Autokauf oft unvorbereitet, wie im Ausschnitt *Radio* deutlich wird, der in Kap. 4.4.1 vorgestellt wurde. Den vom Kunden gebotenen geringeren Kaufpreis will der Verkäufer nur akzeptieren, wenn K im Ausgleich selbst für ein Radio sorgt. Der Kunde kann jedoch nicht entscheiden, ob der Preisnachlass die Kosten für ein Radio aufwiegt und ist von der Aussage des Verkäufers hierzu abhängig (*jetz sagen Se ma ehrlich mit de Radio, fünfhundert Mark, komm wer gar nich hin, ne?,*

Fläche 2–4). Er bedauert (zu spät), keine unabhängigen Vorab-Informationen eingeholt zu haben (*ham uns leider vorher nich in/ äh informiert, weil wir keine Zeit hatten*, Fläche 5).

Aufgrund der unterschiedlichen Wissensvoraussetzungen zwischen Experte und Laie kann der Verkäufer ferner bestimmte Verhandlungsargumente anführen, deren Stichhaltigkeit vom Kunden nicht überprüfbar ist und denen er deshalb nicht widersprechen kann. Ein solches Argument, das berufliches Wissen beansprucht, verwendet V, wenn er sagt: *In einer Woche steht der neue XX (Modellname) hier vor der Tür, dann/ dann kriegen die dermaßen einen vorn Hintern, diese YY (Modellname)! Glauben Sie's mir!*

Die Beschäftigung mit Verhandlungen zwischen ungleichen Partnern führt zu einer praktischen Schlussfolgerung: Verhandlungstrainings müssten nicht nur für Geschäftsleute bzw. Professionelle angeboten werden, sondern dringend auch für einfache Bürgerinnen und Bürger, z.B. durch Verbraucherverbände, Volkshochschulen oder andere Weiterbildungseinrichtungen.

8. Besprechungen

In diesem Kapitel stelle ich Formen und Aspekte von Besprechungen vor und gebe einen Literaturüberblick (Kap. 8.1). Es folgen Beispielanalysen zu Besprechungen bei den Stadtwerken, und zwar unter den Aspekten der Zielorientierung und Effizienz (Kap. 8.2) sowie der interaktiven Darstellung und Bearbeitung von Konflikten (Kap. 8.3).

8.1. Formen von Besprechungen und Literaturüberblick

Unter der Bezeichnung *Besprechungen* lassen sich Diskurse zusammenfassen, die überwiegend betriebsintern, jedoch auch mit Externen geführt werden. Besprechungen stellen keine klar konturierte und abgegrenzte Diskursart dar, weil ihre Zwecksetzungen sehr heterogen sind. Zu ihnen gehören sowohl sachlich-technisch bezogene Diskurse, z.B. technical meetings (Lenz 1989, 1994) oder Meisterbesprechungen (Schwandt 1995), wie auch Planungsgespräche oder Konferenzen, die stärker hierarchisch-ökonomisch geprägt sind. Häufig steht die Entwicklung von Problemlösungen und das Treffen von Entscheidungen als Zweck im Vordergrund.

Die Teilnehmerzahl von Besprechungen kann zwischen zwei und vielen Personen variieren, wobei mehr als zwei Beteiligte der Normalfall sind. Es kann sich um gleichrangige Kollegen handeln – aus derselben oder verschiedenen Abteilungen –, aber auch um Teilnehmer verschiedener Hierarchiestufen, z.B. Vorgesetzte und ihnen unterstellte Mitarbeiter. In der Regel laufen Besprechungen umso formeller ab, je größer der Teilnehmerkreis ist und je mehr Hierachiestufen vertreten sind. Wenn sie geleitet werden, was in formelleren Besprechungen häufig, aber nicht immer der Fall ist, fungiert meist der oder die Vorgesetzte als GesprächsleiterIn.

Besprechungen finden normalerweise geplant statt – nach Terminabsprache und/oder Einladung –, teilweise sind sie als regelmäßige Treffen bestimmter Teilnehmergruppen institutionalisiert. Sie haben oft thematische Vorgaben; diese können als Tagesordnung expliziert und schriftlich fixiert sein, aber auch als gemeinsames Wissen bloß unterstellt oder zu Beginn von den Anwesenden festgelegt werden. Auf jeden Fall findet eine thematische Fokussierung auf wenige Punkte statt. Für die betreffenden Diskurse, besonders für Besprechungen mit regelmäßigem Charakter, existieren häufig bestimmte Bezeichnungen, z.B. Komposita aus Benennungen für Personengruppen zusammen mit *-besprechung, -konferenz* oder *-sitzung* (Meisterbesprechung, Teambesprechung; Abteilungsleiterkonferenz; Vorstandssitzung).

Nicht zu Besprechungen in diesem Sinne zähle ich Mitarbeitergespräche (Neumann 1991, Sabel 1993), d.h. Zwei-Personen-Gespräche zwischen Vorgesetzten und einem ihrer Mitarbeiter, wie sie z.B. als Zielvereinbarungs-, Kritik-, oder Beurteilungsgespräche geführt werden. Auch spontane Interaktionen, in denen ad-hoc arbeitsbezogene Probleme diskutiert werden, betrachte ich nicht als Besprechungen.

Literaturüberblick

Zu Besprechungen gibt es sowohl umfangreiche Ratgeberliteratur als auch empirische linguistische und soziologisch-konversationsanalytische Untersuchungen. Viele Verfasser der praxisbezogenen Ratgeberliteratur beziehen sich auf die Erfahrung, dass Besprechungen oft als langatmig und wenig effektiv empfunden werden, dass sie nicht ergebnisorientiert durchgeführt werden und konfliktträchtig sind, und geben entsprechend Empfehlungen zu ihrer Vorbereitung, Durchführung bzw. Leitung und Nachbereitung. In Kirkpatrick (1989) wird z.B. dargestellt, wann überhaupt Besprechungen erforderlich sind, welches die häufigsten Ursachen ineffizienter Besprechungen sind, welche Aufgaben der Konferenzleiter wahrzunehmen hat und wie Besprechungen vorbereitet, kontrolliert und abgeschlossen werden sollten. Dazu werden jeweils konkrete Ratschläge gegeben. Ähnliches leistet Ruschel (1989: 189–252), der als Funktionen von Besprechungen in Unternehmen angibt, „Informationen auszutauschen, Beratungen durchzuführen und Entscheidungen vorzubereiten" (1989: 189). Er differenziert entsprechend nach Mitarbeiterbesprechungen, Dienstbesprechungen und Expertenkonferenzen und gibt konkrete Empfehlungen für Sitzungsleiter wie Sitzungsteilnehmer. In dem einschlägigen Kapitel in Günther/Sperber (1993: 117–137) werden sogar Formulierungsvorschläge im Hinblick auf einzelne Aufgaben von Besprechungsleitern gemacht. Neuere Arbeiten sind Kellner (1995) und besonders Lepschy (1998), die Hilfen zur Vorbereitung, Durchführung und Dokumentation von Besprechungen gibt.

Die linguistischen und soziologisch-konversationanalytischen Arbeiten zu Besprechungen beziehen sich nur zum Teil auf Wirtschaftskommunikation. Viele stammen aus dem angelsächsischen Raum und arbeiten mit englischsprachigem Material. Einen guten Literaturüberblick dazu gibt Meier (1997). Eine ältere Arbeit ist Atkinson/Cuff/Lee (1978), in der am Beispiel der Wiederaufnahme einer Besprechung nach einer Unterbrechung untersucht wird, wie ein *meeting* als soziale Situation hergestellt und aufrecht erhalten wird. Linde (1991) analysiert face-to-face und telefonisch geführte Geschäftsbesprechungen unter dem Aspekt der Themenorganisation (*agenda management* ohne explizite Tagesordnung). Boden (1994) betrachtet Besprechungen als den interaktiven Kern von Organisationen und behandelt differenziert und auf der Basis verschiedener Transkripte konversationelle Aspekte von Besprechungen in Organisationen, wie ihre Eröffnung und Beendigung, Fragen, Berichte, Entscheidungsfindung und Sprecherwechsel. Boden gibt folgende Arbeitsdefinition von *meeting* und unterscheidet zwischen *formal and informal meetings*:

> I define a ‚meeting' as a planned gathering, whether internal or external to an organization, in which the participants have some perceived (if not guaranteed) role, have some forewarning (either longstanding or quite improvisational) of the event, which has itself some purpose or ‚reason', a time, place, and, in some general sense, an organizational function. (Boden 1994: 84)
>
> Meetings may, as noted, be *formal*. That is to say, they may be officially convened by written summonses or fixed arrangements, have an organizationally defined composition of members, follow a prepublished or relatively fixed agenda, and be chaired by a designated official. They often occur at regular time intervals, and at regular preset times in the day and week. (Boden 1994: 85)

Informelle Besprechungen grenzt Boden durch folgende Kriterien ab: typischerweise nur mündliche Einberufung; kein fester Teilnehmerkreis; selten ein festgelegter Sitzungsleiter (Leitungsfunktionen werden oft vom statushöchsten Teilnehmer wahrgenommen); kein Protokoll; selten eine feste Tagesordnung (wohl aber ein Grund bzw. Anlass für die Besprechung) (1994: 87). Diese Differenzierung bietet eine sinnvolle Unterscheidungsmöglichkeit von Besprechungen, wobei m.E. nicht nur die beschriebene Dichotomie, sondern ein ganzes Kontinuum zwischen streng formellen und sehr informellen Besprechungen existiert. Meier (1997) weist außerdem zu Recht darauf hin, dass im Verlauf solcher Sitzungen formellere und informellere Episoden vorkommen und miteinander abwechseln können.

Im deutschsprachigen Raum sind an linguistischen bzw. konversationsanalytischen Arbeiten zunächst die von Lenz (1989, 1994) zu nennen. Lenz untersucht auf der Basis eines Korpus routinemäßig stattfindende Technikerbesprechungen (*technical meetings*) in einem englischen Maschinenbaubetrieb. In ihnen werden Produktionsprobleme diskutiert – relativ informell, ohne schriftlich fixierte Tagesordnung und unter wechselnder Leitung. Lenz analysiert u.a. den Sprecherwechsel und die Themenkonstitution. Argumentieren in einer Geschäftsbesprechung untersucht Marquard (1994). Schmitt/Brandau/Heidtmann (1999) beschreiben die Funktionsweise eines informellen Gruppenstils an einem Beispiel.

Die ethnographisch ausgerichtete Monografie von Schwandt (1995) ist ebenfalls korpusbasiert und hat Dienstbesprechungen von Industriemeistern einer Reifenfirma zum Gegenstand. Sie finden wöchentlich statt, werden vom Betriebsleiter geleitet und behandeln aktuell angefallene Probleme der Produktion ohne festgelegte Tagesordnung. Schwandt untersucht den Gesprächsverlauf, metaphorische Sprechweisen und die Aushandlung betrieblicher Regeln. Vor allem zu dem letzten Punkt finden sich interessante Beobachtungen, die zeigen, dass der flexible Umgang mit und die (partielle) Missachtung von Regeln im Betrieb als notwendig betrachtet wird.

Im Hinblick auf interaktive Strukturen in Besprechungen ist besonders interessant die soziologische konversationsanalytische Monografie von Meier (1997), die sich allerdings nur teilweise auf Wirtschaftskommunikation bezieht. Meier bearbeitet ein deutschsprachiges Korpus von Arbeitsbesprechungen in der Redaktion von Radiosendern, einer Fluggesellschaft, einer Kindertagesstätte, eines Universitätsinstituts sowie im privaten Kreis. Ziel ist, die für solche Besprechungen spezifischen Handlungsformen zu beschreiben und im Zusammenhang damit die strukturellen Interaktionsprobleme zu rekonstruieren, die von den Beteiligten gelöst werden müssen. Behandelt werden das Erzeugen und Aufheben einer gemeinsamen Fokussierung der Gesprächsteilnehmer auf eine einzige Handlungssequenz zu Beginn und Ende der Sitzung, die Steuerung der thematischen Entwicklung und die Abarbeitung einer (fixierten oder ad hoc entwickelten) Tagesordnung. Unter dem Begriff „Formen der Beteiligung und lokale Identitäten" analysiert Meier Fragen, Anknüpfungen an vorangegangene Äußerungen, Ankündigungen eigener sprachlicher Handlungen sowie die Konstitution der Rollen als GesprächsleiterIn bzw. TeilnehmerIn. Auch Formen des Einbringens von Vorschlägen, der Argumentation und der Herstellung von Entscheidungen werden untersucht: das Herstellen von Sachlichkeit, Strategien des Nachgebens, die Sichtbarmachung von Dissens und Konsens, die Formulierung von Ergebnissen, der Ausdruck der Beziehung zwischen den Teilnehmern, Autorität, Fragen des Images und Konfliktvermeidung. Meier kommt zu dem Ergebnis, dass die Beteiligten die Rahmung ihrer Interaktion als Besprechung nicht einmalig (zu Beginn) verbindlich etablieren, sondern durch die Ausgestaltung ihrer Handlungen den Kontext *Besprechung* kontinuierlich (re-) produzieren.

Die linguistische Arbeit von Müller (1997) untersucht – ebenfalls unter konversationsanalytischer Perspektive – betriebsinterne Arbeitsbesprechungen aus verschiedenen Unternehmen (u.a. Meister- und Belegschaftsgespräche, Besprechungen mit Bezirksleitern einer Versicherung). Im Mittelpunkt stehen die Beziehungskonstitution bzw. -dynamik und die Formen sozialer Kontrolle:

> [...] ‚Kontrollverfahren' sind Einsatzweisen von Sprache, mit denen Sprecher im interaktiven Austausch mit einem oder mehreren Partnern die Durchsetzung eigener Ziele ansteuern. Mit sprachlichen ‚Kontrollverfahren' sind Handlungsweisen eines einzelnen als Reaktion auf Aktivitäten eines anderen im Hinblick auf ein Ziel gemeint. Sie sind rhetorische Handlungsweisen mit persuasiver und manipulierender Zielrichtung. (Müller 1997: 185)

Sprachliche Kontrollverfahren im Korpus sind etwa das Hervorheben der betrieblichen Position, Abwertung oder Ausgrenzung von Gesprächspartnern, Beanspruchen eines Expertenstatus oder Umdeuten des Partnerbeitrags (1997: 287ff.). Müller (1997a) behandelt – anhand eines Beispiels aus demselben Material – sprachstilistische Mittel, die für die Rollenperformanz (statussuperiorer) Vorgesetzter bzw. (statusinferiorer) Angestellter eingesetzt werden. Hierarchieunterschiede werden durch die Art des kommunikativen Handelns immer neu aktualisiert und relevant gesetzt.

Mit der Beziehungskonstitution und -regulation in Arbeitsbesprechungen bei einem Dienstleistungsunternehmen befasst sich auch Poro (1999). Sie arbeitet anhand eines Korpus heraus, wie in den Arbeitsbesprechungen Selbst-, Fremd- und Wir-Bilder kommuniziert, berufliche Aufgaben kooperativ oder unkooperativ bearbeitet und soziale Kategorisierungen hinsichtlich Geschlecht und Status vorgenommen werden.

Dannerer (1999) analysiert betriebsinterne Besprechungen mit Blick auf den Fremdsprachenunterricht. Auf der Basis eines Korpus von Videoaufnahmen aus einem österreichischen Unternehmen untersucht sie für den Diskurstyp relevante Handlungsmuster (z.B. *Informieren, Dissens-Austragen, Aufgaben-Festlegen*) und ihre sprachlichen Realisierungsformen. Berücksichtigt werden ferner Themenmanagement sowie Macht und Dominanz in Besprechungen. Die Analysen sollen die Behandlung dieses Diskurstyps im Fachfremdsprachenunterricht unterstützen. Eine Besonderheit der Arbeit liegt darin, dass Dannerer auch die Sicht der Beteiligten auf die Besprechungen erhebt und auswertet.

In Menz (1999, demn.a) werden anhand betriebsinterner Besprechungen Aspekte der Selbstorganisation in Unternehmen analysiert. Untersuchungsgrundlage ist ein umfangreiches Korpus aus einer österreichischen EDV-Firma, ergänzt durch Interviews mit den MitarbeiterInnen. In Auseinandersetzung mit der Organisationstheorie von Weick entwickelt Menz ein Modell, das die Balance zwischen Stabilität und Flexibilität beschreibt. Er beschreibt, wie die unzureichende Planbarkeit und das Auftreten unvorhersehbarer Ereignisse in Unternehmen aufgefangen und bearbeitet werden muss und durch spezifische Kommunikationsformen auch bearbeitet werden kann (interaktive Bewahrung von Ambiguität, Offenhalten unterschiedlicher Optionen, Berücksichtigung von Interdependenzen, Aufgeben sequenzieller zu Gunsten von paralleler Themenbearbeitung). Am Beispiel einer Technikbesprechung rekonstruiert er, wie die Beteiligten in der Interaktion fluktuieren zwischen einer Sicht auf den Auftrag als routinemäßig zu erledigenden oder aber als besonderen Fall, der individueller Behandlung bedarf. Dies beurteilt Menz als Fall von Selbstorganisation. Er kommt zu dem Ergebnis, dass Mehrdeutigkeiten und „chaotische" Interaktionsstrukturen sich als eine durchaus adäquate Reaktionsform auf instabile und unklare betriebliche Anforderungen erweisen. Allerdings wurde dieses Ergebnis an einem spezifischen Unternehmenstyp gewonnen, einem Betrieb, der auf einem sich schnell verändernden Markt agiert und dessen 14 MitarbeiterInnen sich gut kennen und z.T. freundschaftliche Beziehungen zueinander haben.

8.2. Beispielanalysen: Probleme von Zielorientierung und Effizienz

In den verwendeten Korpora zur Wirtschaftskommunikation, besonders im Material aus den Stadtwerken einer Großstadt, kommen ganz unterschiedliche Arten von Besprechungen vor. Die Arbeitseinteilung (vgl. Kap. 9.1) ist ein Typ aus der betriebsinternen Kommunikation; in einer allmorgendlich stattfindenden kurzen Besprechung erteilt ein Meister seinen versammelten Vorarbeitern Arbeitsaufträge für den Tag und bespricht sie mit ihnen. Die zentralen Zwecke sind die Information der Mitarbeiter und die Arbeitsplanung. Andere betriebsinterne Besprechungen finden – ohne Vorplanung aus aktuellem Anlass – zwischen den Mitarbeitern einer oder mehrerer Abteilungen statt, um technische oder organisatorische Probleme zu lösen. Wieder andere sind terminlich und inhaltlich geplant und finden zwischen Mitarbeitern und Abteilungsleiter statt, um grundlegendere arbeitsbezogene Fragen zu klären oder Konflikte zu bearbeiten. Betriebsexterne Besprechungen sind oft solche, in denen Mitarbeiter der Stadtwerke zusammen mit Mitarbeitern anderer Unternehmen oder Behörden oder mit Kunden der Stadtwerke Planungen vornehmen oder Problemlösungen suchen. Sie finden häufig als Ortstermine statt, d.h. am Ort einer geplanten Maßnahme (Baustelle o.ä.).

Ich möchte im Folgenden Beispiele aus betriebsexternen Besprechungen bei den Stadtwerken unter dem Aspekt der Zielorientierung, Strukturiertheit und Effizienz analysieren. Ausgewählt wurden zwei Ortstermine mit Mitarbeitern anderer Institutionen (die Besprechungen *Gespräch am Bach* und *Schieber*) und zwei thematisch zusammengehörige telefonische Besprechungen mit einer Privatkundin bzw. ihrem Mann (*Vorgarten 1* und *2*).

Die Besprechung *Gespräch am Bach*

In *Gespräch am Bach* (abgekürzt *Bach*) wird eine Lösung für folgendes Problem gesucht: Zwei abseits liegende Wohnhäuser haben zu wenig Wasserdruck, so dass eine neue Leitung verlegt werden muss. Zwischen der Hauptleitung und den Häusern fließt ein Bach, über den eine Brücke führt. Die Gegend ist Landschafts- und Wasserschutzgebiet. Deshalb haben sich zwei Meister der Stadtwerke (S1 und S2) mit dem zuständigen Sachbearbeiter der

Unteren Wasserbehörde (UW) und dem beauftragten Bauunternehmer (UN) zu einem Ortstermin am Bach verabredet, um den Fall zu besprechen. Die Stadtwerke wollen die neue Leitung unter dem Bach hindurchführen, denn eine Verlegung über die Brücke bietet keine Frostsicherheit. UW dagegen will, dass die Leitung über die Brücke verlegt wird, um Schäden an Bach und Uferböschung zu vermeiden. Je nach Bodenbeschaffenheit kann der Bauunternehmer die Leitung u.U. unter dem Bachbett hindurch *schießen*.

Eine Ursache, die zur mangelnden Effizienz beiträgt, ist Unpünktlichkeit. Einzelne Gesprächsteilnehmer kommen zu spät zum Termin mit der Folge, dass das, was von den Anwesenden bis dahin besprochen worden ist, für den Neuangekommenen wiederholt werden muss oder jedenfalls wiederholt wird. Dabei entsteht häufig eine Gesprächsdynamik, die dazu führt, dass dieselben Probleme und Fragen in einer neuen „Runde" noch einmal aufgerollt werden. In *Bach* kommt der Bauunternehmer zu spät, was der Stadtwerke-Meister S1 kritisch kommentiert (*Spät kommste*). Er schaltet sich nach einiger Zeit mit der Frage *Unten drunter geht nich?* (gemeint: unter dem Bach hindurch) in das Gespräch ein und löst damit eine erneute Diskussion der verschiedenen Möglichkeiten und Schwierigkeiten aus, die aber nur Gesagtes wiederholt. Noch später, in der Sequenz *Schuss*, eröffnet er durch eine unerwartete Bemerkung neue Perspektiven zu bereits ausgiebig besprochenen Fragen:

Schuss

UN	Jaja! Arbeiten kann man ja hier, ne? . . Wat stehn lassen, runter ge-
243	

UN	hen, . . sch/ schönen Schuss machen, sind wir drüben. . Kein Problem.
244	

S1	. Haste ihr denn so ne große Rakete? Ja?
S2	. . Ja, äh
	V
UN	Ja. Jo. Ne Zehner!
245	

S2	Moment. Hab ich dich jetzt richtig verstanden hab, dann brauchst du
246	

S2	also die Uferböschung nich aufzugraben? .
UN	Pff/ ja, wie soll ich denn/
247	

S1	Du meinst unter/
UN	ich kann das ja nicht umleiten oder was. Das muss doch laufen! .
248	

	V
S1 Du meinst äh äh unter durch schießen.	Ja.
UN 'N Stück unten drunter durchschießen.	
249	

Die Möglichkeit zu schießen war im Gespräch zwar thematisiert, aber von S1 als undurchführbar erklärt worden: normalerweise ah ä schießen wir ja mit Erdverdrängungsraketen. Aber wir legen hier ne achtziger Leitung rein, und da können wir nich mehr schießen. Da müssen wir schon aufmachen. Aufgrund der Unpünktlichkeit von UN fehlte also nicht nur eine entscheidungsrelevante Information, sondern es wurde sogar unter falschen Voraussetzungen diskutiert, so dass das Problem nun neu behandelt werden muss.

In dieser Diskussion wird dann gleich eine weitere Ursache für mangelnde Effizienz von Besprechungen deutlich, nämlich fehlende Vorbereitung und Informationsbeschaffung. Der Bauunternehmer muss im Folgenden seine optimistische Aussage bezüglich des Schießens relativieren:

Fels

S1 Ja, nu weiß i' nich, hier werden/ hier werden F/ hier wird/ hier wird Fels/
UN   Ich kann natürlich nich sa-
255

S1 .   hier wird Fels/   Ich geh ma davon
UN gen, was hier für'n Boden is. Wenns Felsen is, dann/
256

S1 aus, dass dat Fels is, ne?   Heh?
S2   Ja, zumindestens diese .
UN   Ja, weil da/   Ne?   Na ja, nu:
257

S2 (Kordel,) ne?
258

((Auslassung))

S1 Das wär natürlich ne feine Sache, wenn wer wüssten, dass dat geht,ne?
V
UN   hmhm
271

((Auslassung))

| S1 | Kann man so nich sagen. | Dat sehn wir erst, wenn wir die/ wenn |
| UN | | Nee. |

282

| S1 | wir die/ wenn wir die/ . die Löcher hier aufhaben. |

283

Da die Informationen über die Bodenbeschaffenheit, die eine Entscheidungsgrundlage darstellen, nicht vorher besorgt wurden, ist die vorangegangene Runde im Gespräch, die schon fast zu einer Entscheidung geführt hatte, nutzlos; die Diskussion steht wieder an dem Punkt, an dem sie vorher war.

Dass die Gesprächsführung wenig zielorientiert verläuft, ist ein weiteres Problem, das zur mangelnden Effizienz von Besprechungen beiträgt. Es drückt sich hier u.a. darin aus, dass in immer neuen Runden dieselben Fragen bearbeitet werden, ohne interaktiv zu einem klaren Ergebnis zu kommen – sei es in Form einer konsensuellen Entscheidung, der Fixierung eines Informationsdefizits oder eines Prozedere. Eine solche Rundenstruktur ist schon äußerlich daran abzulesen, dass an zahlreichen Stellen Beendigungsversuche eingeleitet werden, die immer wieder scheitern, bis UW sich endlich in Fläche 382 verabschiedet und die Aufnahme beendet wird.

S1: *Gut, dann würd ich sagen, dann verbleiben wir ers mal . so.* (Fläche 104)
S1: *Gut, verbleiben wir ers ma so* (Fläche 129)
UW: *Na gut, verbleiben wir so.* (Fläche 175)
S2: *Wir könn ja so verbleiben,* (Fläche 192)
UN: *Ja, Jörg . . Seid a fertig, kann ich anfangen?* (Fläche 226f.)

Ein weiterer problematischer Punkt ist die fehlende Entscheidungskompetenz vor Ort, wenn die Gesprächsbeteiligten Entscheidungen nicht selbstständig treffen dürfen oder treffen wollen, die Entscheidungsberechtigten jedoch nicht in der Besprechung anwesend sind. In *Bach* wird von S1 an sieben verschiedenen Stellen angekündigt, dass das Problem mit dem Vorgesetzten (*Papa*) durchgesprochen werden soll, z.B.:

S1: *müssen wir noch ma mit 'em/ mit 'em Papa durchsprechen* (Fläche 64)
S1: *Und dat muss ich natürlich mit meinem Chef durchsprechen* (Fläche 79)
S1: *Dann (muss man) das mit/ mit dem/ mit unserm Chef . mal durchsprechen, . ob wir uns da son Punkt schaffen sollen* (Fläche 105f.)
S1: *Also wie gesagt, wir werden jetzt erst mal . en Papa einschalten* (Fläche 166)

Im Ausschnitt *Termin* wird deutlich, dass die Rücksprache mit dem Chef (*Herrn Müller*) nicht nur aus formalen Gründen erforderlich ist, sondern dass dieser selbst substantiell an der Entscheidung teilhaben will und dafür ein weiterer Ortstermin notwendig sein wird.

Termin

S1	Wir sprechen dat gleich mit Herrn Müller <u>durch</u>, . ich mein gut äh,
331	

S1	werden wahrscheinlich noch ma en An/ noch ma en Termin machen
332	

S1	müssen, dat will er sich bestimmt angucken wolln. . Isser damit einver-
	V
UW	hm
333	

S1	standen, . dann gibt dat ja keine großen Probleme, ne? Und äh .
	V V
UW	hm hm . . ( )
334	

S1	sollt er nich und . er will unbedingt hier durch, gut, dann müssen wir
335	

S1	dat ebend so beantragen und . . warten, bis wir die Gen<u>eh</u>migung
	V V
UW	hm hm
336	

S1	haben. Geht nich anders.
UW	. . Wie gesagt, auch . eben wichtig mit der
337	

S2	Ja gut.
UW	Unteren Landschaftsbehörden . denn wie gesagt, das is . das is en
338	

	V
S1	hm
	V
S2	Ja.
UW	Landschaftsschutzgebiet, ne? Die müssen sich dazu auch äußern.
341	

UW weist ferner darauf hin, dass außer dem Vorgesetzten noch die Untere Landschaftsbehörde einzuschalten ist, die ebenfalls ihre Zustimmung erteilen muss. Wenn diese entscheidungsrelevanten Personen bzw. Institutionen von vornherein an der Besprechung beteiligt worden wären, wäre u.U. kein weiteres Gespräch erforderlich geworden. So aber hat es in diesem Fall tatsächlich noch mehrere Ortstermine gegeben, die die Baumaßnahme verzögert haben.

Die Besprechung *Schieber*

In *Schieber* haben sich sieben Personen an einer Baustelle verabredet, an der die Stadtwerke einen neuen Schieber einbauen wollen, um die Wasserversorgung einer Zeche zu verbessern. Bei den Ausschachtungsarbeiten hat sich herausgestellt, dass die Wasserleitung vom regionalen Energieversorgungsunternehmen mit Stromkabeln überbaut worden war. Die Besprechung vor Ort dient dem Zweck zu klären, wo die neue Leitung am besten verlegt werden kann und wer die Mehrkosten trägt. Gesprächsteilnehmer sind ein Betriebsingenieur, ein Bezirksmeister und ein Vorarbeiter der Stadtwerke, ein Vertreter der Baufirma sowie mehrere Mitarbeiter des Energieversorgungsunternehmens.

Auch in der Besprechung *Schieber* kommt ein Meister zu spät. Ein *Lageplan* mit dem genauen Verlauf der Wasserrohre und Stromkabel ist nicht vorbereitet worden (*Hat jemand 'n Bildchen gemacht, denn wir ham/ sind nich dazu gekommen*). Obwohl von beiden Unternehmen (Siglen R für Energieversorgungsunternehmen, S für Stadtwerke) zusammen sieben (!) Personen anwesend sind, um die beste und kostengünstigste Lösung zu ermitteln, muss die eigentliche Entscheidung – auch über die Kostenteilung – *auf höherer Ebene* (Fläche 60) getroffen werden, wie in *Maßnahme* formuliert wird:

Maßnahme

R1	Ja bei dieser Maßnahme isses sowieso erforderlich, dat Sie uns mit Ihrn
57	

R1	. ((Einatmen)) äh . Maßnahmen anschreiben, was Sie vorhaben, hier
	V
S?	hm
58	

R1	vor Ort können wir . dat sicherlich nicht entscheiden und auch nix zu
59	

R1	sagen, sondern dat muss dann . auf höherer Ebene geklärt werden, .
	V
S?	hm
60	

| R1 | wie verfahren wird, wie die Kostenteilung . oder überhaupt die ganze |
| S? | Die Sache wär auch |

61

| R1 | Sache is. |
| S? | dann noch nicht damit abgeschlossen. |

62

Im Ausschnitt *Elfmeter* wird deutlich, dass zwischen der Beurteilung des Problems in der Besprechung und der Entscheidung durch zuständige Stellen eine Diskrepanz besteht und als solche wahrgenommen wird:

Elfmeter

| R1 | Können wir hier nich entscheiden, habe ich grade schon gesagt, dat |

179

| R1 | muss auf höheren Niveaus geklärt werden. ((3 sec)) |

180

S2	Ja, solln wer's so machen.
S?	Hä?
S3	(Frage.) (Frage.)

181

| R1 | Ja . an . XYZ, Neustadt, N-Straße, |
| S2 | Also wir schreiben Sie dann an, ne? |

182

R1	ne? Nich wi:e äh mit Ihren sehr geehrten Herren R & Co. so
	V
S2	Jaja.

183

R1	auf 'er Baustelle schon gesprochen, ne?
S1	((lacht---------------------------------))
S2	((lacht mit--------))
S?	((lacht; lachend:)) [Dat gäb 'n Elfmeter]

184

Der Mitarbeiter des Energieversorgungsunternehmens R1 soll das Problem in sachlich-technischer Hinsicht vorklären, aber dass er in der Besprechung Vorentscheidungen trifft, darf unter hierarchisch-ökonomischen Aspekten nicht sein. Diese müssen vielmehr *auf höheren Niveaus* (Fläche 180) gefällt werden. Wenn er es dennoch tut, darf es dort jedenfalls nicht offenkundig werden. Die Diskrepanz zwischen der Vorschrift (keine Zusagen zu machen) und dem sachlichen Erfordernis einer Vorklärung wird von den Beteiligten bearbeitet, indem sie die Regelverletzung in einem Scherz thematisieren. Auf diese Weise kann implizit ein Einvernehmen hergestellt werden, eine Regelverletzung durch R1 nicht sichtbar werden zu lassen und dadurch einen drohenden „Strafstoß" (*Elfmeter*, Fläche 184) zu vermeiden.

Zusammenfassung der Ergebnisse

Beide Besprechungen, *Bach* und *Schieber*, erwecken den Eindruck mangelnder Effizienz. Aufwand und Ertrag scheinen in keinem adäquaten Verhältnis zu stehen. Rekonstruiert man die Ursachen, so stößt man auf ein ganzes Bündel problematischer Verhaltensweisen. Die Unpünktlichkeit einzelner Gesprächsteilnehmer und die dadurch notwenige Wiederaufnahme von Themen, die fehlende Vorbereitung und Informationsbeschaffung und die wenig zielorientierte Gesprächsführung ziehen die Besprechungen erheblich in die Länge. In immer neuen Runden werden dieselben Fragen bearbeitet, ohne zu einem Ergebnis zu kommen. Auch fehlende Entscheidungskompetenzen vor Ort sowie Diskrepanzen zwischen hierarchischen Regelungen und sachlichen Erfordernissen beeinträchtigen eine zielorientierte und effektive Durchführung der Besprechungen und stellen ihren Zweck in Frage.

Möglicherweise trägt es zu langatmiger, wenig zielorientierter Gesprächsführung bei, wenn eine Besprechung als Ortstermin stattfindet. Alle Beteiligten mussten sich ja extra verabreden und mit ihren Autos anfahren, so dass möglicherweise das Gefühl entsteht, das Treffen müsse sich zeitlich „gelohnt" haben.

Eine funktionale Alternative zu dem Diskurstyp *Besprechung* besteht, nach dem empirischen Material zu urteilen, in einer Sequenz von Telefonaten. Häufig werden solche funktional und thematisch aufeinander bezogenen Telefonatsequenzen geführt zwischen einer Person in zentraler Position (z.B. einem Meister in der Zentrale) und mehreren anderen Beteiligten an einer Aufgabe bzw. einem Problem (z.B. Vorgesetzte; Kollegen, die mit ihren Autos unterwegs sind; Mitarbeiter der Baufirmen an Baustellen; Installateure; Kunden). Die zentrale Person wird zum Gegenstück eines Gesprächsleiters, sie koordiniert die einzelnen „Beiträge", fragt Informationen und Einschätzungen ab, vermittelt sie weiter, gibt Aufträge und teilt Entscheidungen mit. Nach meiner Beobachtung sind solche Telefonatsequenzen relativ effizient und werden von den Problemen, die ich für die Ortstermine beschrieben habe, weniger berührt. Telefonkonferenzen im engeren, technischen Sinn sind in meinen Korpora nicht enthalten.

Die Besprechungen *Vorgarten 1* und *2*

Ich möchte zwei weitere Beispiele aus dem Stadtwerke-Korpus untersuchen, in denen die Zielorientierung ebenfalls ein Problem darstellt, jedoch in einem anderen Sinn und mit anderen Implikationen. Es handelt sich um die beiden Gespräche *Vorgarten 1* und *2*, zwei telefonische Besprechungen zwischen einem Meister und einer Privatkundin (*1*) bzw. ihrem Mann (*2*). Das Ehepaar hatte von der Stadtverwaltung die Auflage bekommen, einen Teil ihres Vorgartens in Einstellplätze umzuwandeln. Die ausführende Gartenbaufirma hatte dabei eine Wasserleitung der Stadtwerke beschädigt. Der Meister hat den Schaden in Augenschein genommen und festgestellt, dass 30 cm Erde abgetragen wurden, wodurch der Anschluss nicht mehr in der vorgeschriebenen frostsicheren Tiefe liegt, dass er sich aber aus baulichen Gründen auch nicht einfach tiefer legen lässt. Er informiert erst Frau K, dann Herrn K und bespricht mit ihnen, wie das Problem gehandhabt werden soll. In dem Telefonat mit der Kundin (KF) gibt der Meister zunächst eine Orientierung und erste Problemdarstellung:

Folgendes

SW	Folgendes da/ die ham heute da unser/ den Anschluss beschädigt.
KF	Ja?

5

SW	Is aber/ deshalb ruf ich <u>nich</u> an, sondern . die tragen ja da ungefähr

6

SW	dreißig Zentimeter ab. Äh, so dat die Deckung für den Anschluss .
	V
KF	hm

7

SW	an für sich nich mehr gewährleistet is, also die frostsichere Deckung.
	V V
KF	hä, hä

8

Auffällig ist die Formulierung *an für sich* (Fläche 8), die das Problem der mangelnden *Deckung* bereits bei seiner Explikation relativiert. Der Meister erwartet offenbar nicht, dass die Kundin auf das Problem eingeht, sondern fährt unmittelbar fort, indem er die von ihm unternommene Suche nach einer Lösung darstellt:

Ölraum

SW	Jetzt war ich mal im Keller, . dieser Wasseranschluss, der kommt in

9

SW	den Ölraum rein, also das heißt/ V Ja, ja ja.
KF	V Ja. klein Moment mal bitte, ja?

10

((Auslassung: Unterbrechung wegen Kindergeschrei, Neuansatz))

SW	Und dann war ich im Keller, hab mir dat anjeguckt, ob man den V
KF	Ja.

15

SW	Anschluss äh eventuell tiefer legt, . äh dat geht aber nich, weil der V
KF	hm

16

SW	kommt in einen O/ Ölraum rein, also da steht der Öltank, da kann V
KF	Ja.

17

SW	gar kein Mensch arbeiten. Äh/
KF	Ah so. Was kann man da jetzt machen?

18

Die mögliche Lösung (*tiefer legen*, Fläche 16) wird hier als undurchführbar dargestellt. Die Kundin erbittet daraufhin einen Alternativvorschlag (Fläche 18). Statt eines solchen gibt der Meister wenig später eine Darstellung, die widersprüchlich zur bisherigen wirkt:

Tiefer legen

SW	ich kann den nich tiefer legen. Dat wollt ich Ihnen mitteilen, äh V V
KF	hm hm

27

SW	und und <u>wenn</u> ich den tiefer legen <u>müsste</u>, dann wär dat kosten-
	V
KF	hm

28

SW	pflichtig. Weil Sie ja da diese Deckung abtragen.
	V
KF	hm

29

Die Lösung wird nicht mehr als undurchführbar, sondern nur als kostenpflichtig dargestellt. Nach Klagen über die Auflagen der Stadt und dem Bekenntnis, dass sie sich *nicht auskennt*, wird verabredet, dass der Meister das Problem mit ihrem Mann (KM) bespricht. In *Vorgarten 2* wird das Problem – ähnlich wie in *1* – erneut dargestellt (*Selbst wenn ich den tiefer legen wollte, äh äh könnt ich dat gar nicht machen, denn da kommt gar keiner dran*, Fläche 30f.). Der Kunde formuliert daraufhin seinerseits einen Vorschlag:

Totlegen

KM	Man könnt ja natürlich den aber auch so verlegen, dass er sofort in

37

SW	nja
KM	dem andern Raum dann reinkommt und das andere Stück totlegen,

38

SW	Ja dat wär aber/ dat wär aber/ dat wär aber ne Trassenänderung,
KM	ne?

39

	....
SW	die Sie be<u>zah</u>len müssten.
KM	Ah so, oh nee, <u>dat</u> will ich natürlich nich.

40

SW	Sehn Se, auch die/ auch die Abtragung, äh ähm äh dat müssten Sie

41

SW	auch bezahlen, denn Sie haben die Deckung verändert, also
	V
KM	hm

42

SW	dann wär dat <u>auch</u> kostenpflichtig.

43

Der Meister übernimmt im Problemlösungsdiskurs stark die Perspektive der Kunden, wenn er von selbst immer wieder die Kostenfrage in den Vordergrund stellt. Unmittelbar anschließend an den zitierten Ausschnitt gibt er dem Gespräch dann eine überraschende Wendung:

Keine Angst

SW	also dann wär dat auch kostenpflichtig. Ich will mal so sagen. Der
	V
KM	hm
43	

SW	liecht jetzt . zirka, also wenn dat fertig is, auf fünfundfünfzig Zentimeter.
44	

SW	Da müssen Sie keine Angst haben, äh ich sach mal/ ich sach
	V V
KM	hm hm
45	

SW	mal jetz <u>so</u>, . wenn wir nich <u>vierzehn</u> Tage, <u>drei</u> Wochen . <u>starken</u> Frost
46	

SW	bekommen, friert der nich ein. Da brauchen Se keine Angst zu
	V V
KM	hm hm ( )
47	

SW	haben. Ach! Ich hab schon/ wir ham
KM	Da gibt ganz andere . Höhen wohl, also gut okay.
48	

SW	schon Anschlüsse, die lagen nur noch auf dreißig Zentimeter.
KM	Also, Sie könn mir da
49	

SW	((stöhnend:)) [Äh], et is schwer zu <u>machen</u>. Ver-
	V V
KM	abraten, da was zu machen. hm hm
50	

SW	stehn Se? Wenn dat jetz/ wenn dat jetz <u>einfach</u> wäre, äh würd ich
	V V
KM	hm hm
51	

SW	sagen, äh okay äh, wir unterhalten uns da mal über die Kosten, die
	V V
KM	hm hm

52

SW	da anfallen und verlegen den Anschluss in einer frostfreien Tiefe.
	V V
KM	hm hm

53

Der Meister versichert dem Kunden, dass der Anschluss *nicht einfriert*, wenn nicht *starker Frost* kommt (Fläche 46f.). Er deproblematisiert damit das Problem, das er selbst angesprochen hat. Er übernimmt die Perspektive der Kunden und rät zu einer Entscheidung, die unter Kostengesichtspunkten zunächst vorteilhaft ist: Der Kunde soll den Anschluss so lassen, wie er ist. Diese Lösung scheint er bereits von Anfang an ins Auge gefasst zu haben, wie die Formulierung *an für sich* in dem Gespräch mit der Frau (Ausschnitt *Folgendes*, Fläche 8) zeigt. Dem Kunden kommt der Vorschlag des Meisters natürlich entgegen. Er vergewissert sich ausdrücklich, dass es sich um den Rat des Fachmanns handelt (*Also, Sie könn mir da abraten, da was zu machen;* Fläche 49f.), und stimmt dann zu (Fläche 53 und Fläche 80: *Gut okay, wenn Sie mir davon abraten, dann lass ich das auch mal sein.*).

Die vereinbarte Lösung ist jedoch problematisch. Erstens ist sie normwidrig und verletzt die in dem Unternehmen geltenden fachlichen Standards. Zweitens ist aber auch fraglich, ob sie wirklich im Interesse der Kunden liegt. Wenn doch einmal Frostschäden an der Leitung entstehen sollten, hat der Kunde nicht nur kein Wasser, sondern ein Konflikt um die Haftung ist vorprogrammiert. Die Stadtwerke könnten sich darauf berufen, die mangelnde Frostsicherheit beanstandet zu haben, die Kunden darauf, dass der Fachmann des Unternehmens ausdrücklich zu der Lösung geraten hat. Was kurzfristig für beide Parteien vorteilhaft erscheint, kann sich längerfristig als eine Quelle von Ärger und Kosten erweisen.

Die Zielorientierung des Meisters in dieser Besprechung ist also zwiespältig, er befindet sich in einem Zielkonflikt. Auf der einen Seite steht der Wunsch, baulich schwierige Arbeiten für ihn und hohe Kosten für die Kunden zu umgehen, auf der anderen Seite die Verpflichtung, fachliche Normen einzuhalten und für langfristige Sicherheit zu sorgen. Dieser Zielkonflikt prägt den Verlauf der beiden Besprechungen und führt zu einer sowohl für das Unternemen wie auch die Kunden problematischen Lösung. Gerade bei Dienstleistungen geraten Mitarbeiter häufig in Konflikte zwischen einer Orientierung an den Kunden, mit denen sie ja direkt interagieren, und an ihrem Arbeitgeber (vgl. Mikl-Horke 1991: 211–213).

8.3. Beispielanalysen: Probleme der Konfliktdarstellung und -bearbeitung

Ein Problemkomplex, der ebenfalls die Effizienz von Besprechungen beeinträchtigen kann, ist die Konfliktdarstellung und -bearbeitung. Um sie soll es im Folgenden gehen. Ein *Konflikt* ist ein Dissens aufeinander bezogener Personen, und zwar über Sachverhalte (z.B. Einschätzunge, Ziele), von denen die Beteiligten meinen, Übereinstimmung erwarten zu können. Konflikte lassen sich nach drei Grundtypen differenzieren: Geht es um Sachverhalte oder Handlungen, die die Beurteilung eines Beteiligten direkt betreffen, liegt ein *Beziehungskonflikt* vor. Wenn es um Sachverhalte geht, die nicht direkt mit der Beziehung der Interaktanten zu tun haben, liegt ein *Meinungskonflikt* oder *Disput* vor. *Konfliktäre Verhandlungen* betreffen Handlungen, die in Zukunft ausgeführt werden sollen.

Über Konflikte liegt Ratgeberliteratur vor, wie z.B. Zuschlag/Thielke (1989) zu Konflikttypen, -verhalten und -bewältigung in privaten und beruflichen Zusammenhängen. Empirische linguistische Arbeiten zu Argumentation und Konflikt, die allerdings nicht auf das betriebliche Handeln bezogen sind, finden sich in Schank/Schwitalla (Hgg. 1987) und Grimshaw (Hg. 1990). Schwitalla (1996a) untersucht Konfliktgespräche unter dem Aspekt der Beziehungsdynamik.

Eine psychologische Arbeit zu Konflikten in Unternehmen, die auf qualitativen Interviews mit Führungskräften beruht, ist Regnet (1992). Sie stellt zu deren (geäußertem) Umgang mit Konflikten fest:

> Beeindruckend ist die Vielzahl der genannten Maßnahmen und Strategien, die allerdings nur bei einer Minderheit zur vorausgehenden Ursachenbeschreibung passen. (Regnet 1992: 319)

Nach ihren Ergebnissen ist auch die Übernahme von Sichtweisen der anderen Beteiligten bei den Befragten nur in geringem Maße vorhanden. Ferner zeigen die Antworten oft einen „Anspruch der Sachlichkeit", während Gefühlsregungen deplatziert erscheinen (Regnet 1992: 320).

Als Beispiele für konfliktäre Besprechungen stelle ich im Folgenden zunächst das Gespräch *Abgasrohr* (Transkript im Anhang) vor, anschließend interne Besprechungen in der Planungsabteilung der Stadtwerke (Gespräche *Material* und *Planungsvorgaben*).

Das Konfliktgespräch *Abgasrohr*

Bei *Abgasrohr* handelt es sich ein Telefonat, in dem ein Meister der Stadtwerke (SW) von einem Installateur einer anderen Firma (IN) angerufen wird. Der Installateur hat in einem Haus einen Gasanschluss vorbereitet und muss nun feststellen, dass die Stadtwerke den Gaszähler nicht wie beantragt aufgehängt haben. Er fragt deshalb telefonisch nach und bekommt die Begründung, dass das Abgasrohr noch nicht installiert gewesen sei. Nach der Gesprächseröffnung und einer kurzen Orientierung stellt der Installateur seine Frage (Fläche 5f.) und bekommt die Begründung mitgeteilt. (** kennzeichnet eine kurze Aufnahmestörung.)

Warum

IN	ich draußen wegen 'n (**)	Und warum haben Se den nich
SW		Ja richtig!
5		

IN	aufgehängt.	Wat nich fertig?
SW	Ja, weil der Abgasrohr nich fertig war.	
6		

IN		((tief, ärgerlich:)) [Och Kinder jetzt macht nicht
SW	W(eil) k' Abrohr/ kein Abgasrohr dran war!	
7		

In dieser Phase des Informationsaustauschs ist auffällig, dass die Auskunft von SW maximal knapp und ohne jedes *hedging* (z.B. Einbettung in höfliche Formeln) formuliert ist. Der Installateur versteht offenbar nicht richtig und fragt noch einmal nach (Fläche 6). Auch diesmal bekommt er dieselbe kurze Antwort. Offen bleibt, warum der Meister kein verbales Entgegenkommen zeigt; möglicherweise hat er die Frage von IN als Vorwurf interpretiert, oder er ist verärgert, weil dieser einen Zähleranschluss erwartet, ohne selbst mit seiner Installation fertig zu sein.

Der Installateur reagiert auf die kurze, abfertigende Begründung mit einer Äußerung, die eine lange konfliktäre Phase aus Vorwürfen, Gegenvorwürfen, Rechtfertigungen und Provokationen einleitet (bis Fläche 28): *Och Kinder jetzt macht nicht so'n. Blödsinn da Mensch!* (Fläche 7f.). In dieser Äußerung sind zahlreiche Merkmale konflikteskalierender Sprechhandlungen versammelt: Die Begründung von SW wird emphatisch als *son'n Blödsinn* zurückgewiesen und der Sprecher damit abgewertet. Die Intonation drückt Verärgerung aus. Dies und die imperativische Form (*jetzt macht nicht*) verleihen der Äußerung die Illokution eines Vorwurfs. Der Wechsel zum Du und die Anreden *Kinder* und *Mensch* beanspruchen eine überlegene Position des Sprechers gegenüber dem Hörer. Die Äußerung ist also eine massive Verletzung des Image des Meisters.

Deshalb ist erwartbar, dass SW nun seinerseits den Konflikt eskaliert. Er tut dies in der Tat, indem er mit hoher, lauter Intonation und Emphase seine Position konfrontierend entgegensetzt: *Ja sicher is das so!* (Fläche 8f.). Der

Installateuer reagiert mit einem neuen Vorwurf, der sich gegen die (vermeintliche) Änderung der Ablaufroutinen richtet (*ganz was Neues*, Fläche 9). Auch dieser wird von SW schroff zurückgewiesen. Darüber hinaus demonstriert SW hier seine Macht, indem er apodiktisch die Regel formuliert: *Und wenn da' Abgasrohr nich fettig is, dann kommt der . Zähler nich dran*, Fläche 10f.). Auch mit diesem Macht-Display reagiert er auf die Imageverletzung durch IN.

Es folgen weitere Schlagabtäusche mit erregter Stimme, in denen der Installateur provozierende Fragen stellt (Fläche 12f., 19f., 24f.: *habt Ihr schon mal im Kamin reinguckt? Ob der auch in Ordnung is?*), Vorwürfe wiederholt (Fläche 14f., 17f.) und neue, z.T. beleidigende Vorwürfe erhebt (z.B. *Kleinigkrämerei*, Fläche 15). SW weist sie allesamt zurück, bekräftigt die Geltung der Regel (Fläche 18f.) und formuliert sie erneut in lehrerhaftem Ton (*Abgasmäßig muss der fertig sein*, Fläche 24), stellt auch seinerseits provozierende Fragen (*wenn da einer tot umfällt, wer kommt denn dann dafür auf?*, Fläche 20f.). Wir finden in dieser Phase also typische Merkmale von Konfliktgesprächen, die gerade auch das Image und die Beziehung der Beteiligten berühren. Umso bemerkenswerter ist, wie das Gespräch schließlich in eine kooperative Lösungsphase übergeht:

Okay

IN	egal. Klar.] (**) Ja, gut. Okay. Schafft er das denn heute?
SW	((hoch:)) [Ja, ham Se't

28

IN	((generös:)) [Jaa, das Abgasrohr machen wer gleich dran.]
SW	Abgasrohr au' fertig?] Jo

29

IN	Alles klar! Dankeschön! Ja Tschüss.
SW	gut, im Laufe des Tages. Ja, bitte.

30

SW	Tschüss.

31

Der Installateur schließt den Konflikt mit *Ja gut. Okay* ab (Fläche 28) und leitet unmittelbar die praktische Organisation der Arbeit ein. Ein kurzer „Nachhall" der Beziehungsstörung ist noch in der Rückfrage von SW (Fläche 28f.) zu erkennen sowie an dem generösen Ton (Fläche 29), in dem IN die Anbringung des Abgasrohrs zusichert. SW gibt dafür seinerseits eine Zusicherung in Bezug auf den Zähler. Das Gespräch endet höflich mit einer

Danksagung durch IN, deren Ratifikation durch SW und einer gegenseitigen Verabschiedungsformel.

Ein derartig eskaliertes, auch die Beziehung berührendes Konfliktgespräch ist im Korpus die Ausnahme, meist wird stärker auf die Imagewahrung des Gesprächspartners geachtet. Aufnahme und Transkript wurden in einem Fortbildungsseminar eingesetzt, um für unproduktives Konfliktverhalten zu sensibilisieren und Alternativen zu erarbeiten. Ein Tonband-Zusammenschnitt der Anfangssequenz (bis Fläche 6 *war*) und der Endsequenz (ab Fläche 28 *Ja, gut.*) zeigte einen fast natürlich wirkenden Ablauf der konkreten Problemlösung – ohne den ineffizienten konfliktären Mittelteil, der immerin zwei Drittel des Gesprächs ausmacht.

Unter den am Seminar beteiligten Meistern (zu denen auch SW gehörte) war strittig, ob die so strikt formulierte Regel immer eingehalten wird oder ob der Installateur aufgrund der üblichen, informellen Gepflogenheiten erwarten konnte, dass der Zähler schon vor dem Abgasrohr angeschlossen würde. Damit erweist sich der Konflikt nicht nur als eine Folge des eskalierenden Verhaltens der Beteiligten, sondern auch als eine Konsequenz unklarer institutioneller Handlungsbedingungen. Dies und das berufliche Aufeinander-Angewiesensein, die praktische Notwendigkeit, in der Arbeit miteinander zurechtzukommen, dürften der Grund sein, dass der Konflikt am Ende beigelegt wurde und in Kooperation einmündete.

Konfliktäre Besprechungen in der Planungsabteilung

Das im Folgenden analysierte Korpusmaterial sind konfliktäre interne Besprechungen in der Planungsabteilung der Stadtwerke. Sie wurden aufgenommen im Zusammenhang mit der Konzeption einer Fortbildung in dem Unternehmen (vgl. Becker-Mrotzek/Brünner 1999, 1999a). Ausgewählt wurden die Gespräche *Material*, *Planungsvorgaben* und *Ostenfeld*. Der Hauptzweck der Besprechungen liegt darin, organisatorische Veränderungen herbeizuführen. Es handelt sich um Konfliktgespräche, in denen es um die Durchsetzung divergierender Interessen geht. In der Planungsabteilung gab es seit längerem Spannungen und Konflikte zwischen verschiedenen Gruppen (Unterabteilungen), die die Zusammenarbeit behinderten.

Die Besprechung *Material*

In *Material* haben sich VertreterInnen der Einkaufsabteilung und Vertreter der Gruppe Bauplanung getroffen, um das Verfahren zu ändern, nach dem die Planungsabteilung ihre Materialanforderungen für Baumaßnahmen vornimmt. Der Einkauf hat Mehrarbeit und Ärger dadurch, dass die Planer sich nicht an die Begriffe der Materialliste halten, sondern aus Bequemlichkeit abweichende oder ungenaue Materialbezeichnungen verwenden. An der Besprechung nehmen sechs Personen teil. Im Ausschnitt *Problemchen* eröffnet der Leiter der Einkaufsabteilung (S1) die Besprechung (S3 ist Leiter der Gruppe Bauplanung).

Problemchen

S1	Ja, Zweck dieser kleinen Zusammenkunft is, glaub ich . bekannt. Wir
2	

S1	ham ja schon mal . leise drüber gesprochen.　　Wir wollen . die jetzt
	V
S3	Ja.
3	

S1	schon <u>gute</u> Zusammenarbeit in eine <u>noch</u> <u>bess</u>ere ((Luftholen)) ver-
4	

	>>>>>>>>>>>>>>>>>>>>>
S1	wandeln . und äh deswegen ham wir gedacht, wir setzen uns einfach
5	

S1	mal . ne halbe Stunde zusammen . und schildern mal <u>uns</u>ere Sorgen,
6	

S1	die <u>wir</u> so haben, . und unsre . Problemchen, die wir so kennen, und
7	

S1	hörn uns dann mal die an, die <u>Sie</u> so haben . und ääh dann müssten
	\
S3	((kurz:)) [Ja.]
8	

S1	wir meiner Ansicht nach ((Einatmen)) vielleicht doch das eine oder
9	

S1	andere noch etwas ((gepresst; ausatmend:)) [<u>glat</u>ter] gestalten können,
10	

S1	als wir das bisher. äh . tun oder getan haben, . äh . wir hatten mit Herrn
11	

S1	Schütte schon mal . kurz drüber gesprochen. ((schnell:)) [Ich glaub, <u>wir</u>
12	

S1	beide ham uns ja auch schon mal 'n bisschen unterhalten], . und wir
	\　　　　　　　　　　V V
S3	Ja.　　　　　　　　　hm hm
13	

S1	ham in der Zwischenzeit ja auch festgestellt, dass das ein oder andere
14	

	>>>>>>>>>>
S1	bereits . äh auf 'm guten Weg is. Äh, . nur . vielleicht dann doch noch
15	

	>>
S1	mal heute etwas/ etwas breiter. ((Luftholen)) Vielleicht einfach mal
16	

S1	grundsätzlich, der Gang der Dinge.
17	

Im Anschluss schildert er den Ablauf der Materialanforderung, -bestellung und -abrufung und eines der Probleme, die dabei für den Einkauf auftreten. Auffällig ist in dem Ausschnitt die Konfliktscheu und Vorsicht (auch wenn die Aufnahmesituation hier vielleicht ein Rolle gespielt haben mag): Die Probleme werden als bereits vorbesprochene dargestellt (Fläche 2f., 11–13), die *jetzt schon* gute *Zusammenarbeit* (Fläche 3f.) wird beschworen und die gute Absicht betont (Fläche 3–5), die Konflikte werden als *Problemchen* heruntergestuft (Fläche 7) und positive Prognosen geäußert, dass nämlich die Dinge *bereits auf 'm guten Weg* seien (Fläche 14f.). Erst sehr spät, fast am Ende des Diskurses stellt S1 sein zentrales Anliegen deutlich konturiert dar, in Form einer Zusammenfassung seiner Wünsche. Die Anliegensformulierung wird jedoch interaktiv nicht wirksam, weil wieder auf einen speziellen Beispielfall abgelenkt wird. Die hier manifestierte Scheu, sachliche Konflikte offen und offensiv auszusprechen, führt dazu, dass immer wieder ausgewichen wird, statt dass die Planer sich ernsthaft mit den Bedürfnissen der Einkaufsabteilung auseinandersetzen müssen.

Die Besprechung *Planungsvorgaben*

Noch negativer wirkt sich die unklare Anliegensformulierung in der Besprechung *Planungsvorgaben* (abgekürzt *Plan*) aus. In diesem Gespräch hat die Gruppe Bauplanung ihrerseits das Ziel, gegenüber der Gruppe Rohrnetzanalyse (die zu ihrer Abteilung gehört) durchzusetzen, dass diese ihre Planungsvorgaben weniger detailliert macht, damit die Bauplaner mehr Spielraum bei ihrer Arbeit haben. Vier Personen sind an der Besprechung beteiligt. Eingeladen hat der Gruppenleiter der Bauplanung, um einige *offene Fragen* zu klären. An dem Gespräch sind außer ihm selbst (S1) zwei seiner Mitarbeiter (S3, S4) sowie der stellvertretende Leiter der Gruppe Rohrnetzanalyse beteiligt (S2). Zunächst kündigt der Gruppenleiter S1 eine *Bitte* an, dabei wird er unterstützt von seinem Mitarbeiter S3.

Bitte

S1	So, und dann habn wir noch ne <u>zwei</u>te Bitte . . bezogen auf die .
1	

S1	Unterlagen, die wir Ihnen hochgeben äh zwecks der äh äh . Unter-
2	

S1	suchung, Analyse und Dimensionierung. Dann geben Sie uns ja
3	

S1	einen überarbeiteten Plan zurück, wo Sie hinterlegen, äh w/ was
4	

S1	wir für eine Dimension brauchen. <u>Und</u> Sie geben auch schon
	V
S2	hmhm
5	

S1	im Detail . die <u>Schieber</u>kreuze vor. Die
	V
S2	hmhm
S3	Also die Einbindungspunkte,
6	

S1	Einbindungspunkte.
	V
S2	hmhm
S3	(sagn wir mal,) Sie machen sich ja ziemlich viel Arbeit. . Ja
7	

	V
S1	( ) hmhm
	\
S2	Ja
S3	also <u>alle</u>, der Herr B auch, der macht das ja auch, und der/ . .
8	

S1	Das wäre aus unserer Sicht gar nicht . erforderlich weil . wir uns .
	\
S3	((Einatmen)) ( ) ja
9	

S1	an <u>diese</u> Vorgabe gar nicht orientieren, denn
10	

Eine Sprechhandlung der Bitte wird aber weder hier noch später vollzogen. Etwas später wird dasselbe Anliegen als ein Angebot vorgebracht, der Gruppe Rohrnetzanalyse die *Arbeit* zu *ersparen* (Fläche 67).

Arbeit ersparen

S2	( ) die Armaturen haben.
S3	Ja gut! Ich/ ich mein, ich wollte/ Nein! Ich/ Ich wollte der

66

S2	äh (Arbeit erleichtern.)
S3	Abteilung fünf nur/ nur die Arbeit ersparen, sagen wir mal so,

67

	V V V
S2	hm hm hmhm
S3	ja? Sie stecken natürlich jetzt auch natürlich viel Arbeit
	V
S4	hmhm

68

	V
S2	hmhm
S3	rein und Gedankengut und so weiter und so fort, und eb/ letztendlich

69

	V
S2	hmhm
S3	wird dat von uns ja sowieso so gestaltet, wie wir das für

70

S3	richtig halten ne?

71

In einer dritten Sequenz wird ein eigenes Interesse der Bauplaner an der Berücksichtigung ihres Vorschlags gänzlich verneint:

Egal

	V V
S2	Aber ( ) hmhm Ja.
S3	Ja gut, also mir ist es egal, ich wollt es nur mal ansprechen, . ja?

80

S3	Wenn/ . . Mir ist das gleich!

81

Zum Abschluss wird das Anliegen noch einmal als bloßes Angebot dargestellt und als *Vorschlag* deklariert:

Vorschlag

S3	War 'n Vorschlag <u>meiner</u>seits, okay. Wenn Sie 's <u>wei</u>terhin machen	
	V V	
S4	hm hm	
145		

S3	wollen, . gut. . . Äh . aber . . <u>wenn</u> also an den
146	

Auch diese Besprechung verläuft unstrukturiert und thematisch nicht fokussiert. Die einladende Gruppe macht ihr Anliegen nicht explizit. Sie benennt lediglich einen Sachverhalt, nämlich Art und Umfang von Planungsvorgaben. Nicht wirklich formuliert wird aber das eigene Anliegen, das darin besteht, weniger Planungsvorgaben zu bekommen. Es geht eben nicht darum, der anderen Gruppe Arbeit zu ersparen. Linguistisch handelt es sich also weder um eine Bitte noch um ein Angebot, sondern um den Einstieg in konfliktäre Verhandlungen über neue Arbeitsverfahren und Zuständigkeiten. Genau das wird aber an keiner Stelle gesagt, so dass es zu keiner sinnvollen Verhandlung kommen kann.

Das Transkript enthält zahlreiche Indizien, dass das Thema der Gruppe Bauplanung keineswegs *egal* ist, dass sie vielmehr die bisherigen detaillierten Vorgaben ablehnt. Formulierungen wie *wird dat von uns ja sowieso so gestaltet, wie wir das . für richtig halten* (Fläche 70f.) deuten auf Konkurrenz und Abgrenzungswünsche hin. Es finden sich Unterbrechungen und Ausdrucksformen negativer Emotionen (beleidigter Tonfall, Stöhnen). Der Diskurs gewinnt also eine Tendenz zum Konfliktgespräch mit negativer Beziehungsdynamik. Die Beteiligten verstehen ihn zunehmend nicht mehr als Bemühung um eine sachgerechte Vereinbarung, sondern als Beziehungskonflikt.

Dass das Anliegen weder klar formuliert noch offen verfolgt wird, hat Konsequenzen auch für den Diskussionsverlauf. Mehrfach werden ad-hoc Argumente herangezogen, die offenbar nicht vorüberlegt, sachlich unzutreffend oder ungenau sind. Sie wirken dadurch unernsthaft oder vorgeschoben. Der Diskussionsverlauf ist unstrukturiert und durch zahlreiche Schleifen und Wiederholungen gekennzeichnet. Das Anliegen wird immer wieder (an insgesamt sieben Stellen) neu thematisiert und dann wieder zurückgenommen (insgesamt fünf mal). Warum die Bauplaner ihre Interessen nicht klar formulieren bzw. offenlegen, kann nur vermutet werden; möglicherweise wollen sie Imageverletzungen bei der anderen Gruppe vermeiden oder sie haben Angst sich mit ihrer Kritik selbst angreifbar zu machen.

In der Konsequenz bleibt nach dem Gespräch alles beim Alten. Die Sachfragen (Wo liegt vermeidbare Doppelarbeit, wo sind Vorgaben nötig?) sind nicht gelöst. Die Mitarbeiter der einladenden Gruppe sind weiter unzufrieden, weil ihr Anliegen nicht berücksichtigt wird; die Mitarbeiter der Gruppe Rohrnetzanalyse sind bestenfalls verunsichert, weil sie nicht genau wissen, was die anderen wollen. Die unterschiedlichen Interessen werden nicht vermittelt. Der latente Konflikt bleibt im Hintergrund lebendig und kann jederzeit wieder aufbrechen. Gerade die scheinbar konfliktvermeidende Strategie, das Anliegen „vorsichtig", d.h. nicht klar zu formulieren, führt im Ergebnis dazu, dass die kollegialen Beziehungen nach dem Gespräch belasteter sind als vorher.

Die Besprechung *Ostenfeld*

Im Folgenden möchte ich die konfliktäre Besprechung *Ostenfeld* analysieren, in der grundlegende divergierende Perspektiven und Handlungsziele im Unternehmen sichtbar werden. Ich werde untersuchen, wie die Beteiligten diese thematisieren und interaktiv bearbeiten.

Im Ostenfeld soll eine neue Siedlung mit eigener Heizzentrale entstehen, für die eine Gas-Hochdruckleitung erforderlich ist. Die Gas-Anbindung kann auf verschiedene Weise (drei Varianten) vorgenommen werden, die jeweils unterschiedliche technische, ökonomische, aber auch unternehmenspolitische Voraussetzungen, Probleme und Konsequenzen implizieren. Um die verschiedenen Möglichkeiten hat sich im Unternehmen eine lange Planungsdiskussion unter Beteiligung mehrerer Abteilungen entwickelt. Sie mündet in einen Grundsatzkonflikt zwischen der Gruppe Rohrnetzanalyse und der Leitung des Unternehmens: Abteilungsleiterkonferenz und Vorstand haben die Durchführung der Variante 2 beschlossen, obwohl die Rohrnetzanalyse diese Lösung für eine – problematische – Übergangslösung hält und weiterreichende Maßnahmen (Variante 1) für geboten hält.

Die Besprechung *Ostenfeld* findet im Anschluss an den Vorstandsbeschluss zwischen dem Abteilungsleiter der Planungsabteilung, dem Gruppenleiter der Rohrnetzanalyse (gehört zur Planungsabteilung) und dessen Stellvertreter statt. Der Abteilungsleiter (AL) äußert als sein Ziel, dass Variante 2 planerisch so umgesetzt wird, dass sie *nicht nur übergangsweise*, sondern *für einen längeren Zeitraum Bestand haben kann*. Der Gruppenleiter (GL) stellt noch einmal seine Auffassung dar, dass Variante 2 nur eine *Zwischenlösung* sein könne, und argumentiert dafür, sie mit Blick auf die weitergehende Variante 1 durchzuplanen. Es entwickelt sich eine lange Diskussion, in der zäh um die beiden Positionen und die aus ihnen zu folgenden Maßnahmen gerungen wird. Dass sie zunehmend zu einem Konfliktgespräch wird, zeigt sich z.B. daran, dass AL und GL öfter hörbar seufzen und auch durch verbale Formulierungen mehrfach Frustration ausdrücken. Das Ende der Besprechung besteht darin, dass der Abteilungsleiter schließlich darum *bittet*, der Gruppenleiter möge seine *Verfügung* ändern, und selbst zusagt, die

Bedenken und Argumente des GL zu berücksichtigen: *Ich nehm das zur Kenntnis und werd das in der nächsten Zeit mit in unseren Planungen berücksichtigen und auch gegenüber Vorstand . dem Betrieb dann geltend machen. Okay?* Der GL antwortet seufzend: *Okay.*

Einer der Gründe für den konfliktären Verlauf scheint darin zu liegen, dass der Abteilungsleiter seine Besprechungsziele im Diskurs nicht ganz deutlich macht. Ein mögliches Ziel von Besprechungen ist z.B. die Information von Mitarbeitern. Da der Gruppenleiter aber in der betreffenden Sitzung anwesend war, kann es nicht darum gehen, ihn über die getroffene Entscheidung von Vorstand und Abteilungsleiterkonferenz, Variante 2 umzusetzen, zu informieren. Wenn der AL immer wieder diese Sitzung thematisiert, so gewinnt man den Eindruck, dass er versucht, den Gesprächspartner argumentativ doch noch für die getroffene Entscheidung zu gewinnen. Damit löst er eine bestimmte Gesprächsdynamik aus: Der G und auch der AL selbst verhalten sich so, als könne die Entscheidung in *diesem* Gespräch ausgehandelt und revidiert werden. Das eigentliche Ziel dieser Besprechung, nämlich die Umsetzung des Vorstandsbeschlusses zu klären und vorzubereiten, gerät dadurch streckenweise aus dem Fokus der Beteiligten. Der grundsätzliche inhaltliche Dissens über den Vorstandsbeschluss wirkt im Gespräch immer wieder in die Klärung der Durchführung hinein und erschwert sie erheblich.

In diesem Konfliktgespräch drücken sich sehr unterschiedliche Perspektiven der Beteiligten auf das Problem aus – Perspektivendifferenzen, die mit dem Widerspruch zwischen sachlich-technischen und hierarchisch-ökonomischen Aspekten betrieblichen Handelns verbunden und für Unternehmen typisch sind. Die Sichtweise des Gruppenleiters ist durch fachliche Entscheidungskriterien geprägt, wie die *Versorgungssicherheit*, die *Verbindung* der neuen Leitungen mit dem übrigem Gasnetz, die *Ausbaufähigkeit* und ein langfristiges *Gesamtkonzept* für die *Zukunft*. Der Abteilungsleiter ist von seiner betrieblichen Position her zwar ebenfalls den Wertvorstellungen und fachlichen Zielen der Planungsabteilung, gleichzeitig jedoch den ökonomischen und politischen Zielen der Unternehmensleitung verpflichtet. Deren Perspektive übernimmt er, wenn er im Gespräch argumentiert mit den *hohen Investitionskosten, die in nächster Zeit nicht möglich sind* oder der Notwendigkeit einer *schnellen* Lösung mit erst *späterer Integrierung ins Gesamtkonzept*. Diese unterschiedlichen Perspektiven und Ziele muss der Abteilungsleiter miteinander vermitteln. Seine Vermittlerposition drückt er im Diskurs aus, indem er einerseits auf die planerischen Argumente des GL eingeht, andererseits immer wieder auf die Vorstellungen und Beschlüsse des *Vorstands* und die *unternehmenspolitischen* Aspekte Bezug nimmt.

Die Perspektivik der vorgebrachten Argumentationen wird von den Beteiligten teilweise selbst explizit gemacht; sie positionieren diese z.B. mit dem Ausdruck *aus der Sicht von* (*aus der Sicht der Rohrnetzanalyse; aus planeri-*

scher Sicht; aus betrieblicher Sicht). Dies geschieht nicht nur im Hinblick auf eigene Argumente; auch der Argumentation der jeweils anderen Partei wird mitunter eine Perspektive zugeschrieben (z.B. AL: *aus planerischer Sicht kann ich das auch voll verstehen, Herr H.).* Andere, vergleichbare perspektivische Formulierungen sind in diesem Zusammenhang z.B. folgende des GL: *für die Planung ist es wichtig; als eine planerische Lösung können wir damit nicht leben; wir können uns da auch planerisch nich/ nicht drüber hinwegsetzen.*

Die Perspektiven drücken sich – in indirekter Form – ferner in der Verwendung der Sprecher-/Hörerdeixis und personenbezogenen Pronomina aus. So verwendet der Gruppenleiter *wir* bzw. *uns* fast ausschließlich zur Verweisung auf die Planungsabteilung, der er angehört, also im Sinne von ‚wir Planer'. Wenn er dagegen Handlungen und Ziele der Unternehmensleitung oder das Unternehmen als ganzes anspricht, benutzt er das Pronomen *man* (z.B.: *weil man das . bestehende Netz nicht dabei berücksichtigt*). Dass dieser Kontrast systematisch ist, zeigt die folgende Äußerung, in der dreimal *wir* (Planer) mit einem *man* im Sinne von ‚das Unternehmen' kontrastiert:

GL: *Ja wir haben auch nicht vorgeschlagen irgendwelche . . Teilplanungen, wir haben das im gesamten Konzept gesehen. Wenn man davon ein Teil jetzt äh vorzieht und realisiert, und es garantiert dann . dieses Gesamtkonzept, dann können wir es auch akzeptieren*

Dagegen verwendet der Abteilungsleiter der Planungsabteilung *wir* mit diesem Bezug nur sehr selten. An einigen Stellen ist sowohl die Interpretation ‚wir von der Planungsabteilung' als auch ‚wir das Unternehmen' möglich. Viel häufiger sind Verwendungen des *wir*, die ihn als AL und die Unternehmensleitung (Vorstand und Abteilungsleiterkonferenz) inkludieren, z.B.: *Herr H., unternehmenspolitisch haben wir nicht festgelegt, dass wir die/ diese Maßnahme.*

Auch in der Verwendung der Modalverben drücken sich die unterschiedlichen Perspektiven in indirekter Form aus. Das gilt besonders für die Modalverben *(nicht) können, (nicht) dürfen, (nicht) müssen,* die Handlungsmöglichkeiten und -notwendigkeiten bezeichnen. Denn mit den modalisierten Äußerungen wird jeweils auf bestimmte (Un-)Möglichkeiten, Normen, Handlungsmaximen oder Sachverhalte Bezug genommen, die den „Redehintergrund" der konkreten Modalverbverwendung bilden (Kratzer 1978, Brünner/Redder 1983). Diese Redehintergründe können expliziert werden durch die Frage: *Im Hinblick auf was besteht eine Möglichkeit bzw. Notwendigkeit? Im Hinblick auf was können/ dürfen/ müssen wir etwas (nicht) tun?* Dadurch werden die jeweils zugrunde liegenden Perspektiven auf die thematisierten betrieblichen Sachverhalte und Handlungen erkennbar. Das empirische Material zeigt, dass GL und AL mit denselben Modalverben auf unterschiedliche Redehintergründe Bezug nehmen, z.B.:

GL: *das ist ne betriebliche Entscheidung. Das muss man akzeptieren auch, aber als eine technische Lösung/ eine planerische Lösung können wir damit nicht leben. Und wir müssen es vorschlagen . so in dieser Art und Weise.*

Als Redehintergrund des ersten *muss* lässt sich rekonstruieren ‚*im Hinblick auf die Loyalität gegenüber den Unternehmensentscheidungen ist es notwendig, das zu akzeptieren'*. Gleich darauf wird jedoch die Perspektive gewechselt: ‚*im Hinblick auf planerische Grundsätze ist es unmöglich, damit zu leben'* (können wir nicht damit leben) bzw. ‚*ist es notwendig, es vorzuschlagen'* (müssen wir es vorschlagen).

Der AL verwendet demgegenüber immer wieder *müssen* mit dem Redehintergrund ‚*notwendig im Hinblick auf den Vorstandsbeschluss'*, z.B.:

AL: *Ja, da müssen wir für die Variante zwei eben da ne Lösung finden um die/ um die Problematik da nicht zu erreichen. Wir müssen die Planung noch mal neu angehen*

Teilweise machen die Beteiligten die von ihnen beanspruchten Redehintergründe selbst transparent:

GL: *Aus planerischer Sicht ist es . fast nicht zu akzeptieren. Ich kann nur sagen, man muss in eine Planung einbeziehen, das was vorhanden ist die Substanz*

Das geschieht hier durch die explizite perspektivische Formulierung *aus planerischer Sicht*. Im folgenden Beleg macht AL als Redehintergrund die *Vorstellungen* des *Vorstands*, auf die er sich stützt, explizit:

AL: *der Vorstand hatte auch seine/ seine Vorstellungen gehabt, und wir müssen erstmal jetzt umsetzen, das, was konkret anliegt*

Dass die Besprechung trotz ihres Charakters als konfliktäre Verhandlung nicht in einen Beziehungskonflikt übergeht, liegt sicherlich auch daran, dass die Beteiligten ihre unterschiedlichen Perspektiven durch die genannten Verfahren explizit und transparent machen. Die Perspektivendivergenzen werden dadurch interaktiv bearbeitbar. In mehreren Sequenzen sind denn auch ausdrückliche Perspektivenübernahmen und Verständnisbekundungen erkennbar, z.B.:

AL: *Nee, aus planerischer Sicht kann ich das auch voll verstehen, Herr H.*
GL: *wir können uns hier nicht versperren und sagen nein nein, wir machen es nicht mit.*

An den hierarchisch-ökonomischen Strukturen im Unternehmen findet die Aushandelbarkeit von Perspektiven und Konflikten jedoch ihre Grenzen, wie die untersuchte Besprechung deutlich zeigt.

Damit Konfliktgespräche konstruktiver verlaufen, ist es sinnvoll, dass die Unternehmensmitarbeiter divergierende Perspektiven offenlegen und konkurrierende Ziele klären. In dem Fortbildungsseminar, das wir für die betreffende Planungsabteilung (einschließlich Abteilungsleiter) durchgefürt haben, wurde u.a. eine von uns moderierte Diskussion zwischen allen Beteiligten initiiert. Für diese sollten die Teilnehmer formulieren, welche Ziele und Kriterien sie jeweils selbst bei ihrer Arbeit für die wesentlichen halten und welche anderen (ergänzenden oder konkurrierenden) Ziele und Kriterien im Unternehmen eine Rolle spielen. In der Diskussion war dann die Aufgabe gestellt, nach einem Konsens über die Bedeutung, Gewichtung und Rangfolge der Ziele/Kriterien zu suchen und Möglichkeiten zu entwickeln, die konfligierenden Ziele miteinander zu vermitteln oder mit den Differenzen umzugehen. Dies war für die Teilnehmer eine der ersten Gelegenheiten überhaupt, entlastet von Alltagsaufgaben grundsätzlicher über ihre unterschiedlichen Zielvorstellungen und Perspektiven sowie ihren Umgang damit zu reflektieren und zu sprechen.

9. Weitere mündliche Formen

In diesem Kapitel behandle ich überblicksartig weitere Formen der mündlichen Kommunikation in der Wirtschaft, die im Buch nicht ausführlich analysiert werden konnten, und nenne Literatur zu ihnen (Kap. 9.1). Homileïsche Kommunikation in beruflichen Zusammenhängen und ihre Funktionen sowie Beispielanalysen dazu stelle ich in Kap. 9.2 vor.

9.1. Weitere mündliche Formen der Wirtschaftskommunikation

Führungs- und Unternehmenskommunikation

Management-Tätigkeiten wie Informations-, Entscheidungs- und Kontrolltätigkeiten oder Personalführung (Neuberger 1985, Rosenstiel/Regnet/ Domsch Hgg. 1991, Domsch/Regnet/Rosenstiel Hgg. 1993, Wunderer 1993, 1994, Staehle 1994) haben bisher besonders im Blickfeld der Organisationspsychologie gestanden. Auch allgemeinere Konzepte der Unternehmenskommunikation, z.B. Corporate Identity und Öffentlichkeitsarbeit (Witzer 1992, Bungarten Hg. 1994b, Derieth 1994, Bruhn 1995, Zerfaß 1996) sowie Fragen der Unternehmenskultur (Heinen 1987, Neuberger/Kompa 1987, Bungarten Hg. 1991, Schwandt 1993), Eigenschaften der Organisationskommunikation (Theis 1994, besonders im betrieblichen Verwaltungsbereich, Hahne 1998) oder informations- und kommunikationstechnische Aspekte (z.B. Bertram 1993) werden in psychologischen, soziologischen und wirtschaftswissenschaftlichen Arbeiten untersucht. Soweit diese Arbeiten empirisch sind, betrachten sie Kommunikation häufig als Variable in ihrem Wirkungszusammenhang mit persönlichkeits- oder organisationsbezogenen Variablen (z.B. Betriebsklima, Motivation, Effizienz bei der Bearbeitung verschiedener Aufgabentypen, vgl. die Darstellungen in Theis 1994 und Hahne 1998).

Eine Fragebogen-Studie zu Formen und Bedeutung der „Mitarbeiterkommunikation" (d.h. der Information der Mitarbeiter durch die Unternehmensleitung) in allen Unternehmen Deutschlands mit mehr als 500 Mitarbeitern referiert Klöfer (1996). Er fasst zusammen:

> Am häufigsten beschäftigen sich die Antworten mit der Information, die vor allem schnell erfolgen soll, dann, der Häufigkeit der Nennungen nach, offen, wahr, ehr-

lich und glaubwürdig, umfassend, transparent, bedarfsgerecht und gut aufbereitet. (Klöfer 1996: 87)

Die Glaubwürdigkeit der Darstellung von Unternehmen (z.B. in PR und Werbung) wird auch in normativ ausgerichteten Arbeiten behandelt und Ratschläge zum *credibility management* gegeben (Drosdek 1996).

Was fehlt, sind linguistische Untersuchungen, die Führungsverhalten und -kommunikation sowie ihre Wirkungen korpusorientiert beschreiben. Dasselbe gilt für Mitarbeitergespräche zwischen Vorgesetzten und Mitarbeitern, z.B. Zielvereinbarungs-, Kritik-, oder Beurteilungsgespräche (Saul 1993, Keller 1997). Auch zu Glaubwürdigkeit und Vertrauen (Schweer Hg. 1997, Strasser/Voswinkel 1997), zu Konkurrenz-, Konflikt- und Kooperationsverhalten sowie zum Umgang mit Macht in der Wirtschaftskommunikation sind empirische Arbeiten ein Desiderat.

Aus linguistischer Sicht analysiert Niederhauser (1994) Unternehmenskommunikation anhand einer Personalzeitung. In Piwinger/Ebert (1998) wird Goffmans Konzept des *impression management* auf die PR-Arbeit von Unternehmen angewendet. Menz (1998) untersucht Vorstellungen von (gelingender) Kommunikation bei Mitarbeitern eines EDV-Unternehmens auf der Grundlage eines Korpus. Tannen (1995) analysiert anhand kurzer Beispiele die Kommunikationsstile von Frauen und Männern in Unternehmen. Schlichtungsgespräche, in denen z.B. Streitigkeiten zwischen Betrieben und Kunden durch Vermittlung neutraler Dritter (Schlichtungsstellen der Handwerkskammern) bearbeitet werden, untersucht Nothdurft (Hg. 1995, 1996).

Kommunikation in praktischen Kooperationen

Zum Bereich der Fertigung und der empraktischen Kommunikation im Betrieb liegen ebenfalls kaum linguistische Arbeiten vor. Die soziolinguistische Untersuchung von Senft (1981) beandelt sprachliche Varietäten in einem Betrieb in Kaiserslautern und beruht auf teilnehmender Beobachtung sowie Interviews zur Arbeitssituation in der Produktion. Zu den Spezifika von Kommunikation in praktischen Kooperationen kann auf Brünner (1986, 1987), Fiehler (1980, 1993) sowie auf Goodwin (1995) verwiesen werden, die die Einbettung sprachlicher Handlungen in nicht-sprachliche Interaktionen und Arbeitstätigkeiten in einem Flughafen analysiert.

Wenn die Kommunikation empraktisch eingebunden ist, hat dies wesentliche Auswirkungen auf ihre Struktur. Im Betrieb sind mündliche Kommunikation (Arbeitsgespräche), aber auch schriftliche Texte (z.B. Wartungshandbücher) häufig in praktische Tätigkeitszusammenhänge eingebettet. Mündliche empraktische Kommunikation zeigt strukturelle Besonderheiten unter verschiedenen Aspekten, von der Regeln des Sprecherwechsels bis zu den Kohärenzbedingungen für Äußerungen, die durch praktische Tätigkeiten verändert werden, Äußerungen können fragmentarisiert sein, sprachliche Handlungsmuster unterliegen charakteristischen Modifikationen.

Eine mündliche betriebsinterne Form, die der Kommunikation in der Produktion nahesteht, ist die *Arbeitseinteilung*. Ihr Zweck ist die Information über aktuell anstehende praktische Aufgaben und deren Verteilung auf die Mitarbeiter. Z.B. im Rohrnetzbetrieb bei den Stadtwerken erteilt der Meister, nachdem die Einsatzfahrzeuge am Vorabend ausgerüstet worden sind, jeden Morgen an seine versammelten Vorarbeiter Arbeitsaufträge für den Tag. Die Arbeitseinteilung ist schriftlich vorbereitet und die Aufträge werden mündlich erläutert und detailliert – z.B. im Hinblick auf den Stand der Vorarbeiten, notwendige Materialien und Einzelheiten der Durchführung. Dafür das Beispiel *Anschluss* (Erläuterung durch den Meister, ohne Hörersignale):

SW: *So, Matthias, . . [Auslassung] Der <u>Anschluss</u>, der kommt . der kommt ja ungefähr/ wat is dat da? einmeterdreißig oder einmeterfünfzig, in ein Meter fünfzig Höhe kommt der . kommt der rein, und liegt auch mit den Flanschen . <u>press</u> anner Wand. So. Jetz machen wer da vorne an dem hundertfuffziger Anschluss dat Reduzierstück rein, hundertfuffzig mal hundert, en <u>Bogen</u> ((etwas langsamer, deutlich:)) [und ich hab getz nochmal n zweihunderter Passstück aufgeschrieben. Dat wer mit dem Anschluss nach unten <u>runter</u>springen so, wat ham wer jetz? dreißig, vierzig Zentimeter vom Bogen/ vom Boden. <u>Ob</u> du das Passstück <u>brauchst</u>, <u>weiß</u> ich getz nich. Dann musst du ma versuchen, ob du diesen Anschluss <u>oben</u> in den Schraubenlöchern . vielleicht um eine Schraubenstärke nach <u>vorne</u> hin ziehen kannst.] Weil der sonst/ weil der nämlich da oben . <u>press</u> an der Wand liegt.*

Man erkennt zahlreiche Fach- und Jargonausdrücke aus Rohrnetzbau und Installationstechnik, die – anders als in der Experten-Laien-Kommunikation – unmarkiert verwendet werden (*Flanschen, Reduzierstück, Bogen, Passstück, reinkommen, press an der Wand liegen, runterspringen*), ferner charakteristische Formen der Bemaßung (*hundertfuffziger Anschluss*) und in der innerbetrieblichen Praxis gebräuchliche Grobmaße (*eine Schraubenstärke*). Gleichzeitig ist die Ausdrucksweise stark durch Lokaldeixis (*dat (da), da vorne, diesen, der, da oben*) und geringe Explizitheit gekennzeichnet, die sich teils der Bezugnahme auf eine Skizze, teils dem gemeinsamen fachlich-beruflichen Wissen über die Arbeitstätigkeiten verdankt. Im Verhältnis von Planung und praktischer Ausführung (Kopf- und Handarbeit) sowie in den Anweisungen, zu denen die sachlich-technischen Erläuterungen gehören, drückt sich die hierarchische Struktur betrieblichen Handelns aus.

Unterweisungen in der betrieblichen Ausbildung

Zur betriebsinternen mündlichen Kommunikation gehören Unterweisungen in der betrieblichen Ausbildung. Solche Unterweisungen in Aus- oder auch Fortbildung dienen dem Zweck, Personen für eine berufliche Tätigkeit auszubilden und zu qualifizieren. Sie sind teilweise in besondere (unternehmensinterne oder -übergreifende) Teilinstitutionen ausgelagert, z.B. Lehrwerkstätten, technische Übungsstätten, Schulungs- oder Ausbildungszentren.

Zu Unterweisungen in der betrieblichen Ausbildung liegt eine Fülle – besonders berufs- und wirtschaftspädagogischer – Arbeiten sowie Ratgeberliteratur vor. Empirisch-linguistische Untersuchungen dagegen existieren kaum.

Die berufspraktischen Ausbildung von jungen Bergleuten behandeln Brünner/Fiehler (1983), Fiehler (1983) und Brünner (1987, 1995) anhand eines größeren Korpus von Videomaterial, das in einem Übungsbergwerk der Ruhrkohle AG erhoben wurde (vgl. Kap. 2.3). In Brünner (1994a) sind drei längere Ausschnitte aus dem Korpus wiedergegeben. Untersuchungsgegenstand sind Formen und Probleme des kommunikativen Handelns im Instruktionsdiskurs und dessen Verknüpfung mit praktischen Tätigkeiten (Vormachen von Arbeiten durch den Ausbilder, übendes Nacharbeiten durch die Auszubildenden). Fiehler (1983) untersucht verschiedene Instruktionsstile. Die Analysen in der Monografie von Brünner (1987) behandeln insbesondere die Adaptierung schulischer Handlungsmuster an die Anforderungen des Arbeitsprozesses, die sprachliche Repräsentation und Regulation von Handlungen bzw. Arbeitstätigkeiten, die unterschiedlichen mentalen Orientierungen der Interaktanten an Arbeits-, Ausbildungs- oder Prüfungssituationen sowie die Entstehung und interaktive Lösung von Orientierungskonflikten, spezielle Anweisungen zur Arbeitssicherheit und schließlich Formen der beruflichen Sozialisation.

Brünner (1995) behandelt die Formen und Probleme der Vermittlung berufsbezogener, bergbautypischer Fachlexik. Es erweist sich, dass die Verwendung von Fachwörtern in der Ausbildung nicht nur sachlich bedingt und zweckrational für fachliche Verständigung ist, sondern wesentlich auch normativ und sozial bestimmt ist. An ihr werden institutionell bedingte Konflikte angezeigt und abgearbeitet – Konflikte etwa zwischen normativen, institutionell gestützten Vorstellungen von fachsprachlicher Verständigung und der Faktizität solcher Verständigung im beruflichen Alltag. Besonders deutlich zeigt sich an den bergbautypischen Ausdrücken, wie die Verwendung (oder Vermeidung) von Fachlexik und -jargon dazu dienen kann, die soziale Zugehörigkeit zu einer Berufsgruppe zu demonstrieren und zu regulieren.

Die Monografie von Baßler (1996) untersucht mit dialoganalytischen Methoden Unterweisungen in Lehrwerkstätten des Kraftfahrzeuggewerbes. Auf der Grundlage eines Korpus werden Abläufe von Unterweisungen analysiert, ferner kommunikative Formen der Wissensvermittlung und Handlungsanleitung, Verfahren der Verständlichmachung fachlicher Sachverhalte, Typen von Bedeutungserklärungen für fachsprachliche Ausdrücke sowie Formen der Wissensüberprüfung bei den Auszubildenden. Das zugrunde liegende Transkriptkorpus ist vollständig abgedruckt.

Es ist ebenso erstaunlich wie bedauerlich, dass – im Gegensatz zur Schulkommunikation – kaum linguistische Arbeiten zur beruflichen Ausbildung in der Wirtschaft existieren, etwa zu den konkreten Lehr-Lern-Diskursen, zu Vermittlungsproblemen oder dem Transfer zwischen Ausbildung und beruflicher Praxis. Ein bedeutsamer Problembereich ist hier etwa die Vermittlung und der Erwerb spezifischer institutioneller Handlungsmuster und Diskurstypen. Diese gehören zum professionellen Repertoire in einer Institution und sind zentrale Elemente des beruflichen Handelns. Der Erwerb solcher Muster und Diskurstypen ist ein wesentlicher Teil in der Entwicklung beruflicher Kommunikationsfähigkeit. Die Übergänge und Beziehungen zwischen schulischer Ausbildung und Berufsausbildung bzw. beruflicher Praxis sind von besonderem Interesse: In welcher Weise kann in Schule und Ausbildung erworbenes Wissen in der Berufspraxis angewendet werden, wie wird es ausgebaut oder umstrukturiert?

Das Forschungsdefizit im Bereich der beruflichen Ausbildung wiegt umso schwerer, als sich hier gegenwärtig starke Veränderungen vollziehen. Eine der wichtigsten ist die Entstehung neuer Berufe und Berufsbilder aufgrund der neuen Informations und Kommunikationstechnologien (vgl. Kap. 10.3). Ihr zunehmender Einsatz in praktisch allen Bereichen des beruflichen Handelns verändert die sprachlich-kommunikativen Anforderungen, nicht nur im Hinblick auf die Medienbeherrschung, sondern auch hinsichtlich der interpersonalen Kommunikationsfähigkeit.

Bewerbungsgespräche

Bewerbungsgespräche sind Diskurse mit (in der Regel) nicht zum Unternehmen gehörenden Personen, zielen aber gerade auf die (potentielle) Eingliederung dieser Personen in die Institution. Bewerbungsgespräche werden zunemend durch eignungsdiagnostische Verfahren ergänzt, wie sie in Assessment Centers mit Bewerbern für Führungspositionen durchgeführt werden (z.B. Gloor 1993). Es existiert eine Fülle von Ratgeberliteratur, die sich teils an die Bewerber richtet (z.B. Yate 1990, Gersbacher 1991, Friedrich 1995), teils an die Unternehmensvertreter (z.B. Swan 1990).

Linguistische Arbeiten zu diesem Diskurstyp sind – aufgrund der schlechten Zugänglichkeit empirischer Daten – nicht sehr zahlreich. Zu nennen sind Grießhaber (1987), Adelswärd (1988), Komter (1991), Lepschy (1995), Birkner/Kern (1996) und Menz (demn.), wobei den Analysen von

Lepschy und Birkner/Kern Rollenspiele, nicht authentische Gespräche zugrundeliegen.

Grießhaber (1987) vergleicht acht Bewerbungsgespräche mit deutschen bzw. türkischen Jugendlichen im Lebensmitteleinzelhandel. Adelswärd (1988) untersucht Auswahlgespräche für eine Trainee-Stelle in einem schwedischen Unternehmen im Hinblick auf Selbstdarstellung und erfolgreiches bzw. nicht-erfolgreiches Kommunikationsverhalten (*styles of success*). Komter (1991) analysiert mit ethnographischen und konversationsanalytischen Methoden ein größeres Korpus von Bewerbungsgesprächen für unterschiedliche Positionen in niederländischen Unternehmen und Organisationen. Sie identifiziert zentrale Elemente und Aufgaben in der Interaktion, beschreibt (widersprüchliche) Verhaltensanforderungen, Orientierungen, Strategien und Aktivitäten der Beteiligten.

Menz (demn.) vergleicht drei verschiedene Bewerbungsgespräche für dieselbe Stelle. Die letztlich eingestellte Kandidatin erhält im Gespräch mehr interaktive Unterstützung, gibt mehr Persönliches von sich preis (*self disclosure*), leistet Perspektivenwechsel, indem sie sich als für bestimmte Aufgaben geeignet darstellt, ist initiativ und kooperativ. Diese Merkmale stimmen mit denen, die Adelswärd (1988) für erfolgreiche Bewerber gefunden hat, überein. Die Entscheidung für die betreffende Bewerberin scheint schon sehr früh in dem Gespräch gefallen zu sein, der Entscheidungsprozess wird vorzeitig beendet. Dies erweist sich als dysfunktional für beide Parteien. (Die neue Mitarbeiterin kündigt noch während der Probezeit.)

Monologische Formen, Rundfunk- und Fernsehwerbung

Zu erwähnen sind schließlich (vorwiegend) monologische Formen der Wirtschaftskommunikation, z.B. (betriebsinterne oder öffentliche) Reden, Vorträge, Referate oder Präsentationen. Sie stellen in der Regel keine spontane oder konzeptuelle Mündlichkeit dar, sondern werden durch schriftliche Vorlagen vorbereitet und unterstützt, teilweise auch einfach abgelesen.

Reuter (1989) untersucht Produktvorstellungen auf Messen und Ausstellungen. Hier werden im Prinzip alle Anweisungen der schriftlichen Gebrauchsanleitung vermittelt, aber versehen mit einem komplexen Vorspann und – parallel zur Präsentation – vorstellungskommentierenden Aktivitäten. Die Produktvorstellung berücksichtigt pädagogische Maximen und verfolgt die Herstellung von Sachlichkeit.

Rundfunk- und Fernsehwerbung sind selbstverständlich ein wichtiger Teilbereich der Wirtschaftskommunikation. Dies belegen allein schon ökonomische Daten: 1997 betrug der Umsatz für solche Werbung 27,4 Milliarden Mark; die Werbeeinnahmen der privaten Fernsehsender betrug 10,9 Milliarden Mark, die der öffentlich-rechtlichen Sender 866 Millionen Mark

(Frankfurter Rundschau vom 28.1.1998 unter Berufung auf die Nielsen Werbeforschung S+P). Der Umsatz der deutschen Werbewirtschaft betrug 1998 insgesamt 59 Milliarden Mark (Frankfurter Rundschau vom 20.5.1999). Kommunikation in der Rundfunk- und Fernsehwerbung stellt jedoch einen Sonderfall dar, denn es handelt sich hier weder um natürliche Interaktion noch um spontane Mündlichkeit, sondern um mediale Formen der Kommunikation, die zwar mündlich präsentiert, jedoch schriftlich konzipiert und vorproduziert werden (*sekundäre Oralität*).

Aus der Fülle der vorhandenen Literatur nenne ich nur eine kleine Auswahl neuerer linguistischer und kommunikationswissenschaftlicher Untersuchungen. Seyfarth (1995) stellt das Verhältnis von Sprache, Bild und Musik in der Fernsehwerbung dar. Janich (1998) behandelt Fachlichkeit in der Anzeigen- und Fernsehwerbung anhand ausgewählter Produktgattungen (Autos, Unterhaltungselektronik, Kosmetik). Dialogische und narrative Formen sowie Intertextualität in der Rundfunk- und Fernsehwerbung in den neuen Bundesländern untersucht Gläser (1992). Auch Burger (1993) behandelt dialogische Werbespots. Kotthoff (1994) analysiert die Geschlechterdarstellung in der Radiowerbung gesprächsanalytisch und kommt zu dem Ergebnis:

> Über Dialogrollen, Stimmen und Intonation wird dem Mann Autorität, Kompetenz und Sachlichkeit zugeordnet und der Frau Emotionalität, Hilflosigkeit und Instabilität. (Kotthoff 1994: 191)

Zu ähnlichen Befunden kamen bereits Furnham/Schofield (1986) in einer Analyse von Geschlechtsrollenstereotypen in britischer Radiowerbung. Spieß (1994) fasst ihre Ergebnisse zu Weiblichkeitsklischees in der Fernsehwerbung hingegen folgendermaßen zusammen:

> Die Frauenbilder sind heute weder hochgradig stereotyp noch besonders vielfältig. Sie spiegeln soziale Wirklichkeitsmodelle wider, bieten Abweichungen von traditionellen Rollenklischees an und ergänzen traditionelle geschlechtsspezifische Konventionen. (Spieß 1994: 425)

Die amerikanische Fernsehwerbung untersucht Bachem (1995). Unter allgemeineren, kulturellen Aspekten behandeln (Fernseh-)Werbung etwa Schmidt/Spieß (1994), Schmidt (1996), Ingenkamp (1996), Fowles (1996) und Hölscher (1998). Eine Typologie von Techniken und Inszenierungsformen zur Herstellung von Glaubwürdigkeit stellen Willems/Jurga (1998) vor. Für Anzeigenwerbung sei auf die Darstellung in Kapitel 10.1, für interkulturelle Aspekte auf Kapitel 3.4 verwiesen.

9.2. Homileïsche Kommunikation

Bereits mehrfach wurde deutlich, dass in die konkreten Diskurse, in denen mündliche Wirtschaftskommunikation stattfindet, häufig Elemente eingeflochten sind, die nicht unmittelbar beruflichen Zwecken dienen, nämlich *small talk*, Klatsch, Scherze, Erzählungen, Unterhaltungen über Privates usw. Sie finden sich in der betriebsinternen wie auch -externen Kommunikation. Zu einem großen Teil handelt es sich dabei um Formen der *homileïschen Kommunikation* (Ehlich/Rehbein 1980), die die Interaktanten zu ihrem Vergnügen und ihrer Unterhaltung führen.

Häufig sind mit homileïschen Formen aber auch spezifischere Zwecke verbunden wie Selbstdarstellung als Person, Herstellung oder Demonstration von Nähe und Intensivierung der sozialen Beziehung zum Gesprächspartner – Zwecke, die in beruflichen Beziehungen ebenso Bedeutung besitzen wie in privaten. Z.B. nach Konflikten werden homileïsche Formen oft verwendet, um die Beziehung zu regulieren. In der beruflichen Kommunikation erlauben sie, die Orientierung an der institutionellen Rolle hin zu einer Orientierung an der persönlichen Identität zu verschieben. Vertrauen in Personen ist in mancher Hinsicht wirksamer als Vertrauen in Systeme (Strasser/Voswinkel 1997).

Homileïsche Diskurse und verwandte informelle Formen spielen in Verhandlungen und Besprechungen ebenso eine Rolle wie in Verkaufs- oder Reklamationsgesprächen mit Kunden. Analysen dazu finden sich in Firth (1995a) (*casual talk* in telefonischen Verhandlungen), Meier (1997) (interaktive Herstellung und Kennzeichnung von Informalität in Besprechungen) und Müller (1997) (Überspielen von Handlungsanforderungen durch Scherze in Arbeitsbesprechungen). Unterhaltungen zwischen Fahrer und Fahrgast im Taxi behandeln Steffen (1990) und Kroner (1983: 1991); sie dienen u.a. der Herstellung gegenseitigen Vertrauens. Redder (1994) untersucht homileïsche Kommunikation über eine Fernsehsendung, die zwei Anstreicher während der Arbeit in einer Wohnung führen (vgl. auch Redder 1994a). Witze im Unternehmen behandelt Neuberger (1988), Klatsch im Betrieb Niehüser (1995). Es existiert sogar Ratgeberliteratur zum gezielten Einsatz von *small talk* (Lasko 1993).

Beispielanalysen

Gerade von Verkäufern werden die Formen der homileïschen Kommunikation häufig für ökonomische Interessen instrumentalisiert. Der Verkäufer aus dem Autohandel-Korpus erzählt z.B. außer Stadt-Klatsch u.ä. gern persönliche Erlebnisse, die ihn als hilfsbereit und großzügig ausweisen. Der Ausschnitt *Bereichern* in Kap. 4.4.1 ist dafür ein Beispiel.

Aber auch die Kunden liefern Erzählungen. Im folgenden Ausschnitt *Brust* fragt der Verkäufer die Kunden-Familie, warum sie das Auto der Tochter abgeben wollen. Der Vater (KM) expandiert die Antwort (*zu hart*, Fläche 488f.) durch eine Erzählung und einen Scherz, die die Richtigkeit der Behauptung belegen und die getroffene Entscheidung begründen sollen (zur Belegfunktion von Erzählungen Keppler 1988, Schwitalla 1991).

Brust

V	Gefällt der Ihnen denn nicht mehr, der XX (Modellname), oder?
KF	Der is
KM	Der is
488	

KF	zu hart.
KM	. zu hart. Ich bin da einmal . vierzig Kilometer mit gefahren, ich hab
489	

V	((er-
KM	Magenschmerzen gehabt, Herzstiche, alles. . Der schlägt da <u>so</u>
490	

V	staunt:)) [Jaa?]
KM	durch! Nich durchschlagen, aber so zu hart gefedert. ((leise:))
491	

V	Ja, is sportlich, ne? . . .
	V
KM	[Meine Güte, näh.] ((räuspern)) Ja. Die Brust
492	

V	((lacht))
KF	((lacht)) Wirklich wahr, da musse
KM	wird immer länger von de Kinder.
493	

KF	alles festhalten, wenn de da drin sitzt.
494	

Im folgenden Beleg *Krank* aus dem Gespräch zwischen dem Hörgeräteakustiker und der alten Kundin (vgl. Kap. 4.4.2) hat der Akustiker (V) einen Hörtest durchgeführt und der Kundin das Ergebnis mitgeteilt. Durch die Erzählung rechtfertigt diese ihr „Versagen" beim Hörtest gegenüber dem Akustiker als eine relativ neue Beeinträchtigung aufgrund einer Erkrankung und wahrt damit ihr Image:

Krank

V	Da bringt das Hörgerät ne ganze Menge, ((lachend:)) [ne?]
	V
K	Jaja,

205

K	doch. ((lauter:)) [Also dat war vorher, . bevor ich krank war, . nich.

206

	V	V
V	Ja.	Ja.
K	Ah da konnt ich no' . viel besser hören.	Dat is seitdem . ich krank

207

V	Ich weiß/	Ich war ja no' im Kranken-
K	war. Dat is mir auffe Ohren geschlagen.	

208

V	haus, bei Ihnen .	
		V
K	Jaa,	also dat fing dat ja an also, da fing/ da merkt ich

209

K	mit einmal sch/ (wat is wat) . Erst hab ich immer gedacht, ach, das

210

V		Nee nee!
K	geht wieder weg, ne?	Des is von der Krankheit und so.

211

		V
V	hmhm	Des is oft bleibend, ne?
K	Aber leider.	

212

Auch in der betriebsinternen Kommunikation sind homileïsche Formen, Scherze usw. selbstverständlich anzutreffen. Sie dienen – anders als in Interaktionen der Zirkulationssphäre – weniger der Instrumentalisierung menschlicher Beziehungen für ökonomische Interessen, sondern primär der Beziehungsregulation, besonders im Anschluss an interaktive Konflikte. Auch dafür abschließend ein Beispiel aus dem Stadtwerke-Material:

Müde

| SW1 | | Lech Dich wieder hin! | | Jaa! | | Ich |
| SW2 | Alles klar G! | | Ja <u>mach</u> ich (| |) (Bett |

1

| SW1 | <u>auch</u>! Ich bin schon ganz müde! | Tschüss, ne. | |
| SW2 | gehen.) | Ja. | Jau, Tschüss. |

2

In dem Telefongespräch war ein Konflikt zwischen Kollegen der Stadtwerke über einen nicht in Ordnung gebrachten Gaszähler ausgetragen und schließlich beigelegt worden. Nach dem Ende dieser Auseinandersetzung macht SW1 eine scherzhafte Bemerkungen, auf die SW2 einsteigt und kooperativ reagiert (*Ja mach ich*, Fläche 1). Dafür, dass der Scherz nicht kränkend wirkt (als Zuschreibung von „Schlafmützigkeit"), sorgt SW1 durch seine nachträgliche Expansion, die ihn selbst einbezieht (*Ich auch. Ich bin schon ganz müde.*). Durch den Scherz und die kooperative Reaktion auf ihn vergewissern sich die Mitarbeiter, dass die positive Qualität ihrer kollegialen Beziehung nicht beeinträchtigt oder jedenfalls wiederhergestellt ist.

10. Schriftliche, grafisch-symbolische und technisch vermittelte Kommunikationsformen

In diesem Kapitel behandle ich überblicksartig schriftliche und grafisch-symbolische (Kap. 10.1) sowie technisch vermittelte Formen (Kap. 10.3) der Wirtschaftskommunikation und nenne jeweils Literatur dazu. Zur schriftlichen Form stelle ich eine Beispielanalyse vor (Reklamationsschreiben). Das Ineinandergreifen mündlicher und schriftlicher Kommunikation in der Interaktion (Kap. 10.2) wird ebenfalls an Beispielen aus unterschiedlichen Bereichen diskutiert.

10.1. Schriftliche und grafisch-symbolische Kommunikationsformen

Ebenso vielfältig wie die mündlichen sind die schriftlichen Formen der Wirtschaftskommunikation – von A wie *Aktennotiz* bis Z wie *Zollerklärung*, von Großformen wie Geschäftsberichten bis zu minimalen Formen wie Preisauszeichnungen auf Produkten, von individuell verfassten Texten bis zu solchen, die im Team konzipiert und erstellt werden (Häcki Buhofer 1985, Spilka Hg. 1993, van Gemert/Woudstra 1997 mit Literaturüberblick zu Schreiben am Arbeitsplatz, Pogner 1997, 1998). Die Schriftform besitzt schon aufgrund der Institutionalität und Verrechtlichung betrieblichen Handelns und des Bedarfs an hierarchisch-ökonomischer Kontrolle große Bedeutung. Dazu kommen grafisch-symbolische Formen, wie Pläne oder Formulare, sowie die vielfältigen Formen technisch vermittelter, insbesondere computergestützter Kommunikation (vgl. Kap. 10.3). Da mein eigenes Korpus zur Wirtschaftskommunikation und die Konzeption dieses Buches primär auf mündliche Formen angelegt sind, kann ich konkrete Beispielanalysen nur in Einzelfällen anbieten.

Die schriftlichen Textarten in der Wirtschaftskommunikation lassen sich differenzieren nach ihren grundlegenden Handlungsfunktionen (Berichts-, Anleitungs- und Anweisungsfunktion), nach primär betriebsinternen bzw. -externen Formen sowie nach den charakteristischen Handlungssituationen und Bereichen, in denen sie eingesetzt werden.

Schriftliche Texte mit Berichtsfunktion

Für die Wirtschaftskommunikation sind zunächst solche schriftlichen Formen von Bedeutung, die primär der Fixierung, Speicherung und Distribution von Wissen im Handlungssystem Unternehmen dienen. Eine grundlegende Textart, die dies leistet, ist der Bericht. In ihm werden Handlungen, Vorgänge, Ereignisse oder Zustände dokumentiert und für andere Mitarbeiter (interne Berichte) oder für Außenstehende (Kunden, Aktionäre, Behörden usw.) verfügbar gemacht. Manche Berichte müssen von Mitarbeitern punktuell immer dann erstellt werden, wenn einzelne für das Unternehmen bedeutsame Handlungen oder Ereignisse festzuhalten sind.

Dazu zählt etwa der *Service-Bericht*, für den Häcki Buhofer (1985: 289) ein authentisches Beispiel gibt:

Meldung:	kocht bei 30°
Störungsgrund:	Thermostat schaltet zu hoch, Niveauregler schalten ungenau, Klappdeckeldicht. verschliesst nicht mehr richtig, Ablaufventil verschliesst nicht mehr ganz.
Arbeit:	Störung gesucht. Thermostat, Niveauregler, Klappdeckeldicht. ersetzt, Ablaufventil rep. 30° C Kontrolle und Probelauf gemacht.
Material:	Thermostat (Dold) Niveauregler rot Niveauregler blau Klappdeckeldicht. Verschlussnippel

Abbildung 18: Service-Bericht

Ein Techniker, der hier eine Waschmaschine repariert hat, füllt danach ein Formular aus, in dem er über die Störungsursache, seine Arbeitstätigkeit und die verwendeten Materialien berichtet. Die linke Spalte ist auf dem Formular vorgegeben, was darauf hindeutet, dass dies die für die Firma (und auch die Kunden) relevanten Informationen sind. Die Eintragung unter *Meldung* stammt von einer Telefonistin.

Andere Berichte werden regelmäßig erstellt, z.B. interne Monatsberichte (Steigüber 1993) oder regelmäßige Geschäftsberichte (Berdychowska 1994, Derieth 1994, Bolten et al. 1996 zu Unterschieden zwischen Geschäftsberichten in verschiedenen Sprachen, Baethge/Kirchhoff 1997, Armeloh 1998), die sich vor allem an Externe richten. Informationen werden hier aggregiert und zusammengefasst, sie dienen dann zur Dokumentation von Veränderungstendenzen und zur Planung. Je standardisierter der Informationsbedarf zu einem Bereich ist, desto eher können Berichte formularisiert oder computergestützt generiert werden.

Ähnliche Funktionen wie Berichte haben auch andere Textarten, wie Aktennotizen, mit denen z.B. Gesprächsergebnisse kurz festgehalten werden, oder Protokolle, die Verlauf oder Ergebnisse von Besprechungen dokumentieren. Vergleichbare Funktion (wenn auch eine andere Form) haben Listen verschiedener Art, in denen z.B. Lagerbestände und ihre Veränderungen oder Prüfergebnisse festgehalten werden, Laufzettel, die in der Fertigung durchlaufene Arbeitsgänge an einem Produkt, oder Lieferscheine, die die Übergabe einer Ware an Kunden dokumentieren.

Auch Arbeitszeugnisse (Presch 1988, 1996, Kühn 1995) und schriftliche Beurteilungen besitzen Berichtsfunktionen, nämlich Auskunft über die Tätigkeiten und Leistungen von MitarbeiterInnen zu geben. In Bewerbungsschreiben haben zumindest zentrale Teile (Lebenslauf, beruflicher Werdegang usw.) berichtende Funktion, ebenso in Absagebriefen auf Bewerbungen (Drescher 1994). Durch das Rechtssystem vorgeschrieben sind Bilanzen, die auch Außenstehende über ökonomische Daten eines Unternehmens informieren und u.a. der Kontrolle dienen. Zu nennen ist schließlich der spezielle Bereich der Wirtschaftsnachrichten, wie sie in den Medien aufbereitet und verbreitet werden (Kalt 1990, Duhme 1991, Ruß-Mohl/Stuckmann Hgg. 1991, Piirainen/Airismäki 1987, Jäkel 1994, Hundt 1995, Schwarz 1998).

Eine Sonderstellung besitzen Werkszeitschriften (Hassinen/Wenner 1994, Niederhauser 1994), Betriebsbroschüren (Roinila 1994), Firmenvorstellungen u.ä., insofern hier unterschiedliche Textarten in einem Medium zusammengefasst werden, das als ganzes dazu dient, die Bindung der Adressaten an das Unternehmen zu verstärken. Sie richten sich – soweit es sich nicht um reine Selbstdarstellung und PR handelt – an die Unternehmensmitarbeiter wie auch an Außenstehende.

Schriftliche Texte mit Anleitungsfunktion

Andere Textarten in der Wirtschaftskommunikation dienen vor allem Zwecken der (unmittelbaren) Handlungsanleitung. Die grundlegende Textfunktion der Anleitung kommt – je nach Bereich und Adressaten – ebenfalls in vielen verschiedenen Ausformungen und Textarten vor. Technische Anleitungen, wie Bedienungs-, Prüf- und Wartungsanleitungen für technische Geräte, Einrichtungen oder Prozesse, dienen dazu sicherzustellen, dass diese nach sachlichen und ggf. auch juristischen Kriterien (z.B. bei vorgeschriebenen Überwachungs- und Prüfverfahren) korrekt gehandhabt werden. Sie können sich an Unternehmensmitarbeiter sowie an Außenstehende (z.B. Käufer eines Produkts) richten. Gebrauchsinformationen (Packungsbeilagen) von Medikamenten, Kosmetika u.ä. sind damit verwandt und richten sich an externe Benutzer (bei Medikamenten auch an Ärzte, die diese verordnen). Bei vielen Produkten (z.B. verarbeiteten Lebensmitteln, Farben) sind die Gebrauchsinformationen – neben anderen Angaben – auf der Verpackung der Ware aufgedruckt (Hardt-Mautner 1992, 1994, 1994a, Mautner 1998). Auch Anleitungen für Arbeitsabläufe (z.B. Durchführungsbestimmungen für Verwaltungstätigkeiten) gehören in diese Gruppe.

Besonders zur Technischen Dokumentation und zu Bedienungsanleitungen gibt es eine Fülle von Literatur, auch linguistische. Sammelbände sind z.B. Becker et al. (Hgg. 1990), Ehlich/Noack/Scheiter (Hgg. 1994) und Krings (Hg. 1996). Ein neuerer Ratgeber ist Friske (1996). Für die notwendigen Bestandteile sowie die Erstellung und Gestaltung von Bedienungsanleitungen und Gebrauchsanweisungen, auch *Benutzerinformation* genannt, existieren rechtliche Vorschriften (Produkthaftungsgesetz) und DIN-Normen (DIN 8418, DIN 66055).

Die hohe Aufmerksamkeit, die Bedienungsanleitungen für Konsumenten erfahren, hat verschiedene Gründe. Diese Textart ist ubiquitär, selbst der Umgang mit relativ einfachen Produkten muss erlernt werden. Schlechte Anleitungen sind für die Benutzer immer wieder ein Ärgernis. Gerade technische Geräte haben heute ein sehr großes Potential, das sich nicht von selbst erschließt und dessen Nutzung zu erklären die Verkäufer weder die Zeit noch das Wissen haben. Seit dem Produkthaftungsgesetz von 1990 hat auch für die Unternehmen die Qualität von Bedienungsanleitungen an Bedeutung gewonnen, denn der Hersteller haftet bei Vorliegen eines Instruktionsfehlers für entstandene Schäden.

Ein Problem für die adressatengerechte Gestaltung von Bedienungsanleitungen stellt die Heterogenität der Benutzergruppen dar, deren technisches und sprachliches Wissen sehr differieren kann. Auch die Handlungssituationen der Nutzung unterscheiden sich, so dass Bedienungsanleitungen für ein systematisches Kennenlernen des Produkts ebenso Hilfen bieten müssen wie für schnelle bedarfsorientierte Nutzung oder für gezieltes Nachschlagen bei Problemen und Störungen. Für komplexe Produkte stellt sich als weiteres Problem der Umfang. Wolters (1988: 225f.) gibt z.B. an, dass für den Airbus 53 Technische Handbücher von 370.000 Seiten notwendig seien, was 40 Regalmetern oder 10,2 Tonnen Gewicht entspricht. Solche Größenordnungen machen verständlich, warum Technische Dokumentation heute zunehmend auf CD-ROM oder online am Computer bereitgestellt wird (z.B. für Software).

Für die Benutzers ist es ferner problematisch, wenn fehlerhafte Übersetzungen – manchmal bis zu unverständlichem Kauderwelsch – geboten werden, wenn die relevanten Handlungssituationen und -aufgaben in einer technisch orientierten Produktbeschreibung untergehen, die erforderlichen Handlungsschritte nicht in der richtigen Reihenfolge angegeben werden (*Be-*

231

vor Hebel B nach hinten ... unbedingt Öl in C einfüllen; Zieten 1988: 256) oder wenn (unerklärte) Fachwörter (*temperaturstabilisiert, Splitterkabel*) und komplizierter Satzbau (Koldau 1993) das Verständnis erschweren.

Gebrauchsinformationen (Packungsbeilagen) von Medikamenten (Hoffmann 1983, Schuldt 1991, 1992, Gloning 1995) sind von teilweise ähnlichen Problemen betroffen. Das Arzneimittelgesetz macht juristische Vorgaben, auch für ihre Inhalte und Gestaltung. Schwierigkeiten ergeben sich daraus, dass relevante Eigenschaften des Medikaments und praktische Handlungsanleitungen in demselben Text dargestellt werden. Die Adressatengruppen – einerseits die Benutzer, andererseits Ärzte und Apotheker – sind sehr heterogen, so dass auch hier die sprachliche Verständlichkeit für Laien gefährdet ist. Rechtlich vorgeschriebene Warnhinweise und Angabe auch seltener Nebenwirkungen machen den Patienten Angst und gefährden die *compliance* und Kooperation – besonders dann, wenn die Ärztin oder der Arzt die Medikamentierung im Gespräch nicht ausreichend vorbereitet bzw. ausgehandelt hat. Einige Hersteller sind mittlerweile dazu übergegangen, die traditionelle Packungsbeilage durch eine speziell adressierte *Patienteninformation* zu ergänzen, in der die Benutzer direkt angesprochen (*Liebe Patientin, lieber Patient*) und noch einmal in Umgangssprache über das Medikament informiert werden.

Schriftliche Texte mit Anweisungsfunktion

Eine dritte grundlegende Textfunktion ist die Anweisung. Anweisungstexte haben ebenfalls handlungsteuernde Funktion, geben jedoch den Adressaten eher Handlungsziele als Ausführungsmodalitäten vor. Sie beruhen weniger auf sachlich-technischen als vielmehr auf hierarchisch-ökonomischen Strukturen und Prozessen. In diese Gruppe gehören schriftliche Dienstanweisungen (soweit sie nicht sachlich bedingte Durchführungsweisen regeln), (Produktions-)Pläne, Verhaltensrichtlinien für die Mitarbeiter (Ebert 1991) oder Führungsgrundsätze und -richtlinien (Ebert 1994). Auch Stellen- und Tätigkeitsbeschreibungen sind hier zu nennen, in denen ja – ebenso wie in Arbeitsverträgen – Aufgaben festgelegt werden.

Auch in der Kommunikation mit Externen (z.B. Kunden, Zulieferfirmen) spielen Anweisungen ein Rolle. Z.B. geben Angebote, Aufträge, Bestellungen und (Kauf-, Wartungs-)Verträge, Rechnungen und Mahnungen oder schriftliche Reklamationen – bei allen Unterschieden ihrer Formen und Inhalte – Handlungen, Handlungsverpflichtungen oder Handlungsziele vor, an die aufgrund gesetzlicher Bestimmungen sowohl das Unternehmen als auch die Externen bzw. Kunden gebunden sind. Der überwiegende Teil der Kundenkorrespondenz zwischen Kunden und Unternehmen (Steigüber 1991,

Häcki Buhofer 1993, historisch Kremer 1994) ist durch diese Funktion geprägt.

Beispielanalyse: Ein Reklamationsschreiben und die Antwort darauf

„In der Korrespondenz eines Unternehmens manifestiert sich dessen Haltung gegenüber seinen Geschäftspartnern." (Steigüber 1991: 362) Ich möchte unter diesem Aspekt ein Reklamationsschreiben an einen großen Reiseveranstalter und dessen Antwort darauf analysieren (Texte im Anhang).
Die Kundin, Frau Dr. Wassermann, ordnet ihr Schreiben der Textart *Beschwerde* zu (*Betrifft: Beschwerde* ...Absatz 1 und 8). Sie gibt zunächst eine Orientierung, indem sie die Reisebuchung (gemeinsam mit Frau Weiß), Auftrags- und EDV-Nummer, Reiseziel, Buchungs- und Reisedaten anführt (Absatz 1). In Absatz 2 zitiert sie die *Katalogbeschreibung* der Insel, nennt ihre Interpretation davon (*Diese Beschreibung vermittelte uns den Eindruck* ...) und begründet damit ihre Entscheidung für dieses Angebot.

In den folgenden Absätzen trägt sie – durch Unterpunkte gegliedert – detailliert ihre Beschwerde vor (*Beeinträchtigungen* durch *Baustellen*). Hier werden präzise Angaben zur Situation auf der Insel gemacht (z.B. geografische Lage der Baustellen) und mit der Katalogbeschreibung kontrastiert (z.B. *Baumbestand*, Absatz 4; Anzahl der *Bungalows*, Absatz 7). Ihre negative Bewertung und Verärgerung bringt sie durch typografische Hervorhebungen und Emphase (*DREI Baustellen auf einer Länge von 900 m (!)*, Absatz 3; vgl. *DREI, nicht*, Absatz 9) zum Ausdruck, ferner durch Benennung der Konsequenzen der vorgefundenen Situation (*wesentliche Beeinträchtigungen des Erholungswertes*, Absatz 3), wertende Ausdrücke (*in einem wenig attraktiven, ziemlich devastierten Zustand*, Absatz 4; *Baulärm*, Absatz 5) und pointierte Generalisierungen (*ein Spaziergang um die Insel war ein Spaziergang von einer Baustelle zur anderen*, Absatz 6).

In Absatz 8 berichtet die Kundin von der mündlichen *Beschwerde* bei der Reiseleiterin vor Ort (mit Datum, Namen, Hinweis auf die Gesprächsnotiz der Reiseleiterin und vergleichbare Beschwerden namentlich genannter anderer Personen). Der letzte Absatz (9) fasst die Beschwerde zusammen (*Ganz generell; Zusammenfassend*). Es wird von einer *Zumutung* gesprochen; die Vorenthaltung von *Informationen*, die Abweichung vom *Katalogangebot* und die beträchtliche Schmälerung des *Erholungswerts werden festgestellt*. Im letzten Satz expliziert die Kundin – unter Verweis auf den vergleichsweise hohen Reisepreis – den eigentlichen Zweck des Reklamationsschreibens, sie erhebt eine konkrete Forderung nach einer Entschädigung (*fordern wir von Ihnen eine Entschädigung in Höhe von 30% des Reisepreises*). Nach der – sehr formellen – Grußformel (*Hochachtungsvoll*) wird auf beigefügte *Anlagen* verwiesen (*Gesprächsnotiz* und *Kopie der Reisebestätigung*).

Die Kundin hat sich mit ihrer Beschwerde offenbar viel Mühe gegeben. Das Schreiben ist wohlstrukturiert und im Inhalt klar, präzise und um Objektivität bemüht; die Angaben sind so weit wie möglich belegt; der Ton ist – trotz der ausgedrückten Verärgerung – moderat und höflich.

Das Antwortschreiben des Reiseunternehmens stammt von einer Mitarbeiterin der *Abteilung Kundenbetreuung*, die vermutlich auf Reklamationen spezialisiert ist. In der Grußformel und auch in dem Schreiben selbst werden beide Kundinnen namentlich angesprochen. Zunächst wird ihnen für ihr *Schreiben* gedankt (Absatz 1) und es wird *bedauert*, dass die *Erwartungen enttäuscht* wurden (Absatz 2). In Absatz 3 wird bedauert, dass die negative Erfahrung (*das, was Sie aus Ihrer Sicht als negativ empfunden haben*) nicht mehr *ungeschehen* gemacht werden kann, und um *Entschuldigung* gebeten. Absatz 4 bittet um *Verständnis*, dass auf die *angeschnittenen Punkte nicht mehr im Detail* eingegangen wird, und begründet dies mit dem Vorliegen *diverser Stellungnahmen von den Malediven* und der Unmöglichkeit im Nachhinein noch etwas zu ändern.

In Absatz 5 wird versichert, das Unternehmen habe sich *darüber Gedanken gemacht*, wie sich die *eingetretene Verstimmung* der Kundinnen *in materieller Form* beheben lasse. Absatz 6 reagiert schließlich auf die konkrete Entschädigungsforderung; es werden *insgesamt DM 635,00* Erstattung in Aussicht gestellt (d.h. 10% des Reisepreises). Der Absatz schließt: *Eventuell darüber hinausgehende Forderungen müssen wir jedoch bereits heute ablehnen*. Im letzten Absatz (7) wird um eine *erneute Chance* gebeten, die Qualität der Reisen mit diesem Unternehmen *beweisen* zu dürfen, und gute Wünsche für den nächsten Urlaub werden ausgesprochen. Die Grußformel lautet *Mit freundlichen Grüßen*.

Auf den ersten Blick scheint das Unternehmen mit diesem Schreiben angemessen auf die Beschwerde zu reagieren. Die Reklamation wird akzeptiert, es wird in freundlicher Form Bedauern und eine Entschuldigung ausgesprochen sowie eine Entschädigung zugesagt. Bei genauerer Prüfung erweist sich das Schreiben jedoch als nicht wirklich angemessene Reaktion auf den Brief der Kundin.

In Bezug auf die gestellte Forderung wird nur ein Drittel des verlangten Betrags gewährt, und zwar ohne dies zu thematisieren, ohne Begründung, Argumentation oder Hinweis auf die zugrundegelegten Kriterien und zudem formuliert in der Form eines „letzten Angebots" (vgl. den Schlusssatz in Absatz 6). Dadurch erscheint die Entschädigungsleistung, die ja bei berechtigten Reklamationen eine juristische Verpflichtung darstellt, als ein willkürlicher Akt, der auf bloßem Entgegenkommen beruht. Auf die ausführlichen Darstellungen der Kundin wird an keiner Stelle Bezug genommen. Abgesehen von der namentlichen Anrede (Absatz 7), der (globalen) Nennung des Reiselands *Malediven* (Absatz 4) und dem (auf den Preis bezogenen) Erstattungsbetrag (Absatz 6) finden sich keinerlei Hinweise, dass es sich um eine Reaktion auf diesen speziellen Brief bzw. Fall handelt. Die Kundin erfährt z.B. nicht, warum die Insel trotz der Baustellen *offengehalten* wurde, warum sie keine *Informationen* über die Bautätigkeit bekommen hat oder ob die Firma sie weiterhin als *ökologisch geschont* ausweisen wird (vgl. Absatz 9 ihres Briefes). Es wird explizit formuliert, dass man auf die *Details* nicht eingehen wolle (Absatz 4). Die deskriptive, objektivierende Darstellung der Situation durch die Kundin wird als deren subjektive Empfindung behandelt (*das, was Sie aus Ihrer Sicht als negativ empfunden haben*, Absatz 3).

Dies alles deutet darauf hin, dass das Antwortschreiben ein Serienbrief aus Textbausteinen und nicht individuell zugeschnitten ist. Dies gilt auch für das Werben im letzten Absatz, weitere Reisen bei dem betreffenden Unternehmen zu buchen. Ohne eine klärende inhaltliche Reaktion auf die konkreten Vorwürfe der Kundin wirkt dieses Werben unmotiviert und deplatziert. Dadurch erscheint auch der verständnisvolle, freundliche Ton des gesamten Briefes in einem anderen Licht und verfehlt die angestrebte Wirkung. Auf meine Befragungen gab die Kundin an, sie habe sich speziell über die Ablehnung geärgert, inhaltlich auf ihre Vorwürfe einzugehen, und sich nicht ernst genommen gefühlt.

Es mag aus der Sicht eines großen Reiseanbieters unter Rationalisierungsaspekten verständlich sein, dass er solche Schreiben standardisiert. Jedoch wird dabei entweder nicht bedacht oder in Kauf genommen, dass ohne angemessenen Zuschnitt auf den konkreten Adressaten, ohne Eingehen auf seine Anliegen freundlich formulierte Verständnisbekundungen und Entschuldigungen leicht als hohle Floskeln rezipiert werden und ihre Wirkung dann ins Gegenteil verkehrt wird. Der dadurch entstehende Imageschaden für das Unternehmen ist ökonomisch sicherlich schwerer zu beziffern als die Einsparungen durch Standardisierung, aber dennoch Realität.

Werbetexte

Schriftliche Werbung, Kataloge und Produktvorstellungen (Pakkala 1994) sind an (potentielle) Kunden adressiert mit dem Zweck, Kaufentscheidungen für Produkte oder Dienstleistungen herbeizuführen und durch geeignete Informationen zu unterstützen. Eine der ersten sprachwissenschaftlichen Arbeiten zur Anzeigenwerbung war Römer (1968). Neuere linguistische und kommunikationswissenschaftliche Arbeiten dazu sind Baumgart (1992), Cook (1992), Spörri (1993) zur Topik, Adamzik (1994), Kettler (1994), die inhaltsanalytische Untersuchung von Wehner (1996) zu persuasiven Strategien im historischen Längsschnitt, Janich (1998) zur Fachlichkeit, Sowinski (1998) mit einem knappen Überblick über Strategien und sprachliche Formen. Zum Thema Geschlechterdarstellung in der Anzeigenwerbung ist eine frühe, einflussreiche soziologische Arbeit Goffman (1981), der die Inszenierung von Über- und Unterlegenheit von Männern bzw. Frauen auf Werbebildern analysiert. Diese Untersuchungen sind weitergeführt in Brosius/Staab (1990), Belknap/Leonard (1991) und Schmerl (Hg. 1992). Werbung auf Verpackungen behandelt Hardt-Mautner (1992). Für interkulturelle Vergleiche und Probleme von Werbung im internationalen Bereich sei auf Kapitel 3.4 verwiesen.

Die Formen, die Anzeigenwerbung annimmt, unterscheiden sich, je nachdem, ob es sich um Produktwerbung handelt, bei der das Produkt im Mittelpunkt steht, oder um Imagewerbung eines Unternehmens. Je nach Produktgruppe finden sich z.T. spezielle Formen, beispielsweise die Form der „Zeitungsmeldung" für freiverkäufliche Arzneimittel. Zunehmend werden statt des Produkts selbst Leitbilder (z.B. Lebensfreude) präsentiert und Produkte als Ausdruck von Persönlichkeit dargestellt. Auch die ästhetische und Unterhaltungsfunktion von Werbung rückt immer mehr in den Vordergrund – in der Annahme, dass die Konsumenten von solchen Qualitäten der Werbung auf die Qualität der Marke bzw. Produkte schließen. Eine weitere Tendenz ist die zum *integrierten Marketing*, d.h. zur gleichzeitigen Präsentation und Verknüpfung von Werbung in den verschiedenen Medien, so dass Formen der Intertextualität entstehen (z.B. Zitationen, wechselseitige Anspielungen).

Werbung besitzt starken Einfluss auf die Alltagskommunikation und -sprache. Laut einem Artikel im „Spiegel" (Nr. 52/1992: 114–128) rezipiert man bis zu 1200 Werbebotschaften täglich; ein deutscher Jugendlicher sieht bis zu seinem 20. Lebensjahr 200.000 TV-Spots; 8–14Jährige können bei 7 von 10 Spots die Marke bereits nach dem ersten Bild benennen. Diese Zahlen liegen heute mit Sicherheit noch erheblich höher. Die Einschätzung von Werbung als einer „öffentlichen Gewalt" (Spiegel 52/1992: 116) halte ich für nicht übertrieben.

Grafisch-symbolische Darstellungsformen

Neben schriftlichen Texten spielen auch grafisch-symbolische Darstellungsformen in der Wirtschaftskommunikation eine wichtige Rolle. Der Bereich der Bildwerbung wurde eben schon angesprochen. Die meisten der verwendeten nichtsprachlichen Zeichensysteme und Darstellungsformen sind solche, die auch in der Fach- und Wissenschaftskommunikation generell vorkommen. Dazu gehören Ablauf- und Strukturdiagramme, statistische Darstellungen (z.B. Kurven), Schema- und andere Zeichnungen (z.B. Konstruktionspläne, Grundrisse), Karten, Fotografien einschließlich Infrarot- oder Röntgenaufnahmen und Modelle aller Art. Bewegte, multimediale Darstellungen am Computer stellen interessante neue Möglichkeiten dar.

Branchenspezifisch sind weitere, spezielle Darstellungsfomen. Z.B. spielt die Verwendung chemischer Symbolsysteme und Strukturformeln in der chemischen und pharmazeutischen Industrie ein Rolle. Bei den Stadtwerken werden Rohrnetzpläne und topografische Karten (mit kartografischen Symbolen) verwendet, auf denen die Lage der Gas- und Wasserrohre eingetragen ist; Farbsymbole (gelb für Gas, blau für Wasser) werden ebenfalls verwendet.

Ein Band zur Geschichte der wissenschaftlichen Illustration ist Robin (1992). Beiträge zur Wissensvermittlung durch Bilder finden sich in Weidenmann (Hg. 1994) und Issing/Klimsa (Hgg. 1995). Linguistische Beiträge sind Kalverkämper (1993) und Kalverkämper/Baumann (Hgg. 1996). Einen Forschungsüberblick über Bildverstehen und Bildverständlichkeit gibt Ballstaedt (1996).

Eine herausragende Rolle spielen grafisch-symbolische Darstellungsformen in der Technischen Dokumentation. Sie finden sich in beigefügten Bedienungsanleitungen, auf Verpackungen oder auf dem Produkt selbst und sind sehr vielfältig. Häufig verwendete Formen bzw. semiotische Mittel sind Fotos (zur Akzentuierung von Einzelheiten manchmal durch *Inserts* mit Rahmen und Zoom ergänzt), Piktogramme, Zeichnungen und Skizzen – wobei Explosionszeichnungen und Schnitte die innere Struktur von Objekten zeigen können –, Ablaufdiagramme oder Comics, die das Produkt anthropomorphisieren. Verbindungslinien zum Text dienen der Zuordnung von sprachlichen und grafischen Informationen. Durch Pfeile oder ausgestreckte Hände wird auf bestimmte Elemente gezeigt oder können Bewegungen bezeichnet werden. Farbsymbolik dient der Hervorhebung und Orientierung. Da solche Darstellungsformen z.T. recht komplex sind, müssen sie in ihrer semiotischen Bedeutung erst erlernt werden.

Einen besonderen Fall stellen Formulare und (Frage-)Vordrucke dar, die in der Verwaltung (aber nicht nur dort) für jeweils spezifische Aufgaben verwendet werden. In ihnen sind grafische und sprachliche Elemente miteinander kombiniert. Es handelt sich um standardisierte Kommunikationsmittel, die bereits bestimmte Angaben enthalten und die Arbeit vereinfachen. Bestimmte andere – für die Bearbeitung der Aufgabe erforderliche – Angaben (Text oder grafische Zeichen, wie beim Ankreuzen) muss der Benutzer in vorgeschriebener Form in die vorgesehenen Felder eintragen. In Gülich (1981) werden (ausgefüllte) Formulare als Frage-Antwort-Dialoge zwischen Institutionen und ihren Klienten analysiert.

10.2. Das Ineinandergreifen mündlicher und schriftlicher Kommunikation in der Interaktion

In verschiedenen Kapiteln wurden bereits das Verhältnis von Mündlichkeit und Schriftlichkeit sowie Formen ihres Ineinandergreifens in der Interaktion thematisiert: im Hinblick auf die Rolle schriftlicher Gesprächsleitfäden in telefonischen Verkaufsgesprächen (Kap. 4.3), die Abfrage bzw. Eingabe von Auftrags- und Kundendaten in den Computer während telefonischer Reklamationen (Kap. 5.2), das Vorlesen von Systemmeldungen des Computers und die Umsetzung mündlicher Fehlerbeschreibungen in der Auftragsannahme bei der interaktiven Fehlerbestimmung im EDV-Service (Kap. 6.2), die schriftliche Vorbereitung (Tagesordnung) oder nachträgliche schriftliche Bearbeitung mündlicher Besprechungen bzw. Besprechungsergebnisse (Kap. 8.2). Die Konzeption und Erstellung relevanter Texte in Unternehmen ist in der Regel mit Interaktionen zwischen verschiedenen Mitarbeitern (und u.U. auch mit Außenstehenden) verbunden (gemeinsame Planung, Diskussion von Entwürfen, kooperative Erstellung usw.; van Gemert/Woudstra 1997).

Im Folgenden möchte ich in Beispielanalysen weitere typische Funktionen untersuchen, die schriftliche Texte in mündlichen Gesprächen besitzen. Ich werde zeigen, wie auf die Texte interaktiv Bezug genommen wird, und Probleme im Verhältnis von Mündlichkeit und Schriftlichkeit darstellen.

Beispielanalysen: Schriftliche Texte in Verkaufsgesprächen

Das erste Beispiel stammt aus dem Verkaufsgespräch *Com1*, das bereits unter anderen Aspekten analysiert wurde (Kap. 4.4.3). Der Kunde betritt das Computerfachgeschäft und wendet sich an den Verkäufer:

Im Fenster

	/
V	Guten Tag.
K	Guten Tag. Ich hatte . unten gesehen im Fenster hängen . .
1	

K	dieses Ding hier, das würd mich halt eigentlich interessieren.
2	

Der Kunde bezieht sich in Fläche 1 auf ein Werbeplakat im Schaufenster, das verschiedene EDV-Angebote darstellt. Nach Auskunft des Beobachters liegt das Plakat zudem als DIA A4–Handzettel im Geschäft aus und der Kunde hält einen solchen Zettel in der Hand. Die typischen Werbefunktionen solcher Plakate sind, die Aufmerksamkeit zu wecken, Erstinformationen über die

Produkte, vor allem Preisinformationen zu geben und die Kundschaft mit günstigen Angeboten in das Geschäft zu locken. Diese Funktionen scheint das betreffende Plakat bei dem Kunden erfüllt zu haben. Der schriftliche Text ist also der Auslöser für das mündliche Verkaufsgespräch – eine charakteristische Funktion von Werbetexten.

Im Diskurs wird immer wieder auf den (textgleichen) Handzettel (Ausriss im Anhang) Bezug genommen. Welche Funktionen erfüllt dieser in der Interaktion und wie wird er verwendet? In Fläche 2 benutzt der Kunde den Zettel, um das Objekt seines Interesses (einen PC) für den Verkäufer zu identifizieren. Er tut dies mit einem sehr allgemeinen Symbolfeldausdruck und einer doppelten Deixis (*dieses Ding hier*), die vermutlich durch eine Zeigegeste auf die betreffende Textstelle ergänzt wird. Die schriftliche Unterlage vermeidet größeren kommunikativen Aufwand bei der Identifikation des Produkts. Die nächsten Bezugnahmen auf den Text folgen wenig später:

Ich dachte

V					Da is 'n Monitor
K	und, äh, der Monitor käm auch noch zu, nehm ich an.				
4					

V	bei.				Doch. Steht doch VGA-
K	Das ging hier nicht so ganz draus hervor.				
5					

V	(Monitor)				Nee, das
K	Ja, ich dachte, das wär jetzt die Karte gewesen.				
6					

V	ist die VGA fünfhundertzwölf.				Also, so wie er da
		/ \	∧	V	
K		ah so aha .	hmhm.		
7					

V	steht, is er komplett.		
		V	
K		Komplett.	Hmhm.
8			

Der Kunde hat den Umfang des schriftlichen Angebots missverstanden (ohne *Monitor*) und wird vom Verkäufer korrigiert. K und V nehmen beide deiktisch auf die betreffende Textstelle (*das*, *da*) Bezug: der Kunde, um sie als uneindeutig zu kennzeichnen, der Verkäufer, um dem zu widersprechen und die Textaussage noch einmal mündlich zu reformulieren. Auch hier spielt der Werbezettel eine charakteristische Rolle im Verkaufsgespräch, nämlich als

Beleg für das gemachte Angebot, auf dessen (Rechts-)Verbindlichkeit man sich im Diskurs berufen kann. Eine dritte Sequenz zeigt eine weitere Funktion:

Notieren

V	Grafikkarte oder Monitor, das muss man dann selbst entscheiden.
K	Darf
25	

V		Jo. ( )	
K	ich mir das grad mal . no<u>ti</u>eren?	Das war also de:r äh/. die Aufrüstung
26			

V		sechsundachzig.	
K	auf vier MB wäre hundert/	((3 sec)) Hundertsechsund-
27			

	/	>-------------------------------------
K	achzig, oder eben dann hier/ dann is hier Windows, und MS-DOS und .
28		

		V	
V		hmhm	

K	das oder das hier.	Das war dann insgesamt? Und was habter da
29			

Der Kunde verwendet den Werbezettel hier, um sich darauf die Kosten für zwei Möglichkeiten der *Aufrüstung auf 4 MB* (Fläche 26f.) zu *notieren* (Fläche 26). Bei der zweiten Möglichkeit (Aufrüstung incl. Softwarepaket) kann wieder deiktisch auf Textstellen Bezug genommen werden (*hier*, *das*, Fläche 28f.). Der Handzettel gewinnt also im Diskurs eine mnemotechnische Funktion: Der Kunde kann das Angebot mitsamt den schriftlich ergänzten Angaben, die er im Gespräch erfahren hat, für Vergleiche und eine spätere Entscheidung aufbewahren. Eine ähnliche Rolle spielt in der nächsten Sequenz die *Preisliste* für Computer-Komponenten, ein weiterer Text, der als Handzettel im Geschäft ausliegt und auf den die Interaktanten Bezug nehmen:

Preisliste

V	zweite Laufwerk, ((schnell:)) [aber da sind dann noch so andere
31	

V	Preise, die können Se der Preisliste] hier entnehmen.
K	<div style="text-align:right">Ja, die hab</div>
32	

V	<div style="text-align:center">Die ham Sie auch, ja, okay.</div>
K	ich auch schon hier . rausgetan) grade ((langsam:)) [zweite Laufwerk,]
33	

V	So die stehen dann hier
K	äh
34	

Die Preisliste mit den dort aufgeführten Modellen bildet die Informationsgrundlage und zugleich den Steuerungsmechanismus für die mündliche Beratung über einen geeigneten Monitor und die passende Grafikkarte. Im Ausschnitt *Dieser hier* werden die schriftlichen Angaben vom Verkäufer mündlich interpretiert (Fläche 48–50) und auf den Gebrauchswert der Geräte bezogen (Fläche 50f.). Dadurch, dass die Interaktanten sprachlich und gestisch immer wieder auf den Text zeigen können (z.B. *der macht*, Fläche 48; *der*, Fläche 50, *dieser hier*, Fläche 59f.; *die Ausführung* (Fläche 60), *diese Grafikkarte hier*, Fläche 61f.; *die hier*, Fläche 63), wird die Verständigung in der Beratung wesentlich vereinfacht. Die Häufung der deiktischen Bezugnahmen macht anschaulich, um wieviel komplizierter das Gespräch ohne den schriftlichen Text wäre.

Dieser hier

V	Also, der/ der macht schon auch SVGA (Interface), nur der hat halt 'ne
	V
K	hmhm
48	

V	grobere Lochmaske von null komma drei neun Millimeter, während
	V
K	hmhm
49	

V	der ne Lochmaske von null komma zwo acht Millimeter hat, haben
	V
K	hmhm
50	

V	Sie also n feineres Bild. Bei jedem Bild, also nicht jetzt nur bei Graphik/
	V
K	hmhm (laut:))
51	

K	[Das wär also auf jeden Fall auch sinnvoll schon hier] . . mindestens mal
52	

V	((zu X:)) [Hallo!]　　　　Guten Tag!
	\
K	eine Stufe raufzugehn, oder? ((4 sec))　　　　　　　. . Ja!
X	((lacht))
53	

V	Ja sicherlich is
K	. Empfehlung ginge schon eher dahin, ja? Wenn man jetzt/
54	

V	der Monitor besser. Ganz klar.　　(Höchst) besseres Bild, ja.
	V　　　　　　　　　　　　　V
K	hmhm　　　　　　　　　　　hmhm
55	

V	Is richtig. Oder dann die ganzen strahlungsarmen, ja, dann gehts halt
56	

	\
V	immer weiter.　　　　　　　　　　　　　　　　　Ja.
	V
K	hmhm ((lachend:)) [Ja hö, ohne Ende fast, ne?]　Nee, aber
57	

V	Ja al/ also normalerweise n Standardmonitor
K	so so vielleicht sich/ äh für in Erwägung zu ziehn
58	

V	is schon dieser hier　　　((schnell:)) [mit dieser Lochmaske von null
	V
K	hmhm
59	

V	komma zwei acht Millimeter entweder die Ausführung oder in der
60	

V	strahlungsarmen] . Ausführung. Dann ((schnell:)) [ist diese Grafikkarte
	V
K	hmhm
61	

V	hier dabei, das sollten Sie also auf jeden Fall auch] ne Ein-Megabyte- .
62	

| V | Karte/ Also entweder Sie nehmen die hier/ das is also die eine, die |
| K | Das is |

63

In dem zweiten Verkaufsgespräch (*Com2*) erfüllen Werbezettel bzw. Preisliste dieselben Funktionen. Eine Besonderheit resultiert daraus, dass das Kunden-Ehepaar die Wunschliste des Enkels mitbringt, eine schriftliche Einkaufsliste mit den präferierten Komponenten des PC. Durch interaktives Abarbeiten dieser Liste stellt der Verkäufer das Angebot selbst handschriftlich zusammen, damit der Kunde es mitnehmen (*ich geb natürlich den Zettel auch mit*) und *nachlesen* kann. Das schriftliche Angebot bildet wiederum die Grundlage für ein späteres Gespräch mit dem Enkel (*müss' wer noch mal reden zuhause mit ihm*).

Da in beiden Gesprächen der Kauf noch nicht getätigt wird, fallen andere typische schriftliche Textarten (z.B. Bestellung, Kaufvertrag oder Rechnung) weg, die die Ergebnisse des Verkaufsdiskurses rechtsverbindlich fixieren.

Beispielanalysen: Das Meldebuch in der Zentralwarte

Ein weiteres Beispiel für das komplexe Ineinandergreifen mündlicher und schriftlicher Kommunikationsformen ist die Arbeit in der Zentralwarte bei den Stadtwerken, einer Schnittstelle zwischen Unternehmen und Kunden. Die folgende Analyse stützt sich auf ein Gutachten von Becker-Mrotzek/Fickermann (1992) zur Optimierung des sogenannten *Meldebuchs*. Eine Aufgabe der Zentralwarte ist die Annahme und Weiterleitung telefonischer Störungsmeldungen (*Aufe Wagnerstraße vor de Haustür vierundsechzig, da sprudelt Wasser aus em Asphalt; Mein Gas is kaputt*). Die eingehenden Meldungen müssen im Meldebuch schriftlich dokumentiert, in die innerbetriebliche Kommunikation weitergegeben und bearbeitet werden. Für die betriebsinternen Zwecke werden umgangssprachliche Angaben der Anrufer dabei fachsprachlich reformuliert: Ein gemeldeter *Schaden* wird z.B. als *Rohrbruch Reedebank* ins Meldebuch eingetragen, eine Aufforderung zu *sperren* als *nachsperren*.

Meldungen von Mitarbeitern der Stadtwerke enthalten – anders als die der Kunden – von vornherein die notwendigen Angaben in der fachlich angemessenen Form. Im folgenden Beleg aus unserem gemeinsamen Korpus wird von einer Baustelle telefonisch ein Gasschaden an die Zentrale gemeldet. Die fachliche Kategorisierung *A1-Schaden* verweist auf einen Schaden mit höchster Priorität, der wegen der Gefahren sofort behoben werden muss. Die Meldung ist sehr knapp, enthält (nur) das notwendige Minimum (Namen des Meldenden, Art und Ort des Schadens) und ist konversationell kaum ausgestaltet:

A1-Schaden

	\	\
SW1 Stadtwerke Meier?	Ja	Ja
SW2	Müller. Fritz, ein A1-Schaden .	((deutlich:))

1

SW1		Alles klar.	Jaa!
SW2 [Kleinemannfurt einundachzig.]		Ja, danke Ende. Tschüss-

2

SW1	Tschüss.
SW2 chen.	

3

Der Informationsfluss von der Zentralwarte aus verläuft nach Becker-Mrotzek/Fickermann (1992) in folgenden mündlichen und schriftlichen Formen:

1. Entgegennahme des Anrufs

   Sichten des Meldebuchs: Störung bereits eingetragen?

   Wenn nein: Eintragen der Meldung ins Meldebuch

2. Weiterleiten der Meldung per Funk an den Störwagen

   Funkmeldung an Störwagen

   Eintragen der Weiterleitung ins Meldebuch

3. Rückmeldung vom Störwagen

   Funkmeldung vom Störwagen nach Prüfung des Schadens

   Eintragen der Rückmeldung ins Meldebuch

4. Weiterleitung des gemeldeten Schadens an die Bezirke

   Weiterleitung eines Schadensformulars per Fax und Post an den zuständigen Bezirk

       Weiterleitung des Schadensformulars durch den Bezirk und Auftragserteilung an Fremdfirmen

   Weiterleitung der Schadensmeldung an sonstige Stellen (z.B. Polizei, Feuerwehr)

   Eintragen der Weiterleitung ins Meldebuch

5. Rückmeldung über die Schadensbearbeitung durch Fremdfirma bzw. Bezirk

   Telefongespräche

   Sichten des Meldebuches

   Eintrag ins Meldebuch

Weiterleitung an sonstige Stellen

6. Erstellen des Tagesberichts

Übernahme der Einträge in den Tagesbericht

Weiterleitung des Tagesberichts an den Abteilungsleiter

Die Zentralwarte ist also bei der Abwicklung und Betreuung der Schadensmeldung mit Kunden, anderen Abteilungen und Institutionen kommunikativ vernetzt. Das Meldebuch fungiert als das zentrale Speichermedium für das Wissen, das im Vollzug des beruflichen Handelns entsteht. In ihm wird das großenteils mündlich prozessierte Wissen über den Vorgang sukzessive schriftlich fixiert. Dies ist erforderlich, um
- auch bei mehreren gleichzeitigen Störungsmeldungen (die denselben Schaden betreffen können) den Überblick zu behalten
- bei Nachfragen (z.B. von Kunden) Auskunft geben zu können
- über Schicht- und Personalwechsel hinweg Wissen über den Bearbeitungsstand verfügbar zu halten
- die Informationen für die Tagesberichte verfügbar zu haben.

Die Zentralwarte und insbesondere das Meldebuch erweist sich als zentraler *Artikulationspunkt* (im Sinne der Graphentheorie); d.h., bei dessen Ausfall würde das Kommunikationsnetz in unzusammenhängende Teilnetze zerfallen, so dass die betrieblichen Funktionen nicht mehr erfüllt werden könnten. Diese Position ist strukturell sehr verletzlich, weil dort zahlreiche Informationen zusammenlaufen und sie tendenziell von Überlastung bedroht ist (z.B. nach Frostphasen, wenn viele Schadensmeldungen gleichzeitig eingehen). Aus diesem Grund ist das kommunikative Handeln in und mit der Zentralwarte weitgehend formalisiert: Die Kommunikationswege und z.T. auch die Medien sind vorgeschrieben; das Meldebuch, der einzige kontinuierliche Informationsträger, hat feste Rubriken für die organisatorisch und fachlich erforderlichen Einträge (z.B. *Eingang der Meldung, Datum, Melde-Nr., Inhalt der Meldung*); die weitergeleiteten Schadensmeldungen und Tagesberichte sind formularisiert. Auch hierarchisch-ökonomische Aspekte spielen eine Rolle: z.B. die Eintragung der genauen Zeit der Meldung und des Namens des aufnehmenden Mitarbeiters dienen auch der Absicherung der Stadtwerke gegen Schadensersatzansprüche.

Faktisch wird das Meldebuch nicht immer vorschriftsmäßig geführt, z.B. werden Rubriken nicht ausgefüllt oder für dort nicht vorgesehene Angaben missbraucht. Die Anordnung und Gestaltung der Rubriken machen es schwer, eingetragene Angaben schnell wiederzufinden. Dies wird deutlich, wenn Kunden noch einmal anrufen, um sich nach der Behebung eines Schadens zu erkundigen. Dann wird nach Schadensort und Uhrzeit der Meldung gesucht, wobei diese von den Kunden eigens erfragt werden muss (Transkripte zitiert nach Becker-Mrotzek/Fickermann 1992):

Heute Morgen

SW	Lindenweg. Uhrzeit odda so wat ham Se au nich, ne?	
K		Von heute
1		

SW	Von heute? Lindenweg von heut morgen?	
K	morgen.	Ja, also sechs Uhr
2		

K	dreißig, fümmendreißig, vierzig, denk ich mir ma.
3	

Es stellt sich heraus, dass der Kollege die Uhrzeit nicht eingetragen hat (*hätte die Uhrzeit dann eintragen sollen heute morgen*). Auch die Übergabe an Kollegen bei Schichtwechsel macht mündliche Erläuterungen und Ergänzungen der schriftlichen Eintragungen erforderlich:

Informieren

SW1	So, hier diese Meldung, Südfeld,	da war ne Zwangssperrung, .
SW2		. Hm
1		

SW1	die musste aufgehoben werden, weil das en Doppelhaus is, . . und
2	

SW1	ääh da ham se diese Nummer hier gesperrt, Wasser.	
SW2		Wer hat denn die
3		

SW1		Unsere Leute. Das is(t) mit dem
SW2	Sperrung aufgehoben, unsere Leute?	
4		

SW1	Meier abgesprochen. . . . . Da hatte also dat Nebenhaus kein Wasser.
5	

SW1	Da is also ein Anschluss für . beide/	
SW2		(Dat wär ja okay, wenn wir den
6		

SW1		Ja, das . wollt ich/wollt ich dir grade sagen. .
SW2	Zählerbetrieb anrufen, weil das is ja	)

7

SW1 Du musst also den Zählerbetrieb davon informieren, da dass also ääh .

8

SW1	widda offen is.
SW2	Hm. Gut.

9

Wegen der Störanfälligkeit der Arbeit mit dem Meldebuch gerade auch im Hinblick auf das Zusammenwirken von mündlicher und schriftlicher Information wurde die Schadensabwicklung mittlerweile auf EDV umgestellt. Die schriftlichen Schadensmeldungen sind entfallen, die Rubriken des Meldebuchs finden funktionale Entsprechungen in der Eingabemaske für die Datenbank. Die elektronisch gespeicherten Daten im unternehmensinternen Computernetz sind nun gleichzeitig zugänglich für alle Mitarbeiter, die sie benötigen; Wiederauffinden und Weitergabe der Informationen sind einfacher und zeitökonomischer geworden.

Beispielanalysen: Informationsvordruck für Kunden

Das Ineinandergreifen von Mündlichkeit und Schriftlichkeit in der Interaktion soll anhand eines weiteren Beispiels untersucht werden, das die Problematik von Informationsvordrucken für Externe (Kunden) verdeutlicht. Das Gespräch *Rekultivierungsausgleich* aus dem Stadtwerke-Korpus zeigt, dass solche Vordrucke missverständlich sein können, so dass sie dann im mündlichen Gespräch erläutert werden müssen. Es handelt sich um ein Gespräch zwischen einem Mitarbeiter der Stadtwerke und einem Kunden über die Erneuerung einer Wasserleitung; diese ist unter dem Garten des Kunden verlegt und wurde von den Stadtwerken ausgewechselt. Am Ende des klärenden Gesprächs stellt der Kunde eine *Frage* zu dem *Zettel* (Fläche 42), den er zur Information bekommen hat:

Zettel

SW		Ja?	
K	und dann hab ich noch ne Frage zu dem .		zu dem Zettel, den . ich .

42

SW		\ Ja	
K	glaub äh . Sie mir gegeben haben, äh .		wo da steht äh . . äh . wegen

43

SW	Oberflächen/ für die Oberflächenwiederherstellung.
K	Kosten oder irgendwas, oder ja wo/ worum handelt sich das denn. Oder
44	

K	wi/ wie is das zu verstehen? Ich habe . das Dingen <u>drei</u>mal gelesen, aber
45	

SW	Nich verstanden. ((lacht)) Das sind sogenannte
K	hab es nich richtig verstanden. ((lacht))
46	

SW	<u>Rekultivierungs</u>kosten. Nja.
K	Ja und die . äh . entstehen die . jetzt, oder wie/
47	

SW	Wir ham ja jetzt Ihren . privaten Grund aufgeris-
K	oder in welcher Form ( )
48	

Der Vordruck hat K mehr irritiert als aufgeklärt. Dort ist von *Kosten* (Fläche 44) die Rede, die der Kunde trotz *dreimal lesen* nicht einordnen kann (Fläche 45f.). Der Mitarbeiter scheint das Verständnisproblem bereits zu kennen, denn er unterbricht sehr früh mit einer Erläuterung (Fläche 44) und vollendet selbst die Äußerung des Nicht-Verstehens (Fläche 46). Seine Erklärung zu den Rekultivierungskosten (Fläche 46ff.) kann der Kunde jedoch nicht nachvollziehen, denn die betreffende Passage des Schreibens ist für ihn unverträglich mit einer vorangehenden, die er sinngemäß zitiert (Fläche 54–57):

Nee

SW	sen, und da ham wer ja wahrscheinlich auch Platten, ich weiß es nich,
	\
K	ja
49	

SW	Platten eventuell weggenommen.
K	Nö nö, dat nich. Äh das is ja bloß/
50	

	V
SW	hm Der kommt ja auch wieder drauf,
K	war ja . Splitt hier drauf. Erde, Splitt. .
51	

SW	der Splitt. Dann ham Sie natürlich . letzlich .. keine Ansprüche gegen
	\ \
K	ja ja

52

SW	die Stadtwerke, wenn wir 't endgültig wieder herstellen, . und Sie selbst

53

SW	nichts mehr machen,
K	Nee nee! Dat steht ja auch/ in dem Schreiben steht

54

K	ja vorher so, grundsätzlich . oder bei Hausanschlüssen, die stellen ja

55

	V
SW	hm
K	also/ verdichten und bis soundsoviel Zentimeter unter Oberfläche . äh .

56

	\
SW	hm
K	dann für den Rest . bin ich verantwortlich. So, ja und deswegen,

57

Der Mitarbeiter klärt ihn auf, dass der Abschnitt über Rekultivierung sich auf Fälle bezieht, zu denen der vorliegende gar nicht gehört (Flächen 58–60):

Fälle

SW	Ja, äh dat tun wir, dat machen wir grund-
K	versteh ich dat andere nicht.

58

SW	sätzlich, schreiben wer/ dat schreiben se grundsätzlich dabei. .
	V
K	hm

59

SW	Wenn es dann nich in Betracht kommt, is et gut. Aber wenn jetz/ wenn

60

SW	wir zum Beispiel Vorgarten, Rasen brechen, ne? Rosensträucher raus-
	V
K	hm

61

SW	nehmen und so weiter,	für diese Fälle zahlen wir da . den soge-
	V	
K		hm
62		

SW	nannten Rekultivierungsausgleich.	In <u>dem</u> Falle hier, . is ja
K		Ah so. Ja, is ja
63		

Das Schreiben bezieht sich demnach auf verschiedenartige mögliche *Fälle*, deren Handhabung *grundsätzlich* (Fläche 58f.) mitgeteilt wird, nicht auf den vorliegenden Fall. Die Formulierung des Mitarbeiters drückt eine gewisse Distanz zu dieser Praxis aus – möglicherweise wegen der Verstehensprobleme: Er spricht in Fläche 59 von seinem Unternehmen in der 3. Person Plural. Er verwendet das in dem Vordruck gebrauchte Fachwort in markierter Form (*den sogenannten Rekultivierungsausgleich*, Fläche 62f.), ist sich seiner Schwierigkeit für die Kunden also bewusst.

Gegen Ende der Erläuterung des in dem Schreiben gemeinten Falles wird deutlich, dass dieser meist nur dann eintritt, wenn der Grundbesitzer gegen rechtliche Vereinbarungen verstoßen hat (das Verbot, Leitungen der Stadtwerke zu überbauen (Fläche 65f.):

Nich sein soll

SW		könn Se/	
K	unerheb/ fällt ja nix, eben.	Dat gibt kompliziertere Fälle, dat leuchtet	
64			

	V	
SW	Ja	Ja, oder Platten, . wat
K	mir ein. Wie Sie sagen, wenn da Sträucher und Bäume und	
65		

SW	nich sein soll, aber et <u>is</u> immer wieder.	Nich?	Dat könn Se/ könn
K	(vielleicht) Jaja.	Jaja.	
66			

SW	Se wegschmeißen.	((lachend:)) [Jahaha.]	Jo,
K		Ja, ja dann is ja gut.	Schönen Dank!
67			

SW	bitte.	Tschüss.
K		Wiedersehen.
68		

Der schriftliche Vordruck der Stadtwerke erfüllt also die bezweckte Informationsfunktion für die Kunden nicht. K erhält das Schreiben, um anschließend aufgefordert zu werden es *weg(zu)schmeißen* (Fläche 67). Es ist also im konkreten Fall funktionslos, zumal alle hier relevanten Fragen diskursiv geklärt werden. Aber – schlimmer noch – löst der Vordruck Irritationen aus. Denn in ihm werden verschiedenartige Fälle gemeinsam behandelt und nicht ausreichend differenziert, so dass die Kunden sie ihrem individuellen Fall nicht zuordnen können. Es entsteht Überinformativität und der Eindruck von Widersprüchlichkeit. Dazu kommt Fachlexik als Verstehenshindernis.

Die Folgen sind mangelndes Verständnis der Kunden, u.U. Verärgerung über das Unternehmen und vor Allem die Notwendigkeit zusätzlichen diskursiven Aufwands. Die Kunden stellen Rückfragen und die Mitarbeiter müssen den Inhalt des Textes noch einmal wiederholen, erläutern, spezifizieren und auf die konkrete Sachlage beziehen. Dies beansprucht Arbeitszeit und verursacht damit Kosten. Der Transkriptausschnitt enthält Indizien (Fläche 44–46), dass dies keineswegs auf Einzelfälle beschränkt ist. Die scheinbar ökonomische Form des fallübergreifend formulierten schriftlichen Vordrucks, der eine rationelle Kundeninformation bezweckt, erweist sich im Endeffekt als unökonomisch, weil der Inhalt des Textes noch einmal im mündlichen Gespräch geklärt und erläutert werden muss.

10.3. Technisch vermittelte und computergestützte Kommunikation

Aufgrund des Ökonomieprinzips (Einsparung von Arbeitszeit und Kosten) werden in der Wirtschaftskommunikation in großem Umfang technische Informations- und Kommunikationsmedien verschiedener Art eingesetzt. Dass z.B. bei den Stadtwerken täglich etwa 10.000 Rechnungen erstellt und 20.000 Informationen weitergegeben werden, vermittelt eine Vorstellung von der ökonomischen Bedeutung technisch unterstützter Lösungen. Besonders betriebsintern verlieren die traditionellen Formen schriftlicher Kommunikation infolge des Einsatzes technischer Medien an Bedeutung. Extensiver Medieneinsatz erlaubt sogar „räumlich verteilte Unternehmen", wie die interessante Fallstudie von Goll (1998a) zeigt.

Technische Medien, die auf der Mündlichkeit operieren, wie das Telefon (Überblick zur Telefon-Kommunikation in Hess-Lüttich 1990), bewirken unterschiedliche Verschiebungen: Einerseits wird face-to-face-Kommunikation durch mündliche Telefonkommunikation ersetzt, die entweder ausschließlich über den akustischen Kanal läuft oder – wie beim Bildtelefon – eine partielle visuelle Übertragung einschließt; die Herstellung gleichzeitiger räumlicher Anwesenheit der Interaktanten und der Aufwand durch Verabredungen, Anfahrten, Treffen usw. wird dadurch überflüssig. Andererseits findet eine Verschiebung von schriftlicher Kommunikation hin zu (fern-)mündlicher statt – mit allen Vorteilen, die diese bietet (z.B. keine Postlaufzeiten, Möglichkeit zu direkten Rückfragen und Verständnissicherung). Viele Unternehmen verfügen über ein Mobilfunknetz, das es erlaubt, an allen Dienststellen, in Einsatzfahrzeugen, auf Baustellen usw. (fern)mündliche Gespräche zu führen. ISDN-Telefonanlagen ermöglichen es, mit mehreren Teilnehmern gleichzeitig zu sprechen und Telefonkonferenzen durchzuführen.

Die Konventionen für telefonische Kommunikation, die sich zu Beginn dieses Jahrhunderts allmählich herausbildeten (Schwitalla 1996), werden durch die Weiterentwicklungen des Mediums verändert und erweitert. Für zugeordnete neue Medien wie den Anrufbeantworter haben sich erst in jüngerer Zeit Konventionen für die Ansagen und das Aufsprechen etabliert (Alvarez-Caccamo/Knoblauch 1992).

Im Bereich computervermittelter Kommunikation stellen Videokonferenzen (Bronner 1996, Weinig 1997) eine relativ neue Form dar, die ebenfalls auf Mündlichkeit basiert. Hier besteht nicht nur ein Hör-, sondern auch ein (eingeschränkter) Sichtkontakt. Handlungsprobleme bei Videokonferenzen bestehen – teilweise technisch bedingt – u.a. darin, dass körperliches Interaktionsverhalten nicht in der gewohnten Weise einsetzbar, wahrnehmbar und interaktiv wirksam ist (Blickkontakt, Mimik, Gestik, Distanzverhalten) und die Bezugnahme auf Unterlagen schwieriger ist als in direkten face-to-face-Interaktionen. In experimentellen Studien (Planspiele mit Wirtschaftsstudenten) fand Bronner (1996), dass Videokonferenzen zwar leistungsfähiger als schriftliche Kommunikation, der Direktkonferenz jedoch qualitativ unterlegen sind. Ein Forschungsprojekt zu kollaborativen Arbeitstätigkeiten, besonders zu Videokonferenzen, stellen Bergmann/Meier (1998) und Meier (1998, 1998a) dar. Untersucht werden anhand authentischer Daten Strukturmerkmale und Handlungsformen solcher Interaktionen und ihre Folgen für die beteiligten Gruppen. Meiers (1998) Detailanalyse einer Interaktionssequenz (nationale Gruppen eines internationalen Konzerns) zeigt, dass sich die Beteiligten in der Videokonferenz nicht durchgängig als lokale Gruppen verhalten, sondern ihre Beteiligungsrollen wechseln.

Andere elektronische Medien operieren vorwiegend auf schriftlicher Kommunikation: Fax und Telex sowie unternehmensweite Computernetze (Intranet) und Internet, die E-mail-Kommunikation und andere Formen elektronischen Datenaustausches ermöglichen. Eine repräsentative Befragung von 1126 Unternehmen in Deutschland zur Ersetzung traditioneller Briefpost durch elektronische Medien (Plum 1996) ergab, dass 71% aller Unternehmen Faxgeräte einsetzen, Kreditinstitute und Versicherungen zu fast 100% (Plum 1996: 31f.). Unter dem Begriff *telenegotiation* stellt Firth (1995b, 1995c) die besondere Struktur medial vermittelter Verhandlungen zwischen Unternehmen durch (aufeinander bezogene) Telefongespräche und Telexe dar. Quasthoff (1997) untersucht Kontextualisierungsmittel im Fax.

Ein Computernetzwerk (Intranet) erlaubt sehr schnelle interne Kommunikation zwischen allen angeschlossenen Stellen im Unternehmen – ohne Papier, Versand- und Verteilkosten – sowie den gleichzeitigen Zugriff auf und Austausch von Dokumenten. Dadurch wird Projektarbeit über räumliche Grenzen hinweg erst effektiv. Z.B. bei den Stadtwerken können aktuelle Leitungsschäden und Baustellen direkt in den Rechner eingegeben und die Daten von den verschiedenen Terminals aus abgerufen werden. Rohrnetzpläne und topografische Karten für die Lage der Gas- und Wasserrohre sind digital erfasst, so dass bei Bedarf von allen Stellen auf sie zugegriffen werden kann.

Welche immensen Probleme und welcher Aufwand *vor* der Durchsetzung von Computern in der Terminologiearbeit von Unternehmen entstanden, berichtet anschaulich Häfele (1977) am Beispiel der Firma Bosch, die damals 200.000 verschiedene Teile in 40 Fertigungsstätten der Bundesrepublik produzierte. Benennungen mussten in unterschiedlichen Dokumenten (Werksnormen, Stücklisten für die Fertigung, Ersatzteillisten, Instandsetzungs- und Prüfanleitungen für die Kundendienstwerkstätten, Versandlisten) einheitlich und konsistent gehalten werden. Für den Export mussten sie ferner übersetzt und mit internationalen Benennungen (z.B. des europäischen Warenverzeichnisses *NIMEXE*, den Weltnomenklaturen des *Brüsseler Zolltarifschemas* und der *Standard International Trade Classification*) in Übereinstimmung gehalten werden. Dies ohne EDV zu leisten ist heute kaum noch vorstellbar.

Auch E-mail-Kommunikation und Computerkonferenzen finden in schriftlicher Form statt. Nach einer Befragungsstudie setzten 1996 21,2% aller Unternehmen mit mehr als 500 Mitarbeitern Mailbox-Systeme ein (Klöfer 1996: 52). Anfang 1997 hatten 15% der Arbeitsplätze Zugriffsmöglichkeiten auf Datentransfer mit Modem (Frankfurter Rundschau vom 14.3.1997). Zu diesem Bereich liegen inzwischen zahlreiche Untersuchungen vor. Sproull/Kiesler (1993) analysieren die vielfältigen, komplexen Folgen des Einsatzes von Computernetzen in Organisationen. Soziale Effekte sind eine bessere Koordination zwischen den Mitarbeitern, die Veränderung sozialer Regeln in der Kommunikation (*electronic etiquette*), erhöhte Partizipation und stärkere Zugehörigkeitsgefühle. Kontrollmechanismen, Macht- und Einflussbeziehungen verändern sich dadurch, dass direkte Kontakte möglich sind und Informationen nicht durch *gatekeeper* blockiert werden. Hierarchische Beziehungen werden in der computervermittelten Kommunikation weniger zum Ausdruck gebracht und tendenziell nivelliert. Organisationsstrukturen ändern sich. Mehrere Beiträge in Herring (1996) behandeln die Spezifik elektronisch vermittelter Kommunikationsformen. Rüttinger/Sourisseaux

(1992) vergleichen experimentell Entscheidungsprozesse in Computerkonferenzen mit face-to-face-Besprechungen, Murray (1989) untersucht das turntaking. Höflich (1996) zeigt, dass in „elektronischen Gemeinschaften" neue prozedurale Regeln entwickelt werden (müssen).

In der E-mail-Kommunikation (Janich 1994, Günther/Wyss 1996, Pansegrau 1997, Quasthoff 1997, Goll 1998) sind weniger formelle Kommunikationsformen als in traditioneller schriftlicher Korrespondenz üblich. Die Orientierung an der Schnelligkeit der Nachricht lässt die Ansprüche an orthografische und sprachliche Richtigkeit sinken und führt zu Verkürzungen und Ellipsen. Interessant sind Merkmale mündlicher Kommunikation in E-mails, die sie als einen Typus verschrifteter Mündlichkeit ausweisen: Schreibung dialektaler, regional- und umgangsprachlicher mündlicher Formen; neuartige Zeichencodes (Emoticons, Smileys), die nonverbale Kommunikation nachahmen bzw. funktional ersetzen; dialogische Formen, die durch fehlende Anrede, direkten Bezug auf vorangegangene mails oder Einfügungen in die einschlägigen Passagen der Bezugs-mail gekennzeichnet sind.

Das Internet erlaubt den Zugriff auf bzw. die Übertragung von riesigen Datenmengen und unterstützt die Globalisierung der Produktion wie auch der Märkte. Telearbeit wird durch Computernetze erst effizient. Viele Unternehmen habe eine eigene Homepage mit Informationen über die Firma und Werbung (Stöckl 1998) für ihre Produkte oder Dienstleistungen, einige bieten Teleshopping oder Telebanking an. Bestimmte Unternehmen unterhalten kommerzielle Netzwerke (z.B. *CompuServe*) und Online-Dienste. Die Produktion, Präsentation und Rezeption von (multimedialen) Texten im Internet folgt eigenen Regeln, die sie von konventionellen Texten unterscheiden (Schmitz 1997, Weingarten 1997, Runkehl/Schlobinski/Siever 1998).

Innerbetrieblich werden durch computervermittelte Kommunikation ursprünglich getrennte Funktionen verbunden, z.B. Planung, Entwicklung, Produktion und Marketing im *Computer Integrated Manufacturing* (*CIM*). Workflow-Programme erleichtern die Planung, Abwicklung und Kontrolle von Projekten über Abteilungsgrenzen hinweg. Dies alles hat massive Folgen für die Arbeitsorganisation und die Tätigkeitsstrukturen am Arbeitsplatz (zu Strukturveränderungen von Arbeit Schmiede Hg. 1996). Gerade hochtechnisierte Arbeit ist jedoch in spezifischer Weise wieder auf unmittelbare face-to-face-Kommunikation angewiesen:

> Die Rolle der unmittelbaren Kommunikation lässt sich dadurch erklären, dass sie die beschränkteren Möglichkeiten der technologisch vermittelten Kommunikation zur Herstellung von Reziprozität vor Ort durch routinisierte Prozeduren ausgleicht und gleichsam ‚repariert'. (Knoblauch 1996: 356)

Unmittelbare mündliche Kommunikation wird betriebsintern besonders dann erforderlich, wenn in der technisierten Arbeit und Kommunikation Probleme oder kritische Situationen auftreten – seien es technische Störungen oder soziale und zwischenmenschliche Konflikte.

Der Einsatz der neuen Medien verändert die sprachlich-kommunikativen Anforderungen – hinsichtlich der Medienbeherrschung wie auch der interpersonalen Kommunikationsfähigkeit. In zahlreichen Berufen gewinnt z.B. der Tätigkeitstyp der *computergestützten Kundenberatung* an Bedeutung, in der Experten Informationen und Problemlösungen als Dienstleistung bereitstellen. Dabei müssen sie einerseits im interpersonalen Diskurs Bedarfs- und Problemlagen der Klienten ermitteln, Empfehlungen bzw. Lösungsvorschläge anbieten und plausibel machen, andererseits mit Hilfe des Computers Informationen speichern (z.B. Eingabe von Kundendaten), gewinnen (z.B. Datenbankabfragen, Suche in Datennetzen) oder erzeugen (z.B. grafische Darstellung von Lösungsvorschlägen). Unternehmen, in denen computergestützte Kundenberatung Bedeutung besitzt, sind Reisebüros, Banken, Versicherungen, Makler- und Architektenbüros, Firmen für Gartenbau, Landschaftsbau und Inneneinrichtung oder Call-Center. Die erforderlichen sprachlich-kommunikativen Kompetenzen stellen für zahlreiche Berufe Schlüsselqualifikationen dar. Linguistische Analysen der kommunikativen Anforderungen und Probleme sowie der Strategien, die erfahrene Professionelle zu deren effizienter Bewältigung einsetzen, könnten beitragen neue didaktisch-methodische Konzepte der beruflichen Bildung zu entwickeln.

11. Anwendung linguistischer Analysen in Beratung, Training und Unterricht

In diesem Kapitel behandle ich Möglichkeiten, Erfahrungen und Methoden linguistische Analysen von Wirtschaftskommunikation in Kommunikationsberatung und -training praktisch anzuwenden, und nenne Literatur dazu (Kap. 11.1). Auch für den muttersprachlichen Unterricht an Schulen und für den Unterricht in Wirtschaftsdeutsch als (Fach-)Fremdsprache gebe ich Literaturhinweise (Kap. 11.2). Abschließend stelle ich Überlegungen zu den Berufsmöglichkeiten für LinguistInnen in der Wirtschaft dar (Kap. 11.3).

11.1. Kommunikationsberatung und -training auf linguistischer Grundlage

In der Wirtschaft nehmen Dienstleistungstätigkeiten zu und drängen die Produktionstätigkeiten in den Hintergrund. Die Globalisierung der Märkte und internationale Wirtschaftsverflechtungen schaffen neue Anforderungen, u.a. an die interkulturelle Kommunikationsfähigkeit. Neue technische Medien führen zu neuen Formen der Arbeitsorganisation und der Kommunikation; sie bringen neue Kommunikationsprobleme mit sich und verlangen neue Gesprächskompetenzen. In Unternehmen, aber auch in anderen Institutionen, wie öffentliche Verwaltung, Rechtswesen, Schul- und Ausbildungsbereich oder Gesundheitswesen, müssen immer komplexer werdende kommunikative Aufgaben von Personen erfüllt werden, die von ihrer fachlichen Ausbildung her darauf nicht ausreichend vorbereitet sind. Z.B. die Meister im Stadtwerke-Korpus sind in diese Position gelangt, weil sie besonders qualifizierte technische Fachleute sind; ihre Aufgaben als Meister sind jedoch großenteils nicht technische, sondern organisatorische und anspruchsvolle kommunikative Tätigkeiten (vgl. Kap. 8.2). Nach Angaben von Rosenstiel (1994: 17) ist die „kommunikationsfreie Zeit" bei der Mehrheit der qualifizierten Berufsgruppen kleiner als 10%.

Die Beteiligten sind oft nicht in der Lage, die strukturellen Probleme ihrer beruflichen Kommunikation hinreichend zu erkennen und zu analysieren; sie verfügen auch nicht über das bestmögliche Wissen, diese Probleme zu lösen. Wenn sich das sprachliche Alltagswissen im Beruf als unzureichend erweist, z.B. bei Verhandlungsgesprächen oder bei der Entscheidung über die zweckmäßigste Gestaltung von Vordrucken, wenn die Kommunikation ineffizient erscheint oder immer wieder Verständigungsprobleme auftreten, dann entsteht ein Bedarf an Beratung und Fortbildung. In der Wirtschaft ist das Bewusstsein für die Bedeutung funktionierender und effizienter Kommunikation relativ ausgeprägt, weil kommunikative Defizite oft an ökonomischen Misserfolgen erfahrbar werden.

Aus diesen Gründen hat sich eine starke Nachfrage nach Beratungs- und Trainingsangeboten im Bereich Kommunikation entwickelt. Sie wird nur teilweise von den Unternehmen selbst gedeckt, meist werden externe Angebote – durch Unternehmensberatungen, Industrie- und Handelskammern, Wirtschaftsverbände usw. – wahrgenommen. Hier existiert ein großer Markt, auf dem vor allem Psychologen als Berater und Trainer tätig sind. Daneben sind die Soziologie, Sprechwissenschaft, Rhetorik und auch die Linguistik vertreten. Betriebliche Praktiker mit wirtschaftlicher – oft kaufmännischer – Ausbildung (z.B. ehemalige Vertriebsleiter) bilden eine weitere Gruppe von Trainern. Die angebotenen Seminare richten sich im engeren oder weiteren Sinne auf Kommunikation, z.B. Organisations-, Personal- und Teamentwicklung, Personalauswahl-, Beurteilungs- oder Konfliktgespräche, Verkaufsgespräche, Zeitmanagement oder Präsentation. Grundlegend für viele Trainingsansätze ist das Konzept von Schulz von Thun (1981/1989), das immer wieder zitiert und in verschiedenen Formen adaptiert wird.

Literaturüberblick

Aus der Fülle der Literatur zu diesem Bereich will ich nur einige Beispiele nennen. Konzepte der Organisationsberatung werden in Wagner/Reineke (Hgg. 1992), Maas/Schüller/Strasmann (Hgg. 1992) sowie Kieser/Hegele (1998) dargestellt. Die Beiträge in Fatzer (Hg. 1993) berichten über Erfahrungen in der Organisationsentwicklung, auch im Hinblick auf neue Kommunikationstechnologien. Einen Überblick über Formen der Personalentwicklung in Unternehmen geben aus psychologischer Sicht Hofmann/Regnet (Hgg. 1994). Van Gemert/Woudstra (1994) beschreiben ein Modell zur Diagnose und Lösung von Kommunikationsproblemen in Organisationen. In Voß (Hg. 1995) werden psychologische Kommunikationstrainings dargestellt. Hartig (1997) beschreibt Aspekte erfolgreichen kommunikativen Handelns. Steigüber (1991) berichtet über ein Korrespondenztraining in der Wirtschaft, Steigüber (1992) über ein Gesprächstraining für Mitarbeiter, die säumige Kunden zum Bezahlen ihrer Rechnungen veranlassen sollen. Püschel (1995) beschreibt ein Schreibseminar für Führungskräfte eines Unternehmens und diskutiert die Normproblematik.

In dem Band von Bergemann/Sourisseaux (Hgg. 1992) werden Organisations- und Personalentwicklung auch in internationalen und interkulturellen

Zusammenhängen behandelt. Thomas/Hagemann (1992) stellen Trainings zur interkulturellen Kompetenz von Führungskräften dar. Auch in Bungarten (Hg. 1994d) werden interkulturelle Trainings für die Wirtschaft beschrieben.

Die Beiträge in Bausch/Grosse (Hgg. 1985) behandeln die Einsatzmöglichkeiten „praktischer Rhetorik" in der Aus- und Weiterbildung. Eine kritische Einschätzung dazu ist Hess-Lüttich (1994). In Bartsch (Hg. 1994) sind Trainings- und Fortbildungskonzepte zur Kommunikation in Wirtschaft und Verwaltung dargestellt, die auf rhetorischen, sprechwissenschaftlichen und diskursanalytischen Grundlagen beruhen. Lüschow/Michel (1996) behandeln allgemeine didaktische Fragen der kommunikationsorientierten Weiterbildung und geben konkrete Empfehlungen für deren Gestaltung. Bartsch (1998) bietet einen kritischen Überblick über Vermittlungsansätze und Methodik im Bereich rhetorischer Kommunikation. Kriterien der Evaluation rhetorischer Trainings diskutiert Herbig (1995).

Zahlreiche Arbeiten befassen sich mit der Planung und Durchführung von Seminaren sowie konkreten Methoden der Vermittlung. Häufig werden dann auch Übungen, Rollen- und Planspiele, Simulationen oder Fallstudien vorgestellt (Birkenbihl 1985, Christopher/Smith 1991, Graf Hg. 1992, Keim Hg. 1992, Domsch/Regnet/Rosenstiel Hgg. 1993, Günther/Sperber 1993, Lüschow/Michel 1996, Lung 1996). Eine Sammlung konkreter Seminarplanungen ist Obermann/Schiel (Hgg. 1997). Einen kritischen Überblick über methodische Möglichkeiten in Kommunikationstrainings gibt Lepschy (1999). Ein Ratgeber und Übungsbuch zur beruflichen Kommunikation nicht für Trainer, sondern für „Endabnehmer" ist Gehm (1994).

In der Linguistik sind in den letzten Jahren diskursanalytisch fundierte Trainingskonzeptionen erarbeitet und in verschiedenen Praxisbereichen erprobt worden. Überblicke über ihre Ziele, Methoden und die mit ihnen gewonnenen Erfahrungen geben Fiehler/Sucharowski (Hgg. 1992), Brünner/Fiehler/Kindt (Hgg. 1999), Becker-Mrotzek/Brünner (1999b) und Fiehler (demn.). Fiehler (1994, 1995, 1995a) untersucht kritisch Formen der Identifizierung und Behandlung von Kommunikationsproblemen in traditionellen Trainings. Fiehler/Kindt (1994), Fiehler (1997) und Fiehler/Kindt/Schnieders (1999) stellen Trainings zum Führen von Reklamationsgesprächen dar. In Becker-Mrotzek (1994) und Becker-Mrotzek/Brünner (demn.) wird ein Training bei den Stadtwerken vorgestellt, speziell eine Einheit zum Verhandeln. Schmitt (1999) berichtet über ein Training für Sekretärinnen und diskutiert die Leistung von Rollenspielen aus konversationsanalytischer Sicht.

Eine Auswertung von Interviews mit TrainerInnen über ihre Praxis (Brünner/Fiehler 1999) ergab, dass linguistische Konzepte, Methoden und Ergebnisse im Trainingsbereich kaum bekannt sind. Das Wissen über Sprache und Kommunikation stammt im Wesentlichen aus der Psychologie, oft aus popularisierenden Darstellungen. Soweit wissenschaftliche Theorien und Ergebnisse herangezogen werden, geschieht dies eher eklektisch. Dies birgt die Gefahr einer Unterwerfung unter kurzfristig wechselnde modische Strömungen (Geißner 1994).

Diskursanalytisch fundierte Beratungs- und Trainingskonzeptionen

In der Kommunikationsberatung können bei der Erarbeitung von Lösungen für Kommunikationsprobleme linguistische Methoden in folgenden Funktionen eingesetzt werden:
- Analyse und Beschreibung der faktischen Informations- und Kommunikationspraxis in Unternehmen (Ist-Analyse);
- Diagnose der Probleme dieser Kommunikationspraxis; solche Probleme können selbst sprachlich-kommunikativer Art sein; mitunter drücken sich aber auch nicht-sprachliche betriebliche Probleme (z.B. Mängel in der Arbeitsorganisation) in der Kommunikation aus und werden durch Kommunikationsanalyse erst sichtbar und identifizierbar;
- Entwicklung von Problemlösungen, soweit es sich um Probleme sprachlich-kommunikativer Art handelt (z.B. Gestaltung von Informationen und Kommunikationsmedien, Bestimmung notwendiger Gesprächskompetenzen, Konzeption von Schulungsmaßnahmen);
- praktische Umsetzung (z.B. Fortbildungsseminare; Text-Bearbeitungen);
- Evaluation von Fortbildungsmaßnahmen (Analyse der Kommunikationspraxis vor und nach Seminaren, Soll-Ist-Vergleich).

Erfahrungen mit diskursanalytisch fundierten Trainings liegen – außer zur Wirtschaft – auch zu anderen gesellschaftlichen Bereichen und Aufgaben vor, z.B. zu serviceorientierter Bürger-Verwaltungs-Kommunikation, Unterricht in Schule und Ausbildung, Beratungstätigkeiten, Arzt-Patienten-Kommunikation, Visiten im Krankenhaus, Kommunikation in der Pflege.

Linguistisch-diskursanalytisch fundierte Trainings zur mündlichen Wirtschaftskommunikation sind noch nicht weit verbreitet, weil die Linguistik in der Öffentlich wenig bekannt ist. Aber es gibt einen positiven Trend und positive Resonanz. Besonders der Einsatz von Transkripten als Erkenntnisinstrumenten, aber auch als Lehr- und Lernmitteln hat sich als sehr fruchtbar erwiesen. Konzeption und Durchführung solcher Trainings sind in Becker-Mrotzek/Brünner (1999) dargestellt. Wie Diskursanalyse auch zur Evaluation von Trainings eingesetzt werden kann, zeigt die Arbeit von Brons-Albert (1995, vgl. auch 1995a), in der die Kommunikationspraxis vor und nach einem Verkaufstraining anhand authentischen Materials analysiert und zu den im Training gegebenen Empfehlungen in Beziehung gesetzt wird.

Linguistisch-diskursanalytisch fundierte Trainings- und Fortbildungsseminare haben das Ziel einer Professionalisierung der kommunikativen Praxis.

Die kommunikativen Fähigkeiten der Professionellen sollen so entwickelt werden, dass sie ihre beruflichen kommunikativen Aufgaben zweckangemessen erfüllen können. Dies richtet sich erstens auf die Erweiterung des Handlungsrepertoires und die Effizienz des kommunikativen Handelns. Dazu gehören die Beherrschung zweckmäßiger Ablaufstrukturen und institutioneller Handlungsmuster, Formulierungsfähigkeit und kommunikative Schlüsselqualifikationen (z.B. die Fähigkeit zur Perspektivenübernahme). Ziel ist zweitens die kritische Selbstreflexion und Sensibilisierung für kommunikative Abläufe (kommunikative Bewußtheit, Sensibilität und Flexibilität). Ziel ist schließlich auch, dysfunktionale institutionelle Strukturen, die erfolgreiche Kommunikation verhindern, erkennen und im Rahmen des Möglichen verändern zu können.

Die Besonderheit diskursanalytischer Trainings liegt darin, dass die faktische Kommunikationspraxis auf der Basis von Transkripten empirisch dokumentiert und analysiert wird und dass Transkripte auch methodisch als Lehr- und Lernmittel eingesetzt werden. Empirische Erkenntnisse über die Kommunikationspraxis sind notwendig, damit an den wirklichen kommunikativen Problemen gearbeitet wird (nicht an Rollenspiel-Artefakten, Bliesener/Brons-Albert Hgg. 1994) und damit Problemlösungen auf die spezifischen Anforderungen in den jeweiligen Praxisfeldern zugeschnitten werden können. Die empirischen Daten bilden ferner eine wichtige Ressource auch für die Seminardurchführung.

In den Transkripten erkennen die Handelnden ihre alltägliche Kommunikationspraxis mit ihren Besonderheiten und Schwierigkeiten unmittelbar wieder, was starke Motivationseffekte hat. Die gemeinsame Arbeit an Transkripten ermöglicht den Teilnehmern ihre Praxis zu reflektieren und stellt eine wirkungsvolle Methode dar Kommunikationsprobleme wie auch Problemlösungen zu erkennen. Durch Vergleich und Gegenüberstellung verschiedener Ausschnitte werden Regelhaftigkeiten deutlich, auch größere Handlungsstrukturen und institutionelle Muster werden beschreibbar. Zwei konkrete Methoden der Arbeit mit Transkripten sind die *fragegeleitete Transkriptanalyse* und die *Simulation authentischer Fälle* (s.u.). Die Erfahrungen zeigen, dass gerade die Transkriptarbeit von den Beteiligten sehr positiv aufgenommen wird.

Die Lösungsmöglichkeiten für Probleme müssen gemeinsam mit den Betroffenen diskutiert und ausgearbeitet werden. Diese sind die Experten für ihren Handlungsbereich und müssen ihr Expertenwissen – besonders über fachliche Zusammenhänge – einbringen können; sie sind es, die die gefundenen Lösungen umsetzen und deshalb von ihnen überzeugt sein müssen. Normalerweise wird man zu einer begründeten Auswahl von Handlungsalternativen, nicht zu einer einzig empfehlenswerten Lösung gelangen. Der Transfer, die Umsetzung von Handlungsempfehlungen im beruflichen Alltag, verlangt, dass gewohnte kommunikative Routinen de-automatisiert und neue Fähigkeiten routinisiert werden. Ferner müssen die Betroffenen jeweils aktuell einschätzen, ob eine Situation einen Anwendungsfall für eine Handlungsempfehlung darstellt. Deshalb ist es notwendig, im Training auch die Sensibilität für Gesprächssituationen und ihre Bedingungen sowie die Interpretationsfähigkeit zu verbessern.

Die Simulation authentischer Fälle (SAF)

Die Methode der *Simulation authentischer Fälle (SAF)* verbindet die Zwecke und Möglichkeiten traditioneller Rollen- und Planspiele mit den Vorteilen transkriptbasierter Methoden und erlaubt handlungsorientiertes Lernen bei hoher Annäherung an reales berufliches Handeln. Wir haben sie in Trainings mit Erfolg verwendet (Becker-Mrotzek/Brünner 1999a). Für eine SAF sind folgende Ablaufschritte charakteristisch:

1. In der Seminarvorbereitung werden kommunikative Probleme aus dem empirischen Material rekonstruiert und anhand von Transkripten dokumentiert.
2. Auf dieser Grundlage wird ein authentischer Fall für eine SAF ausgewählt; für sie werden Setting und Aufgaben festgelegt.
3. In der Seminardurchführung werden die betreffenden Probleme an anderen Transkripten gemeinsam analysiert und Lösungsmöglichkeiten erarbeitet *(frageleitete Transkriptanalyse)*.
4. Danach wird die vorbereitete SAF durchgeführt und auf Video aufgezeichnet.
5. Die SAF wird anhand der Videoaufnahme besprochen und im Hinblick auf die Umsetzung der Lösungsvorschläge ausgewertet.
6. Schließlich werden Aufnahme und Transkript des der SAF zugrunde liegenden authentischen Diskurses präsentiert; die Handlungsweisen der Beteiligten dort werden mit denen in der SAF verglichen und evaluiert.

Die Schritte 1 und 2 stellen sicher, dass wirkliche Probleme der beruflichen Praxis behandelt werden, nicht Artefakte aus Rollenspielen oder vermeintliche Probleme der Beteiligten. Die Vorgaben für die SAF entsprechen den faktischen sachlichen Problemkonstellationen, beruflichen Positionen und Aufgaben. Schritt 3 hat die Problemerkenntnis bei den Teilnehmern und die Lösungsentwicklung zum Ziel. Da es sich um authentische Diskurse handelt, entfallen Rechtfertigungen, wie sie bei der Auswertung von Rollenspielen oft vorgebracht werden (*Unter normalen Umständen hätte ich mich anders verhalten*).

Schritt 4 dient der handlungsorientierten Umsetzung des Gelernten. In der SAF spielen die Seminarteilnehmer möglichst ihre wirklichen oder eng verwandte Berufsrollen, sie handeln in ihren faktischen beruflichen Konstellationen (Abteilungszugehörigkeiten, Kompetenz- und Interessenkonstellationen). Die konkreten beruflichen Handlungsvoraussetzungen werden also in die Seminarsituation transponiert. Dies hat den Effekt, dass das Handeln in der SAF nicht bloß simuliertes Handeln mit seinen typischen Verzerrungen und Artefakten ist, sondern den Charakter eines – in das Seminar ausgelagerten – authentischen beruflichen Handelns gewinnt.

Schritt 5 entspricht den traditionellen Vorgehensweisen, während Schritt 6 wieder spezifisch ist. Aufnahme und Transkript des zugrunde liegenden authentischen Falls werden analysiert, Gemeinsamkeiten und Unterschiede zur SAF diskutiert – gerade auch solche, die sich gewachsenem Problembewusstsein und kommunikativem Können verdanken. Durch die SAF ist der Blick auf den authentischen Fall geschärft und auf dessen Probleme fokussiert. Da in der SAF im Allgemeinen bessere Lösungen realisiert werden als in dem zugrunde liegenden früheren Diskurs, sind die Beteiligten gegenüber den dort erkennbaren Problemen offener und selbstkritischer. Die Verknüpfung von authentischem Fall und Simulation erleichtert den Transfer in den Berufsalltag. Wenn in der SAF mit wirklichen Kollegen und Mitarbeitern über reale berufliche Probleme kommuniziert wird, nähert sich das Handeln wirklichem beruflichen Handeln an und haben veränderte Handlungsweisen reale berufliche Konsequenzen.

Um die Methode der SAF anschaulicher zu machen, möchte ich auf das in Kapitel 8.3 vorgestellte Beispiel *Planungsvorgaben* zurückkommen. Wir haben dieses im Seminar zur Grundlage einer SAF gemacht (*Eine Absprache treffen*) (vgl. Becker-Mrotzek/Brünner 1999a). Das Setting entsprach weitgehend der authentischen Situation, jedoch haben wir aus didaktischen Gründen die Zielsetzungen für die einzelnen Rollen expliziter gemacht und die konfliktäre Struktur etwas akzentuiert. Von den vier Gesprächsteilnehmern in der SAF waren drei auch im ursprünglichen Diskurs *Planungsvorgaben* beteiligt. Als Gruppenleiter in der SAF agierten der tatsächliche Gruppenleiter von Gruppe 5-2 und der stellvertretende Gruppenleiter von 5-1.

In der SAF wird das Anliegen klar formuliert und bleibt im Verlauf des Gesprächs konstant. Der Gruppenleiter der Gruppe 5-1 macht zu Beginn deutlich, dass *die Planungsvorgaben [...] aus unserer Sicht zu weit gehn*, und formuliert als Gesprächsziel: *Und, äh, wir stellen uns also vor, dass wir am Ende dieses Gespräches, äh, eine Übereinkunft erzielen, äh, wie weit also die, die Planungsvorgaben, äh, aus rohrnetzanal analytischer S/Sicht gehen sollen*. Der Diskurs gewinnt dadurch eine klarere Struktur als in der authentischen Situation. Erreichte Lösungsvorschläge werden zwischendurch festgehalten, am Ende wird explizit festgestellt, über welche Punkte Einigkeit erzielt wurde. Das Gespräch verlief ruhiger und konzentrierter, mit längeren Redebeiträgen, weniger Einwürfen und gegenseitigen Unterbrechungen als der authentische Diskurs *Planungsvorgaben*. Dies kann als Ausdruck der gewachsenen Zielorientiertheit und der Lernfortschritte interpretiert werden.

Die SAF enthält viele Aspekte authentischen beruflichen Handelns – u.a. daran erkennbar, dass echte Argumente und sogar ein ganz neues Argument angeführt wurden, wie die Beteiligten in der Nachbesprechung explizit bestätigten. Die Teilnehmer wissen in der Simulation, was relevante inhaltliche Aspekte sind, was als Argument zählt usw. Auch die Einstellungen und Perspektiven, die zur Geltung gebracht wurden, waren authentisch. So stellt ein Mitarbeiter explizit die Handlungskriterien der Gruppe 5-1 vor und verdeutlicht seine Einstellung, dass es sich hierbei um vorrangige Aufgaben und Kriterien handele. Mit gleicher Ernsthaftigkeit argumentiert der Gruppenleiter von Gruppe 5-2 mit Machbarkeits- und Wirtschaftlichkeitsargumenten dagegen und vertritt die Perspektive seiner Gruppe. Dass die wirklichen Einstellungen und Sichtweisen explizit und für die anderen nachvollziehbar gemacht werden, ist sicherlich über die Seminarsituation hinaus bedeutsam.

Die Methode der SAF bietet also eine fruchtbare Möglichkeit, tendenziell authentisches berufliches Handeln unter Moderationsbedingungen stattfinden zu lassen und die Grenzen zwischen Seminarsituation und Berufsalltag durchlässig zu machen – mit allen Lern- und Problemlösungschancen, die sich für die Beteiligten dadurch bieten. Ein weitergehender systematischer Schritt bestünde darin, das Training an den Arbeitsplatz selbst zu verlegen, also Kommunikationsprozesse, die im beruflichen Alltag stattfinden, kritisch zu begleiten und Trainingsmaßnahmen in diesen Alltag zu integrieren.

11.2. Muttersprachlicher Unterricht und Wirtschaftsdeutsch als (Fach-)Fremdsprache

Wichtige Anwendungsfelder diskursanalytischer Ergebnisse zur Wirtschaftskommunikation sind außer den genannten der mutter- und der fremdsprachliche Sprachunterricht. Was den muttersprachlichen Unterricht betrifft, so ist die sprachdidaktische Diskussion und die Unterrichtspraxis an den Schulen von solchen linguistischen Forschungen bisher noch wenig beeinflusst. Ein Grund ist, dass im Deutschunterricht der Sekundarstufen an allgemeinbildenden Schulen, besonders am Gymnasium, ein berufsorientierter Sprachunterricht nach wie vor kaum praktiziert wird. Auch im berufsbildenden Schulwesen haben empirische Untersuchungen zur Wirtschafts- und beruflichen Kommunikation noch wenig didaktisch-methodische Konsequenzen gezeigt. In der betrieblichen Ausbildung steht das sprachlich-kommunikative Wissen und Können gegenüber dem fachlichen im Hintergrund.

Neuere Sprachlehrwerke für berufsbildende Schulen (z.B. Elias/Schneider 1996: *Handlungsfeld Kommunikation*; Boese-Grzeskowiak et al. 1996: *Betriebliche Kommunikation*) machen zwar Angebote zu beruflich relevanten Diskurs- und Textarten, beziehen jedoch linguistische Ansätze so gut wie gar nicht ein, geschweige denn, dass Transkripte authentischer Gespräche verwendet würden. Auch den veränderten Anforderungen durch die neuen Informations- und Kommunikationstechnologien wird kaum Rechnung getragen. Didaktische Arbeiten zu den neuen Medien im Deutschunterricht liegen mittlerweile zahlreicher vor (z.B. Berndt/Schmitz Hgg. 1997), sind jedoch wenig auf berufliche Bildung ausgerichtet.

Eine Aufgabe besteht also darin, auf empirischer Grundlage die Lernzielbestimmungen und didaktisch-methodischen Konzepte für den berufsorientierten Deutschunterricht weiterzuentwickeln. Unser eigener Unterrichtsvorschlag *Gesprächsanalyse und Gesprächsführung* für die Sekundarstufe II (Becker-Mrotzek/Brünner 1997) zeigt, wie sich Transkripte authentischer Diskurse als Arbeitsgrundlage für den Schulunterricht verwenden lassen. Sie tragen dazu bei, sowohl die rezeptiven Fähigkeiten der SchülerInnen zur genauen Wahrnehmung und Interpretation kommunikativer Phänomene als auch die Fähigkeiten zur aktiven, produktiven Gestaltung von Gesprächen zu verbessern. Eine weitergehende Möglichkeit besteht darin, Unterrichtsprojekte zu gestalten, in denen Lehrer und Schüler gemeinsam in die Berufspraxis hinausgehen und die in bestimmten Berufsfeldern erforderlichen Kommunikationsfähigkeiten ermittelt, beschreiben und zum Lerngegenstand im Unterricht machen.

Besser ist die Situation in Bezug auf mündliche Kommunikation im (fachbezogenen) Fremdsprachenunterricht. Deutsch als Fachfremdsprache, Handels- und Wirtschaftsdeutsch werden in unterschiedlichen Bildungsinstitutionen gelehrt, in Schule, beruflicher Ausbildung und Hochschule sowie in berufsvorbereitenden oder -begleitenden Kursen anderer in- und ausländischer Institutionen (Bestandsaufnahme in Heuberger 1997). Wie wichtig empirische linguistische Forschungen zur Wirtschaftskommunikation für didaktische Zwecke sind, wird z.B. in Williams (1988) deutlich. Sie zeigt, dass die für Geschäftsbesprechungen vermittelten sprachlichen Handlungsformen in Lehrwerken zu Wirtschaftsenglisch kaum mit den Anforderungen in authentischen Besprechungen übereinstimmen. Ähnliche Defizite konstatiert Bolten (1991) für den Unterricht in Wirtschaftsdeutsch.

Zum Bereich Wirtschaftsdeutsch gibt es eine Fülle didaktischer Literatur. Etwa in dem Sammelbänden von Müller (Hg. 1991) sowie Wolff/Schleyer (Hgg. 1997) finden sich diverse Beiträge, die didaktisch-methodische Ansätze der Vermittlung von Wirtschaftsdeutsch im Fremdsprachenunterricht behandeln. In Bogaert/van de Velde/Vermeire (Hgg. 1993) werden der

Fremdsprachenbedarf in der Wirtschaft und Lehrmethoden zu seiner Deckung behandelt.

Zunehmend werden auch diskursorientierte Konzepte verfolgt. Wagner/ Firth (1997) zeigen, wie Kommunikationsstrategien in der Fremdsprache (z.B. im Umgang mit lexikalischen Schwierigkeiten) unter interaktiver Perspektive untersucht werden können, und analysieren Beispiele aus interkultureller Wirtschaftskommunikation. Eine interessante Monografie ist die von Reuter (1997), der didaktische Konzepte der Vermittlung mündlicher Kommunikationsfähigkeit im Fachfremdsprachenunterricht untersucht, besonders bezogen auf Wirtschaftskommunikation. Reuter zeigt Wege auf, authentisches Material für den Unterricht aufzubereiten, in ihn einzubeziehen und gesprächsanalytische Methoden fruchtbar zu machen; das Konzept ist in dem Lehrwerk *Handelspartner Finnland* (Reuter/Ylönen 1993–94) umgesetzt. Wietere Lehrbücher zu Wirtschaftsdeutsch sind etwa *Dialog Deutsch 3 und 4: Sprache im Betrieb* (Becker/Eisfeld/Braunert 1988), *Deutsch im Beruf: Wirtschaft* (Kelz Hg. 1991) oder *Marktchance Wirtschaftsdeutsch* (Bolten 1997, Bolten/Gehrke 1997). Dannerer (1999) stellt für die betriebsinterne Besprechung fest, dass sie „in den meisten Lehrwerken für Wirtschaftsdeutsch als Fremdsprache entweder überhaupt nicht vorkommt oder aber nicht als Diskurstyp thematisiert wird" (1999: 364), und bietet methodische Überlegungen zum Einsatz authentischen Materials im Unterricht. Dass diskursanalytische Methoden auch zur Evaluation sprachlicher Lernerfolge in der beruflichen Praxis selbst eingesetzt würden, ist mir nicht bekannt.

11.3. Berufsfelder für LinguistInnen in der Wirtschaft

Die Beschäftigungschancen für SprachwissenschaftlerInnen im Bereich der Wirtschaft haben sich in den letzten Jahren verbessert. Dies belegt auch die folgende aktuelle Experten-Einschätzung aus dem Institut der deutschen Wirtschaft:

> Eine bewußte Reflexion und Einübung analytischer und kommunikativer Schlüsselkompetenzen vorausgesetzt, verfügen sie [GeisteswissenschaftlerInnen, G.B.] über eine gute Startposition, um mit Absolventen anderer Fachrichtungen um neu entstandene Aufgabenfelder im Management von Wissen, Weiterbildung, Innovation und Kommunikation zu konkurrieren. (Konegen-Grenier 1999: 64)

Nach Konegen-Grenier ist bereits jetzt etwa ein Viertel der Geisteswissenschaftler (ohne Lehramtsabsolventen) in der privaten Wirtschaft tätig und die Beschäftigungsfelder sind weiter steigerungsfähig (vgl. auch die Daten und Prognosen in Bundesanstalt für Arbeit Hg. 1997: 49–54.). Nach einer Analyse des Instituts der deutschen Wirtschaft von 1992 meldeten 67% der den

Industrie- und Handelskammern angeschlossenen Unternehmen Bedarf an MitarbeiterInnen, die für den englischen Sprachraum interkulturell qualifiziert sind (vgl. die Empfehlung *Zur Vermittlung berufsbezogener interkultureller Qualifikation an den Hochschulen* der Hochschulrektorenkonferenz vom 11.12.1995).

In Adams (Hg. 1991) und Gallio (Hg. 1995) sind Einschätzungen und Erfahrungen zu Berufsmöglichkeiten für Geisteswissenschaftler in verschiedenen Arbeitsfeldern, auch in der Wirtschaft, dokumentiert. Neue berufsbezogene Studiengänge und die Chancen für ihre AbsolventInnen stellen Blamberger/Glaser/Glaser (Hgg. 1993) dar. In dem Sammelband von Becker-Mrotzek/Doppler (Hgg. 1999) sind Beiträge zu beruflichen Anwendungen von Linguistik zusammengestellt, u.a. in der Wirtschaft.

Es gibt nach meiner Einschätzung zwar kein konturiertes Berufsbild Betriebslinguist, unter dem die verschiedenen Tätigkeiten, Inhalte und Arbeitsmethoden zu einem Qualifikationsprofil zusammengefasst wären. Jedoch lassen sich – über spezielle Branchen wie Presse/Hörfunk/Fernsehen, EDV/Software oder Verlage/Buchhandel hinaus – allgemeine Bereiche der Wirtschaft benennen, in denen für linguistische Qualifikation Bedarf besteht und Beschäftigungsmöglichkeiten bestehen:

- Unternehmenskommunikation, betriebsinterne Kommunikation, Öffentlichkeitsarbeit
- Organisationsberatung
- „Wissens- und Innovationsmanagement" (Konegen-Grenier 1999; sammeln, aufbereiten und vermitteln neuen Wissens; steuern von Erneuerungsprozessen)
- Personalentwicklung, Aus-, Fort- und Weiterbildung, Kommunikationstraining
- Werbung und Marketing, Kundenberatung
- Textoptimierung
- Technische Dokumentation/Redaktion (Noack 1991, Rust/Noack 1994) und Terminologiearbeit (Teubert 1999).

Besonders kommunikationsbezogene Beratung, Fortbildung, und Training sind zukunftsträchtige Tätigkeitsfelder nicht nur in der Wirtschaft. Die Planung, Durchführung und Evaluation kommunikationsbezogener Aus- und Fortbildung dürfte sich zu einem wichtigen Arbeitsfeld für SprachwissenschafterInnen entwickeln.

Dies erfordert natürlich eine entsprechende Ausbildung. Die Universitäten stehen z.Z. auch politisch unter Druck, praxisnah auszubilden und sich an den Bedürfnissen des Arbeitsmarktes zu orientieren. Praxisorientierte Studiengänge in den Sprach-, Literatur-, Kultur- und Medienwissenschaften stellen Jäger/Schönert (Hgg.) (1997) dar (s. auch die WWW-Seiten z.B. der Hoch-

schulrekrorenkonferenz (HRK)). Studierende, die sich für das Berufsfeld Kommunikationsberatung und -training interessieren, sollten sich bemühen, in ihrer universitären Ausbildung außer den linguistischen Grundlagen der Sprachanalyse (u.a. Diskurs- und Textanalyse, Fachsprachen, Experten-Laien-Kommunikation, Kommunikation in Institutionen) berufsbezogene Fähigkeiten und Fertigkeiten zu erwerben:
- methodische Kompetenzen (Methoden zur empirischen Erhebung, Transkription und Analyse sprachlicher Daten)
- gute persönliche kommunikative Kompetenzen (Gesprächsfähigkeit, Fähigkeiten zur Textproduktion und -gestaltung, Fremdsprachenkenntnisse)
- Vermittlungskompetenzen (Verfahren der Wissensvermittlung, Steuerung von Lehr-Lern-Prozessen, adressatenspezifische Aufbereitung von Informationen, Präsentationstechniken, Übungsformen)
- Schlüsselqualifikationen (z.B. selbstständige und effiziente Aneignung neues Wissen, Umgang mit EDV und neuen Medien).

Ungewöhnliche Fächerkombinationen und Schwerpunktsetzungen – z.B. Kombinationen von Linguistik mit technischen oder wirtschaftswissenschaftlichen „Sachfächern" – ermöglichen es, spezifische Qualifikationsprofile zu erwerben.

Es empfiehlt sich sehr, die Frage nach Berufsmöglichkeiten und -qualifikationen frühzeitig in den Blick zu nehmen. Praktika und Jobs in Unternehmen während des Studiums erlauben es, ein Bild von den Verhältnissen in der Wirtschaft zu gewinnen, Erfahrungen zu sammeln und Kontakte zu knüpfen. Studierende sollten nach Möglichkeiten suchen, in Seminaren und Trainings zu hospitieren oder zu assistieren. Oft gibt es Kontaktstellen, Vereine o.ä., die den Universitäten angegliedert sind und Praktika, Kontakte usw. zur regionalen Wirtschaft vermitteln (Zusammenstellung und Beschreibung in Ehlert/Welbers 1999). Manche dieser Initiativen veranstalten auch Lehrgänge, in denen Studierenden berufsrelevante Qualifikationen vermittelt werden (z.B. *Student und Arbeitsmarkt* München). Im *Arbeitskreis Angewandte Gesprächsforschung* haben sich Kolleginnen und Kollegen zusammengeschlossen, die mit Fragen der Anwendung diskursanalytischen Wissens in der Praxis befasst sind – LinguistInnen an der Universität, aber auch VertreterInnen anderer Disziplinen, Freiberufler und Selbstständige.

Im Rahmen von Seminar- oder Abschlussarbeiten sollten Studierende während ihrer Ausbildung kleinere empirische Analysen durchführen, wie sie auch in Kap. 12 vorgeschlagen werden. GeisteswissenschaftlerInnen neigen dazu, ihre Qualifikationen unterzubewerten und herabzusetzen – dafür gibt es keinen vernünftigen Grund.

12. Arbeitsanregungen

Die folgenden Arbeitsanregungen sind als Hilfestellung für Studierende gedacht, die Ideen für eigene Analysen und Themen für Abschlussarbeiten oder Dissertationen suchen. Die Vorschläge sind thematisch nach den Kapiteln des Buches geordnet.

Verkaufsgespräche (Kap. 4)
- ➢ Beobachten Sie Verkaufsgespräche in Ihrem Alltag. Wie verhalten sich Verkäufer und Kunden? Welche Phasen und Ablaufformen stellen Sie fest?
- ➢ Geschlecht als soziales Merkmal besitzt großen Einfluss auf Selbstdarstellung und Beziehungsgestaltung allgemein.

  Welche Unterschiede bestehen im Verhalten und in der Selbstdarstellung von Kundinnen und Kunden bzw. von Verkäuferinnen und Verkäufern (z.B. Darstellung von Entscheidungsmacht oder Kompetenz)?

  Werden Kundinnen und Kunden in Verkaufsgesprächen unterschiedlich behandelt? Werden ihnen gegenüber jeweils andere Argumente und Strategien verwendet? Lassen sich dabei Stereotype über Frauen und Männer erkennen (z.B. hübsche Farbe/modisches Design gegenüber technischer Ausstattung)?

  Wie werden Kundinnen und Kunden bei typischen Frauen- bzw. Männerprodukten behandelt? Wie verhalten sie sich selbst jeweils in der Kundenrolle (z.B. Frauen in Autohandlungen, Baumärkten oder Werkzeuggeschäften; Männer in Parfümerien, Läden für Spielzeug oder Küchenzubehör)?

- ➢ Suchen Sie Kontakt zu einem Unternehmen, das Telefonmarketing einsetzt oder als Dienstleistung bereitstellt.

  Führen Sie Interviews mit den professionellen Anrufern durch. Wie sind sie für ihre Aufgaben ausgebildet worden? Welche Probleme mit Gesprächsleitfäden sehen sie? Wie gehen sie damit um?

  Nehmen Sie leitfadengestützte Gespräche auf. Vergleichen Sie die konkrete Durchführungen der Gespräche mit den Gesprächsleitfäden; wieweit halten sich die professionellen Anrufer an die Vorgaben?

  Untersuchen Sie, wo und in welcher Form abgewichen wird. Was sind mögliche Gründe dafür (z.B. fehlende Passung zwischen Äußerungsanweisung und faktischer Gesprächsentwicklung)?

  Stellen Sie Ihre Untersuchungsergebnisse im Unternehmen vor.

Reklamationen (Kap. 5)

➢ Untersuchen Sie Reklamationsschreiben oder Beschwerdebriefe (z.B. aus Ihrem Bekanntenkreis) und die Antwortschreiben dazu.

Wie sind sie aufgebaut? Welche Punkte (interaktive Aufgaben) des Handlungsschemas für Reklamationsgespräche werden abgearbeitet?
Gibt es Unterschiede zu mündlichen Reklamationsgesprächen?
Sind die Antwortschreiben individuell zugeschnitten oder bestehen sie aus vorgefertigten Textbausteinen?

➢ Wann wird in Reklamationsgesprächen und -schreiben argumentiert? Welche Funktionen erfüllen die Argumentationen (z.B. bei der Klärung der Verantwortlichkeit)?

➢ Entwickeln Sie aus den vorgestellten authentischen Fällen Settings (Situationsvorgaben und Handlungsanweisungen) für Rollenspiele. Versuchen Sie in einer Gruppe das aus Ihrer Sicht optimale kommunikative Handeln von Reklamationsbearbeitern und Kunden zu praktizieren. Nehmen Sie die Rollenspiele auf Video auf und analysieren Sie gemeinsam, wieweit Ihnen dieses Vorhaben gelungen ist.

Servicegespräche (Kap. 6)

➢ Nehmen Sie Gespräche beim Anschließen oder Reparieren von Geräten in Ihrem eigenen Haushalt oder bei Bekannten auf und untersuchen Sie sie.

Wenn es sich um Laien untereinander handelt: Wie verhalten sie sich, wenn Probleme auftreten? Welche Rolle spielen Raten und Ausprobieren? Wie handeln sie ihre Schlussfolgerungen und Diagnosen in Bezug auf die Probleme aus?

Wenn professionelle Techniker die Arbeit machen: Wie vermitteln ihnen die Kunden die aufgetretenen Probleme/Störungen? Fordern die Techniker sie auf, ihre Beobachtungen näher zu beschreiben? Wie erläutern sie ihre Problemdiagnosen und die erforderlichen Arbeiten? Welche Rolle spielt Fachlexik dabei?

➢ Untersuchen Sie die Auftragsannahme in einem technischen Kundendienst.

Wie beschreiben die Kunden das Problem mit ihrem Gerät? In welcher Formulierung hält der Mitarbeiter dies schriftlich fest?
Wie wird ggf. in der Interaktion geklärt und entschieden, ob sich eine Reparatur finanziell noch lohnt?

➢ Nehmen Sie Beratungen bei Dienstleistern auf (z.B. Friseur, Kosmetiksalon, Fitness-Studio, Änderungsschneiderei oder hot-line). Untersuchen Sie, wie Ratschläge gegeben und Lösungen zwischen Professionellen und Kunden ausgehandelt werden.

Verhandlungen (Kap. 7)
- ➤ Untersuchen Sie Preisverhandlungen auf dem Flohmarkt, auf Touristenmärkten im Ausland, bei privaten Gebrauchtwarenverkäufen, in „Computerbörsen", auf privaten Automärkten.
  Welche Rolle spielen Argumentationen hier? Was für Argumente werden verwendet?
- ➤ Untersuchen Sie in Transkripten Übergänge zwischen Verhandeln und benachbarten Mustern (z.B. Problemlösen, Streiten).
- ➤ Besorgen Sie sich Video-Lehrmaterial zu Verhandlungen. Was wird gelehrt? Stellen sie Vergleiche mit authentischem Material an.
- ➤ Untersuchen Sie Verhandlungen, die per E-mail oder Chat geführt werden. Gibt es Besonderheiten und Spezifika, die sich dem elektronischen Medium und seinen Eigenschaften verdanken?

Besprechungen (Kap. 8)
- ➤ Machen Sie Tonbandaufnahmen von Besprechungen. Untersuchen Sie Stellen, an denen informelle oder homileïsche Kommunikation vorkommt Welche Funktionen erfüllen solche Diskurssequenzen? Wie werden sie eröffnet und abgeschlossen?
- ➤ Analysieren Sie, welche Rolle eine Tagesordnung in der Besprechung spielt. Wann und wie wird auf die Tagesordnungspunkte Bezug genommen? Welchen Einfluss haben sie auf den Diskursverlauf? Wirken sie strukturierend auf die einzelnen Redebeiträge?
- ➤ Wie wird in Besprechungen auf das Protokoll Bezug genommen (z.B. Äußerungen *außerhalb* oder *für* das Protokoll)? Wie schlagen sich konfliktäre Sequenzen im Protokoll nieder?

Unterweisungen in der beruflichen Ausbildung (Kap. 9.1)
- ➤ Wie werden berufliche kommunikative Anforderungen in neueren Lehrwerken berücksichtigt und dargestellt? Welche Bedeutung haben hier die neuen Informations- und Kommunikationsmedien (z.B. Schreiben von E-mails, spezielle kommunikative Anforderungen bei der computergestützten Kundenberatung)?
- ➤ Untersuchen Sie am Beispiel einzelner Personen den Erwerb beruflicher Kommunikationsfähigkeiten.
  Wie werden spezifische institutionelle Handlungsmuster oder Diskurstypen in der Berufsschule vermittelt?
  Wie setzen Auszubildende das Gelernte in der betrieblichen Praxis um?

Homileïsche Kommunikation (Kap. 9.2)

➢ Falls Sie (neben-)beruflich in der Wirtschaft arbeiten: Beobachten Sie, in welchen Zusammenhängen homileïsche Kommunikation vorkommt. Welche Funktionen hat sie?

➢ Suchen Sie in Transkripten von Wirtschaftskommunikation gezielt nach homileïschen Sequenzen. Welche Formen finden sie? Gibt es Unterschiede zu privaten Alltagsgesprächen?

Schriftliche Texte (Kap. 10.1)

➢ Analysieren Sie den speziell an Patienten gerichteten Teil von Medikamenten-Gebrauchsinformationen (*Lieber Patientin, lieber Patient, ...*) und vergleichen Sie ihn inhaltlich und sprachlich mit den übrigen Gebrauchsinformationen.

➢ Versuchen Sie, sich (anonymisierte) Bewerbungsschreiben für ein Stellenangebot zu besorgen. Wie gehen die BewerberInnen auf den Text der Stellenanzeige ein? Welche Strategien und Formen der Selbstdarstellung lassen sich erkennen?

➢ Untersuchen Sie das Zusammenwirken von schriftlichem Text (Bedienungsanleitung), mündlicher Kommunikation und praktischem Handeln beim gemeinsamen Installieren und Ausprobieren eines neuen Gerätes.

Technisch vermittelte und computergestützte Kommunikation (Kap. 10.3)

➢ Welche Besonderheiten hat die Werbung im Internet gegenüber der in anderen Medien?

➢ Vergleichen Sie konventionelle mit „interaktiven" Formularen (z.B. Steuerformulare, Bestellformulare im Internet). Gibt es Unterschiede in der Gestaltung und beim Ausfüllen?

➢ Zeichnen Sie Telefonkonferenzen (Telefonate mit mehreren Gesprächsteilnehmern gleichzeitig) auf. Untersuchen Sie, ob es Schwierigkeiten mit der Adressierung von Äußerungen und dem Sprecherwechsel gibt.

➢ Wie werden in der computergestützten Kundenberatung (z.B. im Reisebüro) die Tätigkeiten am Computer, die Benutzung weiterer Medien (Telefon, Fax, gedruckte Kataloge usw.) und das Gespräch mit den Kunden unter zeitlichen, inhaltlichen und funktionalen Aspekten abgestimmt?

Wie werden die alltagsweltlichen Begriffe, in denen Kunden ihre Wünsche äußern, mit den technisch verfügbaren Datenkategorien (z.B. Datenbankeinträge, Informationsstrukturen im Internet) abgeglichen und aneinander adaptiert?

Wie werden die Ergebnisse computergestützter Recherchen im Gespräch mit den Kunden dargestellt, interpretiert und bewertet? Wie werden sie in den Problemlösungs- und Entscheidungsprozess rückgebunden?

Interkulturelle Kommunikation (Kap. 3.4)
- Untersuchen Sie Servicegespräche, z.B. in Autowerkstätten oder Tankstellen. Verlaufen sie anders, je nachdem, ob ein deutscher oder ausländischer Kunde beteiligt ist? Spielen Stereotype eine Rolle?
- Zeichnen Sie Verkaufsgespräche in „ausländischen" Geschäften auf (z.B. türkische oder asiatische Lebensmittelläden), in denen die jeweiligen Minderheiten sowie auch Deutsche einkaufen. Gibt es Besonderheiten und Unterschiede zu vergleichbaren „deutschen" Geschäften?
- Untersuchen Sie, ob für dieselben Produkte in unterschiedlichen Ländern auf verschiedene Art geworben wird. Worin bestehen ggf. die Unterschiede? Wie lassen sie sich erklären?
- Auf Firmen- und Produktdarstellungen im Internet wird von Menschen aller Sprachen und Kulturen zugegriffen. Gibt es Anhaltspunkte dafür, dass die Unternehmen dies berücksichtigen? Untersuchen Sie dies für „brisante" Produkte und Dienstleistungen, die mit kulturell verschiedenen Werten und Normen verbunden sein könnten (z.B. auf Körper und Sexualität bezogene Produkte; bestimmte Nahrungs- und Genussmittel).

Kommunikationstraining und Unterricht (Kap. 11)
- Versuchen Sie, in kommunikationsbezogenen Trainingsseminaren der Wirtschaft zu hospitieren.

  Fragen Sie, auf welcher Wissensgrundlage die Trainer die Problem- und Aufgabenstellungen für die Zielgruppe entwerfen.

  Untersuchen Sie die durchgeführten Rollenspiele und Simulationen. Wie „authentisch" sind sie? Wo zeigen sich in der Durchführung Spieleffekte (Artefakte)? Wie gehen TrainerInnen und TeilnehmerInnen mit diesen um?

- Führen Sie ein Unterrichtsprojekt durch, in dem Sie mit SchülerInnen ein bestimmtes Berufsfeld erkunden und gemeinsam die dort notwendigen kommunikativen Kompetenzen ermitteln.

  Führen Sie Interviews durch, machen Sie Beobachtungen und Tonaufnahmen, lassen Sie sich relevante Texte geben.

  Lassen Sie die Schüler das Material analysieren und einzelne Gesprächsausschnitte transkribieren. Laden Sie für die Präsentation und Diskussion der Ergebnisse einen Ausbilder aus dem Betrieb ein.

13. Literatur

Adams, Marco Montani (Hg.) (1991): Geisteswissenschaftler in der Wirtschaft. Starthilfen und Aussichten. Frankfurt a.M./New York.
Adamzik, Kirsten (1994): Zum Textsortenbegriff am Beispiel von Werbeanzeigen. In: König, Peter-Paul/Wiegers, Helmut (Hgg.): Satz – Text – Diskurs. Akten des 27. Linguistischen Kolloquiums Münster 1992, 173–180.
Adelswärd, Viveka (1988): Styles of Success. On impression management as collaborative action in job interviews. Linköping.
Alvarez-Caccamo, Celso/Knoblauch, Hubert (1992): ‚I was calling you': Communicative patterns in leaving a message on an answering machine. In: Text 12 (4), 473–505.
Aman, Reinhold (1982): Interlingual Taboos in Advertising: How not to Name Your Product. In: Di Pietro, Robert J. (Hg.): Linguistics and the Professions. Proceedings of the Second Annual Delaware Symposium on Language Studies. Norwood, N.J, 215–225.
Andersen, Anne-Marie (1997): Interkulturelle Wirtschaftskommunikation in Europa, Deutschland – Dänemark: Zur Konzeption eines interkulturellen Kommunikationstrainings für den deutsch-dänischen Handel. Tostedt.
Andersen, Flemming G. (1995): English and Danish communicative behaviour in negotiation simulations. On the use of intratextual and intertextual repetition. In: Ehlich/Wagner (Hgg.), 223–242.
Antos, Gerd (1988): Zwischen Kunde und Computer. Interaktionsprobleme bei telefonischen Reklamationsgesprächen. In: Gutenberg, Norbert (Hg.): Kann man Kommunikation lehren? Konzepte mündlicher Kommunikation und ihrer Vermittlung. Frankfurt a.M., 9–17.
– (1989): Kontraproduktive Gespräche. Zur Diskrepanz zwischen Musterwissen und interaktioneller Durchführung. In: Weigand, Edda/Hundsnurscher, Franz (Hgg.): Dialoganalyse. Referate der 2. Arbeitstagung Bochum 1988. Band II. Tübingen, 253–264.
– (1989a): Optimales Telefonieren nach Script. Neue Formen des Mediengebrauchs in der Wirtschaftskommunikation. Ein Beitrag zu einer ‚Bedarfs-Linguistik'. In: Antos/Augst (Hgg.), 125–160.
– (1992): Kommunikationstraining und Empirie. Linguistische Analysen bei der Bedarfsermittlung und der Konzeptionsentwicklung von Kommunikationstrainings. In: Fiehler/Sucharowski (Hgg.), 266–275.
– (1996): Laien-Linguistik. Studien zu Sprach- und Kommunikationsproblemen im Alltag. Am Beispiel von Sprachratgebern und Kommunikationstrainings. Tübingen.

Antos, Gerd/Augst, Gerd (Hgg.) (1989): Textoptimierung. Das Verständlichmachen von Texten als linguistisches, psychologisches und praktisches Problem. Frankfurt a.M.

Armeloh, Karl-Heinz (1998): Die Berichterstattung im Anhang börsennotierter Kapitalgesellschaften. Düsseldorf.

Aston, Guy (Hg.) (1988): Negotiating Service. Studies in the discourse of bookshop encounters. Bologna.

Atkinson, M.A./Cuff, E.C./Lee, J.R.E. (1978): The Recommencement of a Meeting as a Member's Accomplishment. In: Schenkein (Hg.), 133–154.

Ausfelder, Richard (1991): Telefonmarketing. Geschäftspolitische Bedeutung für Kreditinstitute. Wiesbaden.

Bachem, Christian (1995): Fernsehen in den USA. Neuere Entwicklungen von Fernsehmarkt und Fernsehwerbung. Opladen.

Baethge, Jörg/Kirchhoff, Klaus Rainer (1997): Der Geschäftsbericht. Wien.

Ballstaedt, Steffen-Peter (1996): Bildverstehen, Bildverständlichkeit. Ein Forschungsüberblick unter Anwendungsperspektive. In: Krings, Hans-Peter (Hg.): Wissenschaftliche Grundlagen der Technischen Kommunikation. Tübingen, 191–233.

Bargiela-Chiappini, Francesca/Harris, Sandra J. (1997): Managing Language. The Discourse of Corporate Meetings. Amsterdam/Philadelphia.

Bartsch, Elmar (1998): Kulturen der Didaktik rhetorischer Kommunikation. In: Köhnen, Ralf (Hg.): Wege zur Kultur. Perspektiven für einen integrativen Deutschunterricht. Frankfurt a.M. usw., 229–274.

– (Hg.) (1994): Sprechen, Führen, Kooperieren in Betrieb und Verwaltung. Kommunikation in Unternehmen. München.

Baßler, Harald (1996): Wissenstransfer in intrafachlichen Vermittlungsgesprächen. Eine empirische Untersuchung von Unterweisungen in Lehrwerkstätten für Automobilmechaniker. Tübingen.

Baumann, Klaus-Dieter (1994): Die Fachlichkeit von Kommunikation und ihre Bedeutung in der Entwicklung einer Unternehmensidentität. In: Bungarten (Hg.) (1994), 9–37.

Baumgart, Manuela (1992): Die Sprache der Anzeigenwerbung. Heidelberg.

Bausch, Karl-Heinz/Grosse, Siegfried (Hgg.) (1985): Praktische Rhetorik. Beiträge zu ihrer Funktion in der Aus- und Weiterbildung. Mannheim.

Becker, Norbert/Eisfeld, Heinz/Braunert, Jörg (1988): Dialog Deutsch 3 und 4: Sprache im Betrieb. Stuttgart.

Becker, Thomas et al. (Hgg.) (1990): Sprache und Technik: Gestalten verständlicher technischer Texte. Aachen.

Becker-Mrotzek, Michael (1992): Wie entsteht eine Bedienungsanleitung? Eine empirisch-systematische Rekonstruktion des Schreibprozesses. In: Krings/Antos (Hgg.), 257–280.

- (1994): Gesprächsschulung für Mitarbeiter und Mitarbeiterinnen öffentlicher Dienstleistungsunternehmen auf linguistischer Grundlage. In: Bartsch (Hg.), 240–254.
- (1999): Diskursforschung und Kommunikation. (= Studienbibliografien 4). Erweiterte Neuauflage. Heidelberg.

Becker-Mrotzek, Michael/Brünner, Gisela (1997): Gesprächsanalyse und Gesprächsführung. In: RAAbits Deutsch/Sprache. Impulse und Materialien für die kreative Unterrichtsgestaltung. 13. Ergänzungslieferung. II/C.6. Heidelberg.
- (1999): Diskursanalytische Fortbildungskonzepte. In: Brünner/Fiehler/Kindt (Hgg.), Bd. 2, 36–49.
- (1999a): Simulation authentischer Fälle (SAF). In: Brünner/Fiehler/Kindt (Hgg.), Bd. 2, 72–80.
- (1999b): Gesprächsforschung für die Praxis: Ziele – Methoden – Ergebnisse. In: Sprache, Sprachwissenschaft, Öffentlichkeit. Hg.: Stickel, Gerhard (= Institut für deutsche Sprache Jahrbuch 1998). Berlin/New York, 172–193.

(demn.): Diskursanalyse und ihre Anwendung im Kommunikationstraining – am Beispiel einer Fortbildung im gewerblich-technischen Bereich. In: Rehbein, Jochen (Hg.): Spektrum der Funktionalen Pragmatik.

Becker-Mrotzek, Michael/Doppler, Christine (Hgg.) (1999): Medium Sprache im Beruf. Tübingen.

Becker-Mrotzek, Michael/Fickermann, Ingeborg (1992): Gutachten: Umsetzung fernmündlicher Störungsmeldungen in die innerbetriebliche Kommunikation. Typoskript.

Beckmann, Susanne/König, Peter-Paul (1985): Untermuster des Dialogtyps Verkaufs-/Einkaufsgespräch und deren Einbettung in situative Kontexte. In: Hundsnurscher/Franke (Hgg.), 113–140.

Belknap, Penny/Leonard, Wilbert M. (1991): A Conceptul Replication and Extension of Erving Goffman's Study of Gender Advertisements. In: Sex Roles Vol. 25, No. 3/4, 103–118.

Beneke, Jürgen (1992): Na, was fehlt ihm denn? Kommunikation in und mit der Autowerkstatt. In: Fiehler/Sucharowski (Hgg.), 212–233.

Berdychowska, Zofia (1994): Personaldeiktische Ausdrücke in den Geschäftsberichten unter dem darstellungsstrategischen Aspekt. In: Bartsch (Hg.), 270–276.

Bergemann, Niels/Sourisseaux, Andreas L.J. (Hgg.) (1992): Interkulturelles Management. Heidelberg.

Bergmann, Jörg R./Meier, Christoph (1998): Telekooperation. Strukturen, Dynamik und Konsequenzen elektronisch vermittelter kooperativer Arbeit in Organisationen. Darstellung eines Forschungsprojekts. Arbeitspapier 1. Institut für Soziologie, Universität Giessen.

Bergmann, Regina (1999): Rhetorikratgeberliteratur aus linguistischer Sicht. In: Brünner/Fiehler/Kindt (Hgg.), Bd. 2, 226–246.

Berndt, Elin-Birgit/Schmitz, Ulrich (Hgg.) (1997): Neue Medien im Deutschunterricht. (= Osnabrücker Beiträge zur Sprachtheorie OBST 55).

Bertram, Ralf (1993): Informations- und Kommunikationsmanagement im Marketing mittelständischer Unternehmen der Investitionsgüterindustrie. Eine empirische Untersuchung. Frankfurt a.M. usw.

Biere, Bernd Ulrich/Hoberg, Rudolf (Hgg.) (1995): Bewertungskriterien in der Sprachberatung. Tübingen.

Bilmes, Jack (1995): Negotiation and compromise: a microanalysis of a discussion in the United States Federal Trade Commission. In: Firth (Hg.), 61–82.

Birk, Fritz (1989): Textil-Warenverkaufskunde. Bad Homburg.

Birkenbihl, Michael (1985): Train the Trainer. Kleines Arbeitshandbuch für Ausbilder und Dozenten mit 42 Rollenspielen und Fallstudien. 6. Aufl. Landsberg.

Birkenmaier, Willy/Mohl, Irene (1991): Russisch als Fachsprache. Tübingen.

Birkner, Karin/Kern, Friederike (1996): Deutsch-deutsche Reparaturversuche. Alltagsrhetorische Gestaltungsverfahren ostdeutscher Sprecherinnen und Sprecher im westdeutschen Aktivitätstyp ‚Bewerbungsgespräch'. In: GAL-Bulletin 26, 53–76.

Blamberger, Günter/Glaser, Hermann/Glaser, Ulrich (Hgg.) (1993): Berufsbezogen studieren. Neue Studiengänge in den Literatur-, Kultur- und Medienwissenschaften. München.

Bliesener, Thomas/Brons-Albert, Ruth (Hgg.) (1994): Rollenspiele in Kommunikations- und Verhaltenstrainings. Opladen.

Blom, Asger (1991): Verhandlungsspiele. In: Müller (Hg.), 159–180.

– (1994): Ein Unterrichtsprojekt für internationale Verhandlungen. In: Bungarten (Hg.) (1994d), 9–16.

Boden, Deirdre (1994): The Business of Talk. Organizations in Action. Cambridge.

Boese-Grzeskowiak, Elke et al. (1996): Betriebliche Kommunikation. Fachschule für Technik. Köln/München.

Bogaert, Elisabeth/Van de Velde, Marc/Vermeire, Antoine (Hgg.) (1993): Taal en Bedrijf (= ABLA Papers no. 15).

Bolten, Jürgen (1991): Fremdsprache Wirtschaftsdeutsch: Bestandsaufnahme und Perspektiven. In: Müller (Hg.), 71–91.

– (1992): <Fachsprache> oder <Sprachbereich>? Empirisch-pragmatische Grundlagen zur Beschreibung der deutschen Wirtschafts-, Medizin- und Rechtssprache. In: Bungarten (Hg.), 57–72.

– (1997): Marktchance Wirtschaftsdeutsch. Mittelstufe 2. München: Klett.

– (Hg.) (1995): Interkulturelles Handeln in der Wirtschaft. Berlin.

– et al. (1996): Interkulturalität, Interlingualität und Standardisierung bei der Öffentlichkeitsarbeit von Unternehmen. Gezeigt an amerikanischen, britischen, deutschen, französischen und russischen Geschäftsberichten. In: Kalverkämper/ Baumann (Hgg.), 389–425.

Bolten, Jürgen/Gehrke, Elvira (1997): Marktchance Wirtschaftsdeutsch. Mittelstufe 1. Stuttgart: Klett.

Bormann, Ernest G. et al. (1971): Kommunikation in Unternehmen und Verwaltung. Die interpersonelle Kommunikation in der modernen Organisation. München.
Brattegard, Olav (1953): Wirtschaftslinguistische Studien. I. Der deutsche kaufmännische Schriftverkehr in handelstechnischer Funktion im Wandel der Zeiten. Bergen.
Bremerich-Vos, Albert (1991): Populäre rhetorische Ratgeber. Historisch-systematische Untersuchungen. Tübingen.
Brinker, Klaus/Sager, Sven F. (1996): Linguistische Gesprächsanalyse. Eine Einführung. 2. ergänzte Aufl. Berlin.
Bronner, Rolf (1996): Entscheidungs-Prozesse in Video-Konferenzen. Eine empirische Untersuchung der Leistungsfähigkeit moderner Kommunikationstechnik zur Bewältigung komplexer Management-Aufgaben. Frankfurt a.M.
Brons-Albert, Ruth (1994): Artefakte in simulierten Verkaufsgesprächen und ihre Behandlung durch den Trainer. In: Bliesener/Brons-Albert (Hgg.), 105–128.
- (1995): Auswirkungen von Kommunikationstraining auf das Gesprächsverhalten. Tübingen.
- (1995a): Verkaufsgespräche und Verkaufstrainings. Opladen.
Brosius, Hans-Bernd/Staab, Joachim F. (1990): Emanzipation in der Werbung? Die Darstellung von Frauen und Männern in der Anzeigenwerbung des „Stern" von 1969–1988. In: Publizistik 35, 292–303.
Bruhn, Manfred (1987): Der Informationswert von Beschwerden für Marketingentscheidungen. In: Hansen, Ursula/Schoenheit, Ingo (Hgg.) (1987): Verbraucherzufriedenheit und Beschwerdeverhalten. Frankfurt a.M./New York, 123–140.
- (1995): Integrierte Unternehmenskommunikation. Ansatzpunkte für eine strategische und operative Umsetzung integrierter Kommunikationsarbeit. 2. Aufl. Stuttgart.
Brünner, Gisela (1986): Spezifika der Kommunikation in praktisch dominierten Tätigkeitszusammenhängen – am Beispiel von Instruktionen. In: Dunaj, B. et al. (Hgg.): Badania języka mówionego w Polsce i w Niemczech (= Untersuchungen zur gesprochenen Sprache in Polen und Deutschland). Krakau 1986. (Zeszyty naukowe uniwersytetu Jagiellonskiego. = Wissenschaftliche Hefte der Jagiellonen-Universität), 23–46.
- (1987): Kommunikation in institutionellen Lehr-Lern-Prozessen. Diskursanalytische Untersuchungen zu Instruktionen in der betrieblichen Ausbildung. Tübingen.
- (1992): Zum Verhältnis von Kommunikation und Arbeit in Wirtschaftsunternehmen. In: Spillner (Hg.), 25–42.
- (1993): Mündliche Kommunikation in Fach und Beruf. In: Theo Bungarten (Hg.): Fachsprachentheorie. Bd.2: Konzeptionen und theoretische Richtungen. Tostedt, 730–771.
- (1994): „Würden Sie von diesem Mann einen Gebrauchtwagen kaufen?" Interaktive Anforderungen und Selbstdarstellung in Verkaufsgesprächen. In: Brünner/ Graefen (Hgg.), 328–350.

– (1994a): Drei Ausschnitte aus Instruktionen in der beruflichen Ausbildung im Bergwerk. In: Redder/Ehlich (Hgg.), 161–227.
– (1994b): Exigences interactives dans les conversations de vente. In: Alain Trognon et al. (Hgg.): La construction interactive du quotidien. Nancy, 263–279.
– (1995): Fachtermini in der Ausbildung im Bergbau: Bedingungen und Funktionen ihrer Verwendung im Diskurs. In: Ehlich, Konrad/Elmer, Wilhelm/Noltenius, Rainer (Hgg.): Sprache und Literatur an der Ruhr. Essen, 109–124.
– (1997): Fachlichkeit, Muster und Stil in der beruflichen Kommunikation. In: Selting/Sandig (Hgg.), 254–285.
– (1998): Fachkommunikation im Betrieb – am Beispiel der Stadtwerke einer Großstadt. In: Fachsprachen – Languages for special purposes. Ein internationales Handbuch zur Fachsprachenforschung und Terminologiewissenschaft. Hgg.: Hoffmann, Lothar/Kalverkämper, Hartmut/Wiegand, Herbert 1. Halbband. (= Handbücher zur Sprach- und Kommunikationswissenschaft). Berlin/New York, 634–648.
– (demn.): Gespräche in der Wirtschaft. In: Text- und Gesprächslinguistik – Linguistics of Text and Conversation. Ein internationales Handbuch zeitgenössischer Forschung. Hgg.: Antos, Gerd et al. 2. Halbband: Gesprächslinguistik. (= Handbücher zur Sprach- und Kommunikationswissenschaft). Berlin/New York.
Brünner, Gisela/Fiehler, Reinhard (1983): Kommunikation in Institutionen der beruflichen Ausbildung. In: Osnabrücker Beiträge zur Sprachtheorie (OBST) 24, 145–167.
– (1999): KommunikationstrainerInnen über Kommunikation. Eine Befragung von TrainerInnen zu ihrer Arbeit und ihrem Verhältnis zur Sprachwissenschaft. In: Brünner/Fiehler/Kindt (Hgg.), Bd. 2, 211–225
Brünner, Gisela/Fiehler, Reinhard/Kindt, Walther (Hgg.) (1999): Angewandte Diskursforschung. Bd. 1: Grundlagen und Beispielanalysen. Bd. 2: Methoden und Anwendungsbereiche. Opladen/Wiesbaden.
Brünner, Gisela/Graefen, Gabriele (1994): Zur Konzeption der Funktionalen Pragmatik. In: Brünner/Graefen (Hgg.), 7–21.
– (Hgg.) (1994): Texte und Diskurse. Methoden und Forschungsergebnisse der Funktionalen Pragmatik. Opladen.
Brünner, Gisela/Redder, Angelika (1983): Studien zur Verwendung der Modalverben. Tübingen.
Buhlmann, Rosemarie (1989): „Fachsprache Wirtschaft" – gibt es die? In: Jahrbuch Deutsch als Fremdsprache 15, 82–108.
Buhlmann, Rosemarie/Fearns, Anneliese (1987): Handbuch des Fachsprachenunterrichts. Unter besonderer Berücksichtigung naturwissenschaftlich-technischer Fachsprachen. Berlin usw.
Bülow-Møller, Anne Marie (1992): Coherence Structures in Negotiations: The Strategy of Repetition. In: Grindsted/Wagner (Hgg.), 193–209.
Bundesanstalt für Arbeit (Hg.) (1997): Blätter zur Berufskunde: Germanist/Germanistin.

Bungarten, Theo (1994): Kommunikationspsychologische Barrieren in interkulturellen Managementkontakten. In: Bungarten (Hg.) (1994c), 24–33.
- (1994a): Die Sprache in der Unternehmenskommunikation. In: Bungarten (Hg.) (1994a), 29–42.
- (Hg.) (1988): Sprache und Information in Wirtschaft und Gesellschaft. Tostedt.
- (Hg.) (1991): Konzepte zur Unternehmenskommunikation, Unternehmenskultur und Unternehmensidentität. Tostedt.
- (Hg.) (1992): Beiträge zur Fachsprachenforschung. Sprache in Wissenschaft und Technik, Wirtschaft und Rechtswesen. Tostedt.
- (Hg.) (1993): Fachsprachentheorie. 2 Bde. Tostedt.
- (Hg.) (1994): Kommunikationsprobleme in und von Unternehmungen. Wege zu ihrer Erkennung und Lösung. Tostedt.
- (Hg.) (1994a): Unternehmenskommunikation. Linguistische Analysen und Beschreibungen. Tostedt.
- (Hg.) (1994b): Selbstdarstellung und Öffentlichkeitsarbeit. Eigenbild und Fremdbild von Unternehmen. Tostedt.
- (Hg.) (1994c): Sprache und Kultur in der interkulturellen Marketingkommunikation. Tostedt.
- (Hg.) (1994d): Kommunikationstraining und Trainingsprogramme im wirtschaftlichen Umfeld. Tostedt.
- (Hg.) (1997): Aspekte der Unternehmungskultur und Unternehmensidentität in der historischen Wirtschaftslinguistik. Tostedt.
- (Hg.) (demn.): Wirtschaftshandeln. Kommunikation in Marketing, Management und Ausbildung. Tostedt.

Burger, Harald (1993): Dialogisches in Radio- und Fernsehwerbung. In: Löffler, Heinrich (Hg.): Dialoganalyse IV. Referate der 4. Arbeitstagung Basel 1992. Tübingen, 109–116.

Button, Graham (Hg.) (1993): Technology in Working Order. Studies of Work, Interaction, and Technology. London/New York.

Button, Graham/Sharrock, Wes (1995): Practices in the work of ordering software development. In: Firth (Hg.), 159–182.

Charles, Mirjaliisa (1995): Organisational Power in Business Negotiations. In: Ehlich/Wagner (Hgg.), 151–174.

Christopher, Elizabeth M./Smith, Larry E. (1991): Negotiation Training through Gaming. Strategies, Tactics and Manoeuvres. London/New York.

Clark, Colin/Pinch, Trevor (1988): Micro-Sociology and Micro-Economics. Selling by social control. In: Fielding, Nigel G. (Hg.): Actions and Structure. Research Methods and Social Theory. London usw., 117–141.

Clark, Robert E./Halford, Larry J. (1978): Going ... Going ... Gone. Some Preliminary Observations on „Deals" at Auctions. In: Urban Life. A Journal of Ethnographic Research. Vol 7, No.1, 285–307.

Clyne, Michael (1987): Cultural Differences in the Organization of Academic Texts. In: Journal of Pragmatics 11, 201–238.
- (1994): Intercultural Communication at Work. Cultural values in discourse. Cambridge.
Coleman, Hywel (Hg.) (1989): Working with Language. A Multidisciplinary Consideration of Language Use in Work Contexts. Berlin/New York.
Cook, Guy (1992): The Discourse of Advertising. London.
Coulmas, Florian (1992): Die Wirtschaft mit der Sprache. Eine sprachsoziologische Studie. Frankfurt a.M.
Cube, Imanuel von (1997): Telefonische Beratungen zu Computerproblemen. Staatsexamensarbeit Dortmund.
Cushner, Kenneth/Brislin, Richard W. (1995): Intercultural Interactions. A Practical Guide. 2. Aufl. Thousand Oaks/London/New Delhi.
Dannerer, Monika (1999): Besprechungen im Betrieb. Empirische Analysen und didaktische Perspektiven. München.
Derieth, Anke (1994): Unternehmenskommunikation. Eine Analyse zur Kommunikationsqualität von Wirtschaftsorganisationen. Opladen.
Domsch, Michael/Regnet, Erika/Rosenstiel, Lutz von (Hgg.) (1993): Führung von Mitarbeitern. Fallstudien zum Personalmanagement. Stuttgart.
Drescher, Martina (1994): Für zukünftige Bewerbungen wünschen wir Ihnen mehr Erfolg. Zur Formelhaftigkeit von Absagebriefen. In: Deutsche Sprache 22 (2), 117–137.
Drosdek, Andreas (1996): Credibility Management. Durch Glaubwürdigkeit zum Wettbewerbsvorteil. Frankfurt a.M./New York.
Drozd, Lubomir/Seibicke, Wilfried (1973): Deutsche Fach- und Wissenschaftssprache. Bestandsaufnahme, Theorie, Geschichte. Wiesbaden.
Duhme, Michael (1991): Phraseologie der deutschen Wirtschaftssprache. Eine empirische Untersuchung zur Verwendung von Phraseologismen in journalistischen Fachtexten. Essen.
Ebert, Helmut (1991): Alfred Krupps „General-Regulativ für die Firma Fried. Krupp" (1872). Zur historischen handlungsorientiert-textlinguistischen Beschreibung der Sprache im Industriebetrieb. In: Zeitschrift für Germanistik 3, 568–580.
- (1994): Zur Sprache von ‚Führungsgrundsätzen' in Wirtschaft und öffentlicher Verwaltung. Eine handlungsorientiert-textlinguistische Studie. In: Bungarten (Hg.) (1994a), 43–60.
Eckert, Hartwig/Laver, John (1994): Menschen und ihre Stimmen. Aspekte der vokalen Kommunikation. Weinheim.
Ehlert, Holger/Welbers, Ulrich (1999): Handbuch Praxisinitiativen an Hochschulen. Neuwied/Kriftel.
Ehlich, Konrad (1983): Text und sprachliches Handeln. Die Entstehung von Texten aus dem Bedürfnis nach Überlieferung. In: Assmann, Aleida/Assmann,

Jan/Hardmeier, Christof (Hgg.): Schrift und Gedächtnis. Beiträge zur Archäologie der literarischen Kommunikation. München, 24–43.
- (1986): Funktionalpragmatische Kommunikationsanalyse – Ziele und Verfahren. In: Flader, Dieter (Hg.): Verbale Interaktion. Studien zur Empirie und Methodologie der Pragmatik. Stuttgart, 127–143.
- (1991): Text and Discourse – A Plea for Clarity in Terminology and Analysis. In: Bahner, Werner et al. (Hgg.): Proceedings of the Fourteenth International Congress of Linguists. Berlin 1987. Berlin, 2050–2052.
- (1993): HIAT – a Transcription System for Discourse Data. In: Edwards, Jane/ Lampert, Martin (Hgg.): Talking Data. Transcription and Coding in Discourse Research. Hillsdale (N.J.), 123–148.
- (1994): Funktionale Etymologie. In: Brünner/Graefen (Hgg.), 68–82.

Ehlich, Konrad/Noack, Claus/Scheiter, Susanne (Hgg.) (1994): Instruktion durch Text und Diskurs. Zur Linguistik „Technischer Texte". Opladen.

Ehlich, Konrad/Rehbein, Jochen (1976): Halbinterpretative Arbeitstranskriptionen (HIAT). In: Linguistische Berichte 45, 21–41.
- (1977): Wissen, kommunikatives Handeln und die Schule. In: Goeppert, Herma C. (Hg.): Sprachverhalten im Unterricht. München. 36–114.
- (1979): Sprachliche Handlungsmuster. In: Soeffner, Hans-Georg (Hg.): Interpretative Verfahren in den Sozial- und Textwissenschaften. Stuttgart, 243–274.
- (1980): Sprache in Institutionen. In: Lexikon der germanistischen Linguistik. 2. Aufl. Tübingen, 338–345.
- (1986): Muster und Institution. Tübingen.
- (1994): Institutionsanalyse. Prolegomena zur Untersuchung von Kommunikation in Institutionen. In: Brünner/Graefen (Hgg.), 287–327.

Ehlich, Konrad/Wagner, Johannes (Hgg.) (1995): The discourse of business negotiation. Berlin/New York.

Elias, Kriemhild/Schneider, Karl Heinrich (1996): Handlungsfeld Kommunikation. Fachschule für Wirtschaft. Köln/München.

Fant, Lars (1995): Negotiation Discourse and Interaction in a Cross-Cultural Perspective: The case of Sweden and Spain. In: Ehlich/Wagner (Hgg.), 177–202.

Fatzer, Gerhard (Hg.) (1993): Organisationsentwicklung für die Zukunft. Ein Handbuch. Köln.

Feldbusch, Elisabeth/Pogarell, Reiner/Weiß, Cornelia (Hgg.) (1991): Neue Fragen der Linguistik. Akten des 25. Linguistischen Kolloquiums, Paderborn 1990. Bd. 2: Innovation und Anwendung. Tübingen.

Fiehler, Reinhard (1980): Kommunikation und Kooperation. Berlin.
- (1983): Definitionsmacht. Probleme in Instruktionen der betrieblichen Ausbildung. In: Sprache, Diskurs und Text. Akten des 17. Linguistischen Kolloquiums Brüssel 1982. Bd. 1. Tübingen, 229–238.
- (1990): Kommunikation und Emotion. Theoretische und empirische Untersuchungen zur Rolle von Emotionen in der verbalen Interaktion. Berlin/New York.

- (1993): Spezifika der Kommunikation in Kooperationen. In: Schröder (Hg.), 343–357.
- (1994): Unternehmensphilosophie und Kommunikationsschulung. Neue Wege und neue Probleme für betriebliche Kommunikationstrainings. In: Bungarten (Hg.) (1994d), 76–106.
- (1995): Kann man Kommunikation lehren? Zur Veränderbarkeit von Kommunikationsverhalten durch Kommunikationstraining. In: Finlance. A Finnish Journal of Applied Linguistics, Vol. XV, 137–156.
- (1995a): Implizite und explizite Bewertungsgrundlagen für kommunikatives Verhalten in betrieblichen Kommunikationstrainings. In: Biere/Hoberg (Hgg.), 110–131.
- (1997): Training: Optimierung persönlicher und telefonischer Reklamationsgespräche. In: Obermann, Christof/Schiel, Frank (Hgg.): Trainingspraxis. Köln, 39–56.
- (1999): Kann man Kommunikation lehren? Zur Veränderbarkeit von Kommunikationsverhalten durch Kommunikationstrainings. In: Brünner/Fiehler/Kindt (Hgg.), Bd. 2, 18–36.
- (demn.): Gesprächsforschung und Kommunikationstraining. In: Text- und Gesprächslinguistik – Linguistics of Text and Conversation. Ein internationales Handbuch zeitgenössischer Forschung. Hgg.: Antos, Gerd et al. 2. Halbband: Gesprächslinguistik. (= Handbücher zur Sprach- und Kommunikationswissenschaft). Berlin/New York.

Fiehler, Reinhard/Kindt, Walther (1994): Reklamationsgespräche. Schulungsperspektiven auf der Basis von Ergebnissen diskursanalytischer Untersuchungen. In: Bartsch (Hg.), 255–269.

Fiehler, Reinhard/Kindt, Walther/Schnieders, Guido (1999): Kommunikationsprobleme in Reklamationsgesprächen. In: Brünner/Fiehler/Kindt (Hgg.), Bd. 1, 120–154.

Fiehler, Reinhard/Sucharowski, Wolfgang (Hgg.) (1992): Kommunikationsberatung und Kommunikationstraining. Anwendungsfelder der Diskursforschung. Opladen.

Finch, Brian (1999): 30 Minuten für professionelles Verhandeln. Offenbach.

Firth, Alan (1990): ‚Lingua Franca' Negotiations: towards an interactional approach. In: World Englishes 9 (3), 269–280.
- (1995): Introduction and Overview. In: Firth (Hg.), 3–40.
- (1995a): Talking for a Change: commodity negotiating by telephone. In: Firth (Hg.), 183–222.
- (1995b): Telenegotiation and Sense-Making in the „Virtual Marketplace". In: Ehlich/Wagner (Hgg.), 127–150.
- (1995c): Multiple Mode, Single Activity: Telenegotiating as a Social Accomplishment. In: Ten Have/Psathas (Hgg.) (1995), 151–172.
- (Hg.) (1995): The discourse of negotiation. Studies of language in the workplace. Oxford.

Fisher, Roger/Brown, Scott (1992): Gute Beziehungen. Die Kunst der Konfliktvermeidung, Konfliktlösung und Kooperation. 2. Aufl. New York/Frankfurt a.M.
Fisher, Roger/Ury, William/Patton, Bruce (1993): Das Harvard-Konzept: Sachgerecht verhandeln – erfolgreich verhandeln. 11. Aufl. Frankfurt a.M./New York.
Flieger, Erhard/Wist, Georg/Fiehler, Reinhard (1992): Kommunikationstrainings im Vertrieb und Diskursanalyse. Erfahrungsbericht über eine Kooperation. In: Fiehler/Sucharowski (Hgg.), 289–337.
Fowles, Jib (1996): Advertising and Popular Culture. Thousand Oaks/London/New Delhi.
Francis, David W. (1986): Some structures of negotiation talk. In: Language in Society 15, 53–80.
– (1995): Negotiation, Decision-Making and Formalism: The problem of form and substance in negotiation analysis. In: Ehlich/Wagner (Hgg.), 37–63.
Friedrich, Hans (1995): Vorstellungsgespräche sicher und erfolgreich führen. Niedernhausen/Ts.
Friske, Hans-Jürgen (1996): Technische Dokumentation. Grundlagen zum Verfassen von Anleitungstexten. Münster.
Furnham, Adrian/Schofield, Sandra (1986): Sex-Role Stereotyping in British Radio Advertisements. In: British Journal of Social Psychology 25, 165–171.
Gallio, Claudio (Hg.) (1995): Freie Laufbahn. Berufe für Geisteswissenschaftler. Mannheim.
Gehm, Theo (1994): Kommunikation im Beruf. Hintergründe, Hilfen, Strategien. Weinheim/Basel.
Geißner, Helmut (1994): Der ungedeckte Scheck. Eine Bilanz marktkonformer Rhetorik. In: Bartsch (Hg.), 349–357.
Gersbacher, Ursula (1991): Körpersprache im Beruf. Das Bewerbungsgespräch. München.
Geyer, Günther (1983): Das Beratungs- und Verkaufsgespräch in Banken. Bankleistungen erfolgreich verkaufen. Wiesbaden.
Giles, Howard (1980): Accomodation Theory: some new directions. In: Silva, M. (Hg.): Aspects of linguistic behaviour: Festschrift Robert le Page (= York Papers in Linguistics, Special No. 9), 105–136.
Giles, Howard/Powesland, Peter F. (1975): Speech Style and Social Evaluation. London.
Gläser, Rosemarie (1992): Gestalt- und Stilwandel in der kommerziellen Werbung der neuen Bundesländer. In: Hess-Lüttich, Ernest W.B. (Hg.): Medienkultur – Kulturkonflikt. Massenmedien in der interkulturellen und internationalen Kommunikation. Opladen, 189–214.
Gloning, Thomas (1995): Zur Verständlichkeit von Packungsbeilagen. In: Spillner, Bernd (Hg.): Sprache: Verstehen und Verständlichkeit. Kongressbeiträge zur 25. Jahrestagung der Gesellschaft für Angewandte Linguistik (GAL). Frankfurt a.M., 44–55.

Gloor, Armin (1993): Die AC-Methode. Assessment Center. Führungskräfte beurteilen und fördern. Zürich.
Goffman, Erving (1969/1983): Wir alle spielen Theater. Die Selbstdarstellung im Alltag. München.
- (1981): Geschlecht und Werbung. Frankfurt a.M. (Orig.: Gender Advertisements. New York 1976).
Goldman, H.M. (1965): Wie man Kunden gewinnt. Das Leitbuch erfolgreicher Verkaufspraxis. 4. Aufl. Essen.
Goll, Michaela (1998): Elektronische Post als neuer Kommunikationstypus?. Ein Überblick über Formen, Muster und Kontext. Arbeitspapier 4 des Projekts „Telekooperation. Strukturen, Dynamik und Konsequenzen elektronisch vermittelter kooperativer Arbeit in Organisationen". Institut für Soziologie, Universität Giessen.
- (1998a): Gemeinsames Arbeiten im Netz: Fallstudie eines räumlich verteilten Unternehmens. Arbeitspapier 6 des Projekts „Telekooperation. Strukturen, Dynamik und Konsequenzen elektronisch vermittelter kooperativer Arbeit in Organisationen". Institut für Soziologie, Universität Giessen.
Goodwin, Marjorie Harness (1995): Assembling a Response: Setting and Collaboratively Constructed Work Talk. In: Ten Have/Psathas (Hgg.), 173–186.
Graf, Jürgen (Hg.) (1992): Planspiele. Simulierte Realitäten für den Chef von morgen mit Planspiel-Marktübersicht. Speyer.
Grießhaber, Wilhelm (1987): Authentisches und zitierendes Handeln. Bd.1: Einstellungsgespräche. Bd. 2: Rollenspiele im Sprachunterricht. Tübingen.
Grimshaw, Allen D. (Hg.) (1990): Conflict Talk. Sociolinguistic investigation of arguments in conversations. Cambridge usw.
Grindsted, Annette (1995): Dyadic and Polyadic Sequencing Patterns in Spanish and Danish Negotiation Interaction. In: Ehlich/Wagner (Hgg.), 203–222.
Grindsted, Annette/Wagner, Johannes (Hgg.) (1992): Communication for Specific Purposes/Fachsprachliche Kommunikation. Tübingen.
Gülich, Elisabeth (1981): Formulare als Dialoge. In: Der öffentliche Sprachgebrauch. Bd. II: Die Sprache des Rechts und der Verwaltung. Bearbeitet von Ingulf Radtke. Stuttgart, 322-356.
Gumperz, John (1982): Discourse Processes. Cambridge.
Günther, Ulla/Wyss, Eva Lia (1996): E-mail-Briefe – eine neue Textsorte zwischen Mündlichkeit und Schriftlichkeit. In: Hess-Lüttich, Ernest W.B./Holly, Werner/ Püschel, Ulrich (Hgg.): Textstrukturen im Medienwandel. Frankfurt a.M., 61–86.
Günther, Ullrich/Sperber, Wolfram (1993): Handbuch für Kommunikations- und Verhaltenstrainer. München/Basel.
Günthner, Susanne (1991): Pi Lao Zheng („Müdigkeit im Kampf"). Zur Begegnung deutscher und chinesischer Gesprächsstile. In: Müller (Hg.), 297–324.
- (1993): Diskursstrategien in der interkulturellen Kommunikation. Analysen deutsch-chinesischer Gespräche. Tübingen.

Häcki Buhofer, Annelies (1985): Schriftlichkeit im Alltag. Theoretische und empirische Aspekte – am Beispiel eines Schweizer Industriebetriebs. Bern usw.
– (1993): Sachlichkeit, Zwänge und Emotionen als Charakteristika der schriftlichen Kommunikation im Versandhandel. In: Darski, Józef/Vetulani, Zygmunt (Hgg.): Sprache – Kommunikation – Informatik. Akten des 26. Linguistischen Kolloquiums, Poznan 1991. Tübingen, 63–72.
Häfele, Margot (1977): Anforderungen der betrieblichen Wirklichkeit an die Sprache. In: Muttersprache 87, 86–98.
Hahn, Walther von (1973): Fachsprachen. In: Lexikon der germanistischen Linguistik. Hgg. Althaus, Hans Peter/Henne, Helmut/Wiegand, Herbert Ernst. Tübingen, 283–286.
Hahne, Anton (1998): Kommunikation in der Organisation. Grundlagen und Analyse – ein kritischer Überblick. Opladen.
Hardt-Mautner, Gerlinde (1992): The Silent Salesman oder: Die Verpackung als Werbeträger. Eine linguistisch-semiotische Annäherung. In: Fachsprache 14 (3–4), 98–110.
– (1994): How Packages Communicate: Linguistic and Semiotic Aspects of Packaging Discourse. In: Bungarten (Hg.) (1994a), 61–83.
– (1994a): A Case in Point. On the Interplay of Verbal an Non-Verbal Messages in Packaging Discouse. In: Skyum-Nielsen, Peder/Schröder, Hartmut (Hgg.): Rhetoric and Stylistics Today. Frankfurt a.M., 35–42.
Hartig, Matthias (1997): Erfolgsorientierte Kommunikation. Wege zur kommunikativen Kompetenz. Tübingen/Basel.
Hassinen, Tiia/Wenner, Marion (1994): Zur Selbstdarstellung in Werk- und Kundenzeitschriften. In: Bungarten (Hg.) (1994b), 27–48.
Heinen, Edmund (1987): Unternehmenskultur. Perspektiven für Wissenschaft und Praxis. München/Wien.
Herbig, Albert F. (1995): Zur Evaluation von Trainingskonzepten im Bereich rhetorischer Kommunikation. In: Herbig, Albert F. (Hg.): Konzepte rhetorischer Kommunikation. St. Ingbert, 155–170.
Herring, Susan (Hg.) (1996): Computer-Mediated Communication. Linguistic, social, and cross-cultural perspectives. Philadelphia/Amsterdam.
Hess-Lüttich, Ernest W.B. (1990): Das Telefonat als Mediengesprächstyp. In: Hess-Lüttich, Ernest W.B./Posner, Roland (Hgg.): Code-Wechsel. Texte im Medienvergleich. Opladen, 271–293.
– (1994): Kritische Dialog-Rhetorik. Kommunikationstraining in Wirtschaft und Management: Anspruch und Wirklichkeit. In: Bungarten (Hg.) (1994d), 135–159.
Heuberger, Katharina (1997): Wirtschaftsdeutsch und seine Vermittlung. Eine Bestandsaufnahme. Tostedt
Hinnenkamp, Volker (1994): Interkulturelle Kommunikation. (= Studienbibliogaphien Sprachwissenschaft Bd.11). Heidelberg.

Hoffmann, Lothar (1976): Kommunikationsmittel Fachsprache. Eine Einführung. Berlin (DDR).
Hoffmann, Ludger (1983): Arzneimittel-Gebrauchsinformation: Struktur, kommunikative Funktion und Verständlichkeit. In: Deutsche Sprache 11, 138–159.
Höflich, Joachim R. (1996): Technisch vermittelte interpersonale Kommunikation. Grundlagen, organisatorische Medienverwendung, Konstitution „elektronischer Gemeinschaften". Opladen.
Hofmann, Laila Maija/Regnet, Erika (Hgg.) (1994): Innovative Weiterbildungskonzepte. Trends, Inhalte und Metoden der Personalentwicklung in Unternehmen. Göttingen.
Hölscher, Barbara (1998): Lebensstile durch Werbung? Zur Soziologie der Life-Style-Werbung. Wiesbaden.
Hundsnurscher, Franz/Franke, Wilhelm (Hgg.) (1985): Das Verkaufs-/Einkaufs-Gespräch. Eine linguistische Analyse. Stuttgart.
Hundt, Markus (1995): Modellbildung in der Wirtschaftssprache. Zur Geschichte der Institutionen- und Theoriefachsprachen der Wirtschaft. Tübingen.
Ingenkamp, Konstantin (1996): Werbung und Gesellschaft. Hintergründe und Kritik der Kulturwissenschaftlichen Reflexion von Werbung. Frankfurt a.M. usw.
Issing, Ludwig J./Klimsa, Paul (Hgg.) (1995): Information und Lernen mit Multimedia. Weinheim.
Jäger, Georg/Schönert, Jörg (Hgg.) (1997): Wissenschaft und Berufspraxis: Angewandtes Wissen und praxisorientierte Studiengänge in den Sprach-, Literatur-, Kultur- und Medienwissenschaften. Paderborn.
Jäkel, Olaf (1994): Wirtschaftswachstum oder Wir steigern das Bruttosozialprodukt: Quantitäts-Metaphern aus der Ökonomie-Domäne. In: Bungarten (Hg.) (1994a), 84–101.
Janich, Nina (1994): Electronic Mail, eine betriebsinterne Kommunikationsform. In: Muttersprache 3, 248–259.
– (1998): Fachliche Information und inszenierte Wissenschaft. Fachlichkeitskonzepte in der Wirtschaftswerbung. Tübingen.
Kallmeyer, Werner (1988): Konversationsanalytische Beschreibung. In: Ulrich Ammon et al. (Hgg.): Sociolinguistics/Soziolinguistik. An International Handbook of the Science of Language and Society. (= Handbücher zur Sprach- und Kommunikationswissenschaft). 2. Halbband. Berlin/New York, 1095–1106.
Kalt, Gero (Hg.) (1990): Wirtschaft in den Medien. Defizite, Chancen und Grenzen. Eine kritische Bestandsaufnahme. Frankfurt a.M.
Kalter, Alex Olde (1994): Niederlassungsfreiheit und Bedarf an Fremdsprachenfertigkeit. In: Bungarten (Hg.) (1994a), 102–124.
Kalverkämper, Hartwig (1993): Das fachliche Bild. Zeichenprozesse in der Darstellung wissenschaftlicher Ergebnisse. In: Schröder (Hg.), 215–238.
Kalverkämper, Hartwig/Baumann, Klaus-Dieter (Hgg.) (1996): Fachliche Textsorten. Komponenten – Relationen – Strategien. Tübingen.

Kappel, Guido (1994): Verhandeln mit Russen. Bericht über ein Forschungsprojekt. In: Bungarten (Hg.) (1994c), 95-108.

Kappel, Guido/Rathmayr, Renate/Diehl-Zelonkina, Nina (1992): Verhandeln mit Russen. Gesprächs- und Verhaltensstrategien für die interkulturelle Geschäftspraxis. Wien.

Kartari, Asker (1995): Deutsch-türkische Kommunikation am Arbeitsplatz. Ein Beitrag zur interkulturellen Kommunikation zwischen türkischen Mitarbeitern und deutschen Vorgesetzten in einem deutschen Industriebetrieb. Diss. München.

Keim, Helmut (Hg.) (1992): Planspiel, Rollenspiel, Fallstudie. Zur Praxis und Theorie lernaktiver Methoden. Köln.

Keller, Petra (1997): Der innerbetriebliche Zielvereinbarungsdialog als ergebnisorientiertes Führungsinstrument. Münster. (= Internationale Hochschulschriften 248).

Kellner, Hedwig (1995): Konferenzen, Sitzungen, Workshops effizient gestalten. München.

Kelz, Heinrich P. (Hg.) (1991): Deutsch im Beruf: Wirtschaft. Ein Lehrwerk für Deutsch als Fremdsprache mit dem Schwerpunkt Geschäfts- und Handelssprache. Rheinbreitbach.

Keppler, Angela (1988): Beispiele in Gesprächen. Zu Form und Funktion exemplarischer Geschichten. In: Zeitschrift für Volkskunde 84, 39-57.

Kettler, Susanne (1994): Historische Entwicklungen und Veränderungen in der Sprache der Anzeigenwerbung. In: Bungarten (Hg.) (1994), 125-146.

Kieser, Alfred/Hegele Cornelia (1998): Kommunikation im organisatorischen Wandel. Stuttgart.

Kießling-Sonntag, Jochen (1994): Verkaufsgespräche öffnen. Anmerkungen zum Umgang mit normierten Gesprächsstrukturen am Beispiel des Vertriebs von Finanzdienstleistungen. In: Bartsch (Hg.), 190-200.

Kirchhoff, Heinz (1968): Leichter, schneller, mehr verkaufen. Aufgaben und Chancen für Verkäuferinnen und Verkäufer mit programmierten Modellgesprächen. Düsseldorf/Wien.

Kirkpatrick, Donald L. (1989): Konferenz mit Effizienz. Erfolg mit gut geplanten Besprechungen. Zürich/Wiesbaden.

Klein, Eberhard/Pouradier Duteil, Françoise/Wagner, Karl Heinz (Hgg.) (1991): Betriebslinguistik und Linguistikbetrieb. Akten des 24. Linguistischen Kolloquiums, Universität Bremen, 4.-6. Sept. 1989. Bd. 1. Tübingen.

Klöfer, Franz (1996): Mitarbeiterkommunikation 1996. Auf der Grundlage einer Erhebung bei Unternehmen mit mehr als 500 Mitarbeitern. Mainz.

Knapp, Karlfried (1992): Interpersonale und interkulturelle Kommunikation. In: Bergemann/Sourisseaux (Hgg.), 60-80.

Knapp-Potthoff, Annelie (1994): Training interkultureller Kommunikationsbewusstheit. In: Bungarten (Hg.) (1994d), 160-177.

Knoblauch, Hugo (1996): Arbeit als Interaktion. Informationsgesellschaft, Post-Fordismus und Kommunikationsarbeit. In: Soziale Welt 47, 344-362.

– (demn.): Arbeit, Interaktion, Technologie: Die Workplace Studies.
Koldau, Martin (1993): Strukturbilder leicht verständlicher Sätze. In: Darski, Józef/ Vetulani, Zygmunt (Hgg.): Sprache – Kommunikation – Informatik. Akten des 26. Linguistischen Kolloquiums, Poznan 1991. Tübingen, 85–92.
Komter, Martha Louise (1991): Conflict and Cooperation in Job Interviews. A study of talk, tasks and ideas. Amsterdam.
Konegen-Grenier, Christiane (1999): Berufschancen für Geisteswissenschaftler in der Wirtschaft. In: Becker-Mrotzek/Doppler (Hgg.), 53–66.
Kotthoff, Helga (1994): Geschlecht als Interaktionsritual? Nachwort zu: Erving Goffman: Interaktion und Geschlecht. Hgg.: Knoblauch, Hugo A./Kotthoff, Helga. Frankfurt a.M./New York, 159–194.
Kratzer, Angelika (1978): Semantik der Rede. Kontexttheorie – Modalwörter – Konditionalsätze. Königstein/Ts.
Kremer, Ludger (1994): Zur Entwicklung der deutschen Wirtschaftskorrespondenz: (Stil-) Normen in Praxis und Unterricht. In: Bungarten (Hg.) (1994a), 147–161.
Krings, Hans P. (Hg.) (1996): Wissenschaftliche Grundlagen der Technischen Kommunikation. Tübingen.
Krings, Hans P./Antos, Gerd (Hgg.) (1992): Textproduktion. Neue Wege der Forschung. Trier.
Kroner, Wolfgang (1983): Taxifahrer. Szenen aus der Großstadt. Frankfurt a.M./New York.
– (1991): Konversationsanalyse und Organisation. Aktualisierte Fassung eines Vortrags auf dem Deutschen Ethnologentag 1991 in München. Typoskript.
Kühn, Peter (1995): Mehrfachadressierung. Untersuchungen zur adressatenspezifischen Polyvalenz sprachlichen Handelns. Tübingen.
Kuiper, Koenraad/Haggo, Douglas (1984): Livestock Auctions, Oral Poetry, and Ordinary Language. In: Language in Society 13, 205–234.
Kvam, Sigmund (1986): Partizipialkonstruktionen und Partizipialattribute in deutschen Fachtexten der Wirtschaft. In: Polenz, Peter von/Erben, Johannes/Goossens, Jan (Hgg.): Sprachnormen: lösbare und unlösbare Probleme. Kontroversen um die neuere deutsche Sprachgeschichte. Tübingen, 105–119.
Lacher, Ute Karoline (1989): Verkaufsgespräche in der Apotheke. Eine konversationsanalytische Studie. Unveröffentlichte Magisterarbeit (Soziologie). Universität Konstanz.
Lamoureux, Edward Lee (1988/89): Rhetoric and Conversation in Service Encounters. In: Research on Language and Social Interaction, Vol. 22, 93–114.
Lampi, Mirjaliisa (1986): Linguistic Components in Business Negotiations. Helsinki.
Landis, Dan/Bhagat, Rabi (Hgg.) (1996): Handbook of intercultural training. 2. Aufl. Thousands Oaks/Californien.
Lasko, Wolf W. (1993): Smalltalk und Karriere. Mit Erfolg Kontakte knüpfen. Wiesbaden.

Lehtonen, Jaakko (1994): Kommunikation als Erfolgsfaktor. Strategischer Einsatz von Qualitätsmanagement in organisationsinterner Kommunikation. In: Bartsch (Hg.), 46–153.

Lenz, Friedrich (1989): Organisationsprinzipien in mündlicher Fachkommunikation. Zur Gesprächsorganisation von Technical Meetings. Frankfurt a.M. usw.

- (1990): Der wortkarge Finne und der beredete Deutsche? oder: Die Angst des Geschäftsmanns vor dem Muttersprachler. Helsinki: School of Economics (= School of Economics Working Papers F 244).
- (1991): Interkulturelle Probleme in Verhandlungen zwischen Deutschen und Finnen? In: Feldbusch/Pogarell/Weiß (Hgg.), 279–286.
- (1994): Gesprächsorganisatorische Aspekte innerbetrieblicher Besprechungen. Ergebnisse einer Untersuchung in einem englischen Betrieb. In: Bungarten (Hg.), 108–119.

Leppälä, Kirsi (1994): Kulturelles Wissen in der Werbung. In: Bungarten (Hg.) (1994c), 130–135.

Lepschy, Annette (1995): Das Bewerbungsgespräch. Eine sprechwissenschaftliche Studie zu gelingender Kommunikation aus der Perspektive von Bewerberinnen und Bewerbern. St. Ingbert.

- (1998): Besprechungen, Sitzungen, Tagungen. Vorbereiten, Durchführen, Dokumentieren. Arbeitsmaterialien für die Interessenvertretung. Hg. von der IG Bergbau, Chemie, Energie: Bund-Verlag.
- (1999): Lehr- und Lernmethoden zur Entwicklung von Gesprächsfähigkeit. In: Brünner/Fiehler/Kindt (Hgg.), Bd. 2, 50–71.

Liedke, Martina/Redder, Angelika/Scheiter, Susanne (1999): Interkulturelles Handeln lehren – ein diskursanalytischer Trainingsansatz. In: Brünner/Fiehler/Kindt (Hgg.), Bd. 2, 148–179.

Linde, Charlotte (1991): What's next? The social and technological management of meetings. In: Pragmatics 1/3, 297–317.

List, Pia/Wagner, Johannes (1992): Nationale Stereotype im internationalen beruflichen Alltag: Überlegungen anhand eines Fallbeispiels. In: Grindsted/Wagner (Hgg.), 210–226.

Lung, Helmut (1996): Sprache und Didaktik im Seminar. München/Basel.

Lüschow, Frank/Michel, Gerhard (1996): Das Gespräch – ein Weg zum mündigen Lernen. Anleitung für Schule und Erwachsenenbildung. München.

Maas, Peter/Schüller, Achim/Strasmann, Jochen (Hgg.) (1992): Beratung von Organisationen. Zukunftsperspektiven praktischer und theoretischer Konzepte. Stuttgart.

Maddux, Robert B. (1993): Erfolgreich verhandeln. Entwicklung einer Gewinn(er)-Philosophie, 8 schwerwiegende Fehler, 6 Grundschritte zu professioneller Verhandlungstechnik. Wien.

Management Wissen (1991): Bessere Kommunikation im Unternehmen: Mitwissen, mitreden, mitgewinnen. Wie Top-Firmen ihre Mitarbeiter motivieren. Heft 4.

Marquard, Judith (1994): Argumentieren in einem Problemlösungsdiskurs in der Industrie. In: Osnabrücker Beiträge zu Sprachtheorie (OBST) 49, 172–189.
Marriott, Helen E. (1991): Native-Speaker Behavior in Australian-Japanese Business Communication. In: International Journal of the Sociology of Language 92: New Perspectives on Linguistic Etiquette. Ed. by Florian Coulmas, 87–117.
- (1995): ‚Deviations' in an intercultural business negotiation. In: Firth (Hg.), 247–270.
- (1995a): The management of discourse in international seller-buyer negotiations. In: Ehlich/Wagner (Hgg.), 103–126.
Mattheier, Klaus J. (1986): Textsorten im Industriebetrieb des 19. Jahrhunderts. In: Kallmeyer, Werner (Hg.): Kommunikationstypologie. Handlungsmuster, Textsorten, Situationstypen. Jahrbuch 1985 des Instituts für deutsche Sprache. Düsseldorf, 193–226.
- (1987): Industrialisierung der Sprache. Historisch-soziolinguistische Überlegungen zur Sprache im Industriebetrieb des 19. Jahrhunderts. In: Wirkendes Wort 2, 130–143.
- (1989): Sprache und Sprachgebrauch im Industriebetrieb des 19. Jahrhunderts. Bericht über ein laufendes Forschungsprojekt. In: D. Cherubim/Klaus J. Mattheier (Hgg.): Voraussetzungen und Grundlagen der Gegenwartssprache. Sprach- und sozialgeschichtliche Untersuchungen zum 19. Jahrhundert. Berlin, 273–279.
Mautner, Gerlinde (1998): Fachsprachliche Phänomene im Verkauf und Konsum. In: Hoffmann, Lothar/Kalverkämper, Hartwig/Wiegand, Herbert Ernst (Hgg.): Fachsprachen – Languages for Special Purposes. Ein internationales Handbuch zur Fachsprachenforschung und Terminologiewissenschaft. 1. Halbband. (= Handbücher zur Sprach- und Kommunikationswissenschaft 14.1.) Berlin/New York, 756–763.
Mayntz, Renate (1963): Soziologie der Organisation. Reinbek bei Hamburg.
Mazeland, Harrie/Huisman, Marjan/Schasfoort, Marca (1995): Nogotiating categories in travel agency calls. In: Firth (Hg.), 271–298.
Meier, Christoph (1997): Arbeitsbesprechungen. Interaktionsstruktur, Interaktionsdynamik und Konsequenzen einer sozialen Form. Opladen.
- (1998): In Search of the Virtual Interaction Order: investigating conduct in video-mediated work meetings. Arbeitspapier 3 des Projekts „Telekooperation. Strukturen, Dynamik und Konsequenzen elektronisch vermittelter kooperativer Arbeit in Organisationen". Institut für Soziologie, Universität Giessen.
- (1998a): Potentielle und aktuelle Präsenz: von der Interaktionseröffnung zum offiziellen Beginn in Videokonferenzen. Arbeitspapier 5 des Projekts „Telekooperation. Strukturen, Dynamik und Konsequenzen elektronisch vermittelter kooperativer Arbeit in Organisationen". Institut für Soziologie, Universität Giessen.
Menz, Florian (1998): Verständigungsprobleme in Wirtschaftsunternehmen. Zum Einfluss von unterschiedlichen Konzeptualisierungen auf die betriebsinterne Kommu-

nikation. In: Fiehler, Reinhard (Hg.): Verständigungsprobleme und gestörte Kommunikation. Opladen/Wiesbaden, 134–154.
- (1999): „Who am I gonna do this with?" Self-Organization, Ambiguity and Decision-Making in a Business Enterprise. Erscheint in: Discourse and Society 1/10.
- (demn.): ‚Erfolg' oder ‚Fehlgriff'? Zum Entscheidungsmuster bei Bewerbungen in Wirtschaftsunternehmen. Eine Fallstudie. In: Theo Bungarten (Hg.): Wirtschaftshandeln. Kommunikation in Marketing, Management und Ausbildung. Tostedt.
- (demn.a): „Was soll denn das Chaos?" Selbst- und Fremdorganisation durch Kommunikation in Wirtschaftsunternehmen. Leverkusen.

Messing, Ewald E.J. (1928): Methoden und Ergebnisse der wirtschaftssprachlichen Forschung. Utrecht.
- (Hg.) (1932): Zur Wirtschaftslinguistik. Eine Auswahl von kleineren und größeren Beiträgen über Wert und Bedeutung, Erforschung und Unterweisung der Sprache des wirtschaftlichen Verkehrs. Rotterdam.

Mikl-Horke, Gertraude (1991): Industrie- und Arbeitssoziologie. München/Wien.

Miller, Laura (1994): Japanese and American Meetings and what Goes on before them: A case study of co-worker misunderstanding. In: Pragmatics 4/2, 221–238.

Möhn, Dieter (1991): Nachwort. In: Alfred Schirmer: Wörterbuch der deutschen Kaufmannssprache auf geschichtlichen Grundlagen. Neudruck. Berlin/New York, 219–224.

Müller, Andreas P. (1997): ‚Reden ist Chefsache'. Linguistische Studien zu sprachlichen Formen sozialer ‚Kontrolle' in innerbetrieblichen Arbeitsbesprechungen. Tübingen.
- (1997a): Inferiorität und Superiorität verbalen Verhaltens: Zu den ‚Rollenstilen' von Vorgesetzten und Angestellten. In: Selting/Sandig (Hgg.), 217–253.

Müller, Bernd-Dietrich (1991): Die Bedeutung der interkulturellen Kommunikation für die Wirtschaft. In: Müller (Hg.), 27–52.
- (Hg.) (1991): Interkulturelle Wirtschaftskommunikation. München.

Murray, Denise E. (1989): When the Medium Determines Turns: Turntaking in Computer Conversation. In: Coleman (Hg.), 319–338.

Musolff, Andreas (1991): Krieg oder Hochzeit? Metapherngebrauch in der Wirtschaftsberichterstattung. In: Sprachreport 2, 1–3.

Neuberger, Oswald (1985): Führung. Ideologie – Struktur – Verhalten. 2. Aufl. Stuttgart.
- (1988): Was ist denn da so komisch? Thema: Der Witz in der Firma. Weinheim/Basel.
- (1994): Führen und geführt werden. 4. Aufl. Stuttgart.

Neuberger, Oswald/Kompa, Ain (1987): Wir, die Firma. Der Kult um die Unternehmenskultur. Weinheim.

Neumann, Ingrid (1994): Die Distribution der Gesprächsschritte in einer interkulturellen Verhandlung. In: Bungarten (Hg.) (1994a), 162–185.

Neumann, Peter (1991): Das Mitarbeitergespräch. In: Rosenstiel/Regnet/Domsch (Hgg.), 173–187.

Niederhauser, Jürg (1994): Personalzeitung und Unternehmenskommunikation. Zur innerbetrieblichen Kommunikation in einem nationalen Bahnunternehmen. In: Bungarten (Hg.) (1994), 120–139.

Niehüser, Wolfgang (1995): Klatsch, Gerüchte, Mobbing. Informelle Kommunikation im Unternehmen. In: Hindelang, Götz/Rolf, Eckard/Zillig, Werner (Hgg.): Der Gebrauch der Sprache. Festschrift für Franz Hundsnurscher zum 60. Geburtstag. Münster, 285–295.

Noack, Claus (1991): Technischer Redakteur: Ein neuer Beruf stellt sich vor. In: Feldbusch/Pogarell/Weiß (Hgg.), 369–376.

Nothdurft, Werner (1996): Konflikt und Schlichtung. Eine diskursanalytische Studie zur Konfliktsicht von Streitparteien in Schlichtungsgesprächen. Wiesbaden.

– (Hg.) (1995): Streit schlichten. Gesprächsanalytische Untersuchungen zu institutionellen Formen konsensueller Konfliktregelung. Berlin/New York.

Obermann, Christof/Schiel, Frank (Hgg.) (1997): Trainingspraxis. 22 erfolgreiche Seminare zu Vertriebstraining, Führung, Teambuilding, Unternehmensentwicklung. Köln.

Ohama, Ruiko (1987): Eine Reklamation. In: Osnabrücker Beiträge zur Sprachtheorie (OBST) 38, 27–52.

Olesen, Flemming (1992): You have no time to stay with us – On Danish-Arab (and Other) Business Negotiations. In: Grindsted/Wagner (Hgg.), 176–192

Ottomeyer, Klaus (1977): Ökonomische Zwänge und menschliche Beziehungen. Soziales Verhalten im Kapitalismus. Reinbek.

Pakkala, Tuija (1994): Das Verhältnis zwischen verbalen und nonverbalen Textelementen in Produkt- und Firmenvorstellungen – eine kontrastive Untersuchung finnisch-deutsch. In: Bungarten (Hg.) (1994b), 72–90.

Pansegrau, Petra (1997): Dialogizität und Degrammatikalisierung in E-mails. In: Weingarten (Hg.), 86–104.

Peirce, Charles Sanders (1931–1934/1958): Collected Papers. Hartshorne, Charles/ Weiss, Paul (Hgg.): Vol. I–VI; Burks, Arthur W. (Hg.): Vol. VII–VIII. Cambridge, Mass./London.

Pelka, Roland (1979): Kommunikationsdifferenzierung in einem Industriebetrieb. In: Mentrup, Wolfgang (Hg.): Fachsprachen und Gemeinsprache. Jahrbuch 1978 des Instituts für deutsche Sprache. Düsseldorf, 59–83.

Peter, Herbert (1973): Historischer Überblick über die Wirtschaftslinguistik. In: Bulletin der Internationalen Vereinigung Sprache und Wirtschaft 1. Kufstein, 11–20.

Piirainen, Ilpo Tapani /Airismäki, Jarmo (1987): Sprache der Wirtschaftspresse. Untersuchungen zum Sprachgebrauch des ‚Handelsblattes'. Bochum.

Pinch, Trevor/Clark, Colin (1986): The Hard Sell: ‚patter merchanting' and the strategic (re)production and local management of economic reasoning in the sales routines of market pitchers. In: Sociology Vol. 20, No. 2, 169–191.
Piwinger, Manfred/Ebert, Helmut (1998): Impression Management. Wuppertal.
Plog, Kirsten (1994): Akquisegespräche. In: König, Peter-Paul/Wiegers, Helmut (Hgg.): Satz – Text – Diskurs. Akten des 27. Linguistischen Kolloquiums, Münster 1992. Bd. 2. Tübingen. 333–339.
- (1996): Telefonmarketing. Ziele und Methoden aus linguistischer Perspektive. Opladen.
Plum, Monika (1996): Der Wandel in der Unternehmenskommunikation – Substitution traditioneller Briefpost durch elektronische Medien (= Wissenschaftliches Institut für Kommunikationsdienste, Diskussionsbeitrag Nr. 163). Bad Honnef.
Pogarell, Reiner (1988): Linguistik im Industriebetrieb. Eine annotierte Auswahlbibliographie. Aachen.
Pogner, Karl-Heinz (1997): Diskursgemeinschaft und Interaktion. Zum Schreiben von Beratenden IngenieurInnen. In: Adamzik, Kirsten/Antos, Gerd/Jakobs, Eva-Maria (Hgg.): Domänen- und kulturspezifisches Schreiben. Frankfurt a.M. usw., 127–150.
- (1998): Schreiben im Beruf als Handeln im Fach. Tübingen.
Poro, Susanne (1999): Beziehungsrelevanz in der beruflichen Kommunikation. Frankfurt a.M.
Pothmann, Achim (1997): Diskursanalyse von Verkaufsgesprächen. Opladen.
Presch, Gunter (1988): Verdeckte Beurteilungen in qualifizierten Arbeitszeugnissen: Beschreibung, Erklärung, Veränderungsvorschläge. In: Bungarten (Hg.), 474–485.
- (1996): Verdeckte Beurteilungen in Arbeitszeugnissen: ein Streitfall vor Gericht. In: Kniffka, Hannes (Hg.): Recent Developments in Forensic Linguistics. Frankfurt a.M., 319–343.
Prus, Robert (1986): It's on ‚sale': an examination of vendor perspectives, activities and dilemmas. In: Canadian Review of Sociology and Anthropology 23, 72–96.
Pschaid, Priska (1993): Language and Power in the Office. Tübingen.
Püschel, Ulrich (1995): Normen und Normenkonflikte. Am Beispiel eines Schreibseminars in der beruflichen Fort- und Weiterbildung. In: Biere/Hoberg (Hgg.), 91–109.
Putnam, Linda L./Roloff, Michael E. (Hgg.) (1992): Communication and negotiation. Newbury Park usw.
Quasthoff, Uta M. (1997): Kommunikative Normen im Entstehen: Beobachtungen zu Kontextualisierungsprozessen in elektronischer Kommunikation. In: Weingarten (Hg.), 23–50.
Rathmayr, Renate (1988): Russische Werbetexte: Illokutionsstrukturen und textuelle Grundfunktionen. In: Slavistische Beiträge Bd. 230, 349–374.
- (1992): Mündliche Rede im Fachbereich Wirtschaft: Verhandeln. In: Wiener Slavistisches Jahrbuch. Bd. 38. Hgg.: Hüttl-Folter, G. et al. Wien, 153–178.

Rathmayr, Renate/Kappel, Guido (1993): Verhandeln mit Russen: Interkulturelle Aspekte. In: Eschenbach, Rolf (Hg.): Forschung für die Wirtschaft. Im Mittelpunkt: der Mensch. Wien, 243–251.
Redder, Angelika (1994): „Bergungsunternehmen" – Prozeduren des Malfelds beim Erzählen. In: Brünner/Graefen (Hgg.), 238–264.
– (1994a): Alltagserzählung: „Maiausflug" und Nacherzählung: „Das Millionenwrack". In: Redder/Ehlich (Hgg.), 407–424.
Redder, Angelika/Ehlich, Konrad (Hgg.) (1994): Gesprochene Sprache. Transkripte und Tondokumente. Tübingen.
Regnet, Erika (1992): Konflikte in Organisationen. Formen, Funktionen und Bewältigung. Göttingen/Stuttgart.
Rehbein, Jochen (1986): Institutioneller Ablauf und interkulturelle Missverständnisse in der Allgemeinpraxis. Diskursanalytische Aspekte der Arzt-Patienten-Kommunikation. In: Curare 9, 297–328.
– (1993): Ärztliches Fragen. In: Löning, Petra/Rehbein, Jochen (Hgg.): Arzt-Patienten-Kommunikation. Berlin, 311–364.
– (1995): International sales talk. In: Ehlich/Wagner (Hgg.), 67–102.
Reuter, Ewald (1989): Die kommunikative Organisation der Produktvorstellung. In: Laurén, Christer/Nordman, Marianne (Hgg.): From Office to School. Special Language and Internalisation. Clevedon, Philadelphia, 67–77.
– (1994): ‚Klein, aber fein'. Stereotype in einer deutsch-finnischen Messeveranstaltung. In: Bungarten (Hg.) (1994c), 167–179.
– (1997): Mündliche Kommunikation im Fachfremdsprachenunterricht. Zur Empirisierung und Reflexivierung mündlicher Kommunikationstrainings. München.
– (Hg.) (1991): Wege der Erforschung deutsch-finnischer Kulturunterschiede in der Wirtschaftskommunikation. Publikationsreihe des Sprachenzentrums der Universität Tampere.
Reuter, Ewald/Schröder, Hartmut/Tiittula, Liisa (1989): Deutsch-Finnische Kulturunterschiede in der Wirtschaftskommunikation. In: Jahrbuch Deutsch als Fremdsprache 15, 237–269.
– (1991): Zur Erforschung von Kulturunterschieden in der internationalen Wirtschaftskommunikation. In: Müller (Hg.), 93–122.
Reuter, Ewald/Ylönen, Sabine (1993–94): Handelspartner Finnland. Außenhandelsförderung am Beispiel der Deutsch-Finnischen Handelskammer Helsinki. Ein Unterrichtsprogramm für den Bereich ‚mündliches Wirtschaftsdeutsch'. Videokassette, Begleitheft, Lehrerheft, Transkriptband. Jyväskylä: Universität Jyväskylä.
Robin, Harry (1992): Die wissenschaftliche Illustration. Von der Höhlenmalerei zur Computergraphik. Basel.
Rohr, Susanne (1993): Über die Schönheit des Findens. Die Binnenstruktur menschlichen Verstehens nach Charles S. Peirce: Abduktionslogik und Kreativität. Stuttgart.

Roinila, Pauli (1994): Zur Problematik der interkulturellen Kommunikation am Beispiel von Betriebsbroschüren. In: Bungarten (Hg.) (1994b), 91–105.
Römer, Ruth (1968): Die Sprache der Anzeigenwerbung. Düsseldorf.
Rosenstiel, Lutz von (1994): Training der kommunikativen Kompetenz. In: Hofmann/Regnet (Hgg.), 115–126.
Rosenstiel, Lutz von/Regnet, Erika/Domsch, Michael (Hgg.) (1991): Führung von Mitarbeitern. Handbuch für erfolgreiches Personalmanagement. Stuttgart.
Rost-Roth, Martina (1994): Verständigungsprobleme in der interkulturellen Kommunikation. Ein Forschungsüberblick zu Analysen und Diagnosen in empirischen Untersuchungen. In: Zeitschrift für Literaturwissenschaft und Linguistik 93, 9–45.
Runkehl, Jens/Schlobinski, Peter/Siever, Torsten (1998): Sprache und Kommunikation im Internet. Überblick und Analysen. Opladen/Wiesbaden.
Ruschel, Adalbert (1989): Besprechungen und Konferenzen. Kommunikation im Unternehmen. München.
Ruß-Mohl, Stefan/Stuckmann, Heinz D. (Hgg.) (1991): Wirtschaftsjournalismus. Ein Handbuch für Ausbildung und Praxis. München.
Rust, Michael/Noack, Claus (1994): Ein neuer Beruf stellt sich vor: der technische Redakteur. In: Ehlich/Noack/Scheiter (Hgg.), 207–213.
Rüttinger, Bruno/Sourisseaux, Andreas (1992): Computergestützte Kommunikation in Gruppen. In: Spillner (Hg.), 51–58.
Sabel, Herbert (1993): Sprechen Sie mit Ihren Mitarbeitern. Die Kunst, Mitarbeitergespräche erfolgreich zu führen, Signale im Gespräch zu erkennen und mit Konfliktsituationen umzugehen. Bamberg.
Saul, Siegmar (1993): Führen durch Kommunikation. Gespräche mit Mitarbeiterinnen und Mitarbeitern. Weinheim.
Schank, Gerd/Schwitalla, Johannes (Hgg.) (1987): Konflikte in Gesprächen. Tübingen.
Scheitlin, Victor (1987): Kommunikation. Die Brücke zum anderen. St. Gallen.
– (1988): In Reklamationen stecken Chancen! Oder wie man in den Wald ruft, so tönt es zurück! Psychologie und Technik geschickter Reklamations-Erledigung. 2. Aufl. St. Gallen.
Schenkein, Jim (1978): Identity Negotiations in Conversation. In: Schenkein (Hg.), 57–78.
– (Hg.) (1978): Studies in the Organization of Conversational Interaction. New York usw.
Schmerl, Christiane (Hg.) (1992): Frauenzoo der Werbung. Aufklärung über Fabeltiere. München.
Schmidt, Siegfried J. (1996): (Fernseh)Werbung, oder die Kommerzialisierung der Kommunikation. In: Müller-Funk, Wolfgang/Reck, Hans Ulrich (Hgg.): Inszenierte Imagination. Beiträge zu einer historischen Anthropologie der Medien. Wien/New York, 25–44.

Schmidt, Siegfried J./Spieß, Brigitte (1994): Die Geburt der schönen Bilder. Fernsehwerbung und Medienkultur. Opladen.
Schmiede, Rudi (Hg.) (1996): Virtuelle Arbeitswelten. Arbeit, Produktion und Subjekt in der „Informationsgesellschaft". Berlin.
Schmitt, Christiane (1988): Gemeinsprache und Fachsprache im heutigen Französich. Formen und Funktionen der Metaphorik in wirtschaftsfachsprachlichen Texten. In: Kalverkämper, Hartwig (Hg.): Fachsprache in der Romania. Tübingen, 113–129.
Schmitt, Reinhold (1999): Rollenspiele als authentische Gespräche. Überlegungen zu deren Produktivität im Trainingszusammenhang. In: Brünner/Fiehler/Kindt (Hgg.), Bd. 2, 81–99.
Schmitt, Reinhold/Brandau, Dagmar/Heidtmann, Daniela (1999): Gruppenstil in Arbeitsmeetings. In: Sprachreport 1/99. 20–25.
Schmitz, Ulrich (1997): Schriftliche Texte in multimedialen Kontexten. In: Weingarten (Hg.), 131–158.
Schnieders, Guido (demn.): Authentische und simulierte Reklamationsgespräche – ein exemplarischer Vergleich. In: Rehbein, Jochen (Hg.): Spektrum der Funktionalen Pragmatik.
Scholtes-Schmid, Gertrud (1986): Die Beschreibung von Wirtschaftsfachsprachen. In: Special Language 1–2, 35–44.
Schröder, Hartmut (Hg.) (1993): Fachtextpragmatik. Tübingen.
Schuldt, Janina (1991): Den Patienten informieren. Beipackzettel von Medikamenten. Tübingen.
– (1992): Gebrauchsinformationen für Medikamente: Patienten im sprachlichen Spannungsfeld zwischen Information und Risikoaufklärung. In: Zeitschrift für germanistische Linguistik 20, 1–23.
Schulz von Thun, Friedemann (1981/1989): Miteinander reden. 2 Bde. Reinbek.
Schwandt, Berndt (1993): Organisationskultur: Rhetorische Kultur. In: Sprechen 1, 31–37.
– (1995): „Erzähl mir nix". Gesprächsverlauf und Regelaushandlung in den Besprechungen von Industriemeistern. München/Mering.
Schwarz, Thomas (1998): Die Sprache des Aktienhandels. In: kultuRRevolution 36, 47–55.
Schweer, Martin (Hg.) (1997): Interpersonales Vertrauen. Theorien und empirische Befunde. Opladen/Wiesbaden.
Schwitalla, Johannes (1991): Das Illustrieren – eine narrative Textsorte mit zwei Varianten. In: Erscheinungsformen der deutschen Sprache. Festschrift zum 60. Geburtstag von Hugo Steger. Berlin, 189–294.
– (1996): Telefonprobleme. (Leidvolle) Erfahrungen mit einem neuen Medium. In: Zeitschrift für germanistische Linguistik 24, 153–174.
– (1996a): Beziehungsdynamik. Kategorien für die Beschreibung der Beziehungsgestaltung sowie der Selbst- und Fremddarstellung in einem Streit- und Schlich-

tungsgespräch. In: Kallmeyer, Werner (Hg.): Gesprächsrhetorik. Rhetorische Verfahren im Gesprächsprozess. Tübingen, 297–350.

Selting, Margret/Sandig, Barbara (Hgg.) (1997): Sprech- und Gesprächsstile. Berlin/ New York.

Senft, Gunter (1981): Sprachliche Varietät und Variation im Sprachverhalten Kaiserslauterner Metallarbeiter. Bern/Frankfurt a.M.

Seyfarth, Horst (1995): Bild und Sprache in der Fernsehwerbung. Eine empirische Untersuchung der Bereiche Auto und Kaffee. Münster.

Siebenschein, Hugo (1936): Abhandlungen zur Wirtschaftsgermanistik. Praha.

Simounet de Géigel, Alma (1987): The Analysis os Sales Encounters on the Island of St. Croix: An Ethnographic Approach. In: Halliday, Michael A.K./Gibbons, John/ Nicholas, Howard (Hgg.): Learning Keeping and Using Language. Vol. 1. Amsterdam/Philadelphia, 455–491.

Sowinski, Bernhard (1998): Werbung. Tübingen.

Spieß, Brigitte (1994): Weiblichkeitsklischees in der Fernsehwerbung. In: Merten, Klaus/Schmidt, Siegfried J./Weischenberg, Siegfried (Hgg.): Die Wirklichkeit der Medien. Eine Einführung in die Kommunikationswissenschaft. Opladen, 408–426.

Spilka, Rachel (Hg.) (1993): Writing in the Workplace. New Research Perspectives. Carbondale.

Spillner, Bernd (Hg.) (1992): Wirtschaft und Sprache. Kongressbeiträge zur 22. Jahrestagung der Gesellschaft für Angewandte Linguistik (GAL). Frankfurt a.M. usw.

– (Hg.) (1995): Sprache: Verstehen und Verständlichkeit. Frankfurt a.M.

Spörri, Hansruedi (1993): Werbung und Topik. Textanalyse und Diskurskritik. Bern.

Sproull, Lee/Kiesler, Sara (1993): New Ways of Working in the Networked Organization. 3. Aufl. Cambridge/London.

Staehle, Wolfgang H. (1994): Management. Eine verhaltenswissenschaftliche Perspektive. 7. Aufl. München.

Stalpers, Judith (1987): The use of *alors* in French-Dutch negotiations: A case study. In: Knapp, Karlfried/Enninger, Werner/Knapp-Potthoff, Annelie: Analyzing Intercultural Communication. Berlin usw., 249–268.

– (1995): The expression of disagreement. In: Ehlich/Wagner (Hgg.), 275–290.

Steffen, Katharina (1990): Übergangsrituale einer auto-mobilen Gesellschaft. Frankfurt a.M.

Steigüber, Barbara (1991): Mit leisen Flüchen: Ihr Sachbearbeiter. Korrespondenzen in Industriebetrieben. In: Feldbusch/Pogarell/Weiß (Hgg.), 361–368.

– (1992): Kundengespräche als Werbeträger: Sprachtraining für Techniker. In: Fiehler/Sucharowski (Hgg.), 340–351.

– (1993): Stimmigkeit von Innenkommunikation – geschriebene und gesprochene Sprache in einem Unternehmen am Beispiel von Monatsberichten. In: Bogaert, Elisabeth/Van de Velde, Marc/Vermeire, Antoine (Hgg.): Taal en Bedrijf (= ABLA Papers no. 15), 121–130.

Stephan, Wilfried (1994): Russische Werbetexte – nicht länger ein Widerspruch in sich! In: Bungarten (Hg.) (1994a), 211–223.

Stöckl, Hartmut (1998): Das Flackern und Zappeln im Netz. Semiotische und linguistische Aspekte des „Webvertising". In: ZfAL 29, 77–112.

Strasser, Hermann/Voswinkel, Stephan (1997): Vertrauen im gesellschaftlichen Wandel. In: Schweer (Hg.), 217–236.

Swan, William S. (1990): Den richtigen Mitarbeiter finden. Das erfolgreiche Einstellungsgespräch. Zürich/Wiesbaden.

Tannen, Deborah (1995): Job-Talk. Wie Frauen und Männer am Arbeitsplatz miteinander reden. Hamburg.

Taylor, Rex (1978): Marilyn's Friends and Rita's Customers: a study of party-selling as play and as work. In: The Sociological Review 26, 573–594.

Ten Have, Paul/Psathas, George (Hgg.) (1995): Situated Order. Studies in the Social Organization of Talk and Embodied Activities. Washington, D.C.

Teubert, Wolfgang (1999): Sprache als Wirtschaftsfaktor. Zur Bedeutung von Terminologie. In: Sprachreport 1/99. 9–14.

Theis, Anna Maria (1994): Organisationskommunikation. Opladen.

– (1994a): Wieviel Kommunikation kann sich ein Unternehmen leisten, welche Kommunikation muss es sich leisten? Alternative Perspektiven der Unternehmenskommunikation. In: Bungarten (Hg.) (1994), 140–155.

Theiß, Marlen (1995): Zielorientiert verhandeln: Wertschätzung und Durchsetzung – geht das zusammen? In: Voß (Hg.), 256–271.

Thomas, Alexander/Hagemann, Katja (1992): Training interkultureller Kompetenz. In: Bergemann/Sourisseaux (Hgg.), 173–200.

Tiittula, Liisa (1991): Gesprächsverhalten in Verhandlungen: Anmerkungen zu den „monologischen Finnen". In: Reuter (Hg.), 60–74.

– (1994): Stereotype in der internationalen Geschäftskommunikation. In: Bungarten (Hg.) (1994c), 203–214.

– (1994a): Verständigungsprozeduren in interkulturellen Geschäftsverhandlungen. In: Bungarten (Hg.) (1994c), 215–230.

– (1995): Kulturen treffen aufeinander. Was finnische und deutsche Geschäftsleute über die Gespräche berichten, die sie miteinander führen. In: Jahrbuch Deutsch als Fremdsprache 21, 293–310.

Torode, Brian (1995): Negotiating ‚advice' in a call to a consumer helpline. In: Firth (Hg.), 345–372.

Tsuda, Aoi (1984): Sales Talk in Japan and the United States. An ethnographic analysis of contrastive speech events. Georgetown.

Ulijn, Jan M./Gorter, Tj. R. (1989): Language, culture and technical-commercial negotiating. In: Coleman (Hg.), 479–505.

Ulijn, Jan M./Strother, Judith B. (1995): Communicating in Business and Technology. From Psycholinguistic Theory to International Practice. Frankfurt a.M. usw.

Ureland, P. Sture (Hg.) (1987): Sprachkontakte in der Hanse. Aspekte des Sprachausgleichs im Ostsee- und Nordseeraum. Tübingen.
Vahlens großes Wirtschaftslexikon (1994). Hgg. Erwin Dichtl und Otmar Issing. 2. Aufl. München.
van der Wijst, Per/Ulijn, Jan (1995): Politeness in French/Dutch negotiations. In: Ehlich/Wagner (Hgg.), 313–347.
van Gemert, Lisette/Woudstra, Egbert (1994): Diagnosis and solutions of communication problems. In: Bungarten (Hg.) (1994), 63–107.
– (1997): Veränderungen beim Schreiben am Arbeitsplatz. Eine Literaturstudie und eine Fallstudie. In: Adamzik, Kirsten/Antos, Gerd/Jakobs, Eva-Maria (Hgg.): Domänen- und kulturspezifisches Schreiben. Frankfurt a.M. usw., 103–126.
Vančura, Zdenek (1936): The Study of the Language of Commerce. In: Prazste Linguistick Krouzek: Travaux du Cercle linguistique de Prague 6. Prag, 159–164.
Villemoes, Anette (1995): Culturally Determined Facework Priorities in Danish and Spanish Business Negotiation. In: Ehlich/Wagner (Hgg.), 291–312.
Voß, Bärbel (Hg.) (1995): Kommunikations- und Verhaltenstrainings. Göttingen.
Wage, Jan L. (1988): Psychologie und Technik des Verkaufsgesprächs. 10. Aufl. Landsberg.
Wagner, Helmut/Reineke, Rolf-Dieter (Hgg.) (1992): Beratung von Organisationen. Philosophien – Konzepte – Entwicklungen. Wiesbaden.
Wagner, Johannes (1995): ‚Negotiating activity' in technical problem solving. In: Firth (Hg.), 223–246.
– (1995a): What makes a discourse a negotiation? In: Ehlich/Wagner (Hgg.), 9–36.
Wagner, Johannes/Firth, Alan (1997): Communication Strategies at Work. In: Kasper, Gabriele/Kellermann, Eric (Hgg.): Communication Strategies. Psycholinguistic and Sociolinguistic Perspectives. London/New York, 323–344.
Wagner, Johannes/Petersen, Uwe Helm (1991): Zur Definition von Verhandeln. Unter besonderer Berücksichtigung von Gesprächsverhandlungen (sic!). In: Müller (Hg.), 261–276.
Wahren, Heinz-Kurt (1987): Zwischenmenschliche Kommunikation und Interaktion in Unternehmen. Grundlagen, Probleme und Ansätze zur Lösung. Berlin/New York.
Walker, Esther (1995): Making a bid for change: formulation in union/management negotiations. In: Firth (Hg.), 101–140.
Wankerl, Franz (1988/1989): Die deutsche schriftliche Wirtschaftssprache in der DDR. Bestandsaufnahme und Aufgaben. In: Forschungsinformationen des Instituts für Fremdsprache 10, 76–101.
Wehner, Christa (1996): Überzeugungsstrategien in der Werbung. Eine Längsschnittanalyse von Zeitschriftenanzeigen des 20. Jahrhunderts. Opladen.
Weidenmann, Bernd (Hg.) (1994): Wissenserwerb mit Bildern. Instruktionale Bilder in Printmedien, Film/Video und Computerprogrammen. Bern usw.

Weingarten, Rüdiger (1997): Textstrukturen in neuen Medien. In: Weingarten (Hg.), 215–238.
– (Hg.) (1997): Sprachwandel durch Computer. Opladen.
Weinig, Katja (1997): Wie Technik Kommunikation verändert. Das Beispiel Videokonferenz. Münster/Hamburg/London.
Weis, Hans Christian (1992): Verkaufsgesprächsführung (= Modernes Marketing für Studium und Praxis). Ludwigshafen.
Willems, Herbert/Jurga, Martin (1998): Inszenierungsaspekte der Werbung. Empirische Ergebnisse der Erforschung von Glaubwürdigkeitsgenerierungen. In: Jäckel, Michael (Hg.): Die umworbene Gesellschaft. Analysen zur Entwicklung der Werbekommunikation. Opladen/Wiesbaden, 209–230.
Williams, Marion (1988): Language Tought for Meetings and Language Used in Meetings: Is there Anything in Common? In: Applied Linguistics 9/1, 45–58.
Witzer, Brigitte (1992): Kommunikation in Konzernen. Konstruktives Menschenbild als Basis neuer Kommunikationsstrukturen. Opladen.
Wolff, Armin/Schleyer, Walter (Hgg.) (1997): Fach- und Sprachunterricht: Gemeinsamkeiten und Unterschiede, Studiengänge Deutsch als Fremdsprache: Von der Theorie zur Praxis. Regensburg.
Wolters (1988): Technische Handbücher für den *Airbus*. In: Bungarten (Hg.), 225–247.
Wunderer, Rolf (1993): Führung und Zusammenarbeit. Beiträge zu einer Führungslehre. Stuttgart.
Wunderlich, Dieter (1976): Studien zur Sprechakttheorie. Frankfurt a.M.
Yamada, Haru (1990): Topic Management and Turn Distribution in Business Meetings: American versus Japanese strategies. In: Text 10/3, 271–295.
Yate, Martin John (1990): Das erfolgreiche Bewerbungsgespräch. Überzeugende Antworten auf alle Fragen. Frankfurt a.M./New York.
Zerfaß, Ansgar (1996): Unternehmensführung und Öffentlichkeitsarbeit. Grundlagen einer Theorie der Unternehmenskommunikation und Public Relations. Opladen.
Zieten, Werner (1988): Betriebsanleitungen wie der Kunde sie wünscht. In: Bungarten (Hg.), 253–261.
Zuschlag, Berndt/Thielke, Wolfgang (1989): Konfliktsituationen im Alltag. Ein Leitfaden für den Umgang mit Konflikten in Beruf und Familie. Stuttgart.

14. Anhang

14.1. Transkriptionszeichen

Die Transkriptionen folgen dem Verfahren der *Halbinterpretativen Arbeitstranskriptionen (HIAT)* (Ehlich/Rehbein 1976, Ehlich 1993, Redder/ Ehlich Hgg. 1994). *Halbinterpretativ* bedeutet, dass beim Verschriften Alltagswissen über Sprache reflektiert eingesetzt wird, aber keine weitergehenden Interpretationsraster über das Gesprochene gelegt werden. *Arbeitstranskription* bedeutet, dass das Transkript bei Bedarf immer weiter präzisiert und erweitert werden kann.

Die Verschriftung erfolgt in *literarischer Umschrift*, d.h. in etwa so, wie Dialekte in populärer Literatur wiedergegeben werden; die Orthographie wird bei Auffälligkeiten abgeändert. Satzzeichen wie Punkt, Komma, Fragezeichen oder Doppelpunkt markieren Intonationsverläufe und folgen nicht unbedingt den Interpunktionsregeln.

Die Transkripte stehen in *Partiturschreibweise* (ähnlich wie Partituren in der Musik). Die einzelnen Partiturflächen werden von einer Partiturklammer umschlossen, neben der die Sprechersiglen stehen. Jeder Sprecher hat eine Zeile für die verbale Kommunikation und ggf. darüber eine weitere für die Intonation. Gleichzeitig Gesprochenes steht in der Partiturfläche übereinander.

Die wichtigsten Transkriptionskonventionen sind:

( )	Wortlaut unverständlich
(Steuer)	vermuteter Wortlaut
((lachend:)) [ham das]	Kommentar (( )) und seine Erstreckung [ ]
Ich will/ ich bin	Wort- oder Konstruktionsabbruch
.	kurze Pause in einer Äußerung (ca. ½ Sekunde)
..	längere Pause in einer Äußerung
((4 sec))	4 Sekunden Pause
<---------- Das ist ja Wahnsinn	lauter werdend (im markierten Bereich)
>-------------- wenn er überhaupt kommt	leiser werdend (im markierten Bereich)

>>>>>>>> falls sie überhaupt mitfährt	schneller werdend
<<<<<< bist du total verloren	langsamer werdend
.... das ist völliger Mist	Stakkato, abgehacktes Sprechen
gewa:rtet	auffällige Dehnung des Vokals
bei <u>beiden</u>	auffällige Betonung von Silben/Wörtern
<u>Nee</u>!!	besonders emphatisch gesprochen
((Knacken))	knackendes Geräusch
\\ \\ hm, hmhm	fallende Intonation (ein- bzw. zweigipflig)
/ hm	steigende Intonation
V V hm, hmhm	fallend-steigende Intonation (ein- bzw. zweigipflig)
‾ hm	gleichbleibende Intonation

Alle in den Transkripten und Texten vorkommenden Namen, Orte, Adressen usw. sind fiktive Decknamen.

14.2. Verzeichnis der verwendeten Aufnahmekorpora

- Verkaufsgespräche in einer Autohandlung (Brünner)
- Verkaufs- und Kundenbetreuungsgespräche im Geschäft eines Optikers/ Hörgeräteakustikers (Brünner)
- Verkaufsgespräche in einem Computerfachgeschäft (Brünner)
- Telefonische Reklamationsgespräche in einem EDV-Service (Brünner)
- Telefonische Reklamation bei einer Firma (Antos)
- Telefonische Servicegespräche in einem EDV-Service (Brünner)
- Verhandlungsgespräche bei der Beschaffung eines Computernetzwerks (Brünner)
- Gespräche bei den Stadtwerken (Becker-Mrotzek/Brünner)
- Besprechungen in der Planungsabteilung der Stadtwerke (Becker-Mrotzek/Brünner)

14.3. Transkripte

14.3.1. Schlamperei (Telefonisches Reklamationsgespräch)

Transkript: Schlamperei (Ausschnitte) (Korpus Antos)
Aufnahme: Antos
Transkription: Antos (Rohtranskript in Antos 1989:259)
Korrektur: Weiß, Brünner (1:60)
Situation: Anruf in der Reklamationsabteilung einer Firma
Sprecherinnen: K = Kundin
M = Mitarbeiterin

K	Also wir haben auf m Mai-Markt in Neuestadt bei einem Ihrer Vertreter
5	

K	eine Hausmaschine bestellt. Und haben die auch zugeschickt be-
	V
M	hmhm
6	

K	kommen. Aber die falsche. Wir haben den XT-dreihundertvierzig, was
	V
M	hm
7	

K	.... wir dem Vertreter ausdrücklich gesagt haben. Und jetzt
	V V V
M	hmhm hm hm
8	

K	..... wurde die Hausmaschine von uns schon <u>drei</u> Wochen, morgen drei
9	

K	Wochen an Ihr Werk zurückgeschickt, <u>weder</u> noch eine Antwort, noch
10	

K	<u>Geld</u>, noch irgendetwas zurück.
M	Klei Äh klei/ äh, Frau Meier, ham Sie die Rech-
11	

K	Noi, die han i jetzet <u>nicht</u> zur Hand.
M	nung zur Hand? Sie ham Sie <u>nicht</u>
12	

K	Das is a furcht-
M	zur Hand. Dann muss ich mal es.was ermitteln, . denn äh

13

K	bare Schlamperei, und ich verlange, dass der Vertreter das Gesamte

14

K	bezahlen muss. Des verlang ich! . Und wenn nit, dann geh ich zu meinem

15

K	Rechtsanwalt. Ich bin schon seit sechzig Jahr/ äh seit neunzehnhun-
	((------------- Tippen am Computer----------------------
M	Äh Frau/

16

K	dertsechzig, solange sind Sie noch nicht bei Schulze, Kunde, und habe

17

K	alles von Schulze, darf sowas nicht passieren! Bin solange Kunde.
	--))
M	Äh, Frau Meier, könnten Sie

18

K	Des isch/ öch, ja jetzt
M	mir mal die Postleitzahl sagen, von Neuestadt?

19

K	schnell, null, sechzig, acht Och! Einundsechzig, acht-
M	Nein das ist die Vorwahl!

20

K	undzwanzig.
M	Ja Sie, äh Sie können weitersprechen, Frau Meier, selbstver-

21

K	Des is/ isch a Mordsschlamperei. Morgen werdets drei Woche
M	ständlich. .

22

K	Genau. Genau.
M	Wulenbergerstraße fünfundsechzig] ((leiser:)) [Äh, dann hab ich jetzt

23

M	erstmal die Auftragsnummer. Ich schau mal da/] der Kollege hat aber da
24	

K	Aber gar nix! I hab kei Haus-
M	schon etwas veranlasst, der das bearbeitet,
25	

K	maschine, und ich hab kein gar nix! . Mir hen au a Gschäft, i woiß, wie
26	

K	des vor sich geht, und den/ den kann i an Kragen gange. ((schimpft:))
27	

K	[Blöder Heini da, der blöde also/] ((7 sec))
M	Ja, äh Sie haben dem Fachbera-
28	

K	Ja-
M	ter, dem Herrn Müller gesagt, dass Sie den XT-dreihundertvierzig haben?
29	

K	wohl! Den große Wage. Und dann sagte er noch, ( )
	V V V
M	hm hm Ja, ja, äh wir haben/ wir
30	

M	haben veranlasst, . äh, vor drei Tagen, dass unsere Finanzabteilung
31	

	....
K	(Wasch das is) weder noch. Weder noch.
M	Ihnen das Geld zurückschickt. ähm
32	

K	Morgen werdets drei Woche. Ich hab kei Hausmaschine, noch hab ich
33	

K	mein Geld net.
34	

((Auslassung))

K	Ja, aber morgen sinds drei Wochen. Und jetzt muss ich Schluss machen,
	V
M	( ) hm
90	

K	sonst wird mein Gespräch zu lang . . und zu teuer. Das bringt mir im
	V
M	Ja

91

K	Endeffekt überhaupt nix.
M	Sie bekommen aber das Geld zurück. Das ist

92

K	Ja. Und ansonsten kriege Sie dann ein Schreiben
	\
M	hier alles veranlasst. Ja.

93

	<-------------- ....
K	von mir oder von meinem Rechtsanwalt, was mit dem Herrn geschieht,
	\
M	Ja.

94

K	weil ich lass mir des net biete, dass ma so was äh . überhaupt verkaufen

95

K	lässt.

96

14.3.2. Netzwerkversion (Telefonisches Reklamationsgespräch)

Transkript: Netzwerkversion (Korpus Brünner)
Aufnahme: 1992, Sony TCM 600 B
Transkription: Kupczik (1:30)
Korrektur: Ostermann, Weis, Brünner (1:40)
Situation: Kunde ruft den Inhaber des EDV-Services an, um eine Diskettenlieferung zu reklamieren
Sprecher: V = Inhaber des EDV-Services
                K = Kunde

K	Ja K. Guten Tag, Herr Einerle.
V	Einerle, guten Tag. Hallo Herr K.

1

K	So. Ich hab heute ((Ausatmen)) das Paket gekricht mit F und A,
V	Ja?

2

K	da is glaub ich, nen bisschen was schief gegangen.

3

K	. Ja, das ist nur ne Netzwerkversion. Das is 'n up/ 'n Auf-
V	Wieso?

4

K	rüstung . von Einzelplatz auf Netzwerk.
V	. . Ach da muss det andere

5

K	Ja, richtig.
V	vorausgeset/ gesetzt werden. Ja woher soll ich dat wissen.

6

K	. . Das wusst ich au' nich. Klar wir ham/ ja ma für/ für/ für N die
V	Ja.

7

K	Netzwerkversion geholt, da war ne Einzelplatzversion dabei,

8

K	und . äh ne Diskette fürs Netzwerk. . . Wat machen wer nu?

9

V	((leise:)) [Jaa. Da muss ich no' ma nachhörn. Da weiß ich au' nich. .

10

V	(Men)sch da bin ich au' überfracht. Hm. Th, . ((Seufzer)) Phh. 'ch hab/

11

K	((gepresst:)) [Tja.]
V	'ch hab gemeint, wir hätten wat Gutes gekauft.]

12

K	((Ausatmen))
V	((lauter:)) [Ja gut, ich muss mich da morgen ma kundig

13

K	Jaa
V	machen], ((nuschelig:)) [da ruf ich Sie wieder an.] Ach S' geben

14

K	Ja, da bin ich aber
V	Se mir doch ma Ihre Rufnummer vonner Firma.

15

K	morgen äh/ nur bis zwölf Uhr,
V	Ja bis dahin hab ich dat geregelt.

16

K	Das is äh H, Mhm, richtig.
V	Moment, . das war M-Werke, ne?

17

K	Das is äh H, X X X, ((nennt Rufnummer))
V	((gepresst:)) . [M.-Werke,] ja,

18

K	und, meine momentane Durchwahl
V	X X X, ((wiederholt Rufnummer))

19

K	morgen wird sein, X. (Ja), richtig.
V	Also ne X dahinter, . Sonst is das

20

K	Äh ja, sonst/ ich spring da momentan 'n
V	andere?/ ne andere Nummer?

21

K	bissken von einem Platz auf 'n nächsten,
V	Ja, na ich werd Sie schon finden.

22

K	Jajaa! Ansonsten, die Null is die Zentrale und die (Eck), die weiß dat
V	Ja,

23

K	schon, wo ich rumspring. Ja? Okay.
V	Jou, . jou mach ich morgen. Ja! Äh sagen

24

V	Sie a/ können Sie denn an die äh Version von f/ S nich drankommen?

25

K	((schnell:)) [Ja der hat die] drei null.
V	Dann ham Se's doch. Ach die drei null.

26

K	Der hat die drei null. Und dass der irgendwo 'n update hat oder sowas,

27

K	dat glaub ich nich!		
V		Ja sonst müssen wir uns da nen update von be<u>sor</u>gen	
28			

K		(Ja.)		
V	(Wenn/ Denn)	nochmal ne Ver<u>sion</u> kaufen, wenn dat nich anders		
29				

K		((schnell:)) [Jaja.] <u>Ja gut</u>, aber ((Ausatmen)) da
V	geht, dat lohnt sich ja <u>au'</u> nich ne? Wird ja zu teuer.	
30		

K	is mit Handbuch dabei und sowas alles. Das is ja jetzt dann äh/		
V		((Schussgeräusch)) Ja.	Hörn
31			

K		He?	
V	Se hier wird <u>geschos</u>sen.	Ich sach hier wird <u>geschos</u>sen. Ham	
32			

K		Nö. Sind da . Autos draußen?	
V	Se't gehört?		Ja weiß der liebe <u>Him</u>mel,
33			

K		((lacht	))	Jja?
V	wat die da machen! Det <u>knallt</u> hier wie verrückt.		Ja gut. Ich guck/	
34				

K		Okay.	Alles klar,	(bis dann,) Tschüss.
V	ich hör ma rum.	Ja?	Gut, Tschüss.	
35				

14.3.3. Coprozessor (Telefonisches Reklamationsgespräch)

Transkript: Coprozessor (Korpus Brünner)
Aufnahme: 1992, Sony TCM 600 B
Transkription: Kupczik (1:30)
Korrektur: Ostermann, Weiß, Brünner (1:40)
Situation: Inhaber des EDV-Services ruft bei einer Computerfirma an, um die Lieferung eines Coprozessors zu reklamieren
SprecherInnen: V = Inhaber des EDV-Services
                M = Mitarbeiterin der Computerfirma (spricht mit süddeutschem Dialekt)

V	Ja hier is Einerle, EDV-Service.
	/
M	((Tuten)) Firma Meier, Grüß Gott.

1

V	Guten . Tag.　　　　Ich hatte bei Ihnen, vor langer Zeit, und zwar
	/
M	Guten Tag.

2

V	am sechsundzwanzigsten sechsten, ein Coprozessor fürn Compag LTE,

3

V	zwo sechsn<u>ach</u>tzig bestellt.　　Die erste Lieferung, die Sie mir ge-
	V
M	Jaa,

4

V	schickt haben, die war ver<u>kehrt</u>. Und da ham Sie . gesacht, Sie bemühten

5

V	sich darum, mir nen Original-Compag . <u>C</u>oprozessor zu besorgen,　und
	V
M	Jaa,

6

V	da wart ich <u>heut</u> noch drauf.
M	((Einatmen)) Des war am sechsnzwanzig

7

V	Sechsnzwanzigsten sechsten ham Se mir Ihre Rechnung ge-
M	sechste.

8

V	schickt,　und und zwar is das der Belech einhundertelf zweihundert-
	V
M	Jaa,

9

V	zwanzig.
	V
M	Jaa, un' des war jetzt die für/ Sie sind Herr Einerle, und des war

10

V	Firma Einerle EDV Service.
M	die Firma?　　((leise; wiederholend:)) [Firma Einerle.] Kann ich jetzt Ihr

11

V	Elf,
M	Nummer haben. Da sch/ äh schau ich mal nach, was da los is.

12

V	hundertneunundzwanzig
M	Elf hundertneunundzwanzig. Und die Vorwahl?

13

V	Ach so! Ich hab jetzt hier die/ meine Kundennummer angegeben.
M	Ach so, des is

14

V	Nein. Also null vierunddreißig null
M	auch ((lachend:)) [gut!] ((lacht)) Also/

15

V	eins, fünf eins, acht null
M	null vierunddreißig null eins, fünf eins,

16

V	sechs. Ich möchte Sie aber bitten, dass Sie das schnell
M	acht null sechs.

17

V	hier bearbeiten. Das eilt nämlich! Der Kunde der wird schon sauer.
M	

18

V	Ja? Danke!
M	Ja klar! Ich ruf Sie auf alle Fälle zurück. Okay?

19

V	Wiederhörn.
M	Danke! Wiederhörn.

20

14.3.4. Disketten (Telefonisches Reklamationsgespräch)

Transkript: Disketten (Korpus Brünner)
Aufnahme: 1992, Sony TCM 600 B
Transkription: Kupczik (1:30)
Korrektur: Ostermann, Weiß, Brünner (1:40)
Situation: Inhaber des EDV-Services ruft bei einer Softwarefirma an, um die Lieferung von Disketten zu reklamieren
SprecherInnen: V = Inhaber des EDV-Service
T = Mitarbeiterin in Telefonzentrale der Softwarefirma
M = Mitarbeiterin der Reklamationsabteilung

V	Ich hätte gerne ma die Frau Brenner gesp/ nä Bremmer. gesprochen.
1	

V	Ja.
	V
T	Die Frau Bremmer. Jaa, ein Moment bitte. ((Warteschleife, Ansage:))
2	

T	[Superware, Reklamationsabteilung. Bitte haben Sie einen Moment Ge-
3	

T	duld.] ((insgesamt sechsmal wiederholt = 75 sec, dann Tuten))
M	Firma
4	

V	Ja hier is Einerle. EDV-Service. Grüß
	/
M	Superware, Alden. Grüß Gott.
5	

V	Gott, Ich wollte mich mal . wieder ma erkundigen, wann ich denn
M	Jaa?
6	

V	mein update bekomme, was ich am fünften, am zwoten fünften reklamiert
7	

	\
V	habe. Ja. TEXT für Windows.
M	Zwoten fünften ((deutlich:)) [reklamiert.]
8	

V	Hatten Sie fehlerhafte Disketten produziert. Und
M	((Einatmen, langsam:))
9	

V	seit der Zeit an warte ich darauf, dass Sie mir ma wieder was Vernünftiges
M	[TEXT fü:r]
10	

V	schicken. Ääh fünf null!
M	TEXT für Windows, das war . welche Nummer?
11	

M	Fünf null, ((leise wiederholend:)) [das waren fehlerhafte Disketten, . .
12	

M	Diskettenreklamation vom . zwoten fünften, sagten Sie,] und für wen .
13	

M	war die Reklamation. Was war denn Ihr Name und Adresse bitte.
14	

V	\ Ja. Also, ich habe das für meinen Kunden gemacht, das is die V
M	Ja, ((leise wieder-
15	

V	Firma T, Ingenieurbüro für Bauwesen, in D . . Da
M	holend:)) [Firma T, . Bürofa.]
16	

V	ich n zufriedenen Kunden haben möchte, war ich verpflichtet, V V V
M	((hoch, schnell:)) [Hmhm, hmhm, hmhm,] ((kurz:))
17	

V	dem mir/ n hab ich n neues KOMBI-Programm aufgerissen, . und V
M	[Ja,]
18	

V	hab dem die Disketten gegeben, damit der Mann arbeiten konnte! \
M	((kurz:)) [Ja,]
19	

M	ähm, wenn Sie mir noch die ganze Adresse geben könnten davon?
20	

V	Ja, jetzt könnten Se ja folgendes machen, weil der gute Mann ja arbeiten
21	

313

V	kann, ääh . können Se's ja zu mir schicken.
M	Ähm . die . Lieferadresse die
22	

M	Sie für die Reklamation angegeben haben, warn aber die Lieferadresse
23	

V	Ja ich hab darum gebeten, dass Sie di:e Lieferadresse an die Firma T
M	von den Kunden, ne?
24	

V	.. w/ weiterschicken.
M	Ja, da brauch ich trotzdem, damit wir dann entsprechend
25	

V	\ Ja,
M	den andern Auftra:g umändern können, die ganze Adresse erst von
26	

V	Gut. Also das is die Firma
M	dem Kunden und ((lachend:)) [dann Ihre Adresse.]
27	

V	T, Ingenieurbüro für Bauwesen GmbH R(ieger)-straße eins
M	( ) Jaa, R(ieger)
28	

V	Ja. In/ n X X X X X D.
M	wie R(iege) nur eben R(iegerr)-straße eins? Jawoll.
29	

V	Die Firma A Einerle.
M	Das's das eine, und Ihre Adresse wäre? ((wiederholt leise:)) [A], wie
30	

V	EI NER LE EDV-Service,
M	schreibt sich Einerle? Ja, ja. ja, V-Service, ja?
31	

V	((deutlich:)) [Maxstraße,] drei, sechsunddreißig A-Stadt
M	Maxstra:ße, drei, ((wiederholt lang-
32	

V	fünf.
M	sam:)) [sechsunddreißig A-Stadt fünf,] und, um das noch ma . ((schnell:))
33	

M	[zu überprüfen,] das ging um ein . TEXT Windows, mit fehlerhaften Dis-
34	

	V \
V	Ja! Ja.
M	ketten, fünf null, die reklamiert waren am zwoten fünften. Könn Sie
35	

V	Ja,
M	no in der Leitung bleiben? Dann hak ich da mal nach. Moment bitte.
36	

V	dankeschön. ((Klicken)) ((Wartezeit insgesamt 164 sec; nach 20 sec
37	

V	Papierrascheln und ungeduldiges Murmeln; Husten; Knacken))
M	Also:
38	

M	Wir werden jetzt folgendes machen, . wir werden, weil das also bei uns
39	

V	((erregt:))
M	nicht aufzufinden war, der Auftrag, wir werden das nochma neu eingeben,
40	

V	[Ich hab Ihn' doch n Lieferschein geschickt und die defekten Disketten!
41	

V	Ich hab doch schon dreimal nachgefragt und krichte jedesmal n andern
	V
M	Ja
42	

V	Termin! Angeblich konnte Superware nich liefern!]
	V
M	hmhm Ja, w/ es is
43	

M	so, mir wurde gesagt, dass diese Dinge bei uns über C-Firma auch in
44	

	>>>>>>>>>>>>
M	der Reklamation laufen, d.h. über Dernefeld, ((Einatmen)) und wir/ dass
45	

M	also bei/ aber ich finde jetzt im Programm von C überhaupt keine Anga-
46	

```
M  ben dazu. Jetzt hab ich mit meiner Kollegin noch mal ge_re_det, und sie
47
```

```
M  hat mir gesagt, sie wird jetzt _folgendes_ machen, sie wird das _hier_ bei uns
48
```

```
                  V
V                 Ja.
M  eingeben,     u:nd ähm . sie konnte mir jetzt _auch_ nich sagen, ob wir
49
```

```
M  _die_ nun auf Lager haben, weil wir die normal eben nich _raus_schicken, m/
50
```

```
M  müssten aber immer welche . eigentlich auf Lager _ha_ben, ((Einatmen))
51
```

```
M  ähm, _dass wir,_ ((Ausatmen)) so wie wir die auf Lager haben, direkt an
52
```

```
V            Ja wat mein Se denn, wann das ge_schieh_t ?
M  Sie rausschicken.                                    ((Einatmen))
53
```

```
V
M  _Wenn_ die auf Lager _da sind,_ dann gehn die direkt _raus_. Dann gibt die
54
```

```
M  das ein, und dann geht der Lieferschein _run_ter, an unser Lager hier, und
55
```

```
                        V
V                       Hm.
M  dann geht das direkt an Sie _raus_. Nur kann ich jetzt _so_ auch nich sagen,
56
```

```
M  ob die auf Lager sind oder _nicht_ auf Lager sind. ((schnell:)) [Wie gesacht,
57
```

```
M  wenn sie auf Lager sind, gehn sie sofort _raus_,] wenn Sie _nicht_ auf Lager
58
```

```
               /
M  sind, . ((leise:)) [ne, dann müssen wer halt auch warten, bis es . auf
59
```

V		Au au au!!		
M	Lager is . ne?]		Ich versuch das so schnell wie möglich für Sie
60				

M	zu machen, aber das is das Schnellste, was ich Ihnen anbieten kann
61	

V	((seufzend:)) [Naja,] sehn Se ma, Sie ham/ hier/ ach, Gott i'/ was soll
M	im Moment. Ne?
62	

V	ich das alles erzählen! Naja. ((lauter:)) [Naja gut,] machen Sie, was Sie
63	

V	schnell/ oder, machen Sie's so schnell, wie Se's können. Ja?
	V
M	Hmhm, ja
64	

V	Gut. Danke. Wiederhörn.
M	mach ich. Gut. Wiederhörn.
65	

14.3.5. Netz1 (Verhandlungsgespräch)

Transkript:	Netz1 (Ausschnitt *Installation*) (Korpus Brünner)
Aufnahme:	1992, Sony TCM 500 B
Transkription:	König-Süring (1:80)
Korrektur:	Weiß, Brünner (1:60)
Situation:	Verhandlung bei der Beschaffung eines Computernetzwerks; in den Räumen der Computerfirma
Sprecher:	V = Verkäufer (spricht sehr schnell)
	K = Kunde

K	Sie haben jetzt . bei der ganzen Geschichte keine . äh Installation.
489	

V	((verneinend:)) [Äh-äh.] Richtig,
K	mit . in Rechnung gestellt. Ähm, wie hand-
490	

V	((schnell:)) [Normalerweise machen wer das so. Is ja erst]
K	haben Sie das einfach.
491	

V	mal die Frage, was überhaupt zum Tragen kommt. Das kommt/ kann
492	

V	man natürlich an so ner Ausschreibung . an sich relativ . schlecht sehn.
493	

V	((schnell:)) [Man weiß halt nicht, welche Software überhaupt zum Tragen
494	

V	kommt, hinterher wird das ein oder andre noch weggestrichen und
495	

V	durch was anderes ergänzt.] ((Einatmen)) . Wir machens normalerweise
496	

V	so . softwaretechnisch. Wir installieren die Geschichte, wenn es/ äh äh .
497	

V	wenn Sie es wünschen, machen wir m/ m/ ne Serverinstallation komplett
498	

V	fertig, wir kopiern auch im Grunde genommen/ wir installieren auch die
499	

V	Pakete letztendlich irgendwo. Äh, wenn Sie wollen, installieren wir auch
500	

V	entsprechend das Windows . komplett im Netz, das heißt also auch die
501	

V	entsprechenden Applikationen, die hier . unter Windows laufen, entspre-
502	

V	chend im Netz. Das ist also kein Thema, ähm . das können wer alles
503	

V	machen, wir sagen dann, im Grunde genommen, äh vom . Betrag her,
504	

V	rechnen wir in der Regel fünfhundert Mark für n Server, für die Einrich-
505	

V	tung, äh, und wir rechnen mit hundertfünfzig Mark pro Station.
	V
K	hmhm
506	

V	Pauschal. Das sind so Vorgaben. Äh . das kann sein . äh, dass sich
	V
K	hmhm
507	

V	das hinterher in die andere Richtung/ also dass es günstiger wird, viel teu-
508	

V	rer hab ichs noch nie erlebt. Es sei denn, Sie haben besondere Anforde-
509	

V	rungen, sach ich mal, dass wer da also . Spezialsachen drinhaben. (Beim
510	

V	Web) zum Beispiel/ wenns jetzt hier darum/ darum geht, die Macintosh-
511	

V	Welt . anzusteuern, dann muss mans kombiniert machen, weil wir
512	

V	einfach die Mac-Welt nicht so gut kennen, Sie kennen die Mac-Welt
513	

V	wahrscheinlich besser als wir Ja? Bisher haben wir,
K	(Genauso wenig.)
514	

V	wie gesacht, das muss ich auch sagen, das, was wir da an Anwendun-
515	

V	gen hatten . . mit Mac, das war an sich über diese . Mac-Geschichte
516	

V	unheimlich problemlos. Hatten wer uns also viel/ viel komplizierter vorge-
517	

V	stellt. Das ging jetzt relativ flott. Ich weiß nicht, ((schnell:)) [wie s jetzt
518	

V	beim IBM aussieht, da müsst man sich wirklich noch mal schlau machen.]
519	

V	Ähm, aber ich kann mir nicht vorstellen, dass es komplizierter sein
520	

V	würde. Ja, das denk ich auch.
K	Ja, das kann nur einfacher werden, ne?
521	

((Auslassung))

V	und äh . wir ham natürlich auch andre Partner, mit denen wer in dem
574	

V	Bereich eng zusammenarbeiten, . und von daher denk ich, . werden
575	

V	wa da also auch nen vernünftigen Wech finden, wenn wer da wirklich
576	

V	irgendwo direkte Anbindung an Apple machen müssten, . äh äh seh ich
577	

V	das eigentlich relativ ruhig, ((lachend:)) [sach ich mal.]
K	Jaja, so (dringend)
578	

K	is es jetzt auch nich. Ich wollt einfach nur wissen, was Sie da bieten
579	

V	Ja, also es
K	könnten, wenn wir mit unsern Mitteln nicht a/ klarkommen.
580	

V	sieht so aus,
K	Also vorgesehen is von unserer Seite aus, dass wer dat wohl alles selber
581	

V	Ja. Also wir sind im Grunde genommen an der
K	machen, dass wir das ähm
582	

V	Stelle, wir machen das ((Einatmen)) äh . jeden Tach, kann man fast
583	

V	sagen. Ich will nicht zu sehr aufn ((lachend:)) [Putz haun,] aber wir
584	

V	machen ziemlich viel im Netzwerkbereich, einfach weil wir uns darauf
585	

V	spezialisiert haben unter anderem, und ääh . äähm . von daher denk ich,
586	

V	könn wir Sie da schon . unterstützen. . Wir könn die . gesamte Konfektio-
587	

V	nierung der Maschine machen, is gar kein Problem,
K	Gut, ich denk nicht,
588	

V	Ja aber, wenn das 'n Thema is,
K	dass das nötig is, aber wenn's/ wenn's gar nicht mehr/ wenn's gar nicht
589	

V	ganz klar! Ja, also Netware 's unheimlich
K	mehr klar/ wenn wer gar nicht mehr klar kommen, dann komm/ können
590	

V	leicht zu installieren. Also ich weiß nicht wie/ wie (Sie)
K	wir darauf zurückkommen. Ja das haben wer
591	

V	Das is also unheimlich ( )
K	n paarmal gemacht. Das weiß ich. Deshalb find
592	

K	ich's auch albern, dass dafür fünfhundert Mark über den Tisch gehn dafür
593	

V	Ja gut! Das ist nicht nur das! Wenn Se wirklich in dem Moment
K	((lacht))
594	

V	anfangen, äh da den (Warnrichs) einzurichten und die user zu definieren
595	

V	und äh ( )
K	Ja da kann man sich/ da kann man sich tagelang mit aufhalten, gut.
596	

V	Ja, das ist also ne Sache, da muss ich ganz klar sagen, da sind wir, des-
K	Aber
597	

V	halb sach ich ja, wir müssen da unheimlich/ wir müssen da flexibel sein.
598	

V	Denn wenn wir Ihnen heute 'n Angebot machen, und wir sind mor-
V	
K	hm
599	

V	gen Ihnen und Sie sagen, nee, pass mal auf, aber . die ganze P-Server-
600	

V	Geschichte und die Umleitung musst du noch machen, und das musst

601

V	noch machen, ja dann . äh . Ja.
K	Gut. Also das muss präziser . äh definiert sein,

602

V	Das ist das Problem. Das ist das Problem. Deshalb machen wir uns
K	was dazu gehört. Okay. Gut.

603

V	das also unheimlich <u>frei</u>. ((Einatmen)) Ähm, fünfhundert Mark ist erst mal

604

V	im Grunde genommen die Vorgabe. Ja? Das sind also vier Stunden

605

V	sach ich mal, (oder) um den Dreh, die'n Techniker sich da mit der
K	Ja!

606

V	Sache auseinandersetzen kann. Es kann sein, dass das wesentlich

607

V	<u>gün</u>stiger is. Das kommt drauf an, wenn er in zwei Stunden fertig damit

608

V	is, setzen wer nicht fünf Stunden in Rechnung. Dat machen wer also

609

V	nich. ( )
K	Ja is . okay. Dass also seriös gerechnet wird, ist auch klar.

610

K	Nur n es äh . is also aus unsrer Sicht ne ganz problematische Ange-

611

V	V
V	hmhm
K	legenheit, weil wir äh keinen variablen Topf haben, wir müssen

612

V	N festen Topf.
K	also 'n festen Topf, den/ der muss reichen, der darf um

613

	V
V	hmhm
K	keine Mark überschritten sein, und äh es ist andererseits . äh, <u>sehr</u>

614

K	ärgerlich, wenn wir da was für freihalten und nich n/ ausschöpfen, da v/

615

K	verfällt das Geld nämlich, für den Zweck, . dann k/ kommt man da nicht

616

K	mehr dran. Also . müssen wer sehen, dass wer für das Vorhandene .

617

V	Ganz klar. Ganz klar.
K	möglichst viel brauchbare Dinge kriegen, und äh .

618

K	so'n variabler Posten, man weiß nich, kostet's fünfhundert, kostet's am

619

K	Ende tausend, irgendwo dazwischen, das ist schon mal fünfhundert Mark

620

V	((Lachen)) (Also ich sach mal generell, wenn das
K	fast verlorenes Geld, ne das geht nicht!

621

V	wirklich so sein <u>sollte</u>, und wir merken wohl wirklich, dass wer mit fünfhun-

622

V	dert Mark eigentlich wohl klar kämen . für <u>a</u>lles, . ist es meist so, dass wir

623

V	das dann so gehändelt haben, . darf man aber nicht sagen . aber da wird

624

V	da im Grunde genommen schon irgendwas andres geliefert, damit Sie

625

V	irgendwelche ( ) dazukaufen, dann ist das im Grunde ge-

626

V	nommen auch gegessen. Also. das gibt <u>schon</u> ne Möglichkeit, den Topf

627

V	dann . <u>auch</u> in diesem <u>R</u>ahmen auszuschöpfen. Selbstverständlich!

628

V	Also <u>da</u> sind wer so flexibel, dass wer sagen, komm dann ääh . ääh was
629	

V	brauchen wer denn noch dazu? Sind da irgendwelche tools, die dazu-
630	

V	kommen können oder was brauchen wir da noch dazu
K	Mja, okay. Also denk
631	

V	Also <u>da</u> sollten wer
K	ich auch, dass man <u>da</u>rüber dann nochmal/ . zum Schluss nochmal . äh
632	

V	um Gottes Willen, ja. Geht ja auch gar nicht anders. Geht
K	so so ne Bilanz äh ziehen.
633	

V	ja auch gar nicht anders.
634	

14.3.6. Abgasrohr: Berufliches Konfliktgespräch am Telefon

Transkript: Abgasrohr (Korpus Becker-Mrotzek/Brünner)
Aufnahme: 1993
Transkription: Hegyaljai (1:40)
Korrektur: Weiß, Brünner (1:50)
Situation Installateur ruft in der Zentrale der Stadtwerke an
Sprecher: SW = Mitarbeiter der Stadtwerke
             IN = Installateur einer anderen Firma
             S? = unbekannter Sprecher im Hintergrund
             (**) = kurze Bandstörung

IN	IN (Name). Guten Morgen Herr SW.
SW	Stadtwerke SW (Name) Guten
1	

IN	Is der Herr M wohl nich da? Ja!
SW	Morgen! Der Herr M? Im Moment nich!
2	

IN	Im Moment nich, ja et is folgendes. Es geht hier um die äh . H-K-
3	

IN	Straße äh siebenundsechzig. Da war gestern 'n Monteur glaub
	V V
SW	(**) ja ja

4

IN	ich draußen wegen 'n (**) Und warum haben Se den nich
SW	Ja richtig!

5

IN	aufgehängt. Wat nich fertig?
SW	Ja, weil der Abgasrohr nich fertig war.

6

IN	((tief, ärgerlich:)) [Och Kinder jetzt macht nicht
SW	W(eil) k' Abrohr/ kein Abgasrohr dran war!

7

IN	so'n . Blödsinn] da Mensch! „Weil kein Abgasrohr" (**)
SW	((hoch, laut:)) [Ja sicher is das

8

IN	Also jetz müsst er/ fangt er aber ganz was Neues an (
SW	so!] Neee! wir

9

IN	och)
SW	fangen nichts Neues an, das is schon immer so. ((Einatmen)) Und wenn

10

IN	((schnell:)) [Muss ich Abgasrohr wieder
SW	da' Abgasrohr nich fettig is, dann kommt der . der Zähler nich dran.

11

	<------------
IN	abmachen, und hab 'n Zähler dran,] wat is dann? Und wenn ich
SW	Bitte?

12

IN	das Abgasrohr abmach, und 'n Zähler is dran, was is denn dann los?
SW	J/

13

IN	Mei! Also gezz fangen Se aber ganz neue Moden
SW	Jja das is Ihr Bier. ((harmlos:))

14

IN	an also/ ((deutlich:)) [Das is <u>Klei</u>nigkrämer<u>ei</u> is das!]
SW	[Nöö, jo is/ is/ <u>is</u> aber so.]
S?	Burschi

15

IN	((schnell, zu S?:)) [Ja, is richtig.] ((erregt, schnell,
SW	((nuschelig:)) [Jo, da müssen sich bei unserm Chef

16

IN	undeutlich:)) [Wo gibt's/ also dat/ also g' Neuste, was ich gezz gehört
SW	beschweren.]

17

IN	hab.] (**) ((deutlich, langsam:)) [Abgasrohr nich dran, kein
SW	Ja sehn Se?

18

IN	Zähler.] ((schnell, erregt:)) [Wat habt Ihr denn mit'm
SW	Jaa richtig! Sie sind nich der einzichste.

19

IN	<u>Ab</u>gasrohr zu tun?!]
SW	. Äh, wenn da einer tot umfällt, wer kommt denn

20

IN	Ich! <u>Ich</u> komm dafür auf. Selbstverständlich. Ihr doch
SW	<u>dann</u> dafür auf? Sie! Ja,

21

IN	nich? (Dat) ((deutlich:)) [Seit wann
SW	aber d'/ aber/ aber aber das Risiko gehn <u>wir</u> nich ein.

22

IN	habt <u>Ihr</u> was (mit 'm) Abgasrohr zu tun.] ((schnell:)) [Das ist das <u>erste</u>,
SW	((entschie-

23

IN	was ich heute hör.] (Habt/ habt) habt
SW	den, lehrerhaft:)) [Abgasmäßig muss der <u>fer</u>tig sein.]

24

IN	Ihr schon mal im Kamin reingeguckt? Ob der auch in Ordnung is? .

25

IN	Ob Ihr im Kamin mal reingeguckt habt, ob der <u>auch</u> in Ordnung
SW	Bitte?

26

IN	is. Ach so das is egal. ((schnell:)) [Ach so das is Euch
SW	Nöö, de/ de/ das/ da ham wer <u>nich</u> reingeguckt.
27	

IN	egal. Klar.] (**) Ja, gut. Okay. Schafft er das denn heute?
SW	((hoch:)) [Ja, ham Se't
28	

IN	((generös:)) [Jaa, das Abgasrohr machen wer gleich dran.]
SW	Abgasrohr au' <u>fertig</u>?] Jo
29	

IN	Alles klar! Dankeschön! Ja Tschüss.
SW	gut, im Laufe des Tages. Ja, bitte.
30	

SW	Tschüss.
31	

14.4. Texte

14.4.1. Reklamationsschreiben an einen Reiseveranstalter

1   Betrifft: Beschwerde über Bedingungen des Aufenthalts
      Reiseauftragsnummer: 04 XYZ 37476056 MLE 07
      EDV-Nr.: 82301A 2C Angaga

Sehr geehrte Damen und Herren,

Frau Lisa Weiß aus A-Stadt und ich haben bei Ihnen am 17.7.97 eine Reise auf die Malediven, Insel Angaga/Ari-Atoll gebucht (Reisetermin: 5.10.–20.10.97).

2   Unsere Entscheidung für diese Insel fiel vor allem aufgrund Ihrer Katalogbeschreibung „*Bei der Planung dieser Anlage wurde größter Wert auf Umweltbewusstsein gelegt. Der gesamte Baumbestand, darunter herrliche Palmen, wurde beim Bau geschont. etc.* (S. 173)" Diese Beschreibung vermittelte uns den Eindruck einer ruhigen, ursprünglich bewachsenen, umweltmäßig geschonten Insel und damit eines entsprechenden Aufenthalts. Aufgrund dieser Beschreibung entschieden wir uns auch gegen durchaus günstigere Angebote anderer Inseln bzw. Anbieter.

3   Auf der Insel Angaga befanden sich während der Zeit unseres Aufenthaltes DREI Baustellen auf einer Länge von 900 m (!): eine Baustelle für zusätzliche Bungalows am westlichen Ende der Insel, eine zweite Baustelle ür zusätzliche Bungalows in der Mitte der Insel beim Rezeptions-/Restaurantbereich und eine dritte, umfangreiche Baustelle am östlichen Ende der Insel für einen zusätzlichen Bar/Coffeeshopbereich. Durch diese umfassende Bautätigkeit kam es zu wesentlichen Beeinträchtigungen des Erholungswertes, den man sich von einer Insel, wie sie in Ihrem Katalog beschrieben war, erwarten musste:

4   • Bei allen Baustellen, vor allem aber bei der dritten, großen Baustelle am Ostende der Insel, war ein beträchtlicher Teil des im Katalog auf der Abbildung und in der Beschreibung versprochenen ursprünglichen Baumbestandes abgeholzt worden. Wegen dieser Baustellen waren auch beträchtliche Teile der Insel durch Bauzäune abgetrennt bzw. nicht zugänglich, die Gebiete um die Baustellen herum befanden sich naturgemäß in einem wenig attraktiven, ziemlich devastierten Zustand.

5   • Es gab ständig Baulärm unterschiedlichen Ausmaßes, häufige Transporte von Materialien auf den wenigen und schmalen Gehwegen der Insel, Baumaterial wie Kabel, Wellblechteile etc. lagen herum, Materialreste wurden unter heftiger Rauchentwicklung verbrannt.

6   • Aufgrund der geringen Größe der Insel war man mit den Baustellen tagtäglich und andauernd konfrontiert: ging man z.B. auf der Südseite der Insel zum Schnorcheln oder Tauchen, so lag der östliche Riffeinstieg bei der großen Baustelle des neuen Coffeeshops, der westlichen Riffausstieg stieß direkt auf die Baustelle der neuen Bungalows; der Weg zum Restaurant führte unmittelbar an der Baustelle der Bungalows beim Rezeptionsbereich vorbei; ein Spaziergang um die Insel war ein Spaziergang von einer Baustelle zur anderen.

7   • Da die Bautätigkeit bei den zusätzlichen Bungalows schon weit fortgeschritten war, standen auf Angaga nicht wie im Katalog angegeben 100 Bungalows, sondern fast um die Hälfte mehr, nämlich 140 – so wie übrigens in Ihrem neuesten Katalog bereits angegeben.

8   Am 11.10.1997 wandten wir uns vor Ort mit einer entsprechenden Beschwerde an Ihre Reiseleiterin, Frau Marion Herz. Sie informierte uns darüber, dass (Firmenname) schon einen Baustellenbericht erhalten hätte. Das Gespräch wurde von ihr in einer Gesprächsnotiz (*s. Beilage*) für eine spätere schriftliche Beschwerde von unserer Seite festgehalten. Vergleichbare Beschwerden wurden bei ihr auch von Herrn Dr. Max Kluge und Frau Dr. Marie Kluge eingebracht, ebenfalls als Gesprächsnotiz festgehalten.

9   Ganz generell halten wir es für eine Zumutung von Ihnen als Reiseveranstalter, eine Insel dieser geringen Größe offen zu halten, während an DREI Stellen rege *Bautätigkeit* stattfindet, und sie ohne irgendeinen entsprechenden Hinweis als Urlaubsdomizil anzubieten. Zusammenfassend müssen wir feststellen, dass der Zustand der Insel in essentiellen Teilen nicht Ihrem Katalogangebot entsprochen hat, dass Sie uns ganz wesentliche Informationen über laufende Bautätigkeiten vor Reiseantritt vorenthalten haben und dass deshalb der Erholungswert dieses Urlaubs für uns durch diese im Grunde unzumutbaren Bedingungen beträchtlich geschmälert wurde. Da wir uns aufgrund Ihrer Kataloginformationen für die Buchung dieser „ökologisch geschonten" Insel entschieden und den angegebenen Preis von DM 3.186.– p.P. für die Reise in Kauf nahmen, fordern wir von Ihnen eine Entschädigung in Höhe von 30% des Reisepreises.

Hochachtungsvoll
(Unterschrift)
Dr. Charlotte Wassermann

Anlagen:
Gesprächsnotiz vom 11.10.97
Kopie der Reisebestätigung vom 17.7.97

14.4.2. Antwortschreiben des Reiseveranstalters

1   Abteilung Kundenbetreuung
    Ellen Serde
    25.11.1997/ES/kt92

Ihr XYZ Reisen-Urlaub auf den Malediven ab 5.10.1997
Angaga – *XYZ 3747 6056 MLE*

Sehr geehrte Frau Dr. Wassermann, sehr geehrte Frau Weiß,
für Ihr Schreiben vom 2.11.1997 möchten wir uns bei Ihnen bedanken.
2   Versichern möchten wir Ihnen eingangs, dass wir außerordentlich bedauern, dass Sie diesmal aus Ihrem Urlaub mit unserem Unternehmen ausgesprochen enttäuscht zurückgekommen sind. Natürlich können wir verstehen, dass Sie mit bestimmten Erwartungen und Vorstellungen in Ihren Urlaub geflogen sind. Dass Sie dann vor Ort Situationen vorfanden, die diesen Erwartungen nicht entsprachen, ist natürlich wirklich unerfreulich.
3   Unglücklicherweise können wir das, was Sie aus Ihrer Sicht als negativ empfunden haben, zum heutigen Zeitpunkt nicht mehr ungeschehen

machen, sondern können Sie nur noch bitten, unsere Entschuldigung anzunehmen.
4 Da uns diverse Stellungsnahmen von den Malediven vorliegen, bitten wir um Ihr Verständnis, dass wir zum heutigen Zeitpunkt nicht mehr im Detail auf die von Ihnen angeschnittenen Punkte eingehen, zumal wir, wie bereits erwähnt, damit im nachhinein leider nichts mehr für Sie ändern können.
5 Natürlich haben wir uns jedoch Gedanken darüber gemacht, wie wir, auch wenn es nur noch in materieller Form möglich ist, dazu beitragen können, Ihre eingetretene Verstimmung zu beheben.
6 Das, was wir Ihnen erstatten können, beläuft sich auf insgesamt DM 635,00. Der vorgenannte Betrag geht dem Anmelder der Reise mit einem separaten Verrechnungscheck von uns zu. Eventuell darüber hinausgehende Forderungen müssen wir jedoch bereits heute ablehnen.
7 Sehr geehrte Frau Dr. Wassermann, sehr geehrte Frau Weiß, es wäre schön, wenn Sie uns trotz der diesmaligen Erfahrungen noch eine erneute Chance einräumen würden. Gerne möchten wir Ihnen beweisen, dass es sich doch lohnt, mit XYZ REISEN einen Urlaub zu verleben. Für Ihre nächsten Urlaubsreisen, die dann wieder in jeder Beziehung so verlaufen sollen, wie Sie es sich vorgestellt haben, wünschen wir Ihnen bereits heute alles Gute.

Mit freundlichen Grüßen
XYZ Touristik
(Unterschrift)
Ellen Serde

14.4.3. Werbezettel Computerfachgeschäft

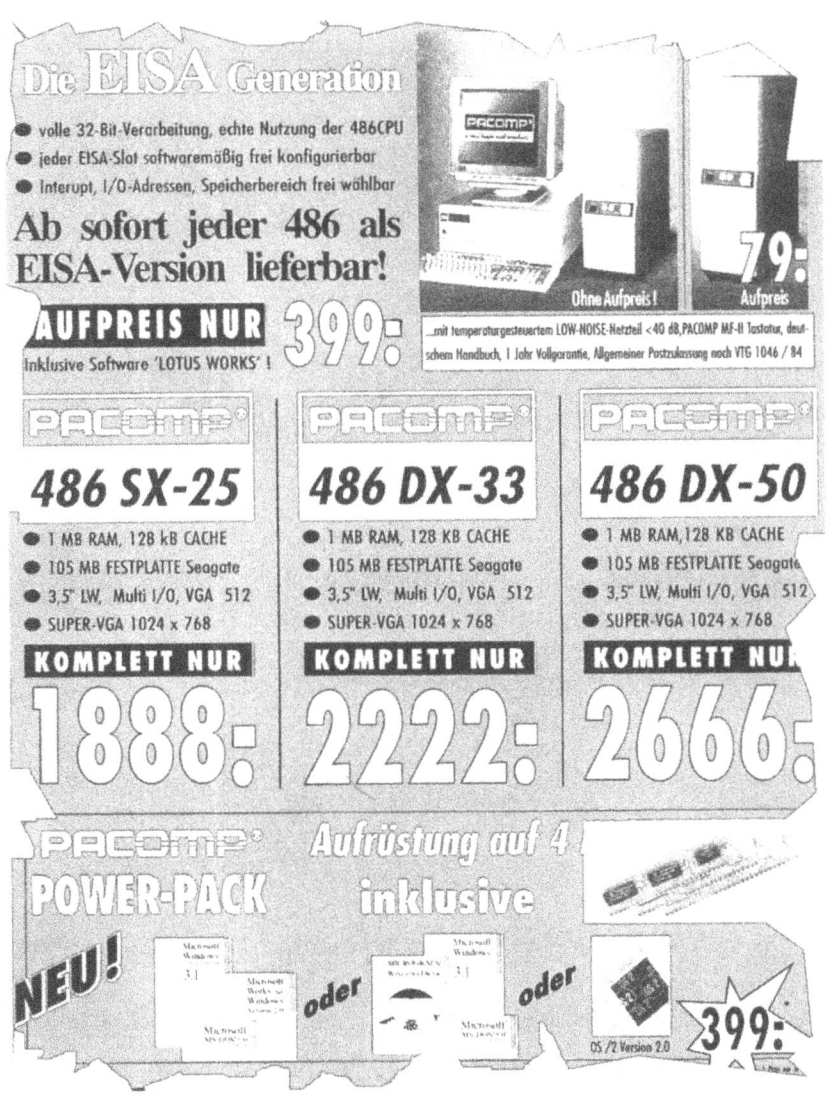

Raum für Notizen

www.ingramcontent.com/pod-product-compliance
Lightning Source LLC
Chambersburg PA
CBHW070410100426
42812CB00005B/1690